李佑成 著作集 8

刊行委員　宋載卲　林熒澤　金時鄴
校訂委員　金龍泰　徐京希　李鉉祐　申翼澈　李知洋　李澈熙　尹世旬　韓榮奎
　　　　　金鎭均　孫惠莉　韓在烷　金玲竹　李信暎　崔煐玉
　　　　　金彦鍾　金聖才　宋芝媛　李俸珪　張東宇　金文植　李元澤　文錫胤
　　　　　朴鍾天　咸泳大

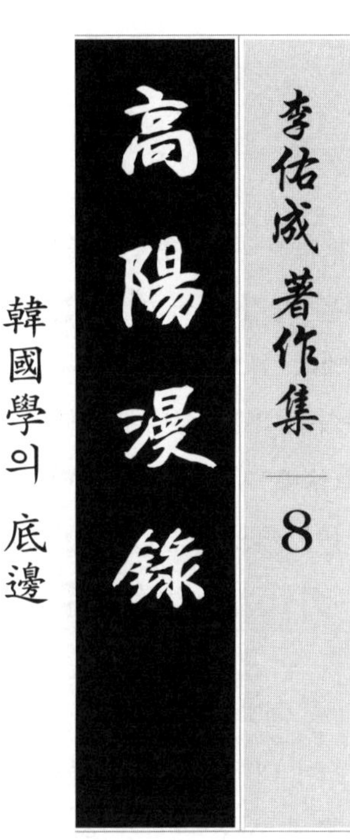

高陽漫錄

韓國學의 底邊

李佑成 著作集

8

창비

李佑成 著作集을 펴내며

처음으로 서고정사(西皐精舍)를 방문했던 기억이 난다. 서고정사는 퇴로(退老)마을, 벽사 선생님의 생가(生家)에서 멀지 않은 산자락에 위치한 아담한 정자이다. 이곳에서 선생님은 6세부터 성장기에 이르기까지 전통적인 한문(漢文)을 수학(修學)하셨다고 한다. 선생님의 큰 학문을 배태(胚胎)한 바로 그 요람(搖籃)에 내가 와 있다는 생각에 감회가 새로웠다. 그러나 감회에 젖었다가 곧 또다른 생각이 일어났다. '선생님이 만일 끝까지 한문에만 전념하셨더라면 지금의 학문적 업적을 이룰 수 있었을까?'

그렇다. 선생님은 한문으로 출발하셨지만 결코 한문에 매몰되지 않으셨다. 선생님은 20세 무렵부터 대학에서 신학문을 공부하면서 광범위한 서양지식을 독학으로 답파(踏破)하셨다. 그리하여 젊은 학자들도 따라갈 수 없는 진보적인 사상을 기반으로 학술사(學術史)에 길이 남을 논문을 계속 발표하셨는데 여기에는 젊은 시절에 익힌 한문에 대한 조예(造詣)가 일정한 기여를 했으리라 생각된다. 이렇게 볼 때 선생님의 학문자세를 '법고창신(法古創新)'이라는 말 이외에는 달리 표현할 길이 없다.

이른바 문사철(文史哲)이 극도로 세분화된 이 시대에 선생님은 드물게도 이 세 가지를 겸비한 분이다. 한국한문학회, 역사학회, 한국실학학회 등의 회장을 역임하신 사실이 이를 말해준다. 그렇기 때문에 남들이 지니지 못한 폭넓은 시야를 가지고 한국학 전체를 통섭(統攝)하는 학문적 업적을 이룰 수 있었던 것이다.

선생님은 또한 결단을 내려야 할 역사적 순간에는 몸을 던져 행동하는 데에 망설임이 없으셨다. 1961년 4·19 직후에는 학원민주화운동에 적극 가담한 이유로 동아대학교 교수직에서 물러나야 했으며, 1980년에는 군부독재에 맞서 '361교수성명'을 주도하고 이어 지식인선언에 참여한 이유로 치안당국에 구속수감되고 성균관대학교 교수직을 4년간 박탈당했다.

1990년 성균관대학교에서 정년퇴직하실 때까지 선생님은 후학들에게 참으로 많은 것을 깨우쳐주셨다. 아니 그후로도 실시학사(實是學舍)에서 젊은 학자들과 함께 한국고전 강독을 지금까지 계속하신다. 이 강독회의 결과, 선생님의 지도가 아니면 나올 수 없었을 귀중한 역주서(譯註書)들이 수없이 출간되었다.

그러나 이제 선생님의 연세(年歲)가 80대 중반에 이르러 전과 같은 창조적 학문활동을 계속하기가 어렵게 되었다. 이에 후학들이 뜻을 모아 그동안 산발적으로 간행되었던 선생님의 저서를 한 질의 저작집(著作集)으로 묶게 된 것이다. 이 저작집은 선생님 개인적으로는 일생의 업적을 정리하는 계기가 될 것이고, 후학들에게는 앞으로 공부하는 데에 더없이 좋은 나침반이 될 것이다. 그리고 무엇보다 이 저작집은 한국 학술사의 한 시대를 획(劃)하는 기념비적인 성과물이 될 것이라 생각한다.

선생님이 주도하셨거나 공편(共編)한 책들 그리고 실시학사에서 강독을 통하여 번역된 책들은 이 저작집에 수록하지 못하였다. 그 서목(書目)들은 별도로 권말에 부기(附記)해둔다.

끝으로 선생님과는 오랜 인연을 맺어온 창비의 식구들, 특히 백낙청 선생님의 후의(厚誼)와 고세현 사장의 지원, 염종선, 부수영씨의 노고에 진심으로 감사한다. 그리고 전재(轉載)를 흔쾌히 허락해준 한길사, 일조각, 경인문화사, 아세아문화사에도 고마운 마음을 전한다. 저작집 간행의 실무를 총괄한 김용태 교수와 교정위원 제군의 노고 또한 잊을 수 없다.

2009년 12월

不肖弟子 宋載卲 삼가 씀

일러두기

1. 이 저작집은 벽사 이우성 선생의 저작 8권으로 구성하였으며, 고전국역서는 제외하였다.
2. 제2권 『한국중세사회연구』는 원 저작에 한자가 노출되고 한문이 직접 인용되어 있으나, 독자들의 이해를 돕기 위해 한자를 괄호 안에 넣어 한글과 병기하고 한문 인용문은 번역 문을 함께 실었다.
3. 제3권 『실시학사산고』는 2부에 2편, 3부에 1편의 글을 추가하였다.
4. 제5, 6권 『벽사관문존』은 기존의 『벽사관문존』을 상(시)·하(산문)로 분책한 것으로, 상 권에 '몽송집(夢松集)'과 '제오차 중국기행시초(第五次中國紀行詩抄)', 하권에 산문 9편 을 추가하였다.
5. 제7권 『신라사산비명 교역』은 1부와 2부는 원 저작을 영인하고, 3부 역문은 번역을 다듬 고 각주와 색인을 첨가하였다.
6. 제8권 『고양만록』은 3부에 2편, 5부에 1편, 7부에 2편의 글을 추가하고, 권말에 저작집 간행 후기와 2종의 저자 연보(自撰年譜 포함)를 실었다.
7. 명백한 오탈자는 바로잡았고, 인명 표기 및 문장은 가급적 원본대로 두는 것을 원칙으로 하였다.

序

　서울 강남에서 경기도 고양으로 이주(移住)한 지 벌써 오년여, 어느덧 나의 나이도 팔십고개에 올라섰다. 『실시학사산고(實是學舍散藁)』 이후 이것저것 써놓은 글들을 한데 묶어 한 책으로 만들면서 책이름을 '고양만록(高陽漫錄)'이라 해보았다. 아마 이 책이 나의 문필활동을 마감하는 마지막 출판물이 될 것이다.

　고양(高陽)은 옛날 사람들이 한양(漢陽)의 서경(西坰), 즉 서울의 서쪽 교외(郊外)라는 뜻으로 말해왔으며, 서울사람이 고양에 나와 사는 것을 '출교(出郊)'라고 하였다. 이중환(李重煥)의 『택리지(擇里志)』에 의하면 사대부(士大夫)가 실세(失勢)한 뒤에 삼남(三南)으로 내려가 정착하면 자손들이 대를 이어 잘살 수 있지만, 출교한 사람은 '한검조잔(寒儉彫殘)'해서 몇대 안 가서 신분조차 유지가 안되어 품관(品官)이나 평민(平民)으로 전락한다고 하였다.

　나는 원래 세(勢)를 가졌던 사람이 아니니 실세(失勢)라는 말에 해당되지도 않고 서울에서 고양으로 옮겨온 것은 강남의 번화스럽고 분답스러움을 피해서였다. 나 자신은 한뼘의 농토도 가진 것이 없지만 교외의 전원 풍경을 접하면서 맑은 공기를 호흡하고자 함이었다. 하긴 요즘 고양은 개발이 활발하게 진행되어 신흥도시로서의 면목이 약여하고 주민의 생활수준도 크게 높아져서 옛날 사람들이 말했던 것과는 판이하다. 그러나 아직 군데군데 빈 들녘이 펼쳐져 있어서 교외라는 말이 어울릴 만하다. 내게는 다행한 일이 아닐 수 없다. 나는 주거와는 별도로 조그만 연구실을 마련하여 강남에 있던 실시학사(實是學舍)의 간판을 떼어다가 이곳에 걸어두고 매주 1~2회씩 서울에서 찾아오는 젊은 제자 및 후배들과 더불어 고전(古典)에 대한 강독(講讀)과 역주(譯註)작업으로 시간을 보낸다. 이것은 유익하고도 즐거운 일이다. 반면 괴로운 일 또한 적지 않다. 남의 가문(家門)의 위선사업(爲先事業)에 관한 문자(文字)의 부탁이나 학술회의와 같은 행사장에서의 강연 등의 요청이다. 나는 성격적으로 냉정하게 거절하지 못하는데다가 또 기왕의 이런저런 관계로 얽혀 있어서 대개는 응할 수밖에 없는 형편이 된다. 이미 머리가 모색(茅塞)된 상태라 새로운 생각과 말이 나올 수 없는 처지인데도 그대로 수순(隨順)하게 된다.

고전의 강독과 역주작업은 여러 종류의 책으로 간행되어 학계의 주목을 받는 것 같다. 젊은 제자 및 후배들의 협동노력(協同努力)의 결과이다. 그러나 나 혼자 쓰고 말하고 나 혼자 책임져야 하는 잡동산이(雜同散異)의 글들은 쌓이면 쌓이는 대로 걱정거리가 아닐 수 없다. 버리자니 가석(可惜)이고, 두자니 씹어도 맛이 없는 계륵(雞肋)과 같은 것이기 때문이다.

이리하여 나는 이 책을 만록(漫錄)이라고 한 것이다. 딱히 어떤 목적에 의해 만든 책이 아니고 그저 산만(散漫)한 기록(記錄)들을 엮은 것이라는 뜻이다. 그런데 만록이라고 하여 일의적(一義的)으로 폄하할 것은 아니다. 『송계만록(松溪漫錄)』『약파만록(藥坡漫錄)』등 옛날 명인들이 남긴 저술은 소중하고도 가치있는 책이다. 이 책과 동일시하지 말기를 바란다.

끝으로 한가지 일러둘 것이 있다. 내가 평소에 흠앙(欽仰)하고 존경하는 선현(先賢)과 선배들에 대하여 글제목에 일체 경칭(敬稱)을 생략하고 휘자(諱字)를 바로 쓰기로 했다. 논문(論文)·설림(說林) 등에서는 물론이고 비지(碑誌)에서도 그렇게 했다. 젊은 세대의 요구에 따른 것이지만 나의 생장환경이나 평소의 사고(思考)에 비추어볼 때 참람(僭濫)하기 그지없다. 독자 여러분의 너그러운 양찰(諒察)을 빈다.

요즘과 같은 출판의 불황 속에 이 책의 출판을 쾌락해주신 경인문화사(景仁文化社) 한상하(韓相夏) 회장에게 감사의 뜻을 전한다.

2004년 甲申 小雪날
高陽 花亭에서 李佑成

| 차례 |

제4부 解題

제5부 刊行辭

제6부 致辭

제7부 碑文

제8부 雜文

附錄

제1부 論文

高麗末에 있어서 牧隱 李穡의
政治的 處地와 그 主義
禑昌問題와 田制改革問題

1

고려(高麗)와 이씨조선(李氏朝鮮)의 왕조교체는 우리나라 역사상 한 전환기로서 정치·사회적으로 적지 않은 변화를 가져왔다. 이 변화는 국민의 생활을 상대적으로 개선 향상시키고 민족문화의 발전에 진일보할 수 있는 계기를 마련했다는 점에서 그 의의를 부인할 수가 없다.

그러나 이러한 전환기, 정치·사회적 변화의 와중에서 현실에 대응하는 인간의 자세, 즉 자기의 위치에 소여(所與)된 책임과 의무를 다하고 나아가 엄청난 역경 속에서도 소신에 의해 부하된 사명을 관철하려는 희생적인 인사가 있는가 하면, 시세를 잘 판단하여 권력의 소재에 추부함으로써 유리한 고지를 잡아 다음날의 출세는 물론 경세적 포부와 야망을 달성하려는 사람들이 나오게 되었다.

우리는 그 당시 역사의 방향에 관한 문제와는 별개로, 역사 속에 처한 이 두 갈래의 인간군에 대하여 한번 살펴보기로 한다. 그것은 이러한 인간의 행위와 사고를 어떤 전통적 가치기준에 비추어 선악과 시비를 가리려고 하는 것이 아니다. 자칫 도덕성·윤리성으로 문제를 평판화할 우려가 있기 때문이다. 그보다는 한 인간으로, 그에게 주어진 역사적 여건에서 얼마나 양심과 성의로 최선을 다했는가를 살피는 것이 바람직하다. 비록 그가 설정한 방향이 그때 당시의 역사의 방향과 일치하지 않았다고 하더라도 개인의 이해타산을 떠나 오직 자기의 이념과 신조에 충실하면서 거짓 없는 일생을 살았을 때에 그는 숭고한 정신을 세상에 길이 남겨 오래오래 역사에 기여할 수 있을 것이다. 반대로 자기의 득실이나 정치적 야심을 위해, 힘있는 쪽에 가담함으로써 비록 그의 활동이 일시적으로 시대의 요구에 부합된 바 있었다고 하더라도 사회정의에 괴리된 그의 처신은 시과경천(時過境遷)한 뒤에 필경 역사의 냉혹한 심판을 받을 수밖에 없을 것이다.

'고려말에 있어서 목은(牧隱) 이색(李穡)의 정치적 처지와 그 주의'라는 이 논고는 위와 같은 견지에서 목은의 정치행각을 추적해본 것이다. 고려 왕조의 임종의 잔천(殘喘) 속에 목은의 구명부맥(救命扶脉)의 고심참담한 노력의 면모를 재현하는 한 작업이 될 것이다.

2

1389년 음력 11월, 고려의 마지막 임금 공양왕(恭讓王)이 즉위하고 목은이 장단(長湍) 별업(別業)에서 돌아와 다시 판문하 부사(判門下府事)가 되었을 때 좌사의(左司議) 오사충(吳思忠)과 문하사인(門下舍人) 조박(趙璞) 등이 다음과 같은 소(疏)를 올렸다.

판문하(判門下) 이색이 우리 공민왕을 섬겨 유종(儒宗)으로 재상의 지위에 있었는데, 공민왕이 훙(薨)하고 후사가 없자 권신(權臣) 이인임(李仁任)이 자기의 권세를 마음대로 부리기 위해 유주(幼主)를 세우고 싶어하매 이색이 그에 동조하여 우(禑)를 세웠고, 제장(諸將)이 위화도(威化島)에서 회군하여 왕씨(王氏)를 세우려 할 때에 대장 조민수(曺敏修)가 이인임의 인친(姻親)으로 창(昌)을 세워 그 사모(邪謀)를 계속하고자 하여 이색에게 방법을 문의하매 이색 또한 창을 마음에 두고 있었던 터라 드디어 의론을 정하여 창을 세웠다. 그 아들 종학(種學)이 외척들에게 말하기를 "군신(群臣)들이 이렇게 세자(世子)를 세우게 된 것은 오부(吾父)의 힘이다"라고 공언하였다. 이색이 명(明)나라에서 돌아올 때에 이숭인(李崇仁), 김사안(金士安) 등과 함께 여흥(驪興)으로 가서 우를 뵙기로 해놓고 선기(先期)해서 혼자 우를 만났는데, 그가 혼자 만난 자리에서 말한 것이 공적인 것인지 사적인 것인지 알 수 없다. 명나라에서 "이성(異姓)을 왕씨로 삼은 것이 삼한(三韓)에서 세수(世守)해온 양모(良謨)가 아니다"라고 하므로 충신의사(忠臣義士)가 다시 왕씨를 세우려고 하는데 적신(賊臣) 변안열(邊安烈)이 기공(奇功)으로 부귀를 도모하고자 하여 이색·이림(李琳)·김저(金佇) 등과 더불어 신우(辛禑)를 영입할 것을 획책하였다. 만약 15년 동안 받들어 신하노릇을 하여 타심(他心)이 있을 수 없는 것이라고 한다면 어찌해서 5백년의 왕씨를 저버리고 15년의 신씨(辛氏)에게 충성을 한단 말인가. 이색이 대를 이어 왕씨에게 벼슬하여 공민왕의 망극한 은혜를 받았는데 이인임에게 결탁하여 신우를 세워 왕씨를 절사(絶嗣)케 하였고, 제장이 왕씨를 세우려 하자 조민수에게 결탁하여 우를 내치고 창을 세웠으며, 충신의사가 다시 왕씨를 회복하려 하자 변안열에게 결탁하여 창을 내치고 우를 영립하려 하였으니, 이것은 우창에게도 반복무상한 신하가 된다. 그러나 그것은 족히 논할 바가 못된다. 대를 이어 왕씨의 신하가 되어 있으면서 적신에게 첨부(諂附)하여 왕씨의 종사를 영절케 하였으니 그 죄악은 천지간의 용납될 바 아닌 것이다.[1]

---

1) 左司議吳思忠門下舍人趙璞等上疏曰, "判門下李穡, 事我玄陵, 以儒宗, 位輔相, 及玄陵薨無嗣, 權臣李仁任, 自欲擅權, 貪立幼主, 而穡助議立禑, 諸將回軍, 議立王氏之際, 大將曺敏修, 以仁任姻親, 欲立子昌, 以繼其邪謀, 問計於穡, 穡亦嘗以昌爲心, 遂

이 소는 당시 이미 우왕(禑王)·창왕(昌王) 부자를 죽이고 목은을 위시한 구신료(舊臣僚)들을 거세하기 위해서 올린 것이다. 이것은 오사충·조박 등의 생각에서 나온 소가 아니고 실은 당시 목은의 반대당의 의견을 종합해서 대변한 것이다. 반대당은 곧 이성계(李成桂)를 중심으로 결집된 신진세력들로서 조준(趙浚)·정도전(鄭道傳)·윤소종(尹紹宗) 등이 그 주동자이다. 이 소는 당시 목은의 정치생애에 대한 반대당의 총괄적 비판이라 할 수 있는 것이므로 약간 지루함을 무릅쓰고 옮겨놓았다. 소의 내용을 변파(辨破)하기 위해서이다.

목은은 우리나라 역사상의 명현(名賢)의 한 분으로 널리 국민의 존경을 받고 있다. 그러나 우창(禑昌)의 혈통(血統) 내지 왕통(王統) 문제의 미묘한 점과 전제개혁(田制改革)에 반대하는 입장을 취했기 때문에 후세 학자 문인들의 논평이 불일치하는 등 개운치 않은 구석이 없지 않다. 이에 대하여 우리는 한층 더 소상한 석명(釋明)이 필요함을 느낀다. 위의 소에 대한 변파는 자연 목은에 대한 석명이 될 것이다.

1) 우왕 문제

우왕(禑王)의 출생에 관한 문제는 천고의 의안(疑案)이다. 이 문제는 고려 왕통과 결부된 문제로서 고려말기의 크나큰 사단이 되어왔고, 이조

定議立之. 其子種學, 宣言於外戚曰, ‘群臣議立宗室 卒立世子, 吾父之力也.’ 穡之回自京師也, 與李崇仁金士安等相期謁禑於驪興, 而穡先期獨見, 其獨見之際, 所言公歟私歟. 是未可知也. 及天子有命曰, ‘雖仮王氏以異姓爲之, 非三韓世守之良謀.’ 忠臣義士議復立王氏以遵天子之命 而賊臣邊安烈, 欲立奇功, 以要富貴, 與穡及禑舅李琳及金佇鄭得厚等, 謀迎辛禑, 以沮復立王氏之議. 若以爲旣已十五年, 委質爲臣, 而不可復有他心, 則何負於五百年之王氏, 而忠於十五年之辛氏哉. 穡世仕王氏, 受恭愍罔極之恩, 附仁任, 則立辛禑而絶王氏, 諸將議立王氏, 則附敏修, 黜禑而立昌, 忠臣義士議復王氏, 則附安烈, 黜昌而迎禑, 其在禑昌, 亦爲反側之臣矣. 然此不足論也. 世爲王氏之臣, 謟附賊臣, 使王氏之宗祀永絶, 其爲罪惡, 天地宗社之所不容也.”(『高麗史』下, 延大版, 530~31면)

사대부들의 사론(史論)에 있어서도 오래도록 미해결의 장으로 남아 있는 것이다. 대체로 이조전기에는 우를 신씨(辛氏)로 믿어온 것같이 보인다. 이 시기는 이씨왕조가 역성혁명(易姓革命)을 달성한 지 오래되지 않았고 건국의 주체세력이 많이 남아 있어서 조정의 공적 논의에 있어서는 물론이고 많은 일반 관인·식자층 사이에서도 그렇게 생각하였다. 중종조(中宗朝)에 포은(圃隱) 정몽주(鄭夢周)의 문묘배향(文廟配享) 제의가 나왔을 때 대신 가운데 포은이 신우(辛禑)·신창(辛昌)을 섬긴 것을 흠점으로 잡아 신중론을 주장한 바 있었고,[2] 남효온(南孝溫)은 야은(冶隱) 길재(吉再)가 신조(辛朝, 辛禑·辛昌의 朝廷)에서 벼슬하다가 왕씨인 공양왕이 즉위하자 사직환향(辭職還鄕)한 것을 불사이군(不事二君)의 절의라고 규정하였다.[3] 이는 모두 우창이 신씨라는 전제하에서 나온 것이다. 그러다가 이조후기로 내려오면 전기와 달리 우창을 왕씨로 인정하려는 경향이 식자들 사이에 두드러지게 나타난다. 세월이 오래되어 이미 왕실에서조차 이 문제에 신경을 쓰지 않고 있는 상태이고 학자들은 사승(史乘)을 객관적으로 다룰 수 있게 되었기 때문이다.

특히 상촌(象村) 신흠(申欽, 1566~1628)에 이르러서 그러하다. 상촌은 여말의 처사인 운곡(耘谷) 원천석(元天錫)의 시를 인용하면서 운곡이 우창을 왕씨라고 기록한 것을 직필(直筆) 중의 직필이라고 격찬하였다.[4] 물론 전기에 있어서도 퇴계와 같은 분은 "국가(이씨왕조) 만세후에 나는 운

---

2) 『中宗實錄』卷29, 12年 8月 甲寅條에 鄭光弼이 "此非臣等私議, 乃先儒之議也"라고 하였다.

3) 『秋江集』卷2, 「過金烏山」, 民族文化推進會版, 38면.

4) 象村은 元天錫을 소개한 뒤에 元天錫이 禑昌의 죽음에 대하여 "位高鍾鼎是君恩, 反目含讐已滅門, 一國豈能流景祚, 九原難可雪幽寃"라는 詩를 남긴 것을 特記하고, 崔瑩의 被刑과 李穡의 長湍竄謫에 대하여 "直書無隱, 比之麟趾之麗史, 不啻日星蚯蚸之相懸. …… 草野之間, 有此, 董狐之筆, 豈非石壓筍斜出者耶"라고 하였다(『象村稿』卷52, 「晴窓軟談」, 民族文化推進會版, 하권, 343면 참조).

곡의 의리를 따르겠노라"(『鵝城雜說』)고 하여 우창을 왕씨로 봐야 함을 시사하였고, 월정(月汀) 윤근수(尹根壽)는 "우창이 왕씨인데 간신들이 타성(他姓)으로 덮어씌운 것"(『竹窓閑話』)이라고 한 바 있다. 그러나 왕씨설(王氏說)이 대체적인 흐름을 이룬 것은 후기에 들어와서부터라고 여겨진다. 무엇보다 사가(史家)의 태도가 중요하다. 이조초에 편찬된 정사(正史)인 『고려사(高麗史)』에서 우창을 본기(本紀, 世家)에 넣지 않고 반역전(叛逆傳)에 실었던 것을 이조후기의 대표적 사서인 『동사강목(東史綱目)』에서 저자 순암(順庵) 안정복(安鼎福)은 우창을 역대왕(歷代王)에 대한 것과 마찬가지로 공민왕의 뒤를 이어 편년에 얹었으며 신이란 성을 붙이지 않고 다만 우를 전폐왕(前廢王), 창을 후폐주(後廢主)로 처리하였다. 그리고 주 부분에서 우창이 왕씨임을 드러낸 것이 몇군데나 된다.

그렇다 하여 의안이 완전히 해소될 수 있는 것은 아니다. 이조후기 이래의 견해에 대한 반조정(反措定)으로 근자에 학자들 가운데는 "고려사의 기록을 그대로 믿을 수 없다고 하더라도 우가 딱히 왕씨라고 단정할 수도 없다"라고 하는 이가 있기 때문이다.

문제는 이제 그 당시의 원위치로 돌아가서 생각해야 할 것이다. 공민왕이 신돈(辛旽)을 죽이고 신돈에게서 자라고 있던 모니노(牟尼奴, 禑의 初名)를 궁중으로 불러들여 태후에게 바치는 한편, 재상 이인임에게 "원자(元子)가 있어 나는 걱정이 없다"고 말하였다. 왕은 자기가 이 아들을 낳게 된 경위를 설명하고 문신으로 하여금 목은의 집에 모여서 모니노의 이름을 우로 고치도록 조치한 뒤에 왕 자신이 왕자 시절에 받았던 봉작(封爵)인 강녕부원대군(江寧府院大君)을 우에게 그대로 내렸다. 그만큼 큰 기대를 건 것이었다. 그리고 백문보(白文寶) · 전록생(田祿生) · 정추(鄭樞) 등 당대의 명유(名儒)들로 사부를 삼아 세자의 도를 닦게 하였다. 공민왕이 시해되자 태후가 우를 내전에 불러들이고 상고(喪故)를 비밀에 부쳤다가 삼일 만에 우가 재추(宰樞)와 더불어 발표하게 되었다. 사세가 이러하니 우가 왕위에 오르는 것은 이인임의 의도가 아니더라도 당연한 순리이며 또한 그것이 공민왕의 뜻임이 분명하다고 여겨진다. 이에 대하여 목은이 반대하고 나설 이유도 명분도 없는 것이다. 소에서 목은이 이인임과 결탁해서 우왕을 세움으로써 공민왕의 은혜를 저버렸다고 한 것은 언어도단이다.

2) 창왕 문제

위화도회군 후에 최영(崔瑩)을 추방하고 우왕을 퇴위시킨 뒤 다음 왕을 누구로 시키느냐가 논의되었는데, 그때의 상황을 『고려사』는 이렇게 전하고 있다.

백관(百官)들이 전국보(傳國寶)를 정비(定妃, 恭愍王妃) 전(殿)에 갖다 바쳤다. 태조(太祖, 李成桂)가 왕씨후손 중에서 뽑아 왕위에 앉히자고 했는데 조민수가 이인임의 자기에 대한 은정을 생각해서 창을 세우고자 하면서 제장의 반대를 염려하여 이색의 명망이 높은 점을 감안, 이색의 말을 이용할 필요를 느끼고 가만히 물었던 바 이색은 "마땅히 전왕(前王)의 아들을 세워야 한다"라고 하여 드디어 조민수가 정비(定妃)의 하교로 창을 세우니 나이 9세였다.[5]

일반적으로 "마땅히 전왕(前王)의 아들을 세워야 한다"라고 한 목은의 이 말이 고려정국에 큰 불씨를 남긴 것처럼 그 말에 무게를 두고 있으나 실은 그것도 자연스런 순리의 주장일 뿐이다. 얼핏 생각하기에 우왕이 신씨라는 이유로 퇴위되었는데 창을 전왕의 아들이라고 하여 다시 왕으로

---

5) "百官奉傳國寶, 置定妃殿. 太祖欲擇立王氏後, 曺敏修念李仁任薦援之恩, 欲立昌, 恐諸將違己, 以李穡爲時名儒, 欲藉其言, 密問之. 穡曰, '當立前王之子' 辛亥, 敏修以定妃敎, 立昌, 年九歲." (『高麗史』下, 956~57면)

세우는 것은 납득이 가지 않는다고 여겨질 것이다. 그러나 『고려사』를 자세히 읽어보면 사정이 상당히 다르다.

위화도회군은 이성계의 주도에 의한 군사쿠데타로서 따지고 보면 두 가지 이유가 있다. 첫째 신흥(新興) 대명제국(大明帝國)에 대한 정면도전으로, 자신없는 전쟁에 강제동원된 데 대한 불만의 폭발이고, 둘째 우왕의 장인으로 강대한 위치를 차지하고 있는 최영을 거세하고 우왕마저 퇴위케 함으로써 정치권력을 장악한다는 속셈이다. 그러나 우왕의 퇴위에는 명분이 필요하다. 우선 정비의 하교 내용을 살펴보자. 이 하교는 창왕에게 주는 형식으로 되어 있다.

불행하게도 선왕(先王, 恭愍王)이 승하하시고 경(卿)의 부친(禑)이 뒤를 이어, 사대(事大)와 무하(撫下)에 아무 허물이 없었는데 뜻밖에 최영에게 오도(誤導)되어 전렵(田獵)을 일삼고 형륙(刑戮)을 멋대로 하더니 필경 군사를 일으켜 중국에 배발(排發)함으로써 자칫 종사(宗社)와 생민(生民)의 화(禍)가 될 뻔하였다. 생각하면 마음이 아프다. 다행히 조상님의 음덕의 도움으로 최영을 쫓아내고 왕(禑) 또한 잘못을 후회하여 스스로 임금의 자리에서 물러났다. 이제 종사와 생민의 운명을 경(昌)에게 부여하노니 그 책임이 막중하다. 부디 세자야, 자나 깨나 척념하여 …… 위로 천자를 등지지 말고 아래로 종사를 저버리지 말지어다.[6]

요컨대 우왕의 죄과는 전렵을 일삼고 형륙을 멋대로 한다는 것도 있지

---

[6] "定妃教, …… 不幸先王薨逝, 卿父嗣位, 事大撫下, 罔有所愆, 不圖爲崔瑩所惑, 進鷹犬以導田獵, 敎刑戮以逞危虐, 乃至興師動衆, 搆釁中國, 幾爲宗社生民之禍. 言之可爲痛心. 幸賴祖宗陰騭之佑, 崔瑩黜退, 王亦悔過, 自遜其位, 以宗社之祀生民之命, 付之於卿, 厥責重矣. 咨爾世子, 夙興夜寐, 小心敬畏. …… 上不負天子, 下不負宗社."(『高麗史』下, 957면)

만 그 퇴위의 직접적인 계기는 중국에 대한 도발로서 종사와 생민의 화를 불러올 큰 잘못을 저질렀기 때문이란 것이다. 이것이 우왕의 퇴위를 정당화하는 명분이다. 종사와 생민을 위해서는 한 사람의 왕의 퇴위쯤은 감수할 수밖에 없다는 것이 왕조체제의 논리이다. 우왕의 퇴위는 신씨라는 설과는 아무 관계가 없었던 것이다. 이에 대해서는 성호(星湖) 이익(李瀷, 1681~1763)의 탁견(卓見)이 있다.

> 만약 신씨라는 이유로 우왕이 퇴위된 것이라면 목은이 아무리 명망이 높다 하더라도 그의 말 한마디로 다시 우의 아들을 세울 수가 있었겠는가. …… 나는 생각하기로 우의 퇴위는 북벌(北伐), 즉 공요(攻遼) 때문이다. 공요문제로 중국 천자(天子)에 대한 책임을 지고 물러나게 한 것이다. 그때 이미 우는 신씨이다라는 말이 있었다 하더라도 사적으로 수작하는 데 그쳤고 명백하게 정식으로 제기된 문제가 아니었으므로 창이 왕위에 오른 후에 일단 진정된 것이다. 그러다가 사세가 한번 기울어지자 걷잡을 수 없게 된 것이다.[7]

그러니까 창이 왕위에 오를 당시에는 신씨설이 아직 표면화되지 않았고 우왕은 공요(攻遼)의 책임으로 왕위에서 물러나 대중국관계(對中國關係)를 원만히하려는 것이었다. 실제로 『고려사』에는 우가 강화도에 가서 휴양하면서 상왕(上王)의 자격으로 고려조정의 정중한 예우를 받았고(생일과 명절에 의복을 바치고 향연을 베풀어드림) 아들 창에게 부왕(父王)으로서 자상하고도 경건한 태도로 교훈의 글을 보내기도 하였다. 이러한 형편

---

7) “按僿說, 國初辛禍事, 窃有疑焉. 牧隱雖曰言重, 若果以辛氏而廢, 則豈合從其意, 復立其子. …… 余謂廢也, 爲北伐也. 其時雖有辛氏之說, 皆私相酬答, 而非明正說出, 故昌立而亦皆寂然. 據史可證, 事勢一傾, 口舌益繁, 鼓煽和附, 牢不可破.”(『東史綱目』卷17 下, 景仁文化社版, 453~54면)

이고 보면 전왕(前王)의 아들을 세워야 한다고 한 목은의 주장이 너무나 당연한 것이 아닌가. 소에서 목은이 조민수의 사정(私情)에 따라 창을 세움으로서 왕씨를 절사(絕祀)케 했다는 것은 역시 언어도단이다.

목은이 오사충·조박 등의 소에 의해 판문하 부사(判門下府事)에서 파직되고 장단(長湍)에서 국문을 받았는데, 목은은 처음 "창의 옹립에 관한 일은 내가 아는 바 없다"고 했다가 뒤에 "조민수의 의향을 어길 수 없어 우왕의 아들을 세우는 것이 마땅하다고 답했을 뿐이고 내가 먼저 나서서 창을 세우려고 했던 것은 아니다"라고 했다는 것이다. 그리고 목은이 언젠가 사람들에게 말하기를

> 옛날 진(晋)나라 원제(元帝)가 우씨(牛氏)로서 진의 사마씨(司馬氏)의 왕통(王統)을 이었는데도 진나라 군신(君臣)이 그것을 그대로 받아들여 이의(異議)가 없었다. 이에 대하여 치당(致堂) 호씨(胡氏)는 "당시에 호족(胡族)이 교침(交侵)하여 강좌(江左, 진나라)가 미약하니 구업(舊業, 기존의 체제)을 빙자하지 않고서는 인심을 귀속시킬 수 없으므로 새로이 마련하는 것보다 옛 기반을 그대로 두고 해나가는 것이 안전하기 때문이다. 형세에 따라 일을 성취시키려는 부득이한 일이다"라고 하였다. 내가 신창을 세우는 데 이의가 없었던 것도 이러한 의도에서였다.[8]

라고 했다는 것이다. 이것은 모두 『고려사』의 본전(本傳, 李穡列傳)에 나오는 기록이다. 이 기록을 가지고 후세 사람들은 목은의 태도에 회의적 시각을 보이는 경우가 있다.[9] 그러나 이 기록을 곡필(曲筆)이라고 하여 정면

---

8) 穡嘗語於人曰, "昔晋元帝入繼大統, 東晋君臣何以安之而不革也. '必以胡羯交侵, 江左微弱 若不憑依舊業, 安能係屬人心, 舍而創造 難易絶矣. 此亦乘勢就事, 不得已而爲之者也.' 穡於立辛氏, 不敢異議, 亦此意也."(『高麗史』下, 532면)

9) "夫胡氏之說不可曉. …… 況當時江左諸公, 未必知此, 若明知其他姓, 安在乎憑依舊

으로 부정하는 학자도 있다. 우암(尤庵) 송시열(宋時烈, 1607~89)의 비음기(碑陰記)가 그것이다. 창왕을 세운 데 대한 발뺌과 창이 신씨임을 알면서도 구업(舊業)의 빙의(憑依)를 위해 세우게 되었다는 두 가지 기록에 대하여 우암은

> 이 두 가지는 곡필(曲筆)에 속한다. 아마 개국공신(開國功臣)들이 목은 선생의 존재비중을 이용하여 우창(禑昌)을 폐출(廢黜)한 일을 정당화하기 위해 만들어낸 것이리라. 만약 이 기록이 사실 그대로라면 목은은 정도전의 무리와 다를 바가 어디 있겠는가. 맹자(孟子) 말씀에 "서(書, 尙書)를 다 믿는다면 서가 없는 것만 못하다"고 하였다. 옛날도 그러했으니 하물며 후세에 있어서랴. 하물며 역성혁명(易姓革命)의 시기에 있어서랴.[10]

라고 하여 『고려사』의 이 기록을 강력히 지탄하였다.

목은은 창왕이 선 뒤에 이 어린 왕을 받들고 고려왕조를 어떻게든 존속시키려고 정력을 다 바쳤다. 이미 대세가 이성계에게 기울어, 군국(軍國)의 대권(大權)이 그의 손아귀에 들어가 있었으므로 국내에서 손을 쓰기는 아주 어려웠다. 목은은 궁여지책으로 중국 천자의 영향력을 이용하려고 하였다. 노구를 이끌고 사행(使行)에 나섰을 때 그의 주위의 모든 사람이 말

業, 當時又豈無姓馬一人, 而必以是爲安耶. 此只以勢利爲言, 其於義理一邊, 却擔置矣. 然而牧老, 又必擧此爲證, 何也. 當是時辛氏父子, 不過爲孤雛腐鼠, 而宗親亦多, 更何憑依之有哉. 或者當時之事, 有不可以明言之故, 託此爲說耶."(『星湖全書』 卷6, 「僿說」, 驪江出版社版, 659면)

10) "按史云, 李翺鞫先生于長湍, 先生供曰, '立辛昌, 非某所知.' 又云, 先生語人曰, '致堂胡氏, 以爲元帝姓牛, 而東晋君臣, 安而不革者, 必以胡羯交侵, 若不憑依舊業, 安能係屬人心, 某於辛氏, 不敢異議者, 亦此意也. 此二者, 似涉曲筆, 豈當時佐命諸公, 欲藉先生重, 以成廢昌之爲正也歟.' 信如史氏所言, 則直道傳之同浴爾, 何以爲先生哉. 孟子曰, '盡信書, 則不如無書.' 在三古猶然, 況叔季之時乎. 況革除之際乎."(『宋子大全』 Ⅵ, 「牧隱碑陰記」, 民族文化推進會版, 587면)

렸지만, 그는 "가다가 길바닥에 쓰러져 죽는 일이 있더라도 국사를 위해 가겠노라"고 하였다. 목은은 무엇보다 창왕의 친조(親朝)를 통해 명나라 황제의 원격보호(遠隔保護)를 희망하였다. 목은은 자신의 사행에서 목적을 달성하지 못했지만 그래도 단념하지 않고 계속 사행을 통해 친조를 교섭하였다.[11] 반대당의 공작이 있었는지 알 수 없지만 친조교섭은 끝내 실패하였다. 그뿐 아니라 명나라 예부(禮部, 外交部)는 창왕을 가짜 왕씨라고 하면서 동자(童子)가 올 필요가 없다고 하였다. 명나라는 창왕을 상대조차 하려고 하지 않았던 것이다. 이러할 즈음에 김저사건(金佇事件)이 터져 우왕은 죽음을 당하고 사세는 더욱 급전직하(急轉直下)되어갔다.

실의에 빠진 목은은 장단 별업에 가 있다가 공양왕이 고려종실(高麗宗室) 출신으로 왕위에 오르자 고려왕조의 존속에 일루(一縷)의 희망을 품고 개경으로 갔다. 원로대신의 입장에서 무엇인가 할 일이 있을 것으로 여긴 것이다. 이때 포은이 구공신(九功臣)의 한 사람으로 자리를 차지하고 있었고, 그밖에도 목은의 제자 격인 명사들이 아직 조정에 상당수 남아 있었기 때문이다.

3) 전제개혁 문제

고려말의 전제개혁(田制改革)은 우리나라 역사상의 획기적인 사건으로 그 당위성을 누구나 인정하면서 신구(新舊) 두 세력의 마지막 대결로

---

11) 이에 관하여는 安鼎福의 좋은 설명이 있다. 당시 상황과 牧隱의 고심참담한 노력을 잘 알 수 있게 하는 것이므로 옮겨싣는다.
"其事機之緊切, 實無過於親朝一節, 牧隱自請爲賀正使, 及對天子, 奏請親朝, 又請王官監國. 又云, '我意帝必問此事, 則帝不之問.' 所謂此事指何事也. 盖天下新定, 帝意在安輯, 而與牧隱之所欲, 有不同者, 故其言如是矣. 執此而言之, 其憑依上國, 欲有所爲之意, 的然明矣. 牧隱奉使未一月, 而又遣姜淮伯請親朝, 則其請朝事, 皆牧隱之謀也. 及天子不許, 又遣使請朝, 牧隱催之速行, 其綢繆之謀, 皆有所定. 而後來臺臣論李崇仁之罪曰, '循穡奸計, 督昌親朝, 欲立辛禑.'云. 則其機至此發露, 而事勢之緊切, 據此可知矣."(『東史綱目』卷17, 상권 440면)

까지 설명하고 있다. 그런데 목은은 전제개혁을 반대했다고 한다. 전기(前記) 오사충·조박 등의 소(疏)에

국가에서 사전(私田)이 공가(公家, 國庫)를 가난하게 만들고 민생을 해롭게 하며 사송(辭訟)을 번거롭게 하고 풍속을 문란하게 하므로 그것을 개혁하여 전법(田法)을 바로잡으려 하는데, 이색이 상상(上相)으로 앉아 불가(不可)를 고집하면서 아들 종학(種學)을 시켜 사람들에게 말을 퍼뜨려 세신거실(世臣巨室)들의 원방(怨謗)의 단서를 열어놓았다.[12]

라고 되어 있다. 그런데 막상 이 소에서는 목은이 반대한 이유를 말하지 않고 있다. 목은의 신상에 관계되는 대소사를 남김없이 지적한 이 소에서 전제개혁의 반대이유를 들지 않은 것은 이상한 일이다.

오늘의 역사연구자들도 이 문제를 두고 쉽게 판단하지 못한다. 얼핏 생각하면 목은은 원로대신으로 수구세력(守舊勢力)과 일체가 되어 전제개혁을 반대했다고 여겨진다. 한걸음 나아가 혹자는 목은이 자기 자신의 소유인 많은 전장(田莊)을 보존하기 위해 전제개혁을 반대한 것이라고 말하기도 한다. 특히 후자에 대해서는 어떤 근거 위에 그러한 추론이 가능한 것인지 확인할 필요가 있다.

공양왕 4년에 포은이 죽고 간관(諫官) 김진양(金震陽)의 국옥(鞫獄)에 목은 삼부자가 연루되어 종학·종선(種善)이 외방에 유배된 뒤에 왕은 목은에게

경(卿)의 이자(二子)가 조정에 득죄하였으니 경도 떠나거라. 양강(兩江)

---

12) "國家以私田瘠公家而害民生, 興辭訟而毁風俗, 議欲革之, 以正田法, 而穡爲上相, 固執不可, 使其子種學揚言於人, 以倡巨室怨謗之端."(『高麗史』下, 「吳思忠趙璞上疏」, 531면)

저쪽에 경의 뜻대로 가도록 하라.

고 하였던바, 목은은 무연(憮然)한 얼굴로

신이 돌아보아 전택(田宅)이 없으니 어디로 가겠습니까?

라고 했다고 한다. 드디어 금천(衿川, 시흥)으로 귀양을 가게 되었고 조금 후에 여흥(驪興, 驪州)으로 옮겼다고 되어 있다.[13] 여기 양강(兩江)이라는 것은 임진강(臨津江)·한강(漢江)을 가리킨 것이 아닌가 여겨지는데, 목은이 전택이 없다고 한 것은 이곳에 전토(田土)와 가택(家宅)이 없다는 것인지 아니면 전토에 딸린 가택이 없다는 것인지 알 수 없다. 후술한 바와 같이 목은이 여흥에 얼마간의 전토를 국왕으로부터 하사받은 적이 있었으니 아마 전토는 다소 있으나 가택이 없다는 것으로 해석함이 타당할 듯도 하다. 그러나 경우에 따라서는 이 전토도 그동안 사정에 의해 없어졌을 수도 있다.

어쨌든 목은이 마지막으로 개경을 떠나는 길에 제대로 갈 곳이 없었던 궁한 처지였음을 알 수 있다. 그런데 이것은 일시적인 것이 아니고 목은 평생의 생활태도에서 온 것이다. 『고려사』 본전의 말미에 사신(史臣)이 평하기를

평생에 질언거색(疾言遽色)이 없고 모[圭角]를 드러낸 일이 없었으며 생산(生産, 살림살이)을 다스리지 아니하여 여러번 양식이 떨어져도 개의치

---

13) "誅夢周, 鞫諫官金震陽等辭連穡種學種善, 流種學種善于外, 王使謂穡曰, '卿之二子 得罪於朝, 卿其去矣. 兩江之外, 惟卿所適.' 穡憮然曰, '臣顧無田宅, 果安歸乎.' 遂貶 衿川, 尋徙驪興." (『高麗史』下, 535면 참조)

않았다.[14)]

라고 하였다. 『고려사』 찬자(撰者)는 이조초의 신료들로서 없는 일을 만들어가면서까지 목은을 찬양하려 들지는 않았을 것임을 생각할 때에 목은의 청빈한 생활은 우리가 믿어도 좋을 듯하다.

목은은 한산군리(韓山郡吏)의 집안으로 조선의 가계는 대단치 않지만 부친인 가정(稼亭) 이곡(李穀)이 문장(文章)과 사환(仕宦)으로 고려와 원(元) 양국에 널리 알려진 분이고, 목은이 또한 뒤를 이어 가성(家聲)을 떨쳤다. 목은은 부자간의 대를 이은 문학성망(文學聲望)을 자랑하고 있었으나 부친 가정의 성격이 소탈하고 물욕에 담박하여 자손을 위한 궁리를 하지 않았던 것 같다. 목은에게 이러한 시구(詩句)가 있다. 이 시구는 후술할 목은의 사전(賜田) 관계 시편 속에 다 나오지만 여기 우선 일부만을 소개한다.

가정(稼亭)선생은 자기 공적을 말하지 않고	稼亭先生不言功
또 글을 지어 궁귀(窮鬼)를 보내려고 하지도 않았다	又不作文名送窮
시편(詩篇) 속에 풍월(風月)을 높이 부르고	大呼風月詩篇裏
강산(江山) 가는 곳마다 술잔을 들곤 하였다	到處江山尊酒中[15)]

이와같이 가정은 자기 공적을 남에게 말하지도 않았고 또 굳이 영달(榮達)을 위해 한퇴지(韓退之)와 같이 「송궁문(送窮文)」을 짓지도 않았다. 그리고 강산풍월을 좇아 시주(詩酒)로써 즐겼다는 것이다. 그는 원나라의 봉의대부 정동행성 좌우사랑중(奉議大夫征東行省左右司郎中)에다가 고

---

14) "平生無疾言遽色, 不露圭角, 不治生産, 雖至屢空, 不以爲意."(同上)

15) 『牧隱詩藁』卷15, 「賜田申省狀至 去歲十二月所申也 今年三月 始得之 未及展閱 向闕謝恩 吟成一首」, 452면.

려의 중대광 한산군 광정대부 도첨의찬성사 우문관 대제학(重大匡韓山君
匡靖大夫都僉議贊成事右文館大提學)이라는 상당히 높은 벼슬까지 했지
만 목은이 24세 때에 본국에서 세상을 떠났고, 이후 목은은 원나라 대도
(大都, 北京)에서 분상(奔喪)을 해왔다. 가정의 부인이 계속해서 고향 한
산(韓山)에 머물러 있었던 것을 보면 한산에 어느정도의 생활터전이 있었
던 듯하다. 그 뒤 목은이 정동성(征東省) 향시(鄕試)를 거쳐 원나라 과거
에 합격하여 관리로 임명되었다가 곧 본국에 돌아와 예문관응교 지제교
(藝文館應敎知製敎)를 위시하여 계속 관직에 승천(陞遷)되었으니 반드시
거기 상응하는 녹봉 또는 녹과전(祿科田)이 있었을 것이다. 그러나 이때
이미 고려 전제(田制)의 문란이 심해져서 관리에게 줄 것을 규정대로 줄
수가 없었다. 반대로 탐관오리와 권문세가들은 불법비리로 점탈을 일삼
아 부자는 전연천맥(田連阡陌) 과주포군(跨州包郡)하고 빈자는 입추지지
(立錐之地)가 없는 실정이었다. 목은의 사정은 자세히 알 수 없지만 위의
사신의 평어(評語)와 목은 자신의 많은 시작품 속에 나오는 말들을 결부
시켜 생각해보면, 그의 삶의 형편을 짐작할 만하다.

『고려사』에 의하면 홍건적(紅巾賊)의 난리에 공민왕이 피란차 복주(福
州)까지 갔다가 환도하여 다시 흥왕사(興王寺)의 변(變)을 겪고 모든 신
료들에게 녹공(錄功)을 했는데, 공신의 종류가 흥왕토적공(興王討賊功)·
부시피란공(扶侍避亂功)·신축호종공(辛丑扈從功)·첨병보좌공(僉兵輔
佐功)·수복경성공(收復京城功)·격주홍적공(擊走紅賊功)·첨병제사공
(僉兵濟師功) 등등으로 1·2등공신이 도합 334명이었다.[16] 1등공신이 백
수십명이고 2등공신도 그만큼 많았다. 1등공신에게 전(田) 1백결(結)과
노비 10구(口)를 주고, 2등은 그 반 정도로 주는 것으로 되어 있다. 목은도
신축호종공으로 1등공신에 들어 있으니 전 1백결을 받게 된 것으로 볼 수

---

16)『高麗史』上, 799~802면 참조.

있다. 그러나 334명의 공신들에게 국가가 모두 이러한 전토를 규정대로 준다는 것은 당시의 실정으로 도저히 불가능한 일이다. 아마 종래 식읍 (食邑)과 같이 명(名)과 실(實)이 아주 달랐을 것이다.

어쨌든 목은은 부친에게서 유산을 받은 것이 별로 있었던 것 같지 않고, 자신이 벼슬을 하면서 1등공신이 되어 여러번 승천할 때에 공신호(功臣號)를 그대로 가지고 있었지만 경제적으로는 항상 어려웠던 것으로 보인다. 당시 정부에서 주는 공식 녹봉만으로는 가난하게 살 수밖에 없었던 것이다. 조준(趙浚)이 전제개혁소(田制改革疏)에 당시의 실정을 열거하면서

> 재상이 되어 마땅히 전(田) 3백여 결(結)을 받아야 할 사람에게 일찍 송곳 하나 꽂을 땅도 줄 여유가 없고, 재상이 되어 녹(祿) 360석(石)을 받아야 할 사람에게 20석이 될락말락할 정도로 지급하고 있다.[17]

라고 하였다. 이와같이 당시 고려정부의 급여체계는 그야말로 엉망이었다. 그러니까 목은도 처음부터 관직에 따라 토지를 제대로 받을 수는 없었을 것이고 다만 약간의 녹봉으로 삶을 꾸려나갔던 것 같다.

이제 그것의 실증을 위해 그의 시들을 살펴보기로 하자. 목은의 시는 이른바 즉물사경(卽物寫景) 즉사서정(卽事敍情)에 속한 것으로 별로 다듬고 꾸밈이 없이, 있는 그대로 느낀 그대로 쓴 것이어서 시로서의 작품가치를 말하기 전에 우선 독자에게 시에 담긴 내용——사실, 그것에 신뢰가 가게 한다.

시에 연조의 표시가 없어, 목은의 생애에서 어느 시기에 지은 것인지 확실히 알 수는 없지만 『목은시고(牧隱詩藁)』의 편차순서에 따라 맨 위에서부터 전토를 중심으로 한 그의 생활기록을 훑어보기로 한다. 대략 초년기

---

17) "爲宰相而當受田三百餘結者, 曾無立錐之可資, 爲宰相而受祿三百六十石者, 尚不滿 二十石."(『高麗史』中, 715면)

를 지나 중년 이후부터의 것이 주가 되는 것으로 여겨진다. '병쇠(病衰)' '노(老)' 등의 글자가 많이 따라나오기 때문이다.

먼저 「자영(自詠)」 시를 본다. 이 「자영」이라는 제목 밑에

> 선생(先生, 목은 자신)은 집이 가난하여 아침밥을 간혹 거르기도 했으니 하물며 쌀밥과 고기를 물리게 먹을 수 있겠는가. 이미 한 푼의 돈으로 서로 찾아 술을 사지도 못하니 이같은 사람을 누가 함께하려 하겠는가.[18]

라는 사설이 붙어 있다. 시는 칠언절구(七言絶句)이다.

안공(顔公)은 죽을 먹으면서 천지에 감사했는데	顔公食粥謝乾坤
높은 저택(邸宅)들 여기저기 나날을 보낸다	甲第紛紛日欲昏
명월(明月)과 청풍(淸風)이 내 집을 윤택케 하리니	明月淸風應潤屋
가을꽃 비단 같은 돌 사랑하며 홀로 빗장을 지르네	秋花錦石獨關門[19]

옛글에 부(富)는 윤옥(潤屋)이라 했는데 목은은 부가 아니고 명월과 청풍으로 윤옥의 자료를 삼는다는 것이다. 그리고 사람들과의 접촉이 잦지 않는 대신 가을꽃과 비단 같은 돌을 사귀면서 문을 닫고 있다는 것이다.

그러나 목은도 풍월과 화석(花石)만으로 살 수는 없었으니, 결국 그도 전토의 필요를 느끼지 않을 수 없었다. 「구전가(求田歌)」가 그것이다.

밭이 있는데 돌아가지 않음은 말할 게 없고	有田不歸甚無謂
밭이 없는데 돌아가고자 함은 망령된 사람이라	無田欲歸妄人耳

---

18) "先生家貧, 晨炊或不繼, 況於厭粱肉. 旣不用一錢相覓沽酒, 誰復比數如此人哉."(『高麗名賢集』3, 『牧隱詩藁』卷11, 大東文化研究院版, 381면)

19) 『牧隱詩藁』卷11, 「自詠」, 381면.

아아, 장부의 머리와 수염이 하얘졌는데　　　　鳴乎丈夫鬢髮白
여전히 이름 좇고 이(利) 끝에 얼쩡이네　　　　尙爾馳名近於利
당시의 비방으로 이미 얼굴 붉어졌고　　　　當時非笑已赤面
뒷날의 평판은 사책(史策)에 맡기노라　　　　他日譏評付靑史
의(義)와 이(利)는 흑과 백처럼 분명하여　　　　義利分明自白黑
금과옥조 환하기가 대낮과 같네　　　　金科玉條皎如晝
내 몸을 돌아보니 하나의 고깃덩어리　　　　回觀我身一塊肉
여태껏 살찌고 편안함은 임금의 덕이라네　　　　肥澤至今由上德
병(病)과 노쇠(老衰)로 전공(前功)을 이을 힘 없고　　　　病衰無力繼前功
늙은 말도 피곤하여 쓸쓸한 바람에 울어　　　　老馬又困嘶悲風
까닭없이 나는 땀 진주인 양 붉기도 하다　　　　無由汗出眞珠紅
너른 들의 시든 풀 야윈 뼈를 덮는데　　　　平郊秋艸蔽瘐骨
흐르는 내에 목 축이며 석양을 보낸다　　　　渴飮流川斜日中
밭을 구함이여 밭을 구함이여 돌아갈 수 있을거나　　　　求田求田可歸去
산야에는 옛부터 늙은 농부 많았다네　　　　山野古來多老農[20]

　이 시는 인생행로(人生行路)에서 머리와 수염이 희어지도록 공명이욕 (功名利欲)에 허덕이는 것이 싫고 임금과 나라 덕택으로 지금껏 잘 지내 왔지만, 이제 병들고 쇠약해진 몸 전공(前功)을 계속해나갈 수도 없으니 장차 전토를 구하여 산야(山野)로 돌아가 늙은 농부와 함께 살겠다는 것 이다. 20석이 될락말락한 녹봉에 의존하여 사는 것보다 시골에 가서 전토 를 구해 삶을 영위하는 것이 낫겠다고 생각한 것이 아닐까. 이 시는 인간 목은의 소회의 일단을 엿보게 하는 것이다.
　목은은 가난한 살림살이에 죽을 먹으며 지냈다. 아래의 「식죽음(食粥

---

20) 『牧隱詩藁』 卷12, 「求田歌」, 391~92면.

吟)」은 그 정경을 잘 보여준다.

안공(顔公)은 죽을 먹으니 취사(炊事)를 말할 수 없었고	顔公食粥敢言炊
목은(牧隱) 노인은 양식이 떨어졌으니 죽인들 말할 수 있으리오	牧老絶糧敢言粥
밝은 창가에서 송궁문(送窮文)을 지으려다가	明窓擬作送窮文
붓을 멈추고 길게 한숨지으며 천정을 우러러보네	閣筆長吟空仰屋
소년시절 산사에서 글을 읽을 때	少年讀書山寺中
죽그릇 속에 비쳐진 얼굴을 대한 적 있었네	鉢底分明對眉目
푸성귀 맛이 있어 이와 뺨이 향기로웠고	菜根有味齒頰香
곧 쉽게 천종(千鍾)의 녹을 받으리라 스스로 생각했었네	自謂立致千鍾粟
누가 알았으리오, 작위가 봉군(封君)에 이르러	誰知爵位已封君
백발을 죽그릇에서 다시 볼 줄을	白髮粥中時更覩
늙은 아내는 병든 내 몸 수척해짐을 걱정하여	老妻悶我病軀瘦
특별히 조호(鯛胡)를 구걸해오니 희기가 옥과 같네	特丐鯛胡白如玉
비계를 매끄럽게 목구멍으로 넘기고	凝脂流滑入喉去
초가 추녀 밑에서 햇볕 쪼이며 배를 두드리네	曝背茅簷叩吾腹
남녀 하인들 안색이 초췌하니	蒼頭赤脚色憔悴
내가 오활하여 먹여살리지 못함이 부끄럽네	愧我生疎不能育
한평생 글을 읽고도 세정(世情)에는 익숙지 못하니	讀書一生不識事
집안일도 어두운데 하물며 나랏일을 감당할소냐	尙昧持家況當國
가솔을 거느리고 산속으로 돌아감이 마땅할 형편	政合提携山中歸
산속의 요초(瑤草)들 지금 진정 푸르리	山中瑤草今正綠[21]

안공(顔公)은 죽을 먹으면서 취사(炊事)를 말할 수 없었지만 목은 자신은 절량(絶糧)으로 죽도 말할 수 없다고 하였다. 소년시절 산사에서 공부하면서 묽은 죽그릇 속에 얼굴을 대한 적이 있었는데 이제 작위가 봉군(封君)까지 되었는데도 백발의 모습을 때때로 다시 죽그릇 속에서 보게 되고, 집에 부리는 하인들——창두(蒼頭, 奴) 적각(赤脚, 婢)들의 안색이 초췌하니 그들을 옳게 먹여살리지 못하는 것이 부끄러울 뿐이라고 하였다. 한평생 독서하고도 세정을 모르니 한 가정도 제대로 다스리지 못하는 처지에 어찌 나랏일을 감당해내겠는가. 정말 가솔을 이끌고 산중으로 돌아가 요초(瑤草)를 캐어먹고 살겠다고 한 것이다.

그러나 당시의 정치적·사회적 상황에 비추어볼 때 목은은 표연히 벼슬을 버리고 귀거래사(歸去來辭)를 부(賦)할 수가 없었다. '구전구전가귀거(求田求田可歸去)'와 '정합제휴산중귀(政合提携山中歸)'는 하나의 공염불(空念佛)이 될 수밖에 없었다. 결국 목은은 조정의 관인으로 남아 있어야 하고 그러자면 필경 조관(朝官)으로 전토를 가져야만 했다. 어느날 요색(料色)으로 전토를 하사한다는 통지서가 목은의 집에 날아들었다. '요색'이란 쉽게 말하면 급료조(給料條)라는 것이다. 아래의 시가 그것을 말한 것이다.

요색(料色)이 오늘 아침 도착한다고	料色今朝至
관가의 편지 한 통이 당도하였네	公緘一札來
기쁜 마음 온 집안에 퍼지고	歡情洽家室
하인들도 굶주린 기색을 면하겠네	饑色免輿臺
악와(渥洼) 같은 좋은 인재를 길러	養得渥洼種
북돋아 동량의 재목을 이루고저	培成樑棟材

---

21) 『牧隱詩藁』卷12, 「食粥吟」, 394면.

홋날 국가의 쓰임이 되어   他年爲國用

빛나게 삼공의 자리 비추리라   赫赫照三台[22]

우선 전토를 준다는 통지서를 받았을 뿐인데도 벌써 온 가족이 기뻐하고 하인들의 굶주린 빛이 엷어졌으며 목은은 한걸음 나아가 그 전토를 바탕으로 자손들을 잘 길러서 후일 국가유용(國家有用)의 인재(人材)가 되게 하겠다고 하였다.

목은은 장차 하인을 보내 새로 받은 전토를 답험(踏驗)하려 하면서 시 한 수를 남겼다.

새 전토(田土)를 답험하려는데 한 해가 저물어가고 踏驗新田歲欲除

수조(輸租)는 이미 배와 수레에 실린 듯 생각된다 輸租計已到舟車

인생살이 족함을 알면 욕됨이 없겠고   人生知足可無辱

동료들 친하려 하는데 스스로 소원해지네   儕輩欲親還自疎

빈약하지만 술상 차릴 준비도 하고   草草盃盤將準備

매일 아침 죽밥간에 남는 것이 있으리   朝朝饘粥自嬴餘

굳이 산야(山野)에서 몸소 밭 갈려 하지 않노니 不須林下躬耕去

대은(大隱)의 일 역사책에 실려 있는 바라네 大隱由來史所書[23]

답험이란 조세나 지대를 부과하기 위해 그해의 농사 소출을 현지에 가서 실사하는 것을 말한다. 목은도 전주(田主)로서 소출의 일부를 거둬들이기 위해 하인을 보내 답험하려 한 것이다. 목은은 이제 이 전토의 수입으로 친구를 불러 술상을 차릴 수도 있고 매일 죽밥간에 남는 것이 있을 것이라고 하였다. 따라서 굳이 시골로 돌아가 몸소 농사를 짓지 않고 성시

---

22) 『牧隱詩藁』卷12, 「得料色僉錄公緘 撥賜土田」, 398면.

23) 『牧隱詩藁』卷12, 「將遣家奴 踏驗新田」, 399면.

에서 그대로 눌러앉아 있게 되었다는 것이다. 물론 이것으로 목은의 가난이 완전히 가셔진 것은 아니다. 겨우 친구를 불러 술상을 차릴 수 있고 죽밥간에 남는 것이 있을 정도라면 사전의 규모는 짐작이 간다. 게다가 정정 (政情)의 불안과 인심의 반측(反側)은 목은으로 하여금 마음 한구석에 항상 막연하게 '귀전원(歸田園)'의 동경(憧憬)이 잠재케 하였다. 아래의「유감(有感)」시가 그것을 말해준다.

백년 세월 빠름이 마치 꿈결인 양	百年鼎鼎夢魂間
술자리에 서로 만나 우선 마음을 푼다	樽酒相逢且自寬
땅은 편벽하고 병이 깊어 왕래가 뜸하고	地僻病深來往少
집은 가난한데 관직은 높아 떠남과 머묾이 어렵다네	家貧官大去留難
산중에 중들의 정담(情談) 아직도 있을 터이고	山中僧話依然在
강가 갈매기와 맺은 약속 오래도록 썰렁하네	江上鷗盟久矣寒
받은 전토(田土) 힘입어 돌아감이 정히 좋을 듯	賴賜土田歸正好
벽라(薜蘿)로 덮인 집 밝은 달 흰구름 언저리로	薜蘿明月白雲端[24]

그런데 이 시의 제2연의 바깥 구가 목은의 고민을 그대로 나타낸 것이다. "집은 가난한데 관직은 높아 떠남과 머묾이 어렵다(家貧官大去留難)"라고 하여, 미관말직과 같이 조정을 쉽게 떠날 수 없으매 가난을 이기면서 나라를 지킬 수밖에 없는 자기 처지의 딱함을 이야기한 것이다.

한가지 덧붙여 말해둘 것은 이 사전(賜田)의 통지서를 받고 진작 성(省, 정부기관)에 신고했는데, 거년(去年) 12월에 신고한 것에 대하여 정식으로 절차에 의한 회답공문[狀]이 도착한 것은 3개월여 만인 금년 3월이라는 것이다. 그 완만한 행정처리에 대하여 목은은 불평 한마디 하지 않고

---

24)『牧隱詩藁』卷12,「有感」, 402면.

공문을 펼쳐보기도 전에 궐문(闕門)을 향해 사은(謝恩)하면서 다시 시 한 수를 읊었다.

임금은 하늘과 같이 만물(萬物)을 기르니	主上如天育萬物
신(臣) 색(穡)이 쇠년(衰年)에 아직 붓대를 잡고 있다	臣穡衰遲猶秉筆
전조(前朝)의 사신(詞臣) 수풀과 같이 무성하나	前朝詞臣森如林
부자가 가업(家業)을 전함은 수례(數例)가 드문 일	父子傳家罕疇匹
가정(稼亭)선생은 공적을 말하지 않았고	稼亭先生不言功
또 한퇴지(韓退之)와 같이 송궁문(送窮文)을	又不作文名送窮

짓지도 않았다.

시편 속에 풍월(風月)을 높이 부르고	大呼風月詩篇裏
강산(江山) 가는 곳마다 술잔을 들곤 하였다	到處江山尊酒中
신(臣)은 지금 병든 몸으로 사사(史事)를 맡아	臣今臥病領史事
해마다 쌀을 빌어[乞米] 살아가는 군색한 형편	乞米年年拙生理
엷은 죽, 수염과 눈썹 마주 대한 듯	粥薄鬚眉宛相對
굶주려 우는 아이종들 차마 볼 수 없다오	啼飢僮奴難忍視
구고(九皐)에 우는 학소리 하늘에 들리어	鶴鳴九皐聲聞天
성은(聖恩)이 어려운 사정 보살펴 보전케 하셨네	聖恩周急令保全
칙명(勅命)으로 경호(鏡湖)를 주신 뜻 간책(簡策)에	敕賜鏡湖溢簡策

넘치니

장강(長江) 양안(兩岸)에 양전(良田)이 많은 곳	長江兩岸多良田
이제부터 한 가족 배불리 밥 먹고	從今一家飽喫飯
날마다 송축하면서 여생을 마치겠네	日日頌禱終臣年
자손 대대로 지키면서 임금과 나라 섬겨	子孫世守佐王國
충효(忠孝)로써 이 은정(恩情) 보답하기로	誓將忠孝酬恩憐[25]

맹세한다오

이 사전(賜田)의 소재지는 여흥(驪興, 지금의 여주)이다. 당시의 여흥, 특히 여흥의 인근인 천녕(川寧) 쪽에는 조관 중 유력자의 전장(田莊)이 많이 있고 조운(漕運)에 따른 민물(民物)의 번성(繁盛)이 상당한 곳이었다. 목은은 이곳에 전토를 얻은 것을 감사히 여기고 노후의 은퇴지(隱退地)로 삼고자 하였다. 아래의 「여흥전(驪興田)」이란 시가 그것이다.[25]

여흥(驪興)의 전답은 임금의 은덕을 입은 것	驪興田土荷君恩
감사하고 부끄러운 마음 여생에 어찌 다 말하랴	感愧殘年可盡言
심양처사(潯陽處士)는 대나무 소나무 사이에 아직 삼경(三逕)이 있는데	處士竹松猶有逕
금리선생(錦里先生)은 토란과 밤을 거두는 동산이 없을손가	先生芋栗豈無園
교묘히 속이고 강포하게 빼앗음은 도리어 소란만 피우리니	巧偸豪奪還遭聒
조용히 앉아 깊은 생각에 번다함을 줄이리라	靜坐沈思欲省煩
늘그막에 회포를 풀 곳이 어디메냐	老境寬懷何處是
오호(五湖)의 연월이 천지에 가득하다	五湖烟月滿乾坤[26]

그런데 이 하사받은 전토(田土)에 대하여 관가(官家)에서 계속 수세(收稅)해가므로 실속이 없게 되어 목은은 부득이 재추소(宰樞所, 대신들의 회의소)에 소장을 내어 관가의 수세를 면케 해줄 것을 요청하였다. 목은은 사람을 보낸 뒤에 "거후참한미이(去後慚汗未已)"라 하여 자기의 한 일이 부끄럽고 땀이 나 그치지 않는다고 하였다. 시는 아래와 같다.

---

25) 『牧隱詩藁』卷15, 「賜田申省狀至 去歲十二月所申也 今年三月今年三月始得之 未及 展閱向闕謝恩 吟成一首」, 452면.
26) 『牧隱詩藁』卷21, 「驪興田」, 550면.

녹을 먹고 한가히 지냄은 나라의 은혜인데 　食祿閑居荷國恩
사전의 세금을 면해달라고 다시 번거롭게 하고 있네 　賜田免稅更相煩
늙은이 부끄럼 없음을 모두들 비웃을 테지만 　老翁無恥人皆笑
대신들은 여러 사람의 의논을 받아들여주리라 　冢宰能容衆所論
부질없는 세상의 이 몸 마치 썩은 쥐 같으니 　浮世此身如腐鼠
어느 날에야 고향에서 맑은 잔나비 소리 들으리오 　故山何日聽淸猿
옛일을 상고하면 힘을 많이 얻을 것 분명히 아노니 　明知稽古終多力
돈궤짝 속의 황금(黃金)을 자손에게 물려주려 　莫把籯金遺子孫[27]
하지 말라

그리하여 목은은 사전(賜田)에 대한 관가의 수세를 면제받고 하인을 수
조(收租)하러 보내면서 다시 시 한 수를 읊었다.

임금의 은혜 두루 미침이 하늘처럼 커서 　聖恩周徧大如天
보잘것없는 늙은이도 전토(田土)를 하사받았네 　老物猶蒙賜土田
재상(宰相)들의 연명으로 세(稅)의 면제를 허해 　冢宰聯名許蠲貸
주었지만
군수수(軍須需)를 위한 대장(臺帳)의 조사 감히 　軍須案籍敢遷延
늦출손가
좋은 치세(治世)에 몸을 바침, 쉬운 일이 아닌데 　致身昭代應難强
입에 풀칠하는 남은 여생 참으로 가련토다 　糊口殘生儘可憐
다시 하인에게 경계하노니 전호(佃戶)를 침요(侵擾) 　更戒家童勿侵擾
하지 말라
내 내년을 기다려 묵은밭을 개간하리라 　墾荒吾欲待來年[28]

---

27) 『牧隱詩藁』 卷26, 「賜田乞免官家收稅 狀呈宰樞所 去後慚汗未已」, 650면.
28) 『牧隱詩藁』 卷27, 「賜田收租人將行坐吟一首」, 654면.

늙은 몸이 임금으로부터 전토를 하사받고 또 재상들의 연명으로 세의 면제를 받아 호구(糊口)하며 살아가는 것이 가엾다고 하였다. 그러면서 그는 수조하러 가는 하인에게 직접생산자인 전호(佃戶, 農民)에게 조(租, 地代)를 과도하게 받거나 다른 작폐(作弊)를 하지 말라고 경계하였다. 그리고 내년에는 그곳의 황무지를 개간하여 거기서 소득을 올릴 것이라고 부언(附言)하였다.

하인이 수조하여 돌아오자 목은은 또 시 한 수를 지었다.

병들어 누워지내는 몸 나라의 은혜를 받아	臥病深驚荷國恩
여강 양언덕에 전원(田原)을 받았네	驪江兩岸賜田原
집에 있으면서 녹을 먹음이 이미 부끄러운데	居家食祿已自愧
농사도 짓지 않고 벼를 취함은 또 어떻게 말하랴	不稼取禾何更言
누워 책 읽는데 청산이 베갯머리에 가득하고	臥讀書殘山滿枕
앉아서 낚싯대 드리우니 강물이 문앞까지 이르네	坐垂釣罷水侵門
평소의 바람이 어느 때에나 이루어질지 모르겠는데	未知素願何時遂
흰머리는 옥잠에 가득하고 두 눈은 침침하구나	白髮盈簪兩眼昏[29]

목은은 이 시의 제2연에서 "집에 있으면서 녹을 먹음이 이미 부끄러운데 농사도 짓지 않고 벼를 취함은 또 어떻게 말하랴"라고 하여 그의 양심을 토로하였다.

목은은 자신이 지배층에 속한 사람으로, 농민 내지 일반 노력자(勞力者)에게 부담을 주는 것이 마음에 걸렸다. 내포(內浦) 쪽에서 올라오는 미선(米船)에서 쌀을 구해온 늙은 하인에게 고맙게 생각하는 한편 선인(船人)들의 고생에 대해서도 언급하였다.

---

29)『牧隱詩藁』卷27, 「賜田收租回一首」, 659면.

뱃머리 좌우에 노가 세 개인데	船頭左右碓搖三
노 저으매 얼음 갈라지고 물은 쪽처럼 푸르다네	踏碓氷開水似藍
내포에서 길을 떠나매 진(陣)을 오르는 듯하고	內浦發程如上陣
서강 언덕에 닿으매 곧 말을 세웠네	西江下岸卽停驂
생계를 영위하느라 너희들은 종신토록 괴로운데	營生若等終身苦
너희들의 힘을 먹고 사는 것에 내 지금 부끄러움 얼굴에 가득하다	食力吾今滿面慚
늙은 종에게 마음씀이 있음을 사례하노니	爲謝老奴能用意
죽그릇에 그림자가 서로 비침을 면하게 되었네	不愁粥鉢影相涵[30]

목은은 여주의 전토 외에 안양(安陽)에도 약간의 전토를 하사받았던 것이 시에 나온다. 안양은 춘천(春川)의 고호(古號)이기도 하지만 남양부(南陽府) 재성현(載城縣)이 옛 안양현(安陽縣)이니까 목은에게 준 사전이 아마 남양땅에 있었던 것이 아닌가 여겨진다. 그런데 이 안양의 전토는 현재 경작하지 않는 황무지였다. 물어보니 군수(軍須)가 반을 차지하고 이속(吏屬)들의 수탈이 혹독하기 때문이라는 것이다. 목은은 농민에게 경작을 권하면서 아래와 같은 시를 남겼다.

늘그막에 안양(安陽)에 사전(賜田)을 받았는데	老向安陽受賜田
밭이 황폐하고 개간되지 않아 그 이유를 물었네	田荒不闢問胡然
군량(軍糧)으로 세(稅)를 거둠이 소출의 반을 차지하고	軍興收稅嘗居半
아전들 혹독히도 과(科, 租)를 독촉하는데 지난번의 배나 된다.	吏酷催科又倍前

---

30) 『牧隱詩藁』 卷27, 「沔州米船至」, 663면.

너희가 널리 경작하여 내 뜻과 같이한다면	汝且廣耕如我志
나는 적게 거두어 너희 어깨를 펴게 하리라	吾當薄歛息渠肩
마침내 배 두드리며 함께 편안히 지내면서	終期鼓腹同安樂
위로 성군의 천만년 장수를 축원하자꾸나	上祝聖君千萬年[31]

목은은 현지 농민에게 경작을 권하면서 너희가 나의 바라는 대로 널리 경작을 하면 내가 조(租, 地代)를 헐하게 거둬들여 너희의 어깨를 펴게 해 줄 것이다. 그리하여 너도나도 함께 잘 살아가면서 임금님을 축수하자고 한 것이다. 한 전토에 수조자가 몇사람씩이나 나와 농민의 등살을 긁아먹던 고려말기의 상황에 비추어보면 목은의 이 시구는 천래(天來)의 복음(福音)과 같은 것이다.

이상의 시들을 종합해보면, 목은은 한 관인으로서 순조롭게 고위관료로 진출하였으면서도 사생활은 아주 가난하였다. 이 시기 고려정부의 재정은 고위관료에 상응하는 공식 지급을 보장해줄 수가 전혀 없고 오직 각자의 형편대로 지탱해나가고 있었다. 탐관오리와 권문세가는 별문제로하고, 일반 관인으로 체통을 지키는 사람들도 어렵기는 하지만 대체로 무난하게 지낼 수 있었던 것 같다.

그런데 목은은 어찌하여 저와 같이 궁핍했을까? 사신(史臣)은 목은이 '불치생산(不治生産)'하여 누공(屢空, 양식이 떨어지는 것)에 이르렀으나 개의치 않았다고 했는데 아마 그것이 사실이었던 것 같다. 비록 불치생산 즉 살림살이를 돌보지 않았다고 하더라도 세업장토(世業莊土)가 있었으면 그렇지 않았을 터인데 목은은 그렇지 못했던 것 같다. 부친에게서 별로 받은 것이 있었던 것 같지 않고, 고향 한산에도 모친의 별세 후에 실제 연고가 멀어져서 아무 도움된 것이 없었던 것 같다.

---

31) 『牧隱詩藁』卷28, 「賜田勸耕有感」, 678면.

36세에 호종1등공신이 되어 전 1백결을 받을 자격은 있었으나 모든 다른 공신들과 함께 실제로 받을 수 있는 형편이 아니었고, 46세에 대광 한산군(大匡韓山君), 57세에 삼중대광 한산부원군(三重大匡韓山府院君)으로 봉해졌으나 의연히 가난한 생활을 해야 했다. 앞에서 본 시 가운데 작위가 이미 봉군(封君)이 되었는데도 죽그릇 속에 백발의 모습이 비친다고 한 것이 그 실상이었다.

여주에 사전이 있었으나 그 규모는 얼마 안되었던 것 같다. 한 가족이 배불리 먹을 수 있다느니, 하인들이 굶주림을 면할 수 있게 되었다느니 하는 것을 보면 알 수가 있다. 달리 안양에 전토를 받기도 했지만 그것은 경작하지 않는 묵밭이었다. 농민들이 과연 목은의 권유를 받아들여 농사를 짓고 목은에게 조를 바쳤는지는 알 길이 없다.

이제 본론으로 돌아가 문제를 밝혀보도록 하자. 목은이 전제개혁을 반대한 것에 대하여 혹자는 목은 자신의 소유인 많은 전장을 보존하기 위함 때문이라고 한다. 이 견해는 설득력이 전혀 없다. 무엇보다도 목은이 많은 전장을 소유한 것이 없다. 사전으로 받은 여흥·안양의 그것 때문이라면 더욱 이유가 안된다. 이 두 군데 사전을 받은 이후에도 목은은 「가빈(家貧)」이라는 제목으로 시를 쓴 것이 몇차례나 나온다. 사촌회(四寸會)라는 모임을 마련하고자 해도 그것이 안되고, 염제신(廉悌臣)의 집 잔치에 부조할 것이 없어 황두(黃豆) 2석으로 말[馬]의 양식이나 하라고 보낸 것 등이 그 내용들이다. 요컨대 사전 그것이 가난을 완전히 면해줄 정도는 아니었던 것이다. 만약 목은이 개인적 이해를 위해 전제개혁을 반대한 것이라면 차라리 개혁을 성취시켜 전정을 정상화한 뒤에 재상의 몫으로 소정의 많은 토지를 받는 것이 훨씬 유리했을 것이다.

이와는 달리 일반적으로 목은이 원로대신인 입장에서 수구세력과 일체가 되어 개혁을 반대한 것으로 보고 있다. 그러나 이 견해도 옳지 않다. 목은은 일찍 시중(侍中) 이성림(李成林)과 좌사(左使) 염흥방(廉興邦)이

‘광점전민(廣占田民)’ ‘취렴위사(聚歛爲事)’하여 국가를 그르칠 자는 반드시 이 두 사람이라고 하면서 문을 닫고 나오지 않을 정도로 탐권낙세(貪權樂勢)한 자를 싫어하였다. 그리고 초년의 일이지만 목은은 공민왕에게 상서하여 전제의 정리를 강력히 실행함으로써 국입(國入)을 늘리고 민생의 안정을 도모할 것을 건의한 바 있었다. 이러한 목은이 수구세력과 일체가 되어 개혁을 반대했다고 볼 수가 있겠는가.

우리는 이제 목은의 반대이유를 다른 각도에서 찾아보기로 하자. 이에 대한 견해로서 순암 안정복의 설명이 가장 설득력있게 생각되므로 여기 소개해두기로 한다.

충신(忠臣)이 임금 섬기는 법은 반드시 법령(法令)이 임금에게서 나오게 하고 신하에게서 나오게 하지 않으며, 반드시 민심이 임금을 사랑하여 떠받들게 하고 다른 사람을 사랑하기를 원치 않아야 할 것이다.

이때[高麗末]에 우리 태조[이성계]가 조야(朝野)로부터 촉망을 받아 법령의 반포와 민심의 추대가 모두 우리 태조에게 있었으니 어찌 목은과 포은 제공(諸公)이 바라는 바이겠는가. 사전겸병(私田兼幷)의 폐단은 진실로 빨리 제거해야 할 것임에 의심할 바 없었는데도 목은 제공이 그것의 혁파를 저지한 것은 자신들의 이해 때문이 아니었다. 오직 민심이 이로 인해 우리 태조에게 돌아갈 것을 염려했기 때문이다.

저 후배들이 따가운 말로 힘껏 다퉈 반드시 사전을 혁파하고자 했던 것은 고려왕조에 충성하려는 것이 아니고 태조에게 충성하려는 것이다. 그 형적을 잡고 논하건대 제공이 고려왕조를 존속키 위해 애쓴 점은 또한 공경할 만하고 본받을 만한 일이다.[32]

---

32) “按忠臣之事君, 必欲使法令, 出於吾君而不出於臣下, 必欲使民心, 愛戴吾君而不愛戴乎他人而已. 當此之時, 我太祖爲朝野所屬望, 政令之布施, 民心之愛戴, 皆在我太祖, 是豈牧圃諸公之所欲哉. 私田兼幷之弊, 誠亟去之, 勿疑, 而諸公之沮革者, 非爲自

다시 말하면 목은의 반대는 전제개혁 그 자체를 반대하는 것이 아니고 다만 개혁의 주체가 이성계와 그 추종자들이라는 데에 문제가 있다는 것이다.

위의 오(吳)·조(趙)의 소에서 목은이 전제개혁을 반대한 것에 대해 신랄히 비판하고 아울러 아들 종학을 시켜 사람들에게 말을 퍼뜨려 세신거실(世臣巨室)들의 원방(怨謗)을 일으키게 만들었다고 흉을 보았다. 실은 이것도 고려왕조의 존속을 위한 목은의 고육책의 하나임을 알아야 할 것이다.

3

지금까지 목은의 고려왕조를 위한 고행의 길을 대강 일별하였다. 달리 많은 사료를 동원하지 못하고 오직 반대당의 총괄적인 비판에 해당하는 오·조의 소 한 통을 가지고 변파하는 데에 시종하였다.

소의 내용이 주로 우창(禑昌) 문제에 집중되어 있으므로 변파의 초점도 자연 거기에 두게 된 것이다. 소의 내용은 다른 것도 언급되어 있지만 일일이 다루지 못하였다. 다만 전제개혁에 관한 것은 역사적으로 중요한 것인 만큼 그대로 넘길 수 없으며, 특히 목은이 자기의 많은 전장(田莊)의 보존을 위해 개혁을 반대했다고 하는 혹자의 말은 사실에 맞지 않으므로 목은의 시작품들을 훑어보면서 그 부당성을 지적하고 끝으로 순암의 글을 인용하여 목은의 처지를 이해하려고 한 것이다.

목은은 평생에 질언거색(疾言遽色)이 없었고 천성이 화락탄이(和樂坦

利也. 惟恐民心之因此而漸歸太祖也. 彼後輩之苦口力爭, 必欲革之者, 非忠於麗, 乃忠於太祖也. 執迹而論之, 則諸公之苦心麗室, 亦可敬而可法也夫.”(『東史綱目』卷17 上, 434면)

易)한 분이었건만, 오직 현실에 타협하지 않는 그의 절조 때문에 그의 만
년은 자제들의 화액(禍厄)과 자신의 유리(流離)로 불행이 연속되었고, 마
침내 여강(驪江) 연자탄(燕子灘) 배 안에서 의문의 죽음을 당하였다. 그러
나 역사 속에 흐르는 그의 면면한 정의로운 정신은 저 반룡부봉(攀龍附
鳳)으로 일시 선혁(鮮爀)한 공명이 얼마 안 가 휴지로 화해버린 무리와 비
교해보면 우리는 그에 대한 취사선택을 잘 알 수 있을 것이다.

〈牧隱 李穡의 生涯와 思想 所收, 1996년〉

16세기 李朝社會에 있어서 退溪 李滉의 당시 時代觀과 濟世理念

1. 머리말

오늘 퇴계선생 탄신 500주년기념 국제학술대회에 참석하여 이 모임의 기조에 관한 말씀을 드리게 된 것을 영광으로 생각합니다. 철학전공이 아닌 저로서는 퇴계학의 깊은 내용, 특히 태극(太極)·사칠(四七)·이기(理氣) 등 이론적 부면(部面)이나 도덕적 주체로서 부단한 탐구와 진지한 함양에 의한 내면세계의 심오한 경지——철학과 종교의 불가분의 고도의 경지에 대해서는 감히 언급을 자제할 수밖에 없습니다. 다만 퇴계선생이 16세기 당시 우리나라의 역사적·사회적 상황 속에서 한 사람의 학자·사상가로서 세상을 어떻게 보았고, 현실에 어떻게 대처해나가기로 하였으며, 나라의 장래에 대하여 어떠한 기대와 희망을 가졌던가, 그리고 자기 자신의 존재의의를 어떻게 느끼고 있었던가를 한번 살펴보고 정리하여 이 자리에서 대강 말씀드리기로 하겠습니다.

2. 퇴계선생의 사대부로서의 기본입장

오늘의 일반 지식인 특히 젊은 세대에 속한 사람들은 퇴계선생 하면 공자(孔子)·주자(朱子)와 함께 우리 동양의 옛 성현의 한 분이라고만 알고 있는 동시에, 퇴계선생은 오직 숭고한 도학자로서 벼슬을 마다하고 산림(山林)에 은거하면서 길이 사람들에게 감화(感化)를 끼친 분이지만 지금 우리네의 생활과 관계지어 생각할 수는 없는 분이라고 여기고 있습니다. 원래 유교 본래의 주의(主義)가 수신제가치국평천하(修身齊家治國平天下)에 있기 때문에 선비들은 누구를 막론하고 일정한 학문을 닦은 후에는 벼슬길에 나서서 사군택민(事君澤民), 즉 임금을 섬기고 백성들에게 혜택을 베푸는 것을 기본임무로 삼았습니다. 이것은 고대 내지 중세에 있어서 선비·독서인(讀書人)에게 공통된 사명이었습니다. 사회적 분업이 발달된 시대가 아니므로 길은 하나뿐이었습니다. 사이불우즉산림이이(士而不遇則山林而已)라 하여 선비가 때를 만나지 못하면 산림에서 처사(處士) 노릇을 할 수밖에 없습니다만 그것이 본래의 목적은 아닌 것입니다. 이조 후기에 '산림'으로 불리어지는 도학자들이 있어서 처음부터 벼슬길에 나가지 않고 산림에서 도를 닦는다고 하는 사림으로서 조정에서 융숭한 예우를 해주고 유림에서 극단의 숭앙을 바치기도 했습니다만 이것은 다른 시각으로 봐야 할 것입니다.

퇴계선생은 처음부터 과거에 응시하여 합격한 뒤에 젊은 관료로서 여러 중앙관청과 지방 군현의 행정에 성실하게 봉직하였고, 중년 이후 지위가 차차 높아짐에 따라 임금에게 여러가지로 의견개진을 하기도 했습니다. 여기 중요한 몇가지만을 예로 들어보겠습니다. 군주전제체제에 있어서 임금의 자질과 사고는 한 나라 정치에 결정적 의미를 가지는 것이므로, 퇴계선생은 무엇보다 임금의 도덕성을 강조하고 겸손하게 신하들의 충언(忠言)에 귀를 기울여야 한다고 중언부언하였습니다. 형식적인 수사적

(修辭的)인 것이 아니고 당시 명종(明宗) 임금의 위정자(爲政者)로서의 자세가 문제가 있음을 염려하여 간곡 절실하게 진언(進言)했던 것입니다.

민생문제에 관한 견해의 일단으로, 지방 장시(場市)의 형성과 백성들의 상행위를 금지하지 말라는 주장은 주의할 점입니다. 종래 유교정치에서 농(農)은 본(本)이고 상(商)은 말(末)이라 하여 중농억상(重農抑商)을 기본정책으로 삼아왔거니와, 우리나라는 유교이념에 지나치게 얽매여서 상업을 천시하는 한편 지방농민들이 상업으로 흘러가는 것을 엄하게 금지하였습니다. 16세기에 들어 농업생산이 다소 향상됨과 더불어 지방에서 점차 장시가 형성되기 시작했는데, 먼저 전라도에서 그리고 충청도·경상도에서 차례로 시골장터가 열렸습니다. 이에 대하여 정부와 지방관리들은 계속 그것을 억압하였습니다. 상업에 대한 편견도 문제이지만 도적떼가 출몰하는 것이 이 장터와 장사치들 때문이란 것이었습니다. 전라도에 도적떼가 많은데 그것이 이 장시에서 발생하는 것이라고 본 것입니다. 명종 원년(1546) 2월에 이 문제가 논의되었을 때 대체로 모두 기본축말(棄本逐末)을 걱정하면서 종래의 관점을 되풀이하였는데, 회재(晦齋) 이언적(李彦迪) 선생도 거기에 의견을 달리하지 않았습니다. 그러나 다음해인 명종 2년 9월에 퇴계선생은 "흉년은 자주 들고 민간에 교역(交易)의 마당이 없다. 반드시 장시(場市)를 통하여 서로 힘입어 살아나가야 한다. 지금 또 장시를 억압 금지하면 백성들은 고통을 견디지 못할 것이다"라고 하면서 장시의 유통을 허락할 것을 강조하였습니다. 이는 이념의 바탕 위에서 보다 현실을 직시하는 현명한 지성과 아울러 일념으로 백성을 사랑하는 어진 마음에서 나온 것입니다.

또 외교에 관한 견해, 특히 일본과의 관계에서 삼포왜변(三浦倭變) 이후 왜의 거류민들을 내쫓고 왕래를 금지한 뒤에 왜가 다시 통교를 누차 구걸해왔는데 조정에서 끝내 응하지 않고 일부 관료 중에는 아무 대책도 없이 강경론만을 일삼고 있었는데, 퇴계선생은 그것을 극력 반대하였습니다. 왜의 호전적 기질과 물자부족이 심각한 대마도의 형편을 고려하여 우리가 그들의 간절한 요청을 받아들일 것을 소(疏, 請勿絶倭使疏)를 올려 주장하였습니다. 그러는 한편 대마도주(對馬島主)에게 보내는 정부의 통고문건을 직접 작성하여 대마도주의 우리나라에 대한 요구사항, 사미(賜米)를 위시한 온갖 과도한 요구를 억제하고 쌍방의 정당한 약조를 충실하게 지킬 것을 강력히 개유(開諭)하였습니다. 임금에게 올린 그의 소(疏)에 "국가에서 왜에게 화친을 허락하는 것은 옳지만 방비는 조금도 해이해서는 안되며, 예(禮)로써 접하는 것은 옳지만 끝이 없는 그들의 요구에 의해 증여(贈與)를 너무 과하게 해서는 결코 안됩니다"라고 하여 일본에 대한 우리나라 외교의 주체적 자세를 분명히하였습니다.

　다음은 병적(兵籍)조사와 민생의 실태에 관한 견해를 보겠습니다. 일본에 대한 외교문제와 아울러 우리가 방비를 해이해서는 안된다고 말했습니다만 당시 국방과 군정에 대하여 퇴계선생은 깊은 우려를 표했습니다. 1568년 무진(戊辰), 선조(宣祖) 임금이 막 왕위에 올라 정치를 시작한 위에 선생은 임금에게 많은 것을 깨우치려고 했습니다만 그중에 병적에 대한 것이 절실한 문제로 지적되었습니다. "나라의 큰일은 본래 군대를 유지하는 일에 있는데 지금은 군졸이 줄어들어 병적의 유명무실함이 중앙과 지방이 마찬가지입니다. 병역 해당자를 찾아내어 모자라는 인원을 보충하는 것이 당장 급한 일입니다"라고 강하게 주문을 했습니다. 그러나 퇴계선생은 병적조사의 시기에 융통성을 가져야 한다고 부언했습니다.

　"지금 여러 해 흉년이 들어 백성들이 유리걸식하는 참담한 형편에 놓여 있어 지방 수령들이 그 구제대책을 중앙정부에 호소해오는데도 정부는 아무런 대책도 세워주지 못하고 오직 민호(民戶)를 수괄(搜括)하여 젊은 이들을 잡아들이려고만 합니다. 사나운 아전들이 이를 빌미로 간사한 계교를 꾸며 윽박지르고 독촉하기를 불과 같이 하여 등살을 깎고 뼈를 짓이기는 듯한 착취가 끝이 없게 될 것입니다. 무식한 백성들이 위에서 덕을 베푸는 것을 보지 못하고 아래에서 오직 쳐들어와 빼앗아가는 것만 보게 되니 서로 원망하며 탄식할 것입니다. 부모의 은혜를 저버리고 자식과 아내의 사랑을 끊고 이곳에서 저곳으로 가지만 그곳 역시 그러하니 사방이 넓기는 해도 숨고 도망갈 곳이 없을 것입니다. 힘센 젊은이들은 무리를 지어 도적이 되고 노인과 어린아이들은 구렁에 굴러떨어져 죽을 것입니다. 아아 나라의 근본이 어찌 흔들리지 않겠습니까. 만일 백성들이 난리가 일어나기를 생각하며 사방에서 서로 무리를 짓고 지난날 색출된 병사들이 그 속에 끼어들어서 일반 백성들에게 흉악한 짓을 선동한다면, 이 환란을 당했을 때 나라는 텅빈 병적만을 가지고 무슨 수로 이를 막아낼 수 있을지 모르겠습니다. 그러니 신(臣)은 병적조사를 잠시 멈추었다가 풍년이 들고 백성이 다소 안정된 뒤에 다시 하는 것이 의리에도 옳고 일 자체도 효율적으로 이루어질 것이라 생각합니다"라고 하여 퇴계선생은 원칙과 실정을 조화시켜 군정과 민정 양쪽에 두루 타당성이 있게 하려고 하였습니다. 이 것은 퇴계선생이 서거하시기 2년 전이고 임진왜란이 일어나기 33년 전의 일입니다. 퇴계선생의 이러한 주장이 당시 임금과 정부에 의해 하나하나 받아들여지지도 않았지만 나라와 백성을 생각하는 선생의 참다운 충정과 심각한 현실인식을 토대로 한 그의 고언(苦言)은 길이 후세 사람들에게 감동을 주고 있다고 하겠습니다.

3. 퇴계선생의 還山과 미래의 가능성에 대한 기대

퇴계선생은 사대부로서 사군택민의 기본임무에서 위와 같이 나라와 백성을 위하는 일에 성의를 다하면서도 매양 벼슬에서 물러나기를 원했고, 임금과 만조인사(滿朝人士)들이 만류하는데도 산림(山林)으로 돌아오고 만 것은 어떻게 봐야 할 것입니까?

우리는 먼저 퇴계선생의 당시 시대관과 그 시대에 대해서 어떠한 사명감을 가지고 있었던가를 알아야 하겠습니다. 퇴계선생은 누구보다 조국을 사랑하고 있었습니다. 그는 우리나라를 '동로(東魯)'라고 불렀습니다. '동방의 노(魯)나라'라는 뜻입니다.

다 아는 바와 같이 노나라는 공자의 조국이며 주공(周公)의 소봉지국(所封之國)으로, 중국 고전문명의 축도(縮圖)라고 할 수 있는 전형적 예교문화(禮敎文化)의 고장입니다. 공자는 노나라를 당시 어느 나라보다 좋은 나라라고 칭찬하고 노나라가 현재 상태에서 발전하여 한단계만 올라가면 도(道)의 나라, 진리의 나라가 될 것이라고 말했습니다. 그런데 우리나라를 '동로'라고 불렀던 퇴계선생의 의식 속에서는 물론 옛날부터 중국인들이 우리나라를 '인(仁)의 나라', '군자(君子)의 나라'로 불러온 것을 그대로 받아들인 점도 있었겠지만, 그보다는 그의 문명지향적 의욕에 의한 조국의 이상국화(理想國化)에의 추구가 뿌리깊이 작용했던 것으로 여겨집니다.

선생은 화담(花潭) 서경덕(徐敬德)의 문집을 읽은 뒤에 이런 시를 썼습니다.

말세(末世)에도 천도(天道)는 틀림이 없고	末世天無改
우리나라는 성인(聖人)이 살고자 했던 곳	吾東聖欲居
노(魯)나라 기풍(氣風) 가히 변할(향상 발전할) 수 있거니	魯風猶可變
기자(箕子)의 교훈 어찌 헛되게 하랴	箕訓詎成虛
앞사람들은 문장(文章)과 외화(外華)에만 승(勝)하고	前輩文華勝
요즘 선비들은 학술과 사업에 다 성글다	今人術業疎
누구 있어, 능히 스스로 분발해서	有誰能自奮
몸소 진리의 체득을 위해 경서(經書)에 파고들 것인가	躬道向經書

　문장과 외화에만 힘썼던 신라·고려 이래의 선비들이나 학술과 사업에 아직 다 서툴기만 한 이조 이래 선비들을 두고 항상 아쉽게 생각하면서, 이러한 시점에서 누가 능히 분발해서 위대한 진리의 체득자가 되어 세운(世運)을 타개할 것인가라고 말했습니다.

　그런데 누가 스스로 분발할 것인가 하고 한 이 누구는 바로 퇴계선생 자신일 것입니다. 따라서 이것은 퇴계선생에게 있어서 일대 역사적 자각인 것입니다. 퇴계선생의 역사적 자각은 그의 시국관·시대관과 표리(表裏)가 되는 것입니다. 퇴계선생은 당시의 세상을 '말세'라고 표현했지만 이 말세는 영구 말세가 아니고 한 세운(世運)이 끝날 무렵, 즉 시대와 시대의 교체기에 앞시대가 끝날 무렵을 말하는 것입니다.

　퇴계선생의 시대, 즉 16세기 초·중엽은 우리나라 정치사·사상사에 있어서 중요한 전환의 시대입니다. 이조의 건국에 주동적 역할을 담당했던 신흥사대부(新興士大夫)·관료학자들은 건국 1백년 동안에 국가의 기반을 굳히고, 문화적으로 전장제도(典章制度)를 정비하고, 역사 및 기타 국고문헌(國故文獻)을 편찬하는 등 많은 업적을 남겼습니다. 집현전을 비롯한 관각기구(館閣機構)에서 산출된 이 문화업적을 우리는 '관학적(官學的) 아카데미즘'으로 지칭하고 있습니다만, 이 이조초기의 관각문화의 주도자 가운데는 차차 공신(功臣)·척신(戚臣) 등 권력과 부에 집착하는 자들이 끼어 있어 '관학적 아카데미즘'은 차츰 빛을 잃어갔습니다. 공신·척신 등 훈구파(勳舊派) 세력은 정권욕에 눈이 어두워 정치를 더욱 부패시킬 뿐 아니라 당시 지방사대부 계층에서 새로 등장한 사람들을 정적(政敵)으로 박해하여 여러 차례의 사화(士禍)를 일으켰습니다.

　19세 때에 목도한 기묘사화(己卯士禍)의 기억이 사라지지도 않은 채 45세 때에 을사사화(乙巳士禍)를 몸소 겪은 퇴계선생이 이 시대를 '말세'로 보는 것은 당연합니다. 동시에 이 말세적 현상을 극복하고 새 세운을 맞이해야 한다는 것이 사림파로서의 퇴계선생의 신념이었습니다. '중앙에 있어서의 관학적 아카데미즘의 퇴화와 지방에 있어서의 신진사림파 철학의 대두', 이것이 이 시대의 특징이며 퇴계선생의 역사적 위치가 설정될 근거가 되었던 것입니다.

퇴계선생은 말세적 현상으로 무엇보다 당시 인심의 타락을 개탄하였습니다. 중앙정계를 굳이 떠나면서 국왕에게 올린 「무진육조소(戊辰六條疏)」에서 "오늘날의 인심은 부정(不正)함이 매우 심하다"고 하여 당시 각계각층의 인심의 개선, 즉 정신풍토의 시정이 실현되어야 한다고 생각하였습니다. 이 인심의 개선 없이는 어떠한 법제도를 만들더라도, 또 어떤 사람이 정국을 담당하더라도 실패할 수밖에 없다고 하면서 정암(靜庵) 조광조(趙光祖)의 선례(先例)를 누차 들기도 하였습니다.

퇴계선생은 여기에서 자기 사명을 알았습니다. 말세를 극복하고 조국을 이상국화하려고 한 그의 문명지향적 의욕은, 그러나 성급한 미봉책으로서가 아니고 근본적 방책으로서 인심의 개선, 즉 정신풍토의 시정작업에 착수했던 것입니다. 그러기 위해 사림파 철학·성리학의 올바른 교육이 절실히 요구되었습니다. 퇴계선생에게 있어서 성리학은 존심양성(存心養性)의 수양을 통한 참다운 인간 형성의 학문이었습니다.

당시 지방에는 신진사림의 자제들이 계속 성장하고 있었습니다. 퇴계선생은 이 젊은 자제들에게 참다운 인간 형성의 학문을 가르쳐주어야 했습니다. 그런데 기존 교육기관인 향교와 국학[成均館]은 읍내와 수도에 있어 번잡스러울 뿐 아니라 과거(科擧)와의 관련에서 출세주의·공리주의(功利主義)가 지배하고 있었으므로 퇴계선생은 젊은 자제의 교육을 위한 새로운 환경조성의 필요성을 통감하였습니다. 이것이 퇴계선생이 지방에서 전력을 다해 서원(書院)창설운동을 벌이게 된 까닭입니다. 정치에 무관심한 듯이 보였던 퇴계선생이 이상하리만큼 서원창설운동에 사회적·문화적 관심을 집중시킨 데에는 그만한 이유가 있었던 것입니다. 퇴계선생은 이 서원교육의 효과를 자신이 거두지 못해도 좋다고 말했습니다. 뒤에 그 효과를 보면 된다는 것입니다.

4. 퇴계선생의 서원 교육운동의 역사적 의의

근래 학자들 중에는 사림정치를 긍정적으로 평가하는 경우가 많지만, 사림정치는 퇴계선생의 이러한 교육운동에 의해 배출된 인재들로 이루어진 것이라고 할 수 있습니다.

중앙의 관직을 버리고 지방 향리로 물러난 것을 명철보신(明哲保身)이라는 소극적 인생관으로 평가하는 잘못된 인식과는 달리, 사림파 철학의 완성에 의한 관학적 아카데미즘의 지양(止揚), 새로운 교육운동에 의한 정치에너지의 개발 등 새 세운을 맞이하려는 그의 적극적 가치창조의 생애를 우리는 사려깊게 이해하지 않으면 안될 것입니다. 16세기 당시의 사회풍토는 어둡고 부조리한 면이 한두 가지가 아닌데다가 임금의 형식적 예우와 정부관료들의 역량으로 보아 이러한 기성세력들과 정치를 함께 할 수 없다고 판단한 퇴계선생은 지방에 내려와 새로운 인재육성의 계기를 마련함으로써 조국의 미래에 대한 많은 가능성을 기대하고 있었던 것입니다.

여기 삼연(三淵) 김창흡(金昌翕)의 시 한 수를 소개하겠습니다.

퇴계가 처음 백운동서원을 개설하면서 　　　　退陶初創白雲祠

병든 나라를 고치고 백성들을 편안케 함이 이에 　　醫國安民謂在斯

있다고 했다

즉 퇴계선생의 서원창설운동이 병든 나라를 치유하고 고통 속에 빠진 백성들을 안정되게 할 수 있는 길이라고 생각했다는 것입니다. 삼연은 적

어도 퇴계선생의 서원운동이 단순한 유교교육의 한 목적이 아니고 국가
민족을 위하는 크나큰 의미를 지녔던 것임을 말한 것입니다. 그러나 삼연
은 다음의 구절에서

술과 고기는 낭자하고 글 읽는 소리 끊어지니
도도한 말폐 후세에 다 알게 되었네

酒肉淋漓絃誦絶
滔滔流弊後人知

라고 하여, 서원이 변질되어 선비들이 글공부는 하지 않고 유락(遊樂)의
장소로 타락되었다는 것입니다. 지금은 퇴계선생의 본의가 제대로 실현
되지도 못하고 말류 폐풍만 남았다는 것입니다. 삼연이 서원의 말폐를 비
판한 것은 이해하지만 우리는 말폐보다도 삼연 자신이 말한 의국안민(醫
國安民)이라는 퇴계선생의 커다란 명제에 더 무게를 두어야 한다고 생각
합니다.

2001년 10월

李朝後期 近畿學派에 있어서 史學의 形成과 『東史綱目』

磻溪 柳馨遠 · 星湖 李瀷 · 順庵 安鼎福

1. 머리말

『삼국사기(三國史記)』『고려사(高麗史)』『연려실기술(燃藜室記述)』등 전통시대의 사학(史學)과 20세기 이후의 근현대사학 사이에서 우리나라 사학의 새로운 동향을 볼 수 있는 중요한 현상이 나타나고 있으니 그것이 곧 실학파(實學派)의 사학이다.

실학을 일반적으로 중세말기의 전진적 학문사상으로 보고 있거니와 실학파의 사학을 그러한 시각으로 살펴보는 것은 매우 필요하고 또 유익한 것으로 생각된다. '실학파의 사학'으로 일컫는 경우에도 실학 전반에 걸쳐 살피려고 하는 것은 아니다. 실학3파(경세치용파 · 이용후생파 · 실사구시파) 중에서 사학에 관심이 깊고 그 성과가 현저한 것은 경세치용파(經世致用派)이다.

경세치용파는 학문으로 세상을 경륜(經綸)함에 있어서 경학의 원리를 깊이 체득하여 현실에서 그것을 적용함으로써 이상을 성취하려고 한다. 그러기 위해 정치 · 경제 · 법제 등 고금의 연혁득실을 상세히 고찰하고 나아가 고금의 역사적 변천을 파악하여 시대의 요구에 부응하려 했기 때문에 그들의 학문세계에 사학이 큰 비중을 차지하는 것이다. 이리하여 단순히 생산기구의 개선과 상공업의 발전을 강조하는 이용후생파(利用厚生派) 학인들이나 경전 및 금석(金石)의 고증을 일삼는 실사구시파(實事求是派) 학자들에 비하여 경세치용파는 사학 방면의 업적이 월등 높았던 것이다.

따라서 본 연구는 주로 경세치용파에 국한하여 연구를 진행시킬 것이다. 경세치용파는 근기지방(近畿地方, 경기도 일원)에 자리잡은 학자들의 일단을 가리키는 것으로, 반계(磻溪) 유형원(柳馨遠)·성호(星湖) 이익(李瀷)·순암(順庵) 안정복(安鼎福) 등을 주로 지칭한다. 이들은 우리나라의 역사를 통관(通觀)·통술(通述)하기 위해 『동사강목(東史綱目)』이라는 이름의 이론과 체재를 염두에 두고 그것의 완성을 위해 계기적(繼起的)으로 추구하고 지획(指劃)하여, 반계·성호를 거쳐 순암에 이르러 완성을 보게 되었으므로, 본 연구는 이 세 분의 논의와 문답을 검토하여 그 일관된 흐름을 파악하려고 한다.

우선 여기 그들의 인간관계를 통해 학맥의 연결을 이해한다. 반계는 여주이씨(驪州李氏)의 외손으로서 성호와는 6촌 형제간으로 성호의 대선배이고, 순암은 성호의 직접 제자이다. 그리고 가장 촉망받은 학문적 후계자이다.

2. 磻溪와 東史綱目凡例

실학시대의 개창자로 알려진 반계 유형원은 대저(大著) 『반계수록(磻溪隨錄)』 외에 달리 방대한 저술과 편찬물들을 남겼다. 유감스럽게도 그 대부분이 유실되고 없지만 그중에서 역사지리 및 심성이기에 관한 논설의 일부가 순암의 친필 초록으로 나타나, 값진 자료가 되어 있다. 필자는 연전에 『반계잡고(磻溪雜藁)』라는 이름으로 이 자료들을 모아 한 책으로 간행하여 세상에 공포하였다. 『반계수록』만으로 반계를 연구해오던 당시에 이 『반계잡고』의 출현은 학계에 하나의 충격으로 받아들여졌을 것이다.

반계의 논설의 일부 가운데 특히 주목할 만한 것이 역사지리에 관한 것들과 함께 「동사강목범례(東史綱目凡例)」이다. 동사강목에 대한 반계의 구상의 전모는 자세히 알 수 없지만 그 대개는 이해할 수 있을 것 같다. 「범례」의 제1조에

「범례」는 한결같이 주자의 『자치통감강목(資治通鑑綱目)』을 따른다.[1]

고 하여 그의 편사의 체재와 이념을 주자의 『강목』으로 표준을 삼아야 한다는 것이다. 뿐만 아니라 기록 방식에 있어서도

삼국시대 이전은 문헌의 징빙(徵憑)이 없으므로 편년체(編年體)를 이룰 수 없다. 삼국시대로부터 시작하고, 그 이전의 사실은 대략 '삼국초년(三國初年)' 아래에 나누어 싣는다. 이는 『자치통감강목』의 첫머리 연조 '진대부(晉大夫)' 아래에 그 이전의 사실을 나누어 주석으로 싣는 예와 같이 하는 것이 옳다. 경우에 따라서는 단군(檀君) 이하 삼국 이전의 사실을 따로 한 편을 만들어서 이 『강목』 전편(前編)의 예와 같이 하는 것이 좋을 듯도 하다.[2]

라고 하여 삼국시대로부터 시작하되 그 이전은 『자치통감강목』의 예(例)에 따라 삼국초년의 아래에 그 사실을 주석으로 나누어 적는다는 것이다.

---

1) "凡例一依朱子綱目." (『磻溪雜藁』, 「東史綱目凡例」, 21면)
2) "三國以前, 文獻無徵, 不可成編年. 託始於三國, 而其前實, 略爲分載於三國初年下. 如綱目首年晉大夫下, 分註其前事例可也. 或檀君以下三國以前事實, 別爲一編, 如綱目前編之例爲可." (同上)

그리고 세주(細註)에서 단군 이하 삼국(三國) 이전의 사실을 따로 한 편을
만들어서 『강목』의 전편과 같이 하는 것도 좋겠다고 하였다.

반계는 중국과의 관계에서 우리나라 역사의 서법(書法)에 특별히 신경
을 썼다.

우리나라는 역대로 중국에 신속(臣屬)하였으므로, 그 속부이합(屬否離
合)의 사실은 반드시 삼가 기록한다. 책명(冊命)과 조빙(朝聘)에 대해서도
또한 기록한다. 그 연례의 절사(節使)는 처음에 상세하게 하고, 이로부터
드디어 상례가 되었다라고 해두고, 해마다 꼭 매년 모두 기록할 것은 아니
다. ○조사(詔使)의 경우, 오는 사람에 대해 또한 다 기록해야 하는 것은 아
니다. 사안에 따라 드러낸다. 황제가 세상을 떠나거나 새로 세워지는 등 무
릇 폐망과 흥기의 대사는 반드시 기록한다. 국호를 기록하지 않고, 곧바로
황제 붕어를 기록하여, 『춘추(春秋)』의 '천왕붕어(天王崩御)'의 예를 따를
것이다. 황태자를 기록할 때에는 주에 이 인물이 모 황제가 되었음을 기록
한다. 만약 창업이나 폐찬(廢簒)의 사의(事義)가 평상스럽지 않은 경우에
는 그 사안에 따라 다르게 표현한다. ○삼국시대에는 비록 중국과 통교하기
는 하였지만, 섬기기도 하고 섬기지 않기도 하여, 성교(聲敎)가 한결같지
않았던 때는 이 예에 해당되지 않는다. ○요(遼)·금(金)에 대해서는 우리가
비록 힘에 굴복하여 번(藩)이라 칭하였지만, 천하의 주인이라 할 수 없으므
로, 또한 이 예에 해당되지 않는다. 사안에 따라 드러낼 것이며, 쓰는 법도
또한 변화가 있어야 할 것이다.[3]

---

3) "東國歷代, 臣屬中國, 其屬否離合, 必謹以書, 冊命朝聘亦書. 其年例節使, 則致詳於
初, 而曰自此遂以爲常, 而不必每年皆書. ○詔使之例, 來者亦不必盡書, 因事乃見 皇
帝崩立, 凡廢興大事必書. 不著國號, 直書皇帝崩, 如春秋天王崩例, 而書皇太子, 卽註
著是爲某皇帝. 若創業廢簒事義非常者, 隨事異文. ○三國之際, 雖通中國, 而或事或
否, 聲敎末一時, 則不在此例. ○遼金, 雖力屈稱藩, 不可以爲天下主, 亦不在此例, 因
事乃見, 書法亦變."(同上)

중국으로부터 책명을 받은 것과 중국으로 조빙을 간 것을 정중히 기록하고 중국 황제가 붕어할 때는 국호(한·당·송 등)를 쓰지 않고 곧바로 황제 붕어를 기록하여 『춘추』의 천왕붕어(天王崩御)의 예를 따라야 한다는 것이다. 다만 요와 금은 우리가 힘에 굴복하여 번으로 칭하였지만 천하의 주인이라 할 수 없으므로 예외라는 것이다.

정삭(正朔)을 승용(承用)할 때에는 중국의 연호로써 기록해야 마땅할 것이다. 그러나 춘추는 존왕(尊王)의 글인데도, 본래 노나라의 역사이므로 바로 노공의 기년으로써 하였다. 지금 이것은 우리나라 역사이니, 마땅히 춘추의 예에 의거하여, 본국의 기년으로 해야 한다. 다만 각기 원년 아래에는 주(註)로 중국의 기년을 표시한다. 중국의 원년은 또한 그 년기 아래에 표시하여, 살피고 검색할 때 편리하게 하는 것이 좋다.[4]

반계는 기년에 있어서 중국의 정삭(正朔)을 승용(承用)하는 마당에 중국의 연호로써 기록해야 하지만 춘추가 존왕(尊王)의 의를 내세우면서도 노나라 역사책이므로 노공의 기년을 사용했던 것과 같이 우리나라 역사도 본국의 기년으로 해야 한다고 하였다.
반계는 이어서

무릇 중국이 우리나라에 베풀고, 우리나라가 중국과 사귀고 섬김에 있어, 그 명호(名號)의 예는 역대의 사체(事體)가 하나같지 않다. 그 정통이 아닐 때에 대해서는 우선 말할 것도 없고, 한(漢)나라의 경우 정통이지만 또한 우리나라에 군(郡)을 두었다. 그런데 신라·고구려·백제의 유는 정삭(正朔)을

---

4) "承用正朔時, 則似當紀以中國之年. 然春秋乃尊王之書也, 而本魯史, 故直以魯公紀年. 今旣是東史, 則當依春秋例, 以本國紀年. 但各於元年下, 註標中國之年. 中國元年, 則亦標見於其年下, 以便考檢可也." (『磻溪雜藁』, 「東史綱目凡例」, 22면)

승봉(承奉)했는지 알 수 없은즉, 무릇 일이 중국과 관련될 때에는 응당 칭하기를 '한'이라 하고 혹은 '중국'이라 칭한다. 당나라에 있어서는 또한 '당'이라 칭한다. 그런데 그 명이 제(帝)로부터 나온 것에 대해서는 '제'로 칭해야 하니, 이는 정삭을 승용한 까닭이다. 송(宋)나라의 경우 또한 그러하다. 그 이외의 사안으로 요·송 이후에 대해서도 '송'이라 칭하는 데 그친다.[5]

라고 하여 한·당·송에 대한 호칭을 상황에 따라 달리할 수 있으니, 춘추에 주(周)에 대하여 경사(京師)라고 해오다가 뒤에 혹 성주(成周)라고 칭한 것과 같다는 것이다. 이는 모두 지당함이 있어, 이역(移易)할 수 없는 것으로, 인도상 대단한 정의의 소재라는 것이다.

반계는 위와 같이 설명하여 『동사강목』에 관한 그의 견해와 주장을 피력하고 끝에 가서

지난날 내가 우리나라 역사책들을 읽으면서, 사실이 볼 만한 것이 없을 뿐 아니라 또 그 사실을 기록한 것이 전혀 의례(義例)가 없어 마음속으로 아쉬워하고 탄식하였다. 매양 대강 주자의 『자치통감강목』을 본받아 하나의 책으로 편집 완성하여 살피고 열람하기 편하게 하려고 하였다. 대개 그 범례를 비록 한결같이 『자치통감강목』의 서법(書法)을 따라야 하지만 그러나 다만 우리나라는 중국에 신속(臣屬)하여 그 승사체례(承事體例)가 간혹 중국이 스스로 통치체제를 세우는 것과는 다른 바가 있다. 이는 다시 구처(區處)를 해야 함에 유의할 것이다. 이에 생각한 끝에 한두 조목의 의(義)를 얻어 시험삼아 책머리에 써서 두었다. 지금에 이르도록 십여년 동안

---

5) "凡中國施於東國, 東國交事中國, 其名號之例, 歷代事體非一. 其非正統時, 姑勿論, 在漢則正統, 又置郡於東國. 然新羅高句麗百濟之類, 未知承奉正朔, 則凡事涉中國者, 當稱曰漢, 或稱中國, 在唐亦稱唐, 而其命出於帝者, 則稱以帝, 承用正朔故也. 在宋亦然, 而其並事遼宋以後, 止稱宋."(同上)

이것을 완수하지 못하였는바, 그 의례가 과연 타당하거나 그렇지 않게 되었는지를 또한 감히 스스로 알지 못하겠다.[6]

라고 하여 종래 우리나라 사서들의 대부분이 사실기록에 볼 만한 것이 없고 또 그 기록에 의례가 전혀 없어서 한탄하여오던 끝에 자기 자신이 주자 『강목』을 본받아 한 책을 엮어보려 했는데, 우리나라는 중국과 사정이 다르므로 별도로 몇조의 의례를 마련하여 책머리에 적어두었다는 것이다. 그러나 십여년 동안 이 일을 이루어내지 못하였고, 또 그 의례라는 것도 꼭 타당한 것인지 아닌지를 스스로 알지 못한다고 하였다. 반계는 이어서 말하기를

　　세월은 날로 흘러가고 병은 깊어지니, 본령의 급무에 대해 처음의 뜻과 어긋남이 많아지게 되었다. 이 편사(編史)에 대하여 끝내 겨를을 내지 못할까 두렵다. 일찍이 고인이 성취한 허다한 일들을 떠올려봄에, 어느 만큼의 정력이 있어서 능히 그와 같을 수 있었는가! 거듭 개연(慨然)해진다. 뒷날의 군자가 만일 혹시라도 성취함이 있게 된다면 또한 하나의 다행스런 일일 것이다.[7]

라고 하여 본령의 급무(治心養性 등 자기의 몸을 닦는 心性理氣 등의 학문)에

---

6) "昔余讀東史, 非但事無可觀, 又其記事, 全無義例, 心竊悼歎. 每欲略效朱子綱目, 編成一書, 以便省覽. 蓋其凡例, 雖一用綱目書法, 而但我東國, 臣屬中國, 其承事體例, 間有所異於中國之自爲臨制者, 此其更費區處處耳. 乃思得一二條義, 試書諸冊面以識之. 至今十有餘年, 未克遂此, 其義例之果得其當與否, 亦未敢自知."(『磻溪雜藁』, 「東史綱目凡例」, 23～24면)

7) "而歲月侵尋, 疾病沉綿, 本領急務, 多負素志, 於此等事, 恐終有所未暇也. 嘗念古人成就許多事, 有何精力而能若是乎. 重爲慨然也. 後之君子, 倘或有以成之, 亦一幸事也."(同上, 24면)

소홀해져서 걱정이므로 편사(編史)와 같은 일에 겨를이 없을 것 같다. 후일에 뜻있는 학자가 이 편사작업(編史作業)을 성취해주면 또한 일대행사(一大幸事)가 될 것이라고 하였다.

위와 같이 반계의 「동사강목범례」는 일견 보수성이 강하다. 당시 조선의 중화주의 사대주의자들의 생각과 조금도 다를 바가 없다. 다만 그것을 이론화, 체계화하여 한층 굳혀놓은 느낌이다. 반계실학의 철학적 배경이 정통 유학에서 온 것이므로 그의 역사에 대한 사고도 전통적 관념에서 떠날 수 없었던 것이다. 게다가 당시 명나라가 망하고 만주족이 대륙을 차지한 커다란 시대의 변화 속에 세계가 말할 수 없는 결함에 빠져드는 것을 절감하고 있었던 반계는 역사를 통해서나마 전통사회의 일맥을 붙들어보고자 했던 것이다.

반계의 「동사강목범례」의 보수성은 그의 철학적 배경과 결부시켜봄으로써 우리가 이해할 수가 있다.

그러나 우리가 여기에서 주목할 점은 두 가지이다. 하나는 일반 성리학자들이 역사의 찬술에 별로 관심을 보이지 않던 그 당시에 반계는 그때까지 산만하고 원칙이 분명치 않던 우리나라 역사책들에 대하여 그것을 극복하고 새로운 관점에서 체재와 이념을 확립하려는 것이고, 하나는 중화주의 세계관 속에서도 편년사에서 중국 기년을 쓰지 않고 우리나라의 기년을 쓸 것을 명백히 주장한 것이다. 비록 춘추의 예를 들어 보였지만 이는 자주의식의 발로로서 매우 의미있는 일이라 할 것이다.

3. 星湖의 역사관과 東史綱目 구상

1) 성호의 역사관——그의 우주관과의 관련에서

성호(星湖)의 역사관은 그의 우주관(宇宙觀)과의 연계에서 이해할 필요가 있다. 그의 우주에 관한 신해석은 짤막한 자료이면서 그의 사상을 살피는 데 대단히 중요한 의미를 갖는다. 해석이라고 한 것은 종래 중국 고전에 나오는 '우주'란 말을 자(字)의 풀이로부터 시작해서 설명했기 때문이다.

성호는 『문자(文子)』[8]의 말을 들었다.

> 상하사방(上下四方)을 우(宇)라 하고, 고왕금래(古往今來)를 주(宙)라고 한다.[9]

이 말은 우주를 가장 알기 쉽게 말해놓은 것으로, 뒤에 육상산(陸象山)·왕부지(王夫之)[10] 등이 모두 비슷한 말을 했지만 성호가 이 『문자』의 말에서 자세한 전거를 동원하면서 우주의 전통적 정의를 정립하려 하였다.[11] 즉 우(宇)는 상하사방을, 주(宙)는 고왕금래를 뜻하는 것으로, 오늘의 용어로 바꾼다면 곧 우는 공간, 주는 시간인 것이다.

성호는 자기의 견해로써 새로운 정의를 내렸다. '무소불포(無所不包)' 즉 포용되지 않음이 없는 것을 우라 하고, '생성불궁(生成不窮)' 즉 생성이 다함없는 것을 주라고 한다는 것이다.[12] 다시 말하면 우 즉 공간은 '무소불포' 그 자체이고 주 즉 시간은 '생성불궁' 그 자체라는 것이다. 여기서 우리는 성호의 이 설명이 얼마나 새롭고도 중요한가를 알 수 있다.

---

8) 『文子』역시 『漢書』藝文志에 著錄된 古典. 著者는 周代의 사람 辛鈃이라고 한다. 모두 12편으로, 道家에 속한다.

9) 文淵閣 四庫全書本, 『文子』卷下, 「自然」條.

10) "四方上下曰宇, 往古來今曰宙."(陸象山 「雜說」); "上天下地曰宇, 往古來今曰宙." (王夫之 「思問錄 內篇」)

11) 星湖는 『文子』의 구절을 引用한 다음에 "繫辭曰, 上棟下宇, 以待風雨, 註家多謂宇, 橑也. 愚謂宇, 屋簷之覆物者也, 橑固然矣. 若以橑訓宇則不可, 一個橑, 亦橑也. 擧一橑曰宇, 可乎. 按考工記云, 上欲尊而宇欲卑, 亦此義. 宇宙之宇, 又是圓包無所不該之義"(『星湖僿説』)라고 하여 우주 특히 '宇'에 대한 견해를 덧붙여놓았다.

12) "余, 故曰, 無所不包曰宇, 生成不窮曰宙."(同上)

성호는 이에서 한걸음 더 나아가 "포용되지 않음이 없는 것이 우—공간이고, 생성이 다함없는 것이 주—시간"이라 하여 공간·시간 그것이 따로 존재하는 것이 아니고 "포용되지 않음이 없는 것" 그것이 곧 공간이고, "생성이 다함없는 것" 그것이 곧 시간이라는 것이다.

그러면 포용되는 그것과 생성하는 그것은 대체 무엇인가. 성호는 그것을 '물(物)'이라고 하였다.

    '물(物)'의 생성이란 앞의 것이 가고 뒤의 것이 잇[續]는 것이다. 『주역』에 건도(乾道)가 변화하면서 각기 성명(性命)을 바로잡아간다라고 한 것이 이를 말함이다.[13]

라고 하였다. 성호의 뜻을 부연하면 건도가 변화한다는 것은 운동하는 '물'의 발전변화를 뜻하는 것이고 각기 성명을 바로잡아간다는 것은 이 발전변화가 질서있게 움직이고 있음을 뜻하는 것이다.

성호는 이 '물'을 구체적으로 천지간에 가득 찬 사해팔황(四海八荒)·금수초목(禽獸草木)[14]이라고 말한 동시에, 천지간에 가득 찬 것이 기(氣) 아닌 것이 없는데 기의 정영(精英)이 응결하여 '물'이 된다고 하였다.[15] 여기서 유의할 것은 성호가 '천지간'이라고 한 말이다. 이 경우의 천지간이란 말은 종래 보통 상천하지(上天下地) 또는 천원지방(天圓地方)이라는 고정된 관념에서가 아니고 우리가 상상할 수 있는 무한한 넓이의 세계를 의미하는 것으로 보인다. 이 무한한 넓이의 세계를 알기 쉬운 관용어로 '천

---

13) "物之生也, 前者去, 後者續, 易所謂乾道變化, 各正性命, 是也." (同上)
14) "大凡盈天地之間, 四海八荒, 禽獸草木, 皆物也." (同上, 卷20 下, 經史門 萬物備我, 122면)
15) "凡盈天地間者, 莫非氣也. 然氣凝結爲物, 卽氣之精英." (同上, 卷25 下, 經史門 鬼神魂魄, 333면)

지간'이라고 했던 것 같다.

그런데 성호가 '물'을 말하면서 천지간에 가득 찬 사해팔황·금수초목
이 다 '물'이다라고 하였고 또 천지간에 가득 찬 것이 '기'로서, '기'의 정영
이 응결하여 '물'이 된다라고 했는데 이 '물'이 되는 '기'의 정영은 곧 물질
을 의미하는 것으로 보아도 좋을 것이다.

그러니까 '물'이 포용되지 않음이 없는 것으로, 즉 위치와 연장성으로
특징지어지는 것이 우이고 '물'의 생성이 다함없는 것으로 즉 계기성(繼
起性)·지속성으로 특징지어지는 것이 주이다. 다시 말하면 성호에게 있
어서 우주 즉 공간·시간은 물질 그것의 존재형식—물질존재의 객관적
형식인 것이다.

성호의 이 견해는 선진(先秦) 고전과 송대 성리학을 바닥에 깔고 있는
것이지만 그 어떤 학자에게서도 발견할 수 없는 새로운 견해를 창출한 것
이다. 단순히 우를 상하사방, 주를 고왕금래라고 한 것에 대해서는 말할
필요도 없거니와 서양의 관념론자들이 공간·시간을 물질세계 밖에 있는
순수관념 또는 의식의 산물이라고 한 것에 비교해보면 성호의 우주론 즉
공간·시간에 관한 견해는 과학적 인식에 도달한 탁월한 달성이라고 아니
할 수 없는 것이다.

성호는 당시 서양 천주교가 가지고 온 천문학적 지식의 제약 때문에 지
구중심설에서 벗어나지 못했다. 우리나라 실학파의 천체관이 지구중심설
에서 태양중심설로 옮겨온 것은 성호의 훨씬 후배인 담헌(湛軒) 홍대용
(洪大容)에 이르러 비로소 가능하였다.

그러나 우주의 시공간적 특성과 관련하여 중요한 문제는 전체로서의
우주가 공간적으로 시간적으로 무한한가 유한한가 하는 것이다. 그런데
성호의 우주에 관한 짤막한 말은 공간·시간의 무한성을 설파한 것이다.
포용되지 않음이 없고 생성이 다함없다라고 한 '무소불포'와 '생성불궁'
이 바로 그것을 보여주는 것이다.

성호는 이러한 우주관에 의하여 그의 역사관을 진보주의적 방향으로 잡아가게 되었다. 비록 그 방향이 전면적인 것은 아니라 하더라도 적어도 인간생활의 중요한 일면이 옛날보다 지금이, 그리고 오늘보다 내일이 발전된 모습으로 나타난다고 확신하였다. 여기 우선 '역상(曆象)'에 관한 그의 설명을 예로 든다.

『한서(漢書)』율력지(律曆志)에는 "황제(黃帝)가 역서(曆書)를 만들었다"고 하였고, 『세본(世本)』[16]에는 "용성(容成)이 역서를 만들었다"고 하였고, 『시자(尸子)』[17]에는 "희(羲)·화(和)가 역서를 만들었다"고 하였다. 용성은 곧 황제의 신하이며, 희·화는 또 요(堯)의 신하이다. 요가 희·화에게 명하여 "해와 달과 별이 다니는 것을 측정하여 백성들에게 시후(時候)를 알려주어라" 하였다. 생각건대 역법은 황제 때에 시작되어 요 때에 와서 정밀하게 된 듯하다. 요는 곧 제곡(帝嚳)의 아들이다. 살피건대 「제법(祭法)」[18] 에 "제곡이 별의 궤도를 측정하여 그 형상을 나타냈다"고 하였으니, 제곡 이전에는 측정한 사람이 없었음을 알 수 있다. 별을 측정하지 못하고 역법에 밝을 수 있겠는가? 요가 곡의 공적을 이어받아 해·달·별을 측정하고 이를 더 정밀히 연구한 것이니, 요의 독창적인 지혜로 그렇게 한 것은 아니다.[19]

---

16) 『世本』: 책이름. 『한서』藝文志 등 여러 문헌에 이름이 전하나, 책은 전하지 아니함.
17) 『尸子』: 책이름. 전국시대 楚의 尸佼가 지었다 함. 宋나라 때까지도 책이 전했는데 그 뒤에 없어졌고 다른 문헌에 인용된 것이 남아서 전함.
18) 「祭法」: 『禮記』의 편명.
19) "漢律曆志, 黃帝造曆, 世本, 容成造曆, 尸子, 羲和造曆, 容成, 卽黃帝之臣, 羲和, 又帝堯之臣. 堯命羲和, 曆象日月星辰, 敬授人時, 意者, 曆法始於黃帝, 而精於帝堯也. 帝堯, 乃帝嚳子也. 按祭法云, 帝嚳, 能序星辰, 以著象. 帝嚳之前, 未有能序者, 可知, 星辰未序, 而其能明於曆象耶. 堯能修嚳之功, 曆象日月星辰, 所以加密, 而非堯之刱智爲之也."(『星湖僿說』上,「曆象」, 50면)

황제, 용성, 희·화가 역(曆)을 만들어왔는데 제곡을 거쳐 요임금에 이르러 더욱 정밀해진 것이라고 설파한 성호는 여기에서 대단히 새로운 견해를 제시하였다.

모든 기계수리(器械數理)의 학(學)은 후대에 나온 것이 더 정교하며, 아무리 성인의 지혜를 가진 자라도 다 알아내지 못할 것이 있다. 그러므로 후대의 사람이 그것을 토대로 하여 더욱 보충하고 연구함으로써 시대가 내려갈수록 더욱 정밀해지게 마련이다.

한(漢)나라가 일어난 이후 4백년 동안 다섯 번 역법을 고쳤고, 위(魏)에서 수(隋)에 이르기까지 열세 번 고쳤고, 당(唐)에서 주(周)까지 열여섯 번 고쳤고, 송(宋)은 3백년 동안 열여덟 번 고쳤고, 금(金)의 희종(熙宗)에서 원(元)까지는 세 번 고쳤다. 명(明)이 개국하여 유기(劉基)[20]의 건의로 대통력(大統曆)을 실시했는데, 이것은 국초에 감정(監正) 원통(元統)이 수정한 것이지만 사실은 원(元)의 태사(太史) 곽수경(郭守敬)[21]이 만든 수시력(授時曆)이다. 지금에 행해지는 시헌력(時憲曆)은 곧 서양사람 탕약망(湯若望)[22]이 만든 것인데 여기에서 역법은 극치에 달하였다. 해와 달의 교차, 일식·월식이 하나도 틀리지 않는다. 성인이 다시 나오더라도 반드시

---

20) 劉基: 원말명초 浙江 靑田 사람. 자는 伯溫. 원 順帝 때의 진사로 江浙行省都事를 지냈으며, 명이 건국한 후에는 宋濂 등과 제도를 정비하였다. 洪武 4년 弘文館學士로 致仕하였다. 經史에 밝고 象緯에 정통하였으며, 시문에 능하였다. 『郁離子』『犁眉公集』 등이 있음.
21) 郭守敬: 원나라 順德 邢臺 사람. 자는 若思. 조부 郭榮習에게 數學과 水利를 배움. 원 世祖 13년(1276), 命을 받아 王恂 등과 授時曆을 制訂함. 뒤에 벼슬이 太史院事에 이름.
22) 湯若望: 원명은 Johann Adam Schall von Bell. 자는 道未, 본래 독일사람으로 天主敎의 神父였다. 선교하기 위하여 明의 天啓 때에 중국에 와서 중국의 語文을 배웠고 天文學에 정통하여 명의 翰林 벼슬을 하였다. 명나라가 망하고 청나라로 바뀌자 欽天監의 監正이 되어 曆法을 변경하였음. 著書로 『曆法西傳』『新法表異』가 있다. 『淸史』 卷273에 보인다.

이를 따를 것이다.[23]

라고 하여 역상(曆象)을 포함한 기계·수리의 학은 시대가 내려올수록 더욱 발달한다고 말하고 그 예증으로 한·당과 금·원을 거쳐 오늘의 천문역법에 이르러 극치에 이르렀다는 것이다. 지금 시행하는 서양인 탕약망의 시헌력은 성인이 다시 나더라도 그것을 따를 것이라고 하였다. 그는 다시 부연하여 말하였다.

　　사람들은 요가 해·달·별들을 측정한 공적만 알고, 제곡이 처음으로 기초를 세운 것은 잘 알지 못한다. 「제법」에 "제곡이 별들을 측정하여 그 현상을 나타냈다"고 하였고, 노어(魯語)에 "하늘의 삼신(三辰)을 제곡이 측정하였다"고 하였다. 그런즉 요는 다만 그의 아버지를 계승하여 그 업적을 이룬 것뿐이다.

　　그러나 거기에 이름을 붙인 것은 꼭 요 때에 된 것이 아니다. 지금 별 가운데 부열(傅說)·왕량(王良) 등의 명칭이 있는데, 요 때에 어떻게 이런 명칭이 있을 수 있겠는가? 요의 공적이 위대했으나 오히려 희·화에게 명하여 해가 뜨고 지는 것을 살피며 철을 따라 측정해가지고 비로소 실시하였다. 지금에 와서는 그 수를 추산하여 9백40분까지 이르며, 또 추산하여 1만 분까지에 이르면 각기 속도가 달라져서 모두 정확한 수를 알아내게 되었으며, 문밖을 나가지 않아도 백성들에게 시후(時候, 기후)를 알려주게 되었으니, 후대에 나온 것이 더욱 정교하다 말할 수 있다.[24]

---

23) "凡器數之法, 後出者工, 雖聖智, 有所未盡, 而後人, 因以增修, 宜其愈久而愈精也. 自漢興, 四百年, 五改曆, 由魏訖隋, 十三改, 由唐至周, 十六改, 宋三百餘年, 至十八改, 由金熙宗, 訖元, 三改, 明興, 劉基, 奏行大統曆, 乃國初監正元統所定, 而其實, 元太史郭守敬所造授時曆也. 今行時憲曆, 卽西洋人湯若望所造, 於是乎, 曆道之極矣. 日月交蝕未有差謬, 聖人復生, 必從之矣."(『星湖僿說』, 「曆象」, 상권 50면)
24) "人但知唐堯能曆象日月星辰之功, 不知帝嚳始基之也. 祭法云, 帝嚳, 能序星辰, 以

요컨대 역법이 요임금에 의해 만들어진 것이 아니고 황제로부터 시작되어 요에 이르러 정(精)해진 것이다, 요는 제곡의 아들이다, 「제법」에 의하면 제곡 이전에 성신의 궤도를 측정한 이가 없었던 듯한데 성신의 궤도를 측정하지 않고서 어찌 역상에 밝을 수 있겠느냐, 『서경(書經)』「요전(堯典)」에 요임금이 역상으로 수시(授時)한 것으로 되어 있지만 그것은 그의 아버지 제곡에게서 이어받은 것이고 요가 창제한 것이 아니다, 지금 우리 시대에 와서는 추산(推算)의 법이 엄청나게 발달하여 문밖을 나가지 않아도 수시(授時)가 가능하다, 시대가 내려올수록 더욱 정교하게 되는 것을 다시금 확인할 수가 있다는 것이다.

요는 순과 함께 동양 고대의 가장 위대하고 신성한 임금으로서 인류문화의 이상의 극치로서 만고에 추앙받는 존재이다. 공자도 요는 하늘에 준하는 분으로 "외외탕탕(巍巍蕩蕩) 무능명언(無能名焉)"이라고 할 정도로 최대최고의 찬사를 바쳤던 성인이다.

그런데 성호는 요가 성인임을 부정하지 않으면서도 성인이 다 알고 다 만든 것이 아니며 황제 이래 있어오던 것이 제곡을 거쳐 요에 이르러 이룩된 것일 뿐이라고 보았다. 말하자면 인간생활의 진화과정에서 그렇게 되게 된 것이란 것이다. 요의 뒤에 오천년 동안 오늘에 이르기까지 계속 개선되어져서 지금에 와서는 크게 나아졌다는 것이다.

위에서 역상을 인간생활의 중요한 일면으로 말했지만 역상은 수시, 즉 「요전」에서 말한 바 '경수인시(敬授人時)', 백성들에게 시후를 알려주는 것으로 농업사회에 있어서 가장 기본적인 것이다. 다시 말하면 수시는 왕

著象, 魯語曰, 天之三辰, 帝嚳能序之, 然則堯特嗣父, 以成其績耳. 然其命名, 則未必出於堯時, 今天星, 有傳說王良等名, 帝堯時, 安有此哉, 堯之功, 至矣. 而猶命羲和賓餞出入, 以時候之, 然後可行, 以今則推其數, 至於九百四十分, 又推至於萬分, 各有遲疾, 咸取定筭, 可以不出戶而授民時矣. 殆所謂後出愈工者乎."(『星湖僿說』, 「帝嚳序星辰」, 상권 50면)

자(王者)의 정치의 대본(大本)이다. 이 정치의 대본이 시대가 내려올수록 개선되고 향상된다는 성호의 착상과 관점은 참으로 놀라운 것이다.

2) 성호의 『동사강목』 구상과 정통론

성호의 사론(史論)에 있어서 우리가 첫번째로 주목할 것은 그의 삼한정통론(三韓正統論)이다.

원래 정통론은 주지하는 바와 같이 중국에 있어서 역대 사가(史家)들에게 큰 문제가 되어왔던 것이다. 천하를 통일한 왕조는 자동적으로 정통(正統)에 속하게 되지만 두 개 혹은 세 개의 정권이 대립·정치했을 경우에 어느 것을 정통으로 보느냐가 문제였던 것이다. 근대 계몽기의 학자인 양계초(梁啓超)의 비판적 견해에 의하면, "천하에 하루도 군주가 없을 수 없고, 또한 천상에 두 개의 태양이 있을 수 없는 것과 같이 백성들에게 두 사람의 왕이 있을 수 없는 것"[25]으로 생각했기 때문에 정통이 문제가 되었다는 것이다.

이 정통론에서 또 한가지 간과할 수 없는 사실은 중국중심주의 세계관이다. '천무이일(天無二日) 민무이왕(民無二王)'이라는 생각은 중국 천지에 한해서 적용되는 것이 아니라, 중국 황제는 곧 천자(天子, 天의 子)이며 중국의 주변에 있는 제민족 제국가——사이팔만(四夷八蠻)은 모두 이 세계제국의 지배자 밑에 환공향앙(環拱嚮仰)하고 있어야 하는 것이기 때문에 중국의 정통인 동시에 세계의 정통이며 중국을 제외한 다른 지역에서 정통이란 아예 논의할 이유가 없었던 것이다.

첫째 자기 소속 왕조에 대한 의리, 둘째 중국중심주의 세계관——이것이 중국 사가에 있어서의 정통론의 흐름이었다. 이러한 전제를 두고 살펴볼 때, 성호의 삼한정통론은 매우 특색이 있다. 우선 성호의 「삼한정통론」의

---

25) "言正統者, 以爲天下不可一日無君也. 於是乎有統, 又以爲天無二日, 民無二王也. 於是乎有正統." (梁啓超 『飮氷室文集』 下, 歷史 論正統)

골자를 들어본다.

우리나라의 역사를 중국의 역사에 대비 설명하면서, 단군(檀君)이 처음 우리나라를 일으켰고 단군조선 뒤에 기자조선(箕子朝鮮)이 그 정당한 계승자로 나왔으므로 기준(箕準)이 위만(衛滿)을 피해서 남쪽으로 옮겼으나 거기서 다시 마한(馬韓)이란 이름으로 나라를 연장해왔기 때문에 우리나라 역사의 정통은 단군조선에서 기자조선, 기자조선에서 마한으로 이어져온 것이라고 말하고, 단군·기자 시대에 요하(遼河) 이동과 임진강 이북이 우리나라의 중심지가 되어 있었는데 그것이 위만에게 그리고 한사군(漢四郡) 내지 이부(二府)에 빼앗겨버리고 우리나라에 있어서 유국전서(有國傳緖)는 오직 마한에 있었을 뿐이므로 마한은 비록 남예황복(南裔荒服), 즉 남쪽 변경인 국토의 한구석에 처하고 있었지만 우리나라 역사의 정통이 아닐 수 없다[26]고 하였다.

다시 말하면 그는 우리나라 역사의 정통은 단군·기자·마한·통일신라, 그리고 고려라는 것이다. 다만 고구려·백제·신라의 삼국 병립 시기는 삼국이 동등의 자격을 가지고 있으므로 어느 특정국에 정통을 줄 수 없어 무통(無統)으로 처리한다는 것이다. 성호의 이 정통론은 순암에 이르러 우리나라의 역사학으로 하여금 역사에 대한 체계적 파악에의 가능성으로 제고시키게 했던 것이다.

성호에게서 근대적 의미의 민족적 자각과 같은 것을 구하기에는 시대

---

26) "東國之歷代興廢, 略與中華相終始, 檀君與堯竝興, 至武王受命, 而箕子定封, 意者, 檀君之後, 衰微, 無復君國, 故箕子得以開業. …… 當檀箕之世, 自遼以東, 臨津以西, 爲東方之中土, 而三韓之界, 不過南裔荒服之地. 箕準, 避寇南遷, 遂稱馬韓. …… 開拓土疆, 屬國五十餘, 是則東方之正統不絶, 而衛氏亦不過如周之狄人漢之曹瞞. 秉史筆者, 宜不與數也. …… 自準之南, 衛氏雖據朝鮮故地, 纔八十餘年而滅, 衛氏滅而馬韓惟延之一百有一十有七年之久, 西北一面, 付之四郡二府, 而東土之有國傳緖, 惟馬韓是已. …… 余故曰馬韓者, 卽東國之正統也."(『星湖先生全集』卷47, 「三韓正統論」, 경인문화사 영인판 1973, 하권 231면)

가 아직 이르다. 그러나 성호는 사론에 있어서 사상적으로 커다란 진전을 보이고 있다. 그의 정통론이 중국사가와 같이 자기 소속 왕조에 대한 의리에 그치는 것이 아니고 역사파악에 있어서 체계성을 위한 것이었으며, 한 걸음 나아가 중국의 정통사상──천자사상, 다시 말하면 세계제국적 지배사상을 극복하게 되었던 것 같다. 이에 관한 성호의 사상은 그의 서양관과 서양 선교사들에 대한 중국 지배층의 태도를 비난하는 데에 집중적으로 표현되어 있다.

서양은 중국의 지배권 바깥에서 각기 황제나 왕이 있어 자기 나라를 다스리고 있으며, 선교사들이 멀리 중국에 찾아온 것은 자기들의 구세(救世)의 뜻으로 온 것인데, 중국 지배층은 그들에게 여러가지 계적(啓迪)을 받으면서도 정저와적(井底蛙的) 사고방식으로 그들을 배신(陪臣, 속국의 신하)이라고 부르고 있어, 달식(達識)의 눈으로 볼 때에 치소(嗤笑)거리가 된다는 것이다.[27]

성호의 달식은 중국중심주의의 세계관을 이미 타파하였다. 뿐만 아니라, '각유황왕(各有皇王) 군주역내(君主域內)'에 관한 인식의 밑바닥에는 각개 국가의 독립된 주권이 인정되고 있으며, 세계제국적 지배질서가 부정되는 것이었다.

성호는 그의 우주관에 의하여 진작부터 전통적 천원지방설(天圓地方說)을 타파하고 지구가 둥글다는 것을 확인했으며, 지구가 둥글기 때문에 어느 특정 지역이 세계의 중심이 될 수 없음을 알게 되었다. 여기에서 중국중심주의 세계관의 부정과 아울러 우리나라 역사의 독자성을 주장할 수 있었다. 뿐 아니라 우주──시간의 생성불궁 속에 인간생활의 중단 없는 지속성이 이어지고 따라서 우리나라 역사도 끊임없는 전개과정 속에

---

27) "夫西洋之於中國, 未之相屬, 各有皇王, 君主域內, 彼特以救世之意, 間關來賓. ……
    中土君臣, 方沾其縢馥而尊奉之不暇, 然猶見聞, 局於卑狹, 敢爲井底語曰陪臣某, 豈
    不爲達識之所嗤也."(『星湖先生全集』卷55, 「跋天問略」, 하권 385면)

그 계통을 찾아 우리의 정통성을 정립하려고 하였다. 삼한정통론은 여기에서 도출되었던 것이다.

4. 順庵과 『東史綱目』

1) 순암의 『동사강목』 논의——성호와의 문답

순암(順庵)은 학문에 있어서 성호우파(星湖右派)로서의 그의 보수적 체질 때문에 성호의 지식주의를 전면적으로 받아들이기가 쉽지 않았던 것 같지만 사학에 관해서는 전적으로 성호의 가르침에 따랐다. 우선 그는 성호에게

일찍이 듣건대 선생께선 예전부터 동사(東史)에 뜻을 두고 계셨다는데, 요강은 이미 정해두셨는가요? 무릇 역사를 서술함에 당해서는 으레 기원을 잡아야 합니다. 유씨(兪氏, 兪棨) 『여사제강(麗史提綱)』의 경우 고려조로 시작을 잡았는데, 그 이전의 역사는 상고할 수 없게 된 것입니다. 만약 서명을 『동사강목(東史綱目)』으로 붙인다면 단군 기자 이하로부터 편년을 해야 할 터이지만 아득하여 증빙하기 어려우니 이 또한 가능하지 않은 일입니다. 그렇다면 삼국초기부터 시작할 수밖에 없겠는데 그 이전의 사실은 진경(陳桱)의 『통감속편(通鑑續編)』의 예와 같이 별편(別編)을 머리에 얹을 수 있으며, 아니면 사마광(司馬光)의 『자치통감(資治通鑑)』의 예를 따라서 삼국이 시발한 연도의 아래에 나누어 수록하는 것도 가능할 듯합니다. 그러나 양자 모두 타당성은 부족해 보입니다. 제 소견으로는 단군 기자 이하로부터 비록 연대는 분명치 않더라도 증빙할 만한 사실을 따라서 강(綱)을 세우고 목(目)을 그에 맞춰 붙이며, 연대가 분명치 않은 것들은 응당 생략해야 할 것입니다. 이 방법이 어떻겠습니까?[28]

라고 물었다. 즉 "'동사강목'이란 명칭을 붙이려면 단군·기자로부터 편년체로 기록해야 하겠는데 연조에 징빙이 없어 불가능하고, 삼국시대 초부터 기초하여 그 이전 사실은 삼국시년지하(三國始年之下)에 분재하거나 진경의 『통감속편』의 예에 의해 별편으로 만들어 권수(卷首)에 싣는 것이 무방할 것 같지만 두 가지가 모두 타당성이 결여된 듯하므로, 제 생각으로는 단기(檀箕) 이하 연대미상이지만 그중에 가거(可據)할 것은 강(綱)을 세워 목(目)을 유(類)에 따라 붙이고 연대를 밝힐 수 없는 것은 빼버릴 수밖에 없겠습니다. 어떻습니까?"라고 한 것이다. 성호는 이에 대하여

나는 일찍부터 이 뜻(『동사강목』 편찬의 뜻)을 가졌으나 정력이 이미 쇠했을 뿐 아니라 무용지물로 공력만 소모할 것이기에 그만두었네. 단군·기자는 어찌 표출하여 쓰지 않겠는가. 삼국 이후로 '독립'해 있는 경우는 하나로 쓰고 '분립'해 있는 경우는 나누어 기재해야 할 것일세. 근세에 홍씨(洪萬宗)의 『동국역대총목(東國歷代總目)』에서는 신라를 정통으로 잡았는데 타당성을 발견할 수 없네.[29]

라고 하여 단군·기자를 분명히 표출해서 써야 한다고 단정하였다. 별편으로 만드는 것이 옳지 않고 삼국시년지하(三國始年之下)에 분재하는 것도 타당치 않다는 뜻이다. 순암은 다시

---

28) "曾聞先生, 昔年留意于東史, 未審綱要已定否? 凡述史, 皆有託始, 兪氏提綱, 始於麗祖, 則前事無徵矣. 若名以東史綱目, 則自檀箕以下, 可以編年而荒遠難徵, 此又不可也. 然則不得不始于三國之初, 而其前事實, 若陳經通鑑續編之例, 別編而冠之首, 否則如馬公資鑑之例, 分載於三國始年之下, 似可矣. 然兩者俱欠妥當. 愚意則檀箕以下, 雖年代難詳, 隨其可據者, 立綱而目則隨類附之, 年代之難詳者, 只當闕之而已. 未知如何."(『星湖先生全集』卷26, 「答安百順問目」, 상권 260면)

29) "瀷夙有此志, 而不但精力已竭, 無用之物, 功費可惜, 故止耳. 檀箕何可不表出耶. 三國以下, 獨立則獨書, 並立則分註而已. 近世有洪氏總目書者, 以新羅爲正統, 不見其妥當."(同上, 461면)

반계는 이르기를 동사를 지음에 있어서는 "응당 삼국의 시작부터 기원을 잡아야 한다"고 말했습니다. 이렇게 하려면 기년이 매우 어렵게 됩니다. 삼국의 흥기는 각기 선후가 있어 신라 시조 원년은 고구려 시조와 21년의 시차가 있습니다. 그러니 신라 시조 원년으로부터 20년에 이르기까지 큰 글자로 기년을 하고 고구려가 흥기해서부터는 나누어 기재해야 할 것입니까. 이런 곳은 해결하기 매우 어렵습니다.[30]

라고 말하고 이어서

만약 단군으로부터 시작하면 단군과 기자는 응당 정통이 될 것입니다. 기자의 후손이 마한으로 되었으니 비록 남쪽 구석으로 밀려와 있었더라도 태사(太師, 箕子)의 제사를 받들었은즉 정통은 분명합니다. 저의 소견으로는 온조왕(溫祚王) 27년 마한이 멸망한 이후부터서 삼국의 기년을 나누어 기록해야 한다고 봅니다. 만약 연도가 불분명한 점이 우려되는 경우 간지만 쓰고 증거를 찾을 수 있는 연후에만 큰 글씨로 기년을 합니다. 삼국은 신라 문무왕이 통일한 이후 정통으로 연계지을 수 있으며, 고려는 태조 19년 견훤(甄萱)이 멸망한 이후부터 정통을 인정할 수 있습니다.[31]

라고 하여 성호의 의향을 물었다. 성호는 위의 것에 대하여 그렇다고 동의하고 아래의 것에도 동의하면서

---

30) "柳磻溪云, 作東史, 當起於三國之初. 若然, 紀年甚難, 三國之興, 有先後, 羅祖元年, 距句麗始祖元年二十一年矣, 然則自羅祖元年, 至二十年, 大書紀年, 至句麗興而當分註耶. 此等處, 極難消詳矣." (同上)

31) "若始於檀君, 則檀箕當爲正統, 而箕子後孫, 爲馬韓, 雖流迸南寓, 而猶奉太師之祀, 則正統固在也. 愚意自溫祚王二十七年滅馬韓之後, 始分註三國之年, 若以紀年難徵, 爲憂, 則只書干支, 而有可據者然後, 大書紀年. 三國則至新羅文武王一統後, 接正統, 高麗則太祖十九年 甄萱亡後, 爲正統." (同上)

마한은 소열제(昭烈帝, 蜀漢의 황제)의 예와 같이 응당 시조로 되어야 할 듯하다. 사서에서 호강왕(虎康王)이라 일컫는데 지금 익산(益山)에 무강왕(武康王)의 묘(墓)가 있다. 『동국여지승람(東國輿地勝覽)』에서 분변해 내지 못한 것이다. 고려인들은 혜종(惠宗)의 이름을 휘하여 무(武)를 호(虎)로 썼으니 무제(武帝)를 호제(虎帝)라고 한 것이 그 때문일세. 모름지기 그 사실은 기술해야 할 사항이네.[32]

라고 하였다. 순암이 성호의 삼한정통론으로 『동사강목』의 골격을 구성하려 했음에 대하여 성호가 거듭 찬의를 표했던 것이다.

순암이 성호의 뜻을 이어받아 『동사강목』의 골격을 구성하게 되자 성호는 못내 기뻐하면서 다시 격려의 말을 전했다.

요즘 사람들은 우리나라에서 살아가면서도 우리나라의 역사를 전혀 알지 못하고 있다. "『동국통감(東國通鑑)』을 누가 읽느냐?"란 말이 나오기에 이르렀으니 그 뒤틀리고 어긋남이 이 모양이다. 우리나라는 스스로 우리나라인지라 그 규모나 체제는 중국의 역사와 저절로 구별이 있다. 사대교린(事大交隣)의 관계에서 과거를 상고하고 지금을 살피건대 참으로 헤아려야 할 점이 있다. 그럼에도 우리나라 사람들은 대개 어두운 상태이니 이 문제는 더욱 논리를 세워 선명히해야 할 필요가 있다. 자네는 이 점에 생각이 미쳐 있는가?[33]

라고 한 다음 다시 말을 이어서

---

32) "馬韓如昭烈之例, 恐當爲始祖, 史稱虎康王. 然今益山有武康王墓, 輿地勝覽不能辨得出. 麗人諱惠宗名以武爲虎, 如武帝爲虎帝是也. 須記之."(同上)

33) "今人, 生乎東邦, 惟東事, 全不省覺, 至曰'東國通鑑有誰讀之'. 其乖戾如此. 東國自東國, 其規制體勢, 自與中史, 有別. 其事大交隣之間, 驗古準今, 誠有不可不商量者, 東人, 蓋昧昧然也. 此尤合立說而分曉之也. 百順已及此耶."(『星湖先生全集』卷26, 「答安百順別紙」)

종래 우리나라의 역사는 의론이 대체로 모두 시원치 않아 족히 볼 만한 것이 없다. 필삭(筆削)하는 데 있어 마땅히 새로운 뜻을 발휘하여 천고의 면목을 일세(一洗)하고 다시 정중히 논조(論調)를 펴야 할 것이요, 진부한 구습을 답습해서는 아니될 것일세. 병을 앓고 나서 곧 손가는 대로 마구 써서 말이 덜 되는 곳이 많으니 오직 조용히 살피고, 한결같이 몸을 아껴서 종효(終孝)를 도모하시기 바라네.[34]

라고 하여 순암에게 성호는 크나큰 기대를 걸었다.

순암은 다시 성호에게 기존 역사서들을 논평하면서

우리나라의 역사책은 모두 마음에 들지 않습니다. 『삼국사기』는 말할 수 없이 황잡(荒雜)하고 『고려사』는 다소 간명하고 충실하기는 하나 여러 지(志)의 기록한 바에 이르러서는 모두 상세하지 못합니다. 이것은 우리나라 사람들이 거칠어서 문헌을 숭상하지 않기 때문에 일대의 전장(典章)이 분명하지 않고 상세하지 못한 것이지, 역사를 편찬한 자의 과실이 아닙니다. 그러나 은일전(隱逸傳)을 설정하지 않고 야은전(冶隱傳)을 만들지 않은 것은 진실로 결함이 있는 일입니다. 야은을 고려에 소속시키지 않으면 장차 본조(本朝)에 소속시킬 것입니까? 이것은 말도 안되는 소리입니다. 『동국통감』도 역시 알 수 없는 곳이 많습니다. 『여사제강(麗史提綱)』은 비교적 나으나 단지 고려의 역사만을 다루었고 강(綱)을 세운 것 역시 신중함과 엄격함을 잃었습니다. "중 나옹(懶翁)을 밀양으로 귀양보냈다"는 따위가 그것입니다.[35]

---

34) "從來, 東史議論, 率皆魯莽無足觀. 筆削之際, 合有發揮, 梳洗千古頭面, 更須鄭重下言, 無蹈陳迹焉. 病後信手亂草, 多不成說, 只希嘿以照之. 更望一意葆嗇用圖終孝." (同上)

35) "海東一方史, 皆不合人意. 三國史, 荒雜無可言, 高麗史稍爲簡實, 而至若諸志所錄,

라고 하여 삼국사는 황잡하고 『고려사』는 '지(志)'의 기록이 소략하고 입전(立傳)에도 잘못이 있으며 『동국통감』은 알 수 없는 것이 많고 『여사제강』은 비교적 좋으나 또한 입강(立綱)에 근엄성이 없다는 것이다. 그는 말을 이어

> 『동사찬요(東史纂要)』는 유초(類抄)에 불과하므로 너무 소략합니다. 근세에 교리(校理) 임상덕(林象德)이란 분이 『동사회강(東史會綱)』을 지었는데 가장 정밀하다 불리어지지만 공민왕에서 그쳤으니 아마 그후는 말하기 어려웠던 모양입니다. "강릉군(江陵君) 우(禑)가 즉위했다"라 한 것은 우가 신돈(辛旽)의 소생이 아님을 밝힌 것입니다. 이것은 이미 전배(前輩)의 논술이 있으니 필법이 마땅히 이와같아야 할 것이지만 지금 세상에 나서 과연 이와같이 할 수 있겠습니까? 엎드려 가르침을 바랍니다.[36]

라고 하여 『동사찬요』는 역사사실의 유초(類抄)에 불과하고 임상덕의 『동사회강』이 가장 정밀하다는 평이 있지만 공민왕에서 중지하게 되었는데 아마 그 이후는 서술하기가 어려웠기 때문일 것이라는 것이다. 순암은 역대 저작들을 두루 살핀 뒤에 상고로부터 고려말까지를 합하여 한 편으로 만들어, 『동사강목』이란 이름 아래 한 나라의 문헌으로 전하게 하는 것이 불가피한 일이라고 말하였다. 말하자면 우리나라의 새로운 통사(通史)가 절실히 필요하다는 것이었다.

皆不詳悉. 此盖東人鹵莽, 不尙文獻, 故一代之典章, 多晦而不詳, 非編史者之過也. 然而不立隱逸傳不爲冶隱傳, 此誠欠事, 冶隱不屬于麗, 則將屬本朝乎? 是不成說也. 東國通鑑, 亦多有未可知者. 麗史提綱, 較優, 只論麗史而立綱, 亦多失謹嚴, 如竄僧懶翁于密城之類, 是也(甲戌)." (『順庵全集』 卷10, 「東史問答」, 224면)

36) "東史纂要, 不過類抄, 太涉疎畧. 近世有林校理象德者, 作東史會綱, 最號精密, 止於恭愍, 盖其後難言也. 其曰江陵君禑, 卽位者, 明禑之非辛出也. 此已有前輩之論, 筆法似當如是, 生乎今世, 其果能若此乎? 伏乞命敎(甲戌)." (同上)

이러한 순암의 역사서평에 대하여 성호는 대체로 모두 동의하였다. 그리고 순암에 대한 촉망과 그 저작의 조속한 결실을 바라 마지않았다.

이제 순암은 구체적 사항에 대하여 질문하였다. 첫째 역사상 역대 강역(疆域)의 문제, 둘째 역대 인물의 현부(賢否)에 따른 서법(書法)의 문제, 셋째 삼국 이후 문자가 용속(庸俗)한데 그것에 대한 윤색 여부의 문제이다.

첫째 문제에 대하여 순암은

> 역사를 쓰는 사람은 반드시 먼저 강역(疆域)을 정해야 하는데 우리나라 역사의 지지(地誌)에는 근거할 만한 것이 전혀 없습니다. 개마대산(盖馬大山)은 분명 지금의 서북(西北) 양계(兩界) 사이에 있는 큰 영(嶺)인데 『여지승람』에는 평양 고적에 붙여놓고 있습니다. 비류수(沸流水)는 고구려가 처음 도읍한 곳이니 마땅히 요계(遼界)의 동북 새외(塞外)에 있어야 할 것 같은데 지금의 성천(成川)이라 말합니다. 이와같은 것이 너무나 많아서 일일이 열거할 수 없습니다. 그중 대방(帶方)은 확실히 어느 곳에 있는지 모르겠고, 단단대령불내(單單大嶺不耐)는 철령(鐵嶺) 동쪽인 것 같은데 역시 분명히 알 수 없으니 엎드려 탄식합니다. 바야흐로 동국지리의변(東國地理疑辨)을 지을 때 바로잡고자 하오니 마땅히 후일을 기다려 우러러 여쭙겠습니다.[37]

라고 하여 중요한 몇가지 예를 든 다음 장차 「동국지리의변(東國地理疑辨)」을 지어 일괄하여 여쭙겠다는 것이다.

둘째 문제에 대하여 순암은

---

37) "作史者, 必先定疆域, 而東史地誌, 專無可據. 盖馬大山, 分明是今西北兩界間大嶺, 而勝覽, 付於平壤古蹟. 沸流水, 句麗始都, 似當在遼界之東北塞外, 而謂今成川, 如此者甚多, 不能枚擧. 其中大方, 不知的在何地, 單單大嶺不耐, 似是鐵嶺以東, 而亦不的知, 伏歎. 方著東國地理疑辨, 欲以就正, 當俟後日仰稟耳(乙亥)." (同上)

『동사강목』의 범례에 대한 대의는 전에 이미 여쭈어서 정했습니다만 약간 보충할 것이 있습니다. 어진 자의 경우에는 벼슬을 적고 졸년(卒年)을 적었으니 강감찬(姜邯贊)과 최충(崔沖) 같은 유가 그것입니다. 미워할 만한 자의 경우에는 단지 졸년만을 적었으니 금의(琴儀)와 이규보(李奎報) 같은 유(類)가 그것입니다.[38]

라고 하였다.

셋째 문제에 대하여 순암은

삼국 이후로 문자가 용렬하고 속되어서 보는 사람들이 많이들 말하기를 마땅히 윤색해야 한다고 합니다. 저의 생각으로는, 문장이 비록 좋지 못하나 그것을 윤색하면 그 사기(辭氣)의 억양 사이에 혹 실질을 잃을 염려가 없지 않고 또한 후학의 신중한 뜻이 아닌 듯한데 어찌해야 할지 모르겠습니다.[39]

라고 하면서 성호의 판단을 들어 결정할 뜻을 보였다.

그리고 우선 『동사강목』의 초고 다섯 권을 올리면서

이 일을 제가 감히 어찌 경솔하게 착수하겠습니까? 다만 선생님께서 자주 작성하기를 권면하는 가르침이 있었고 또 여러 역사책을 보면 모두 마음에 차지 않는데 아무도 여기에 뜻을 두는 사람이 없기에, 후일 장독을 덮는 휴지가 되리라는 것을 생각지 않고 망령되이 만들어서 삼국 이상의 초

---

38) "東史凡例, 大義則前已稟定, 而畧有所補. 如賢者書官而書卒, 若姜邯贊崔沖之類是也. 其有可惡者, 只書卒, 若琴儀李奎報之類是也(丁丑)." (同上, 230면)
39) "三國以後, 文字庸俗, 見者多言, 當潤色之. 愚謂文雖不好而潤色之, 則其於辭氣抑揚之間, 或不無失實之患, 又非後學愼重之意, 未知如何." (同上, 232면)

고 다섯 권을 올립니다. 만약 선생님의 감정(勘定)을 한번 거친다면 진실로 큰 다행이겠습니다만 조용히 조섭(調攝)하시는 중에 방해가 될까 두려울 뿐입니다. 글머리에 간략하게 몇자로 교시(敎示)하셔서 저로 하여금 깨닫게 해주신다면 매우 다행이겠습니다.[40]

라고 하여 성호의 감정을 바란다고 하였다. 이때 성호는 병으로 조섭(調攝)중에 있었으므로 순암은 조심조심 스승의 처분을 바랐던 것이다. 성호는 우선 역사지리에 대하여

요동(遼東)땅은 고구려 때에는 여전히 고구려의 통치구역 내에 있었는데 삼국시대 말기에 신라의 힘이 미약해지자 말갈(靺鞨)에 소속되었다가 대씨(大氏, 大祚榮)에게 통합되었다. 요나라가 일어나 그 지역을 탈취하자 고려 태조 왕건(王建)이 이를 수복하고자 하여 요나라 사신을 멀리 내쫓고 국교를 끊었지만 불행하게도 태조가 갑자기 세상을 떠났고 나중에 광군(光軍)을 설립한 것도 대개 그러한 의도이다. 거란(契丹) 장군 소손녕(蕭遜寧)의 문답에 근거하더라도 알 수 있다. 인종(仁宗)에 이르자 이에 오로지 요나라를 섬겼다. 고운(孤雲) 최치원(崔致遠)은 그 당시 사람으로 근거 없는 말을 할 리가 없다. 마한이 기자의 후예이고 고구려땅은 본래 기자의 나라라고 생각되는데 이는 삼국이 삼한을 계승했기 때문에 개괄적으로 말한 것이 아닐까? 신라는 처음에는 낙동강 동쪽을 차지하였는데, 그 서쪽은 육가야(六伽倻) 지역이고 변한이 육가야 남쪽에 있었으니 이는 반드시 지리산 남쪽의 여러 고을로서 아마도 지금의 경상도·전라도 여러 고을을 차지하

---

40) "東史問答, 是役也, 愚何敢率爾下手耶? 第先生, 頻有勸成之敎, 且看諸史, 皆不滿意, 而無人念到此, 故不計他日爲覆瓿之物, 而妄爲之, 以原草三國以上五卷, 納上. 若經先生一番勘定, 誠爲大幸, 但恐有害于靜攝之中. 書頭, 畧以數字示敎, 使之意會, 則幸甚(己卯)."(同上)

였을 것이다. 비록 처음에는 신라에 들어갔으나 나중에는 마침내 백제로 편입되었다. 혹은 지금의 전라도 동남쪽 여러 고을이 모두 변한 지역이 아닐까? 이것이 대대로 전해지는 의문점이라고 할 수 있다네.[41]

라고 하여 우리 역사에서 가장 문제가 되는 고구려의 강역을 논하고 다시 나아가 백제와 변한을 언급하였다.

백제(百濟)땅에는 원래 백제국(伯濟國)이 있었으며, 십제(十濟)가 변하여 백제가 되었다고 하는 것은 아마도 그렇지 않은 듯하다. '변(弁)'이라는 의미도 무엇을 가리키는지 알 수 없지만 변한(弁韓)을 반드시 진한(辰韓)이라고 일컫는 것을 보면 변(弁) 역시 진(辰)임을 알 수 있다. 신라·백제가 지리산을 경계로 삼은 것은 후대에 와서 된 강역인데, 그 시원을 말하자면 신라의 서쪽이 육가야이고 또 육가야의 서남쪽이 변한이니, 이것은 의심할 여지가 없다. 지금에 있어 강역과 그 명칭을 시대가 변천한 뒤의 것을 따르고, 매양 외국에서 전해들은 것을 가지고 억측으로 판단하면 아마도 장애가 있을 듯하다. 그 설이 길어서 갑자기 마칠 수는 없네.[42]

---

41) "遼地, 句麗時, 尙在所統之內. 三國之末, 新羅微弱, 任屬靺鞨, 爲大氏統合. 遼興而奪之, 麗祖欲復之, 竄遼使而絶之, 不幸遽卒. 後立光軍, 皆此意也. 据蕭遜寧問答可見. 至仁宗, 乃專心事遼. 崔孤雲, 卽當時人, 不應誣辭, 或疑馬韓是箕子之裔, 句麗之地, 本箕子之國, 而三國繼三韓, 故槪言之耶? 新羅始有洛東江以東. 其西卽六伽倻之地, 而弁韓在其南, 必是智異以南諸郡. 恐跨居今慶尙道·全羅道諸郡. 雖始降於新羅, 其後終入于百濟. 或今全羅道東南諸郡, 皆弁韓之地耶? 此可以傳疑."(『星湖全書』卷15,「答安百順 丙子」, 여강출판사 영인판 1984, 293~94면)

42) "百濟之地, 原有伯濟國, 變十爲百者, 恐不然. 弁之義, 未知何旨. 而弁韓必稱辰韓, 弁亦辰可知. 羅濟以智異爲界者, 後來之疆域, 而若言其始, 則新羅之西爲六伽倻, 又其西南爲弁韓, 此則無疑. 今從疆域名號變遷之後, 每以外國傳聞者, 臆斷, 則恐有罣礙. 其說長, 不可卒旣."(同上, 294면)

라고 하였다. 성호는 위로 단군에 소급하여 단군시대의 지리적 위치를 고증할 수 없으나

내 생각으로는 이미 신이 태백산에 내려왔다고 말함이 있는데 최치원의 글에 의거한다면 아마도 도읍이 요동지역에 있었던 듯하다.[43]

라고 한 뒤에

대개 아득한 상고 때의 역사는 그 태반이 요동지역에 속한다. 그런데 요즈음에 와서는 매양 압록강 동쪽에다가 견강부회하고 있다.[44]

라고 하여 우리나라의 역사무대를 압록강 이동으로 축소시키고 있는 종래 사가들을 견강부회라고 신랄히 비판하였다.
두번째로 성호는 인물에 관한 서법에 대하여

『춘추』에 '미악불혐동사(美惡不嫌同辭)'라고 한 것이 필경에는 대충 얼버무리는 말이 되어버렸으니 이는 따를 수가 없네. 내가 생각하기로는 죄가 있는 사람은 경중에 따라 처벌해야 한다. 금의·이규보 같은 부류의 사람은 이림보(李林甫)처럼 벼슬한 관직명은 빼버리고 죽었다는 '졸(卒)'만 써놓은 예를 따르는 것이 또한 좋겠네.[45]

---

43) "愚疑, 旣云神降太白山, 据崔孤雲書, 恐在遼地."(同上)
44) "蓋邃古之事, 太半是遼地, 而今俗每以鴨綠以東傅會."(同上, 296면)
45) "春秋所謂美惡不嫌同辭, 畢竟彌縫之說, 不可適從. 吾以爲有罪者, 分其輕重而處之. 如琴儀·李奎報之類, 依李林甫去官書卒之例, 亦可."(『星湖全書』卷15, 「答安百順」, 297면)

라고 하여 순암의 의견에 그대로 동의하였다. 그리고 세번째로 삼국 이후
의 종래 기존 문자들을 손대지 않고 원래 있는 그대로 사용하는 것이 좋겠
다는 순암의 의견도 그대로 받아들였는지 특별히 언급한 것이 보이지 않
는다.

2) 순암의 『동사강목』 완성

순암이 『동사강목』을 쓰기 시작한 것은 영조(英祖) 32년(1756)으로 그
초고를 대략 마무리한 것은 그의 나이 48세 때, 즉 1758년이었다. 그후 20
년을 지나 그가 목천 현감(木川縣監)으로 재임할 때에 다시 이 초고에 손
질을 가하고 자기의 서문(序文)을 붙여서 비로소 최종적인 작업을 끝냈
다. 이 역사적 노작이 한 시골 고을 조그만 관사에서 이루어진 것이다.

앞서 성호는 그 초고를 한차례 열람하고는

『동사강목』을 때때로 한번씩 대강 훑어보는데 고증이 모두 자세하고 분
명하게 잘 갖추어져 있어서 아마도 우리나라에서는 미증유의 사서를 얻었
다고 평가를 할 만하다.[46]

라고 하여 높이 찬양하였다. 그러나 성호는 그의 제자의 업적을 무조건 찬
양하지만은 않았다. 성호는 그중에서

또한 가다가 더러 타당하지 않은 점도 있다. 나의 견해를 첨부하고 싶어
도 정력이 이미 쇠퇴하여 꼼꼼히 감정할 길이 없다. 붓을 던지고 길게 탄식
함을 면할 수 없지만 이것도 하늘이 정한 분수인 듯 그대의 대업에 손을 대

---

46) "東史, 時一略窺, 考据該備, 殆可謂東方得未曾有." (『星湖全書』 卷15, 「答安百順 己
卯」, 299면)

어 도와줄 수 없게 한 것이라네.[47]

라고 하여 일말의 유감을 표시하기도 하였다. 성호가 스승으로서 약간 아쉬움을 표시하기도 했지만 동문선배 내지 친우 중에도 약간씩 이견이 있었던 것 같다. 순암은 소남(邵南) 윤동규(尹東奎)에게

나라를 가진 자는 반드시 강역을 정리하고 역사를 쓰는 자는 반드시 지리를 정돈해야 하는데, 우리나라 삼국시대엔 조그마한 일로 서로 다투며 뺏고 빼앗기는 일이 무상하여 삼국의 지역에 관해서는 끝내 한가지 정론이 없습니다. 또한 전쟁이 잇따라 수·당의 사이에 두 나라가 멸망했기 때문에 비록 기록할 만한 공사문적(公私文籍)이 있었다 하더라도 모두 불타 없어졌을 것이니 우리나라 사람들의 거칠고 어리석은 소치만은 아닙니다. 지금 천년 후에 태어나 불타고 조각난 나머지에서 사실을 찾아내는 일이 어찌 가능하겠습니까?[48]

라고 하여 삼국시대로부터 외침 속에 모든 공사문적(公私文籍)이 사라져서 사료가 결핍된 것이 근본 원인이고, 우리나라 편사자들이 노망(魯莽)한 것만이 이유가 아니라는 것이다. 순암은 또 정산(貞山) 이병휴(李秉休)에게

동방에 나라가 있은 지 오래이니 의당 한 역사책이 있어 강목을 모방했어야 했는데 그것이 있다는 말을 듣지 못한 것은 무엇 때문입니까? 편년으

---

47) "亦見往往有未安者. 雖欲附見愚見, 精力旣疲, 無緣照閱勘定. 不免閣筆長嗟, 是天分有定, 使不得藉手大業耳."(同上)

48) "有國者, 必疆理經界, 作史者, 必整頓地理, 而我東三國之除, 蠻觸相爭, 與奪無常, 三國地域, 終無一定可論者. 且以兵禍連仍, 隋唐之間, 二國覆滅, 雖有公私文籍之可記而擧, 必付于一炬之燼, 不獨東人鹵莽之致也. 今生于千載之下, 究尋於斷爛之餘, 何可得也(丙子)."(『順庵全集』卷10, 「東史問答」, 235면)

로 된 책은 『동국통감』 일부가 있으나 범례가 전혀 없습니다. 단군과 기자가 비록 사실은 없으나 그것을 외기(外紀)에 두어 전의(傳疑)의 예와 동등하게 해서야 되겠습니까? 위만(衛滿)은 참적(僭賊)인데 삼조선(三朝鮮)의 이름에 병렬시킨 것은 무슨 덕을 따른 것입니까? 마한은 기씨(箕氏)의 적통이고 신라와 백제가 초창기에 복속했는데 어찌하여 이를 빼버린 것입니까? 주근(周勤)이 옛 나라를 회복하려 했는데 이를 '토벌했다'라 쓰고, 조위총(趙位寵)이 군사를 일으켜 적을 토벌했는데 인정하지 않은 것은 무엇 때문입니까? 이런 유는 다 열거하기 어렵습니다. 사실의 오류와 장소의 잘못된 점에 이르러서는 모두 분변할 수가 없으니 후인이 어떻게 밝히고 믿을 수 있겠습니까? "어떤 사람이 『동국통감』을 읽어주겠는가?"라는 말은 비록 간악한 자가 거리낌없이 악을 행하려는 마음에서 나온 것이긴 하지만 그것이 과연 읽을 만한 책이겠습니까?[49]

라고 하여 우리나라의 유구한 역사로 보아 당연히 한 통사로서 편년사가 있을 법한데 편년으로 된 책은 『동국통감』 하나가 있을 뿐이고 이 『동국통감』은 의례도 서법도 엉망이라고 말하고 "『동국통감』을 누가 읽어주겠는가"라고 한 말은 간인(奸人)의 자기위안을 위한 말이지만 사실 우리에게 『동국통감』이 읽을 만한 가치가 있는 책인가라는 것이다. 여기에서 순암은 자기에게 불가피한 사명이 있음을 말하였다. 순암은 다시 정산에게

『동사강목』의 저술은 제가 감히 담당할 수가 없는 일인데 스승님께서 가

---

49) "東方之有國, 久矣. 宜有一史, 以倣綱目而不聞有焉, 何哉? 編年之書, 有通鑑一部, 而全無義例, 檀箕雖無事實, 其可置於外紀, 同于傳疑之例耶? 衛滿僭賊, 幷列爲三朝鮮之名, 遵何德哉? 馬韓爲箕氏之嫡統, 羅濟之始, 亦爲之服屬, 則何爲以沒之耶? 周勤, 欲復舊邦而書討, 趙位寵起兵討賊而不許, 何耶? 凡此之類, 難以縷擧. 至於事實之舛謬, 地方之爽誤, 皆無所辨, 後人何以徵信. 誰人讀東國通鑑之語, 雖出於姦人爲惡無忌憚之心, 其果爲可讀之書耶(丙子)." (同上, 237면)

르침이 계셨기 때문에 역량을 헤아리지 않고 경솔하게 작업을 했습니다. 속담에 이르기를 "본바탕이 아름다운 연후에야 분을 바른 효과가 있다"라고 하였습니다. 본문이 이미 뜻에 차지 않으매 그 형세가 이로 인하여 완성하지 않을 수 없었습니다. 반고(班固)와 범엽(范曄)이 손을 댄다 해도 오히려 볼만한 것이 없을 터인데 하물며 저같이 못나고 과문(寡聞)한 자가 장차 어떻게 그것을 발휘할 수 있겠습니까?[50]

라고 하였다. 자기의 임무와 아울러 해명을 해 보낸 것이다.

『동사강목』은 무엇보다 먼저 『동국통감』의 비판으로부터 출발하였다. 첫째 『동국통감』에 단군조선·기자조선 뒤에 위만조선을 붙여 삼조선(三朝鮮)으로 삼은 것은 부당한 일이며 위만은 참적(僭賊)이니까 그 대신에 마한을 정통으로 삼아야 한다는 것, 둘째 『동국통감』에 단군·기자를 모두 외기(外紀)에 넣은 것은 부당한 일로 단군이 처음 나라를 열었고 기자가 처음 문물을 흥기시켰는데 비록 사실이 인몰(湮沒)되고 없다손 치더라도 어찌 전기잡서(傳紀雜書)의 것을 수록한 중국의 외기에 동질시할 것인가라는 것이다. 『동사강목』은 단군·기자의 사실성을 강조함으로써 우리나라 역사연대의 상한을 그만큼 높이 올리게 되었던 것이다.

다음 이 『동사강목』 속에 흐르고 있는 사상을 요약해보면 첫째 애국적 사상으로, 외래 침략자를 격퇴한 역사적 사실들을 특히 유의하여 서술하고 충신과 명장들의 빛나는 활동을 높이 평가하였다. 고구려의 대 수·당 전쟁, 고려의 대 거란·몽고전쟁 등에서 조국의 수호를 위한 민중의 분투와 을지문덕(乙支文德)·강감찬(姜邯贊)·서희(徐熙) 등 뛰어난 인물들의 불멸의 업적을 찬양하고 우리 민족의 용감성을 자랑스럽게 말하는 한편

---

50) "東史, 非敢擔當, 丈席有敎, 故不量己力, 率爾爲之. 諺云本質美, 然後, 鉛紛有功, 本文旣不滿意, 而其勢不得不因此而成之. 仮使班范下手, 猶無可觀, 況如僕湔劣寡聞, 將何以發揮耶(戊寅)." (同上)

신라통일 이후에 문치(文治)를 숭상하고 국방에 관심을 돌리지 않아 나라
가 약하게 되었다고 통탄하였다. 고려 성종(成宗)이 주군(州郡)의 병기를
수납하여 농구(農具)로 개조한 사실을 들어, 외적의 침입에 무엇으로 방
어할 것이냐고 비난한 것도 이것의 한 예이다.

　둘째 애민적 사상으로, 역대 국가의 대민시책(對民施策)이 착취에만 치
중하고 백성들의 생활을 돌보지 않는 것을 비평하였다. 고구려 고국원왕
(故國原王)의 진대법(賑貸法) 시행에 관한 안설(按說)에서 진(賑)은 좋지
만 대(貸)는 좋지 않은 것이라고 말하고 대(貸)는 백성들에 대한 국가의 착
취를 의미하는 것으로 논파하였으며, 고려 광종(光宗) 때의 노비안검법(奴
婢按檢法)에 관한 안설에서 그 부당성을 지적하고 문종(文宗) 때 억울하게
죽은 노비의 옥사를 신중하게 다루어야 할 것과 그 개혁을 주장하였다. 이
런 것들은 모두 저자가 역사상의 사실을 통하여 저자 자신의 시대현실을 비
판했던 것이며, 그 비판의 관점은 곧 경세치용학적 견지에서 나왔다. 이러
한 사상이 『동사강목』 본편 17권 속에 한결같이 흐르고 있음을 볼 수 있다.

　이 본편 외에 『동사강목』의 가치를 한결 높여준 것은 그 마지막 부권
(附卷)이다. 부권에는 「고이(考異)」「괴설변(怪說辨)」「잡설(雜說)」「지리
고(地理考)」 등의 4개 편목이 들어 있고, 각 편에는 다시 여러 개의 개별적
문제(133개의 실례)들이 취급되어 있다. 예를 들면 단군설화(檀君說話)·
갈문왕(葛文王)·진흥왕정계비(眞興王定界碑) 등을 비롯하여 역대강역고
(歷代疆域考)·분야고(分野考) 등에 이르기까지 성실한 고증을 가한 역사
연구의 역작들이라 할 것이다.

　『동사강목』이 경세치용파의 저술로서 그후의 실사구시파의 선구가 되
기도 한 것은 우리가 이미 잘 아는 바이며, 근대 계몽기(구한말)에 이르러
그 학문적·사상적 기반을 조성함에 있어서 『동사강목』이 제공한 원천적
역할은 더할 수 없이 중요했던 것이다.

5. 맺음

임진·병자 양란에 치명적 상처를 입고서도 헛된 명분과 가장된 대의(大義)로 국민을 오도하고 있을 뿐, 근본적 반성과 대책을 강구하지 않는 가운데 차차 지난날의 쓰라림이 건망 속에 사라져가는 형편이었다. 이러한 상황 아래 근기학파 학자들은 국제정세의 추이에 대한 예의주시와 조국의 미래에 대한 심사원려(深思遠慮), 그리고 과거로 거슬러올라가 민족의 걸어온 역정을 세심히 고찰하고 흥망성쇠의 원인을 이해하는 데 노력을 아끼지 않았다. 이리하여 근기학파 학자들은 역사에 대한 관심이 높았고 나아가 독자적 관점에서 우리나라의 역사를 재구성하려 했던 것이다.

반계로부터 성호, 성호로부터 순암에 이르는 과정에서 『동사강목』의 이념과 체재는 끊임없이 계승 진전되어 마침내 한 대저로서 큰 성과를 올렸다. 그런데 여기에서 우리는 세 분의 차이점을 또한 알아야 한다. 우선 우리는 반계와 성호의 차이점을 볼 수가 있다. 이에 대한 견해는 한 선학의 말씀을 듣는 것으로 대신한다.

종전에 경세학을 말할 때에 반계를 원조로 여겨왔다. 반계의 학문의 박무(樸茂)하고 돈독성실(敦篤誠實)함은 주한시대(周漢時代)에 가깝다. 다만 당시 풍습(風習)과 속상(俗尙)에 가리어져서 존주(尊周, 中國에 대한 崇奉)의 뜻이 지나쳐서 왕왕 저쪽[中國]을 바탕으로 하고 우리쪽에 의거하지 않았다.[51]

라고 하여 반계의 사유와 논의가 아직도 중화사상에 치우쳐 있음을 말하였다.

---

51) "先是言經濟, 祖柳磻溪, 原其樸厚敦愨, 近周漢矣. 獨以風尙所掩, 尊周之意勝, 往往 本於彼, 不依於此."(鄭寅普 『薝園文錄』, 「儆說 序」)

　　성호선생에 이르러 '역사지학(歷史之學)'에 뿌리를 두고 족류(族類, 민족)의 의를 밝혀 원칙과 규범을 한번 세우매 뭇 분잡(紛雜)이 다 바로잡혔다. 이로부터 조선의 역사는 조선을 주체로 하게 되었다.[52]

라고 하여 성호에 이르러 비로소 조선을 주체로 하는 조선사학(朝鮮史學)의 수립이 가능해졌다는 것이다.

중화주의 세계관 속에서 처음으로 본국 기년을 주장한 반계의 자주의식의 발로는 성호에 이르러 드디어 조선주체사학(朝鮮主體史學)의 토대를 구축하게 되었던 것이다.

순암의 『동사강목』은 성호의 가르침을 받아 성호의 '역사지학(歷史之學)'을 구현하기에 최선을 다하였다. 그리하여 성호는 우리나라 미증유의 사서를 얻었다고 그것을 찬양하였다.

그런데 성호의 말을 세밀히 살펴보면 '고거해비(考據該備)', 즉 고증의 정확 상비(詳備)함을 칭찬한 것이고 그밖에 무엇인가 미진한 점이 있음을 숨기지 않은 것이다. 자기는 이미 정력이 쇠퇴하여 순암을 더이상 도와줄 수 없으니 이는 천분(天分)이 정해진 것이라 붓을 던지고 길게 탄식한다라고 한 그의 말 속에는 『동사강목』의 한계를 시인하는 한편 자기의 역사관의 충분한 구현을 우리나라 미래의 사학, 후일의 사학에 기대를 가져보는 긴 여운을 남긴 것이라 하겠다.

〈學術院論文集 43집 所收, 2004년〉

---

52) "至李星湖先生, 根柢歷史之學, 首表章成己圖復之烈, 族類之義明, 型範一揭而衆紛俱正. 自是, 朝鮮之史, 主朝鮮." (同上)

李朝末葉 中人層의 實學思想과 그 開化思想으로의 指向
崔瑆煥 『顧問備略』을 중심으로

1. 머리말

지난 1972년에 나는 연세대학교 동방학연구소(東方學硏究所) 주최 제6회 실학공개강좌(實學公開講座)에서 「최성환(崔瑆煥)과 고문비략(顧問備略)」이라는 제목으로 한 논고를 발표하였다. 최성환(崔瑆煥, 1813~91)의 인물과 그 저서가 별로 알려지지 않았던 당시에 최성환이 중인(中人) 출신의 훌륭한 학자라는 것과 그의 『고문비략(顧問備略)』이 흔치 않은 실학적 경세서(經世書)임을 강조한 것이다. 미처 정식으로 논문체재를 갖추지 못했지만 『고문비략』의 중요한 내용을 소개하고 최성환의 개혁적 의견과 그 성격을 규정하기도 하였다. 당시 공개강좌의 참청자(參聽者)는 물론이고 도하신문(都下新聞)에 『고문비략』의 내용이 비교적 자세히 보도되어 한때 일반의 관심을 높여놓기도 하였다.

그런데 나는 그 논문의 완성을 뒤로 미루어둔 채 다른 일에 골몰하고 있었는데, 마침 서강대학교 여학생 백현숙(白賢淑)이 이광린(李光麟) 교수의 부탁을 가지고 나를 찾아와 최성환에 관한 논문을 쓰겠다고 하기에 나의 발표요지를 주고 고문비략이 국립중앙도서관 초서본(草書本) 외에 일본 동경대학(東京大學) 도서관에 정서(精書)한 해자본(楷字本)이 있음을 일러주었던바, 그 두 본(本)은 곧 서강대학교 인문과학연구소에서 합본1책으로 영인출판되고 거기에 백현숙의 해제가 실리게 되었다. 이어서 백현숙의 논문 「최성환의 인물과 저작물」이 『역사학보』 제103집(1984)에 게재되었다. 백현숙은 최성환의 자손들의 거주지(楊州)를 찾아다니며 그 선대(先代)의 공신녹권(功臣祿券)과 무과홍패(武科紅牌)·호구단자(戶口單子) 등을 발견하여 내가 그동안 알고 있었던 『충주최씨대동보(忠州崔氏大同譜)』(국립중앙도서관)와 『잡과방목(雜科榜目)』(서울대 규장각)에 나오는 사실 이외에 최씨일가의 내력과 최성환의 신상기록에 몇가지 증빙과 보완이 되게 되었다.

나는 백현숙이 최성환에 관한 공부를 계속하여 『고문비략』에 대한 학술적 연구가 나올 것을 기대하고 있었으나, 위의 「최성환의 인물과 저작물」이 발표된 지 십여년이 지난 지금까지 아무 소식이 없다. 나는 가끔 낡은 서함(書函) 속에서 왕년에 발췌해둔 자료들을 만지작거리며 이것을 방치해두는 것이 아깝다고 여기면서도 젊은 후배들의 손에서 보다 나은 논문이 나와야 한다고 생각하고 덮어두곤 하였다. 그러다가 학술원의 1995년도 학술연구계획에 의한 논문의 작성을 위촉받아 부득이 최성환에 대한 것을 다루어보기로 하였다. 새로운 관점이 있어서가 아니고 25년 전의 자료들을 그대로 사용하여 논문형식으로 엮은 것에 불과하다. 독자들의 양찰(諒察)을 빈다.

2. 中人層의 實學思想과 崔瑆煥

1) 중인층의 실학사상

다산(茶山) 정약용(丁若鏞, 1762~1836), 추사(秋史) 김정희(金正喜,

1786~1856) 등을 하한선으로 종래 양반층의 실학사상이 그 정채(精彩)를 잃어가고 있는 반면 중인층(中人層)의 사상적 대두와 그 사상의 실학적 성격 내지 개화사상으로의 지향이 매우 주목을 끈다. 이러한 현상은 시기적으로 19세기 중엽에 해당하는 것이며, 그것은 또한 이 시기의 세도정치(勢道政治)가 정점에 이르러 소수 특권적 '벌열(閥閱)'을 제외한 일반 양반들의 사회적 몰락과 사기의 위축이 극도에 달해 있었던 것과는 반대로 중인층은 경제적으로 비교적 윤택한데다가 사회적 지위도 상대적으로 향상되고 있었다는 역사적 사실과 표리관계를 이루었던 것이다.

19세기 후반 개화기로 접어들면서 오경석(吳慶錫, 1831~97), 유대치(劉大致, ?~?) 등 중인 출신들이 개화의 선도자 또는 개화운동의 배후공작자로서 역사의 이면에 활약한 것은 이미 주지의 사실로 되어 있으며, 따라서 개화사상에 있어서 중인층의 공헌과 역할은 근대사를 건드리는 사람들 누구에게도 일단 관심의 대상으로 떠오르는 문제이다.

그런데 애석한 것은 위의 오경석·유대치 등 중인 출신들이 자기의 사상을 체계적으로 서술한 저서들을 남겨놓지 않았다는 점이다. 그뿐 아니라 그들의 사상을 파악하고 추측할 수 있는 다른 자료들조차 우리는 지금 많은 것을 가지고 있지 못하다.

개화사상에서 이미 이러하기 때문에 실학사상으로 올라가면 중인층의 사상자료가 발견되기 어려운 것은 오히려 당연한 것으로 여겨질 것이다. 그러나 개화사상의 기조가 실학사상에서 온 것이라고 믿고 있는 우리로서는 진작부터 중인층의 개화기의 활동이 사상적으로 반드시 유래가 있을 것이라는 점과 그 유래가 다름 아닌 실학에서 찾아질 수 있을 것이라는 점에 착안하게 되었으며, 그리하여 개화기 중인들의 사상적 선구가 될 수 있는 중인층의 실학사상가를 추적해보려 하였다. 바꾸어 말하면 종래 양반층의 실학사상이 중인층으로 번져가고 거기에서 개화기 중인들의 사상적 도원(導源)이 나온 경위를 이해해보려는 것이었다.

우리는 여기에서 우선 두 가지 해명을 해둘 필요가 있다. 그것은 첫째, 개화기 중인들의 사상적 도원을 꼭 중인층의 실학사상에서 찾아야 하고 양반 실학자들로부터의 직접적 영향은 배제되어야 한다는 것은 아니다. 다만 중인이라는 신분적·계층적 구조의 특수성으로 보아 같은 중인끼리 선후배간의 접촉과 전수가 훨씬 용이하고 또 더한층 깊은 감화를 줄 수 있을 것이라고 여겨지기 때문이다. 둘째, 개화운동을 실천한 당시의 양반 출신 젊은 관료들이 개화사상을 받아들임에 있어서 꼭 중인들을 매개로 해서만 가능했다는 것도 아니다. 종래 양반층의 실학사상에서 발전적으로 시세(時勢)에 대응해서 그러한 사상에 도달될 수도 있는 것이다. 다만 개화파 관료들의 배후에 중인들의 활약이 실제 상당한 비중을 차지하고 있었다는 사실을 중시하지 않을 수 없는 것이다.

이러한 견지에서 우리는 중인층의 실학사상에 일정한 의의를 부여하면서 그 사상가의 발굴에 노력하였다. 여기 소개되는 최성환은 그중 한 사람이다.

2) 최성환과 『고문비략』

최성환은 원래 중앙관서(中央官署)의 서리(書吏)의 후손이다. 조상 중에 정사(靖社)·영국(寧國)·보사(保社) 등 공신녹권을 받은 사람이 있기도 했지만[1] 기본적으로 신분상승이나 계층이동이 이루어지지 않은 채 고작 무과(武科)에 합격하여 무관직(武官職)으로 복무하여왔으며, 최성환의 대에 이르러서는 형제·종형제·자질 십수명 중에 잡과급제자(雜科及第者)가 많았는데, 특히 운방(雲榜)에 합격된 자가 무려 9명이나 되어, 한때 그의 일가는 서울 중인층 가운데 음양과(陰陽科) 가문으로 소문이 나게 되었다고 한다.[2] 그러나 최성환 자신은 부친 최광식(崔匡植)의 뒤를 이

---

1) 白賢淑「崔瑆煥의 人物과 著作物」, 『歷史學報』103, 1984.
2) 山康 卞榮晩先生을 위시한 서울 故老들로부터 筆者가 직접 들은 바 있다.

어 무과에 합격하여 무관직에 종사함으로써 마지막 직함이 선략장군(宣略將軍) 중추부도사(中樞府都事)로 되어 있다.[3] 그러한 그가 어떤 기연(機緣)에서인지 헌종(憲宗, 1836~49) 때에 그의 남다른 학식이 알려져서 임금이 종종 어전(御前)으로 그를 불러 대화를 나누었다고 한다. 아마 무신겸선전관(武臣兼宣傳官)으로 근시(近侍)의 직임(職任)에 있을 무렵이 아니었던가 여겨진다.

최성환은 적지 않은 편저(編著)를 내었다.[4] 여기에서는 『고문비략』을 가지고 그의 정치·사회적 견해를 일별해보겠다. 『고문비략』은 1849년 이전 즉 헌종 임금이 죽기 이전에 임금의 유시(諭示)로 기초(起草)한 것으로, 책이름 그대로 임금의 자문(諮問)에 대비하여 자기 견해를 약술한 것이다. 그러나 헌종이 승하(昇遐)하자 그는 초고(草稿)를 중단해버렸다. 뒤에 벼슬에서 물러나 시골집에 있으면서 헌종의 뜻에 보답하는 의미에서 다시 붓을 들어, 그후 1858년 즉 철종(哲宗) 9년에 그 초고를 정리완성하였다.

서문(序文)은 같은 중인 출신으로 율과(律科) 출신의 문사인 장지완(張之琬, 1806~58)이 지었다. 장지완은 최성환의 생각을 대변하여 다음과 같이 말했다.

왕형공(王荊公, 王安石, 北宋)이 '신법(新法)'을 만들어 시행하다가 실패를 보게 되자 후세 사대부들이 변법(變法)을 말하는 이가 드물어, 인순고식(因循姑息)으로 나가다가 나라가 쇠퇴타락(衰頹墮落)의 일로에 빠지니 그 해가 얼마나 큰지 모른다.[5]

---

3) 白賢淑, 앞의 논문.

4) 同上.

5) "王荊公, 以新法見敗, 後世士大夫, 鮮言變法, 因循頹墮, 害孰大焉."(『顧問備略』上 卷1, 「張之琬 序」, 2면)

다시 말하면 왕안석의 신법이 실패로 끝났지만 사대부들이 그것을 빌미로 삼아 변법을 입에 올리지 않음으로써 나라가 날로 병들고 있다는 것이다. 정치담당자인 사대부 즉 양반들이 변법을 기피하므로 정치에 발언권이 없는 중인층에서나마[6] 선왕(先王, 憲宗)의 '사모사유(斯謨斯猷)' 즉 정치적 이념과 포부를 받들어 이 책을 이룩한 것으로, 선왕이 일찍 돌아가셔서 그 '못다 한 뜻(未了之志)'을 생각하면 이 나라 백성(環海生靈)으로 비통하고 한스러워, 이 책을 엮어내지 않을 수 없다라고 하였다.[7] 최성환은 이『고문비략』의 저작 동기와 그 자신의 심정에 대하여 아무 말도 남긴 것이 없지만, 장지완의 서문에서 거의 다 표백된 것 같다.『고문비략』의 목차는 아래와 같다. 그의 적지 않은 편저들 가운데서 그의 사상을 가장 집약적으로 담아놓은 것이다.

顧問備略의 目次

序　　　　張之琬
卷之一　　都鄙 · 統甲 · 軍伍 · 耀糴
卷之二　　常平倉 · 社倉 · 貢賦 · 漕轉 · 濬川 · 財用 · 度量衡 · 官制 · 祿科
卷之三　　外官 · 幕僚 · 久任 · 資格 · 賞罰 · 御史
卷之四　　科擧 · 人材 · 學校 · 書院 · 黨與 · 盜賊 · 奢侈 · 法令

---

6) 張之琬은 서문에서 崔瑆煥을 '渺末 一郞署'라고 표현하였다. '渺末 一郞署'가 꼭 중인층만을 가리키는 말은 아니지만 여기 이 경우에 崔瑆煥이 중인 출신의 庶僚로서 임금의 諭示를 받아『顧問備略』을 쓰게 된 것에 큰 의미를 부여해둔 것 같다.

7) "書曰, 斯謨斯猷, 惟我后之德, 然則是書也, 有不敢自有矣. 天之不弔, 弓釖已邈, 是書, 卽先王未了之志也, 非獨不逮之慟, 抑環海生靈不祿之恨, 是書之編, 烏可以已." (同上)

최성환이 『고문비략』을 작성한 기본방향에 대하여 장지완은 이렇게 말했다.

당시의 행정(行政)과 법제(法制) 가운데 세월이 오래되어 말폐(末弊)가 있는 것과 국민의 고충으로 임금께 알려지지 않은 것들을 서술하되, 경사(經史)에서 근거를 원용(援用)하고 인정(人情)의 체험을 바탕으로 하여 그 교구책(矯救策)을 대강 첨부해올리려 한 것이다.[8]

그러니까 『고문비략』은 말폐가 있는 부분, 그리고 민원(民怨)이 있는 사항을 적출(摘出)하여 서술한다는 것이다. 장지완은 다시 말했다.

우리 왕조(王朝)가 나라를 세운 지 오백년, 역대 안정 속에 내려오는 동안 기강이 점차 해이해졌다. 그것은 법(法)의 폐(弊)가 아니고 '시(時)'의 폐이다. 『주역(周易)』에 이르길 "손익(損益)과 영허(盈虛)는 시(時)와 더불어 행하여야 한다"고 하였고, 또 이르기를 "시(時)를 따르는 의의(意義)가 크도다"라고 하였다.[9]

"법의 폐가 아니고 시의 폐이다"라고 한 것은 법 그 자체가 본래 나빴던 것이 아니고 '시'가 달라져서 시세(時勢)에 적응이 잘 안되기 때문이란 것이다. 주역에서 말한 대로 줄일 것은 줄이고 보탤 것은 보태어 '시'와 함께 가야 하는 것이니, 이것이 크나큰 '수시지의(隨時之義)'라는 것이다. 요컨대 법을 전면적으로 고치자는 것이 아니고 사례별로 시정할 것은 시정하

---

8) "乃敍述當時政法所以年久而爲弊者, 及民隱之未及上徹者, 援據經史, 體驗人情, 略附矯救之方."(同上)

9) "本朝立國垂五百年, 歷世永貞, 綱紐漸弛, 乃時之弊, 非法之弊也. 易曰, 損益盈虛, 與時偕行. 又曰, 隨時之義, 大矣哉."(同上)

여 시의(時宜)에 맞게 한다는 것이다.

3. 전국 지방제도의 재편성과 행정체계의 확립

최성환은 당시의 행정을 논하면서 이 책의 개종명의(開宗明義) 제일장
(第一章) 즉 '도비(都鄙, 중앙과 지방)'에서 먼저 전국 지방행정조직을 정
비할 것을 주장하였다. 그는 단군 이래 지방주현(地方州縣)의 연혁을 개
관한 위에 본조(本朝, 현왕조, 이하 같음)에 이르러 지방행정제도가 대체
로 중국과 비슷한데, 지금 팔도의 감사(監司)는 곧 중국의 포정사(布政
司)로서 관제(官制)와 정사(政事)가 모두 같고 현(縣)의 현감(縣監)은 곧
중국의 지현(知縣)으로 또한 관제와 정사가 같다. 그런데 오직 주(州)의
목사(牧使), 부(府)의 부사(府使), 군(郡)의 군수(郡守)는 중국의 지주(知
州)·지부(知府)·태수(太守) 등과 명칭이 같으면서 정사는 같지 않다고
말하였다.

중국에서는 부(府)가 주현(州縣)의 행정을 통할(統轄)하고 있는데 우리
나라에서는 주(州)·부(府)·군(郡)·현(縣)이 각각 독자적으로 행정을 하
고 있다.
대저 큰 고을은 주가 되고 부가 되며 작은 고을은 군이 되고 현이 되어,
작은 것이 큰 것의 예하(隸下)에 들어가고 큰 것이 작은 것을 통할(統轄)하
는 것이 고제(古制)이다. 그런데 지금 목사(牧使)·부사(府使)·군수(郡
守)·현감(縣監)은 각기 그 고을을 다스리고 있을 뿐, 서로 통섭(統攝)이 되
지 않고 있다. 지금의 진부(鎭府)가 군현(郡縣)을 관할하는 원칙이 있으나
그것은 군사관계(軍事關係)에 한해서 관여하고 행정에는 전혀 관여치 않는
다. 예를 들면 양주(楊州)는 고양(高陽)과 교하(交河)를 진관(鎭管) 아래에

두고 있으면서, 고양·교하 두 고을의 행정의 득실에는 마치 진(秦)과 월(越)이 서로 상대방의 비척(肥瘠)에 대해 오불관언(吾不關焉)의 태도를 취하고 있는 것과 같다. 그리하여 주·부·군·현이 각기 한 독립된 단위로서 감사에게 직접 통하게 된다.[10]

라고 하여 우선 주·부·군·현이 대소가 서로 다르면서 서로의 사이에 종적으로 체계가 서지 않고 횡적으로 연계도 되지 않은 채 산만한 상태에서 제각각 감사 밑에 놓여 있는 것을 지적하였다. 그리고 이어서

감사(監司)는 한 사람의 몸으로 수십백의 주현을 어떻게 보살피며 수령(守令)의 능부(能否)를 어떻게 다 파악할 수 있겠는가. 먼 고을 또는 궁벽한 고을은 감사소재지(감영, 도청)에서 수백리가 되어 성문(聲聞)이 미치지 못하고 순찰이 제대로 이루어지지 못하는 곳도 있다.[11]

라고 하여 감사는 감사대로 수많은 주부군현(州府郡縣)을 혼자서 옳게 다스리기에 힘의 한계가 있는데다가 지역의 폭원(幅圓)이 넓고 또 멀고 궁벽한 곳도 있어 더더욱 어렵다는 것이다.

뿐 아니라 현은 작고 부는 크다는 원칙도 지켜지지 않는 경우가 적지 않으며 같은 현이라도 대소가 현격히 차이가 나기도 한다. 마땅히 주·부·군·현을 일정한 기준 위에 통합 조정하여 토지의 후박(厚薄)에 따라 조세

---

10) "中國之府, 統所屬州縣, 知其政治, 與我國之州府郡縣之各自爲政不同也. 夫大爲州爲府小爲郡爲縣, 小隸大, 大統小, 古制然也. 乃今牧使府使郡守縣監各治其境, 不相統攝(今之鎭府, 亦有管郡縣之義而無與其政). 如楊州鎭管之爲高陽交河者而政治得失猶秦越肥瘠之視, 且府縣勢均, 皆自達于監司."(『顧問備略』上 卷1, 2면)

11) "夫以監司一人之身, 遍閱數十百州縣, 察其治否考其殿最, 豈能盡詳明, 遐陬僻邑之離臬司, 有千百里者, 聲聞不及, 巡按不到."(同上)

를 부과시키고 인민의 중과(衆寡)에 따라 요역(徭役)을 정해야 한다.[12]

라고 하여 지방행정단위, 즉 강계(疆界)를 합리적으로 개편하여 명실(名實)이 상부(相符)하게 함으로써 조세·요역 등 민생문제도 거기 따라 공평하게 된다는 것이다.

최성환은 지방제도에 있어서 상하상유(上下相維), 즉 종적 체계의 확립을 가장 중시하였다.

먼저 중앙으로부터 시작하여 팔도로 확대해나가야 하는데 중앙에는 한성부(漢城府)가 주진(主鎭)이 되어 오부(五部)를 통할하고 밖으로 외읍(外邑)의 제도도 중앙에서와 같이 하여 대략 오현(五縣)으로 기준을 삼는다. 가령 한 도에 약간의 부를 두어 부에 부사가 있고 한 부에 약간의 현을 두어 현감이 있는데 모든 현은 부에 예속되고 모든 부는 도에 예속되어 가까운 데서 먼 곳으로 미쳐, 날로 백성들과 친근하게 지냄으로써 백성의 이익과 병해가 어디에 있는지를 알기가 쉬워진다.[13]

그의 안을 보면 경기도(京畿道)에 8부, 충청도(忠淸道)에 8부, 경상도(慶尙道)에 12부, 전라도(全羅道)에 11부, 황해도(黃海道)에 6부, 강원도(江原道)에 5부, 함경도(咸鏡道)에 16부, 평안도(平安道)에 21부를 두는 것으로 되어 있다.

여기 그의 안에서 경기도의 8부 및 그 예하의 군현들을 예로 들어둔다.

---

12) "乃今縣又未必盡小, 府又未必盡大, 且均是縣而縣之大小不同, 均是府而府之大小亦殊 …… 土地之所出者有厚薄, 以此科其財賦人民之所聚者有衆寡, 以此定其徭役." (同上, 3~5면)

13) "先自部內始, 達于四方, 部內則漢城府爲主鎭, 統五部, 外邑之制, 亦如部內, 而大率以五縣爲度. 如一道置若干府, 府有府使, 一府有若干縣, 縣有縣監, 諸縣隷於府, 諸府隷於道, 自近及遠, 日親民而利病易知." (同上, 5~6면)

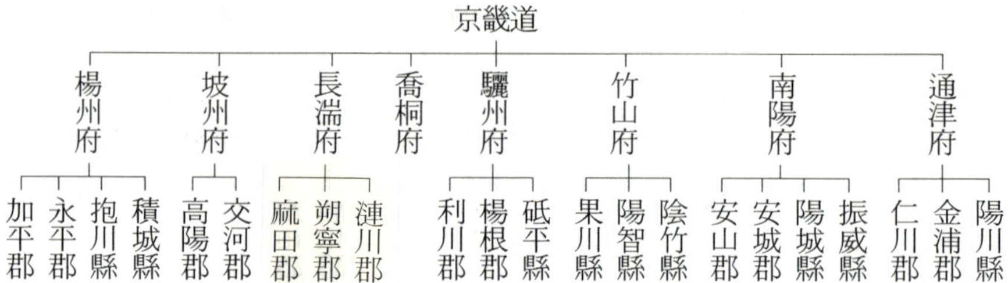

경기도에는 8부 외에 별도로 개성부(開城府)·강화부(江華府)·광주부(廣州府)·수원부(水原府)가 있는데 이를 사도(四都)라고 부르고, 유수(留守)는 경관(京官)으로 쳐서 다른 부와는 성격이 아주 다르므로 논하지 않았다. 다만 유수 밑에 있는 경력(經歷)·판관(判官)은 군현의 예에 의해 유수에게 예속되어야 하고, 여러 찰방(察訪)·감목관(監牧官)·첨사(僉使)·만호(萬戶)·별장(別將) 등은 모두 토단(土斷)으로 본부에 예속되어 군현의 예에 따라야 한다고 하였다.

최성환은 이와같이 군현의 예를 강조하면서 되도록 예외를 두려 하지 않았다. 그리하여

감사는 도내의 제부(諸府)를 총괄 감독하고 부사는 예하(隸下)의 제군현(諸郡縣)을 안찰(按察)한다. 그 밑으로는 현감이 면(面)을 다스리고 면이 리(里)를 다스리고 리가 통(統)을 다스리고 통이 호(戶)를 다스린다.

아침에 명령한 것이 저녁이면 와닿고 가가호호 훈령(訓令)과 유시(喩示)를 잘 받들게 될 것이며 군제(軍制)와 관방(關防)도 모두 정밀 상세하게 다루어질 것이니 이것이 이른바 말에 오르면 군을 관장하고 말에서 내리면 민을 친하게 된다는 것이다.[14]

'도비'의 뒤를 이어 최성환은 '통갑(統甲)'에서 지방행정 말단에 대한 재조직과 그것의 강화를 바랐다.

우리나라는 수도 서울에 방(坊)이 있고 계(契)가 있고 통(統)이 있으며, 외읍(外邑)에는 면(面)이 있고 리(里)가 있고 통(統)이 있는데, 통에는 수(首)가 있고 리에는 존(尊)이 있고 면에는 정(正)이 있어, 예로부터 전해오는 고의(古意)가 있다고 할 만하지만 일정한 성규(成規)가 있지 않아, 명칭은 있으면서 내실은 없다. 이제 마땅히 "종전 있던 그대로" 두고 그 제도를 신명(申明)하여 오가(五家)를 통(統)으로 삼아 통에 수(首, 지금의 통수)가 있고 10통(統)을 리(里)로 삼아 리에 존(尊, 지금의 존위)이 있고 10리(里)를 면(面)으로 삼아 면에 정(正, 지금의 약정)이 있는데 모두 향인(鄕人) 중에 건강하고 근실한 자를 취하여 배치해야 한다.[15]

조세·역역(力役) 내지 조적(糶糴)에 관한 행정을 관(官, 군수·현감)이 면에 하달하면 면은 리에 하달하고 리는 통에, 통은 가에 하달하여, 통은 리에 올리고 리는 모두 면에 올리고 면은 모두 관에 올리고 관은 부에 올린다. 그리고 도에 올리고 조정에 올린다는 것이다. 최성환은 당시의 부패 이완해진 지방행정에 효율성·능동성을 제고하여 국가의 기능을 활성화하려 했던 것이다.

---

14) "監司總督道內諸府, 府使按察管下諸郡縣. 自此以下則縣以治其面, 面以治其里, 里以治其統, 統以治其戶. 朝令而夕至, 家訓而戶喩, 以至於軍制關防, 無不精詳, 是所謂上馬管軍, 下馬親民."(『顧問備略』上 卷1, 10면)

15) "我國部內則有坊有契有統, 外邑則有面(如部內之坊)有里(如部內之契)有統(卽部內之統), 統有首里有尊面有正, 猶有古意也. 但未有成規, 名存而實無矣. 臣愚謂宜仍舊存而申明其制, 使五家爲統, 統有首(今之統首), 十統爲里, 里有尊(今之尊位), 十里爲面, 面爲正(今之約正), 取鄕人之强謹者爲之."(同上, 15면)

4. 국방을 위한 군제혁신과 군비부담

최성환은 당시의 국계(國計)와 민생문제 중에 가장 크게 곤란하고 우려가 되는 것이 군정(軍政)·조적(糶糴)·공부(貢賦)·조전(漕轉) 등이라고 생각하였다.

당시의 군정에 대하여 최성환은 우선 국방을 담당할 군사정책이 통탄할 지경임을 가차없이 말하였다.

> 우리 왕조의 군제에 대하여 중앙의 여러 군영은 우선 두고 향병(鄕兵)의 제도를 보면 속오(束伍)·상번(上番)·정병(正兵)·아병(牙兵)·승호(陞戶)·보인(保人) 등 복잡한 명목(名目)이 있는데, 이미 의무병이 아니고 모병제(募兵制)도 아니며 둔병(屯兵)·부병(府兵)·채병(寨兵)·보갑리갑제(保甲里甲制)도 아니다. 다만 그 명목에 따라 군포(軍布)를 공납할 뿐이고 처음부터 국방무비(國防武備)에는 관심이 없다시피 되어 있다. 만일 불행한 외침이나 내란이 일어나면 군사를 징발할 곳이 없다. 가는 곳마다 토붕와해(土崩瓦解)가 될 것이다. 임진·병자 양란을 돌아보면 어찌 한심하지 않을 수 있겠는가. 마땅히 오늘날 평안 무사할 때에 음우지비(陰雨之備)를 강구해야 할 것인바, 오늘의 계책은 또한 통갑법(統甲法)에 의할 수밖에 없다.[16]

라고 하여, 앞서 말한 '통갑'에 의거하여 평상시에 군사를 확보하자는 것이다. 통갑은 오가위통(五家爲統)에서 시작하여 통수(統首)·이존위(里尊

---

16) "我朝軍制, 京營勿論(各營之制, 又皆不同), 卽鄕兵之制, 有束伍上番正兵牙兵陞戶保人等號, 不一其名目, 旣非賦兵, 又非募兵, 又非屯兵府兵寨兵保甲里甲制. 而只隨其名, 責納軍布而已, 初無爲意於軍政武備. 不幸有萬一之虞, 則調發無地(今之軍丁, 多白骨黃口, 虛名生徵者), 所在土崩, 觀於壬南丙北之事, 豈不寒心哉. …… 宜於今日治平之時, 預爲陰雨之備. …… 爲今之軍者, 亦惟依統甲法."(『顧問備略』上 卷1, 22면)

位)·면약정(面約正)의 체계적인 향촌질서 속에 농사에 방해되지 않을 때에 무사를 익히되 궁전사(弓箭社)와 같이 상벌을 실시하여 권장하는 것이 유효하다는 것이다.

그는 왕안석의 보갑법(保甲法)을 골자로, 약간 간소하게 만드는 것이 좋다고 하면서

> 왕안석의 보갑법에 대하여 원우(元祐)의 제공(諸公)들이 모두 그 불편함을 말했는데, 왕암수(王巖叟)·문로공(文潞公)·소자첨(蘇子瞻) 등은 몹시 비난하였고 사마군실(司馬君實)은 힘껏 저지하여 결국 혁파하였다. 대개 당시 신법(新法)의 폐단에 대하여 격한 나머지 그것마저 배척했던 것일까. 선법(善法)도 폐단이 있는 것은 법을 실행하는 자의 잘못일 뿐이다. 그 좋은 점은 살리면서 잘못된 점만 바로잡으면 된다. 법이 나쁘다고 몰아붙여 폐기한다면 그것은 목에 체했다고 하여 밥을 먹지 않는 것과 같다.[17]

라고 하였다. 최성환은 보갑법뿐 아니라 종래 우리나라 사대부들이 모두 배척하던 왕안석의 신법을 대담하게 지지한 것이다.

군정이 국방무비에 관심이 없고 오직 군포의 수취를 목적으로 삼다시 피 했으므로 이른바 '황구첨정(黃口簽丁) 백골수포(白骨收布)'라는 유행어가 나오게 된 것이다. 최성환은 『대전통편(大典通編)』의 면역조(免役條)와 성적조(成籍條)를 들어

> 부자 3인이 편오(編伍)된 자는 그 부(父)를 면제해주고 형제 4인이 편오된 자는 그 형을 면제해주도록 되어 있는데 지금은 10부자 10형제라도 한

---

17) "王氏之保甲, 元祐諸公, 皆言不便, 王巖叟文潞公蘇子瞻, 多譏之, 司馬君實則力沮而竟罷之. 蓋有激於當時新法之弊而幷斥之歟. 夫善法之有弊, 固行法者之枉也. 觀其當而矯其枉而已. 幷謂法不善而棄之, 則是因噎而廢食也, 其亦過矣."(同上)

사람도 면제해주지 않는다. 또 군사가 만 육십이 되면 자신이 면제받고 만
칠십인 자는 아들 하나를, 만 구십인 자는 여러 아들을 다 면제받도록 되어
있는데 그것은 국가에서 노인을 우대하는 성전(盛典)이다. 그런데 지금은
여러 아들은 물론 아들 하나도 면제해주지 않으며, 그 아들은 물론 칠십 구
십 된 노인 자신도 면제받지 못한다. 독질폐질자(篤疾廢疾者)는 면제받게
되어 있는데 독질폐질은 물론, 병석에서 잔천(殘喘)을 헐떡이는 자도 면제
되지 않으며 잔천을 헐떡이는 자만이 아니고 이미 죽어 십년 백년을 지난
자도 또한 면제받지 못하는 경우가 있다. 또 원래 군적을 만들 때 황구(黃
口, 5세 이하 자)와 아약(兒弱, 14세 이하 자)을 충정하면 수령은 도배(徒配)
하고 감색(監色)은 형배(刑配)하는 엄벌을 내리게 되어 있는데 지금은 아
약 황구가 아니라 막 출생한 어린아이가 남아이면 군적에 얹고 남아가 아
니라 여식이라도 군적에 얹는 경우가 있다. 어느 읍이든 다 이 모양이다. 백
성들은 생육을 싫어한다. 자식이 많은 부모는 원통하게 생각하고 자식을
원수로 여겨, 낳자마자 버리기도 하고 부부 별거하여 일찍 단산을 하기도
한다. 인민이 어떻게 번식할 수 있으며 호구가 어떻게 감소하지 않을 수 있
겠는가.[18]

라고 하여 국전(國典)이 사문화되고 민생이 처참한 당시의 상황을 남김없

---

18) "父子三人編伍者, 除其父, 兄弟四人編伍者, 除其兄. …… 乃今日之民, 雖十父子十
兄弟, 從無有一人免者. 又年滿六十者免, 年七十以上者之一子, 年九十以上者之諸子,
并免役. …… 盖朝家優老之典. …… 乃今非直其諸子之不得免, 即一子亦不得免, 非直
其子, 即九十七十之老者, 亦不得免自身. 且無論篤疾廢疾而免, 即一喘不絶, 苟委床
席者, 亦不得免, 非直一喘不絶者, 即已死者, 死而經十百年者, 亦不得免(是謂白骨收
布). 又成籍條, 黃口兒弱充定 守令徒配, 監色刑配. …… 盖亦字幼之盛德也, 乃今非
直兒弱黃口, 即落草而不女則籍, 非即男也, 即女而亦不免, 諸如此類, 無邑不然. 於是
民不樂於生育而稍有多生者, 則曰冤乎天也, 天之使我躬也, 父母讎其子而疾之, 甚或
始生而棄之. …… 有或男女異處, 絶夫婦之歡者. …… 人民何得以蕃息, 戶口何得以不
減乎?"(『顧問備略』上 卷1, 24면)

이 고발하였다. 그리고 군포전(軍布錢)의 실태를 다시 아래와 같이 밝혔다.

　군적(軍籍)에 올려 군포전을 징수함에 있어서 '정번(停番)' '고립(雇立)' 등의 이름 아래 곳곳에서 마구잡이로 거둬들여 이사이서(里社吏胥)로부터 관부상사(官府上司)에 이르기까지 모두 그것으로 용도에 충당하니, 실로 빈민(貧民)의 살림을 축내는 짓이다. 빈민의 살림살이가 축나는 것도 견디기 어려운 일이지만 살림이 축나지 않더라도 군역을 지는 사람은 남들이 천하게 본다(오늘의 제도에서 사족은 군역에 충정하지 않기 때문이다). 그래서 신분과 지처(地處)를 논할 때에 먼저 군역을 지고 있는지의 여부를 묻는다. 그러므로 조금이라도 힘이 있는 자는 갖은 수법으로 벗어날 궁리를 한다. 우선 군포전보다 백십배의 돈이 들어도 기어코 군적에서 빠져나간다. 오늘날 군적에 있는 자는 모두 빈궁무고(貧窮無告)한 백성들이다. 이들이 어떻게 가족의 생계를 보전하면서 군포전을 기한 내에 낼 수가 있겠는가. 매질과 곤장 아래 고초를 겪다가 처자를 팔아먹는 자, 고향을 떠나 유리하는 자, 심지어 도둑질을 하거나 자살하는 자가 있으니, 유유창천(悠悠蒼天)이여, 이 무슨 일이란 말인가. 원래 군은 관에서 양성해야 하는데 오늘의 관은 도리어 군에게 공급을 받고 있다. 군사를 은혜로 보살펴주어야만 그 성효(成效)를 바랄 수 있는 법인데 어찌하여 평일에 돈[군포전]을 징수하고 외적에 임해서는 죽음으로 싸워주기를 요구한단 말인가. 수백년 무한한 원한이 서려 있어, 돈을 요구하지 않고 죽음으로 싸워주기를 요구하지 않더라도 평일에 난을 생각(난이 일어나기를 바라는 마음)하고 난에 임하여 화를 즐거워하지 않을 자가 극히 드물 것이다. 어찌 그들이 힘을 내어주기 바라겠는가.[19]

라고 하여 군역을 지는 사람은 천인(賤人)으로 여겨지기 때문에 군포전 그 자체만이 문제가 아니라는 것이다. 조금 힘이 있는 사람이면 다 빠져나가고 오늘날 군적에 남아 있는 자는 모두 지극히 빈궁한 자들뿐이어서 온갖 기막힌 일이 나온다고 하였다. 군을 관에서 은혜를 베풀어가며 양성해야 적에게 사력을 다해 싸울 수 있겠는데 오늘날 관이 도리어 군을 착취해 먹으니 군이 어찌 나라를 위해 목숨을 바칠 것인가. 전쟁이 일어나면 평일의 원한으로 적에 가담하지 않을 자가 드물 것이라고 하였다. 이에 대해 최성환은 임금의 새 정치가 시작되려면 무엇보다 이 군포전을 일절 제거시켜 옛날 양병지제(養兵之制)가 회복되어야 하며 국가에서 모든 것을 지급할 형편이 안되면 우선 관에서 부담하지 말고 백성들이 각자의 힘으로 '보(保)'를 만들게 해야 한다. 오직 '통갑'제를 성립시키면 민심이 모아지고 병력을 얻을 수 있을 것이니 수백년 고질적인 병폐가 하루아침에 다 고쳐져서 임금의 은혜를 즐기고 나라를 지키는 데 힘을 다할 것이라고 하였다.

군포전을 받지 않으면 나라의 재용(財用)이 크게 감손된다고 말하는 반대론자가 많겠지만 최성환은 그에 대한 자기의 새로운 주장을 내놓았다.

오늘의 군적은 모두 소민(小民)들이다. 이미 편오되어 삼시귀농(三時歸農)하고 일시강무(一時講武)하고 있으며 또 유방(留防)·점고(點考) 및 제반 부역(赴役)이 있는데 거기에 다시 군포전을 받으니 이는 첩역(疊役), 즉 중첩된 역이다. 그런데 신사(紳士, 관원)와 사족은 그 몸이 이미 병역에서 면제되어 있는데다가 가포(價布, 군포전)마저 부담하지 않아 누락된 호구

---

19) "軍布錢, 稱以停番, 稱以雇立, 在處濫徵. …… 下自里社吏胥, 以至官府上司, 莫不取給於此, 而適足爲貧民耗貲之地也. 貧民耗貲已不堪命, 卽不耗貲, 軍役之人, 人已賤之(爲因今日之制, 士族人不充定也). 故論地處者, 先問軍役與否. 是以稍有力之人, 百計圖脫. …… 雖多費於軍布百十倍錢, 期於落籍, 而今日軍籍, 皆貧窮無告之民也. 家何以保生, 錢何以趁期乎? 鞭扑剝割, 所在愁苦, 賣兒鬻妻者有之, 離井背鄕者有之. …… 古者兵皆養於官, 今日之官, 皆仰給於兵也. …… 今日之軍, 平日責其錢, 臨敵責其死也. 數百年怨恨, 固結于中, 卽不之責其錢責其死, 乃平日不爲之思亂, 臨亂不爲之樂禍者幾稀矣. 何望乎其出力也." (『顧問備略』上 卷1, 26면)

와도 같다. 이 나라 이 땅에 사는 자로서 누가 임금의 신하가 아니겠는가. 그 중에서 군자는 노심(勞心)하고 소인은 노력(勞力)하며 군자는 사람을 부리고 소인은 사람에게 부림을 당하는데, 사람을 부리는 자는 사람을 고용하여 자기 대신 일하게 하는 것이고 사람에게 부림을 당하는 자는 댓가를 받고 남을 위해 일하는 것이다. 마치 치가자(治家者)가 채초(採樵)와 제분(除糞)을 몸소 할 수 없으면 반드시 고공(雇工, 머슴꾼)을 두게 되고 가마를 타는 사람은 자기 발로 길을 갈 수 없기 때문에 반드시 교부(轎夫, 가마꾼)를 세(貰)주고 타는 것과 같다. 저 고공과 교부는 비천한 것인데 사람이 비천한 것을 사양치 않는 것은 댓가를 받기 때문이다. 댓가를 받는 쪽은 비천함을 알 것이고 댓가를 주는 쪽은 존귀함을 알 것이다. 오늘날 신사·사족과 같이 존귀한 사람은 마땅히 존귀한 일을 해야 할 것이니 댓가를 내는 것은 자력으로 할 수 없기 때문이요 비천한 자는 부역하여 자기 몸으로 하는 것이다. 이렇게 함으로써 귀와 천이 다 본분을 얻는 것이다. 이제 종래의 습관에 반하여 말을 하기를 "댓가를 내는 자는 귀족이고 몸으로 역에 응하는 자는 천류(賤類)이다"라고 한다면 누가 옳지 않다고 하겠는가. 그렇다면 군포전은 모두 '원납락위(願納樂爲)'의 전(錢)이 될 것이며 납전(納錢)을 불허할까 염려할 것이다.[20]

라고 하여, 군포전을 완전 제거하는 것이 당연하지만 나라의 재용을 위해

---

20) "今日之軍籍, 皆小民也. 旣已編伍, 三時歸農, 一時講武, 又有留防點考及諸般赴役, 又責其布錢, 是疊役也. 惟紳士與士族人則身旣免役, 又不責價布, 有同漏戶, 率土之濱, 孰非王臣. 君子勞心, 小人勞力, 君子役人, 小人役於人. 役人者, 雇人而代力, 役於人者, 受直而代人. 如治家者, 采樵除糞, 不可自力, 則必置雇工. 如坐輿者, 行脚走路, 不能自任, 則必貰轎夫. 彼雇工轎夫, 卑且賤也. 人亦不辭於卑賤者, 受直也. 因於受直而卑賤可知也, 因於給價而尊貴可知也. 今日之尊如紳士貴如士族者, 自應行尊貴之事 尊貴者出直, 不可以自力也. 貴賤者, 赴役以身行也, 如是而後, 貴賤皆得本分矣. 於是反前習而爲之語曰, 出直者, 貴族也. 應役者, 賤類也. 夫誰曰不然, 夫然則是所收布錢者, 皆願納樂爲之錢(其名美故也), 而惟恐其不許納錢也." (同上, 27면)

불가피하다면 군포전의 부과 대상을 달리해야 한다는 것이다. 현재 군적에 올려 있는 소민들이 군사훈련 및 기타 부역(赴役)을 하고 있는데 또 군포전을 낸다는 것은 첩역, 즉 이중부담을 하는 것이다. 이에 반해 신사(관인)·사족들은 병역면제에다가 군포전도 내지 않으니 이 나라의 왕신(王臣)——국민으로서 원칙이 틀린 것이다. 소인(소민)은 몸으로 병역을 지고 군자(신사·사족)는 몸으로 하지 못하는 대신 돈으로 의무를 다해야 하는 것이다. 다시 말하면 군포전은 '군자'로 표현된 신사·사족이 전적으로 부담해야 한다는 것이다.

혹은 또 빈사 즉 가난한 사족이 돈을 마련하지 못할 경우를 들어, 반대의견을 말한다. 이에 대해 최성환은

빈사(貧士)는 물론 돈 마련이 어려울 것이다. 그러나 빈민은 더더욱 어렵다. 빈민의 직업이란 농(農)이 아니면 고용(雇傭), 또는 공(工)과 상(商)일 뿐인데 낙세(樂歲, 풍년)에 내내 고생을 하고 흉년에는 사망을 면치 못한다. 이것이 오늘의 빈민이다. 빈사도 농·고·공·상을 직업으로 삼아서 나쁠 것이 없으며, 또 혹 족친·인척·사환가의 도움이 있을 수도 있으니 빈민과 직업을 같이 하더라도 빈민보다는 유리한 것이다.[21]

라고 하여 빈사가 어렵겠지만 같은 왕신——국민으로서 빈사는 빈민보다는 처지가 상대적으로 유리하므로 탓하지 말라고 한 것이다. 군포전을 신사·사족이 전적으로 부담해야 한다는 것과 빈사도 농·고·공·상을 직업으로 하는 것이 나쁘지 않다고 한 것은 최성환의 중요한 의견의 제시이며,

---

21) "貧士固難辦, 卽貧民尤難辦, 貧民之業, 不過爲農爲雇爲工爲商, 而樂歲終身苦, 凶年不免於死亡, 此今日之貧民也. 貧士之業, 亦不害於爲農爲雇爲工爲商, 而又或有族親姻戚宦家之睦恤, 則比之貧民, 所業同而所資則加, 不猶有勝於彼乎."(『顧問備略』上 卷1, 28면)

우리의 주목을 끄는 대목이다. 뒤에 다시 언급하기로 한다.

5. 還政·田政과 조세금납화 정책

최성환은 환곡문제(조적)를 다루면서 상평창(常平倉)과 사창(社倉)을 아울러 설명하였다. 여러 읍창(邑倉)에 저장한 군자곡(軍資穀)·상평곡(常平穀)·진휼곡(賑恤穀)과 그밖의 각읍 미곡들을 조적법으로 정하여 봄에 백성들에게 대여해주고 절반은 창고에 남겨두며 가을에 대여한 곡식을 환수하되 십일의 모(耗)를 받는다. 이에 대하여 최성환은 "법이 좋아서 만세의 이(利)가 되는 것이라고 칭찬해놓고 법을 잘못 지켜 폐가 생긴 것으로, 지금은 백성을 이롭게 하던 법이 백성을 해롭게 하는 일로 바뀌어 민생의 뼈에 사무친 고막(痼瘼)이 되었다. 이로써 파산을 하고, 이로써 이산(離散)을 하고, 이로써 사망을 한다. 선과 악의 상반이 어찌 이렇게 되었을꼬" 라고 자문하고는

오늘의 폐단은 다 옛날과 상반되는 데에서 생긴 것이다. 옛날 분급할 때에는 백성들이 다 얻기를 원했는데 지금은 백성들이 모두 분급에서 빠지기를 도모하여 강제 배정을 하게 되고, 옛날에는 백성들이 얻어갈 때에 많이 얻어가기를 원했는데 지금은 많이 돌아올까 두려워한다. 옛날에는 백성들에게 식구를 헤아려 분급하되 한 식구에게 1석에 지나지 않았는데 지금은 한 사람에게 십석 혹은 백석까지 배당된다. 옛날에는 모(耗)를 십(什)의 일(一)로 했는데 지금의 모는 십의 백, 백도 부족해서 생징(生徵)을 한다. 옛날에는 절반을 유고(留庫)했는데 지금은 전부를 나누어준다. 옛날에는 신곡(新穀) 구곡(舊穀)을 서로 교환했는데 지금은 신곡도 한꺼번에 없어진다.[22]

라고 하여 상세하게 설명하였다. 그리고 환곡이 옛날과 지금이 상반된 이유를 적나라하게 들추어놓았다.

> 옛날의 환곡은 받을 때나 도로 갚을 때에 두곡(斗斛)이 같고 모(耗)가 십(什)의 일(一)뿐이다. 춘궁기에 이 곡식을 얻어 농량(農糧)도 하고 종자(種子)도 한다. …… 뒤로 내려오면 자꾸 달라져서 봄에 받을 때 두곡을 평량(平量)으로 했는데 가을에 갚을 때 두상(斗上)에 일분(一分) 후(厚)를 가(加)하고 곡상(斛上)에 일분 후를 가하여 …… 봄에 빌린 1석이 가을에 2석으로 마감되는 것이 관례이다. …… 봄의 1석은 대개 쭉정이로 …… 오늘날 환곡의 배당에서 빠지기를 원하는 것은 이 때문이다.[23]

라고 하여 본래의 법의 취지가 아주 변질되어 지금 백성들의 생활에 큰 질곡이 되어 있음을 구체적으로 보여주었다. 그밖에 「이전작환법(以錢作還法)」「작전법(作錢法)」「가작법(加作法)」「부탁환법(付託還法)」「첨환법(添還法)」「와환법(臥還法)」「방환법(防還法)」 등 각종 사기 협잡들이 난무하였는데 이는 모두 관리와 집행자 등의 탐독(貪瀆)으로 이러한 말초현상이 나타난 것이다. 최성환은 환곡의 폐가 백폐 중에 더욱 심한 이유를 곡물가의 앙앙(仰昻), 두(斗)의 증감, 곡(穀)의 정조(精粗)에 의해 쉽게 환농(幻弄)할 수 있기 때문이라고 말하고, 그 폐를 교구(矯救)하려면 전곡양

---

22) "今日之弊, 皆反於昔, 昔之分給也, 民皆願得, 今則民皆圖免而至於抑配, 昔之民, 得之也. 惟恐其不多, 今則惟懼其不少. 昔之民, 計口而給, 口不過一石, 今則一人而或十百石. 昔之耗什之一, 今之耗什之百, 百之不足而爲生徵, 昔之留庫折半, 今則盡分, 昔之穀, 新舊相換, 今之穀, 並新而盡無, 此今日之還弊."(『顧問備略』上 卷1, 29면)

23) "昔之穀, 斗斛而分, 其還上也加分, 例加耗什一而已. 故方春東作艱食之時, 得此而爲農糧, 得此而爲種子 …… 自後隨時弊生 …… 分給所得, 斗斛平量, 及其秋償也, 斗上加一分厚, 斛上加一分厚 …… 春得一石者, 秋捧時, 例以二石磨斟 …… 春之所得一石者皆糠粃 …… 其實則不過一二斗也. …… 此今日之圖免而至於抑配者也."(同上, 30면)

행법(錢穀兩行法)을 시행하고 한(漢) 경수창(耿壽昌)의 상평창(常平倉)과 송(宋) 주회암(朱晦庵)의 사창(社倉)의 제도를 취하여 이자(二者)를 겸용하되 시의(時宜)에 따라 짐작해야 된다고 하였다.

공부(貢賦)에 대하여 최성환은 우리나라 정부가 국민으로부터 전세(田稅)의 결부제(結負制)에 의한 수조(收租)와 공물(貢物)의 대동법(大同法) 제정에 의한 외읍(外邑) 미(米)·목(木)·전(錢)의 경창수납(京倉收納), 그리고 창주인(倉主人, 공물주인)을 통한 경무진납(京貿進納)을 하고 있는 것을 원칙적으로 잘된 법이라고 하였다. 그러나 정부가 외읍에서 수취하는 것이 명목이 번잡하여 전세미(田稅米)·대동미(大同米) 외에 또 삼수미(三手米)라는 것이 있어, 모두 전결에 부과하고 있다. 매 1결의 수취율을 충청도의 사례로 말하면 전품(田品)을 9등전으로 나누어 하하전(下下田)의 세미(稅米) 4두, 대동미(大同米) 12두로부터 상상전(上上田)의 세미 20두에까지 이르고 삼수미(三手米) 1두 2승을 보태어 받는다. 이는 1결의 세미 중에서 명목을 달리하는 것이다. 가령 중중전(中中田)으로 계산하면 25두 2승이 된다. 이것을 몇차례로 나누어 완납하게 하는데, 예를 들면 전세는 모일(某日)에 바치고, 대동미는 모일에, 그리고 삼수미는 모일에 바치게 한다. 이것을 백성들이 각자 스스로 조창(漕倉)에 수납하게 하니 조창에서 거리가 먼 백성들은 부대(負戴) 왕래하면서 많은 시일을 소비하고 관리들은 마음대로 주구를 일삼아, 그때마다 견디기 어려운 실정이다.

백성들은 관리 대하기를 시랑(豺狼)과 같이 싫어하는데 1년에 한 번도 아니고 3, 4차례씩 만나니 기가 차는 일이다. 미(米) 한가지를 가지고 말하더라도 미(米)가 기분(幾分)은 소미(小米)로 기분은 황두(黃豆)로, 그리고 기분은 면포(綿布) 또는 마포(麻布)로 준절(準折)하기도 하였다. 또 미를 작전(作錢)함에 있어서 기분은 황두로 작전하고 기분은 면포로 작전하기도 한다. 작전에 있어서도 규정이 한결같지 않아 미 1석은 황두 2석으로 치고 혹은 면포 3필 반으로 친다. 미 1석은 4냥 5전 혹은 5냥이고 황두 1석은 1냥 7전 혹은 2냥 5전이며 소미 1석은 3냥 5전 혹은 2냥 5전이 된다. 그 밖에도 허다한 높낮이가 있는데 모두 전 1결의 세미로부터 불어난 것이다.

이러고서 어찌 백성이 안정되게 살 수 있으며 어찌 소요를 일으키지 않을 수 있겠는가. 1결의 세가 이와같이 세쇄하니 1결이 안되거나 기부(幾負) 기속(幾束)의 세는 또 어떠하겠는가. 이와같이 세쇄하니 문부(文簿)가 착잡하고 명목이 다단한 것을 알 만하다. 비록 암산을 잘하는 사람도 파악이 어려운데 향촌의 어리석은 백성이 어찌 현혹되지 않겠는가. 이에 관리들이 농간을 부려 1석의 세를 수삼 석으로도 완납이 안되게 된다. 오늘날 세가 무겁고 백성이 곤궁한 것이 모두 이 때문이다. 그러나 국고수입은 단 한푼도 늘어난 것이 아니고 오직 관리의 사복만 채우는 것이다. 최성환은

생각건대 세법을 고쳐 정하고 허다한 명목을 없애며, 아울러 대전(代錢)으로 봉납(捧納)케 하는 것이 마땅하다. 만약 1결의 세를 15냥으로 정한다면 1부(負)는 1전 5분이 되고 1속(束)은 1분 5리가 된다. 이렇게 하면 많게는 백천 결에서 적게는 1, 2속에 이르기까지, 그 수치가 알기에 간편하여 백성들이 매우 편하게 여길 것이다. 또한 관리는 농간을 부릴 수 없게 되어, 백성들이 그 이익을 누리게 될 것이다.[24]

라고 하여 모든 조세를 금납(金納)으로 일원화함으로써 온갖 폐단을 시정할 수 있다는 것이다. 이때 이미 국가에서 조세 중 일부를 대전(代錢)으로 받아오기도 했으나 미·두·포목 등과 함께 잡연히 병행하여 엉망이 되어 있었다. 최성환과 같이 조세금납화(租稅金納化) 정책의 전면적 실시를 강

---

24) "臣愚謂宜更定稅法, 除許多名目, 幷以代錢捧上. 如一結之稅, 定以十五兩, 則一負爲一錢五分, 一束爲一分五里也. 如此則多自百千結, 少至一二束, 而其數甚簡易知, 民甚便之. 又官吏無以爲奸而民受其利."(『顧問備略』上 卷2, 11면)

조한 것은 처음 있는 일이고 또 그만큼 획기적인 것이었다.

최성환은 이 조세금납화 정책에 대한 두 가지 반대의견을 상정하고 다음과 같이 말하였다.

혹자는 또 조세를 완납할 때에 백성으로 하여금 곡식으로 납부케 하면 실행되기 쉬운 반면에 돈으로 납부케 하면 궁민(窮民)들이 어떻게 그것을 마련할 수 있겠는가라고 우려한다. 그런데 백성들에게 이미 납세할 곡식이 있다면 어찌 곡식을 팔아 돈으로 마련할 수 없단 말인가. 게다가 또 이때에 상평창이 세워져 있어서 바야흐로 돈을 풀어 곡식을 사들일 터인즉 돈 또한 마련하기 어렵지 않을 것이다.[25]

그리고 이어서

혹자는 또 염려하기를 나라의 법(法)에 방납(防納)을 금지하고 있는데, 이는 사방의 곡식으로 경사(京師)를 넉넉하게 하려는 것이다. 그런데 지금 그 곡식의 반입을 중지시킨다면 나라의 근본인 경사가 넉넉해지지 못할까 걱정스럽다고 한다. 경사(京司)에 이미 상평창의 제도가 마련되어 있으니 전세와 대동미의 대금으로 올라온 돈을 창주인에게 주어 싯가에 맞게 곡식을 구입하게 한다면, 곡식이 먼 지방으로부터 올 수 있어서 서울이 넉넉해지지 않을 까닭이 없다. 또 소미·황두·면포·마포 등을 함께 구매한다면 서울에 곡식이 풍족해질 것이다.[26]

---

25) “或又疑當完租之時, 使民納穀, 則易爲力, 而使之責錢, 則窮民何以辦得. 殊不知民旣有此可納之穀, 則何不賣穀, 以得錢. 況又此時所在常平倉, 方皆散錢貿穀, 則錢又不難得矣.”(同上, 11~12면)

26) “或又疑國典有防納之禁, 盖欲以四方之穀, 以贍京師也. 而今此并停其穀, 則恐根本不贍. 殊不知京司旣設常平倉之制, 以田稅大同所捧錢, 授之倉主人, 從時價貿納, 則穀自遠方至, 無不贍之理. 又兼貿小米黃豆綿布麻之類而足矣.”(同上, 12면)

라고 하여 백성들이 곡식을 팔아 돈을 만들기가 어렵지 않고 또 상평창에서 돈으로 곡식을 사들이게 되므로 서울에 얼마든지 곡식이 들어와 있게 된다는 것이다.

최성환은 또 조세를 현곡(現穀)·현물(現物) 등으로 받아들이기 위해 막대한 조운(漕運)의 비용을 지출하고 있는 당시의 실정을 낱낱이 열거하였다. 전세의 조선(漕船)으로 사용하는 전국 각 창 소속 관선(官船)의 수리 내지 신조(新造)의 경비와 5, 6천명의 조군(漕軍)에 대한 급여로 매 명당 매년 2결을 급복(給復)하는 경비가 엄청나고 또 조창(漕倉)에 속하지 않는 각 도 제읍의 전세는 모두 사선(私船)을 임용(賃用)한다. 대동미도 경기도 수원 등 23읍을 위시한 각 도 제읍의 것을 모두 사선으로 임용하는 데 또한 그 경비가 헤아릴 수 없을 만큼 많다는 것이다. 게다가 풍파에 난파되거나 색리(色吏) 선인배(船人輩)가 투절(偸竊)한 뒤에 그것을 감추기 위해 고의로 함몰시키는 일이 자주 일어난다. 이 모든 것을 합산하면 가의(賈誼)가 말한 바와 같이 1전의 부세를 위해 10전을 소비한다는 것이다. 최성환은,

지금부터 전세는 물론이고 대동미도 돈으로 봉납(捧納)케 하고 이것을 법령으로 확정한다면 막대한 조운의 비용이 줄어들어 국가는 열배의 이득을 거두게 될 것이다. 조운에 의존하지 않고도 서울에 현곡 현물이 쌓이게 될 것은 위에서 말한 바와 같이 창주인으로 하여금 돈으로 무납(貿納)하면 되기 때문이다.[27]

라고 하여 현곡·현물 등의 조운을 폐지하고 금납화정책(金納化政策)을

---

27) "臣愚謂宜自今, 無論田稅與大同, 幷以代錢上納, 著爲令, 可以省無限轉漕費, 而國
收十倍之利矣. 其京師積貯之不必仰給於漕運而愈得其裕者, 見於貢賦條而常平倉法
備矣."(『顧問備略』上 卷2, 14면)

여행(勵行)하면 그 폐단이 없어진다는 것이다.

여기 첨부하여 말해둘 것은 국가재정에 관한 견해이다. 최성환은 절용(節用)을 통하여 정부 각 기관의 낭비를 최대한 줄이는 동시에 회계장부의 철저한 정비를 요구하였다. 지금 호조(戶曹)와 선혜청(宣惠廳)의 장부를 보면 숫자상으로 풍영(豊盈)해 있지만 실제로는 궁핍곤란이 말이 아닌데 그것은 포흠(逋欠)·차대(借貸)·선하(先下, 선불) 등의 이유 때문이라는 것이다. 조정에서 인사행정에 지나친 관대를 해오고 가혹한 감사가 없어, 그렇게 된 것이라고 하였다. 그리고 그는 국가재정의 충실을 위해 세원(稅源)을 확보해야 한다면서 민간의 어업(漁業)·염업(塩業)·선업(船業)에 대하여 그 세를 국고에 들여넣자고 하였다.

장시(場市)에 대한 과세와 염(塩)과 철(鐵)에 대한 수익은 삼대(三代) 이래로 모두 정해진 법제가 있다. 이로써 정부의 경비와 군향(軍餉)·녹봉(祿俸)을 조달하는 것으로, 실로 모든 국가가 이에 의존하는 바 큰 것이다. 우리 왕조의 혜정(惠政)은 뭇 백성들과 더불어 산택(山澤)의 이(利)를 공유하고자 하여 심하게 징세하지 않은 채 내려왔다. 그런데 지금은 세를 거두는 명목이 너무 많아 그 대상이 되지 않는 것이 없다. 그러나 그 이익은 모두 각 관방(官房)과 각 아문(衙門)으로 귀속되어 중간에서 녹아 없어지고 국용에는 조금의 도움도 되지 못하니, 애석할 뿐이다.[28]

그는 당시 이 어(漁)·염(塩)·선(船)에 대한 세도 생선·소금류의 현물이 아니고 돈으로 받아야 한다고 생각했던 것 같다. 역시 조운에 의존하지

---

28) "至於市糴之征, 塩鐵之利, 三代以來, 皆有定制, 於是而爲經費, 爲軍餉, 爲祿俸, 實有國之所仰給者也. 我朝惠政, 欲與庶民共山澤之利, 不甚徵稅矣. 今則收稅多端, 乃無不稅之物, 而其利, 盡歸於各宮司, 從中消融, 而與國用無尺寸之補, 惜哉."(同上, 21면)

않는다는 것이다.

6. 治水事業에 있어서 公人·公役의 폐지와 民間請負制 도입

최성환은 치산치수(治山治水), 특히 치수에 많은 관심을 보였다. 그는 우선 도성 내의 개천(청계천)에 대하여 매년 요수(潦水)의 범람으로 시가와 인가에 큰 피해를 끼치게 되고 조정에서 이에 대한 대책으로 일대 정사(政事)를 삼아, 준천사(濬川司)라는 관청을 개천 곁에 설치하여 도제조(都提調) 제조(提調)를 모두 현직 대신 및 장신으로 겸임케 하고 비변사(備邊司) 중에 중망이 있는 1원을 파정(派定)하여 업무를 전관(專管)케 하니 그 소임이 크고 그 책임이 무겁다. 3년마다 소준천(小濬川)이 있고 5년마다 대준천(大濬川)이 있는데 준천의 비용이 3년째의 것은 3만냥, 5년째의 것은 5만냥이 든다. 이것을 1년 단위로 분배하면 매년 겨우 1만냥이 되는데 이것으로 구차히 미봉할 뿐이다. 만약 힘과 성의를 다해 깊이 파내어서 '경진년(庚辰年) 지평(地平)' 또는 '계사년(癸巳年) 지평'처럼 하려고 하면 그 들어가는 돈이 1만냥의 몇배가 될 것이다. 준천이 옛날처럼 안되는 것이 이 때문이다.

또 3년 내지 5년 만에 한번씩 준설(濬渫)하기 때문에 그동안 흘러내려와서 쌓인 사토(沙土)가 천변의 육지와 거의 비슷한데 다년간 쌓인 사토를 들어내다가 도로에 버리니 도로는 점차 높아지고 인가는 점차 낮아져서 묻힐 지경일 뿐 아니라 버린 모래가 사람의 발에 밟혀 흩어져서 이리저리 구르다가 결국 다시 개천으로 들어간다. 이리하여 개천이 자꾸 막히는 것이다.

이에 대하여 '모인고역(募人雇役)', 즉 관에서 인부를 모집하여 역사(役事)를 시키는 법을 만들었는데 말할 수 없을 정도로 잘못되어 있다. 3군영

(軍營)에서 각기 담당구역을 두고 장관이 모든 것을 주관하고 장교가 검찰하고 등패(等牌)가 소모(召募)하고 인부가 부역(赴役)하는데 인부들의 태업(怠業)에 대하여 감독이 제대로 되지 않는다. 원래의 책임량은 한 인부의 하루의 작업이 50차 내지 70차에 걸쳐 모래를 운반하게 되어 있는데 지금은 하루에 수십차에 그치고 또 매차의 운사(運沙)가 1궤(簣)에 불과한데 그것도 1궤는 이름뿐이고 실은 반궤일 따름이다. 게다가 몸을 일으킬 때 고의로 몸을 흔들어 모래가 반이나 유락하고 몸을 일으킨 뒤에는 걸음걸이가 온당치 못하여 어깨와 발이 제대로 놀아, 모래가 기울어 엎질러진 것이 그 반이 된다. 이로써 보면 "십부의 역(力)이 일부의 공(工)이라"고 한 것이 과론(過論)이 아니다. 최성환은

그 폐단의 소자출(所自出)을 궁구해보니, 이는 공인(公人)으로 공역(公役)을 행하여 공전(公錢)을 쓰기 때문이다. 현재 바로잡을 수 있는 방법은 공(公)을 사(私)로 바꾸어 '각자위공(各自爲功)' 즉 사람마다 자신의 공(功)이 되게 하는 것이다.[29]

라고 하였다. 공을 사로 바꾼다는 것은 관에서 직접 관리하지 말고 민간(民間)에 청부(請負)를 주어 민간인의 책임하에 수행하라고 한 것이다.

그 방법은 도성에서 근실(勤實)하고 일을 잘 처리하는 사람 수십인을 모집하여 공계(貢契)를 만들게 한 후, 그들에게 매년 준천사(濬川司)로부터 댓가를 지급받게 하여 사적인 고군(雇軍)으로 일을 하게 하는 것이다.[30]

---

29) "究其弊之所自, 則爲是用公人行公役費公錢之故也. 目下矯捄之方, 惟有變公而爲私, 使人各自爲功而已."(『顧問備略』濬川, 11면)

30) "其法, 募都下勤實幹事者數十人, 作爲貢契, 使之每年收價於濬川司, 而私自雇軍擧行也."(同上)

즉 최성환은 도하에 근실하고 능력이 있는 자들로 공계를 조직케 하고 매년 준천사로부터 돈을 받아 자기들 스스로 군정(軍丁)을 모집하여 거행하게 한다는 것이다.

이와같이 한다면 저들 공인(貢人) 된 자들이 몸소 감독함으로써 반드시 인순(因循)하여 헛되이 날을 보낼 염려가 없어질 것이니 한 사람의 힘으로 열 사람의 성과를 얻을 것이다. 이는 이치의 당연함으로, 준천의 소통 또한 반드시 오늘날 공역(公役)보다 열배의 효과가 있을 것이다.[31]

라고 하여 관기(官紀)의 해이에 따라 관에 의한 공사가 위와 같이 부실하고 지연되기 짝이 없으므로 민간청부제를 도입하자는 것이다. 다만 정부에서 해마다 공인에게 돈을 준다는 것이 어렵다고 여길지 모르기 때문에 최성환은 과감하게 다음과 같이 주장하였다.

또 혹시 연례로 돈을 낸다는 것을 어렵게 여길지 모르지만 반드시 한차례 크게 한몫을 떼내어 십만냥 정도를 한꺼번에 주어, 공인(貢人)으로 하여금 해마다 증식하여 그 쓰임에 기금(基金)이 되게 한다면 공인들이 원치 않을 까닭이 없을 것이다. 정부에서 비록 창졸간에 마련하기 쉽지 않을지라도 한번 투자를 하고 나면 길이 다시 돌아보는 근심이 없을 것이니, 진실로 만세의 이로움이 될 것이다.[32]

---

31) "如此則彼爲貢人者, 自覺, 躬行董督, 必無因循曠日之患, 而一夫之力, 可得十夫之功矣. 此理勢之固然, 而濬川之疏通, 必有十倍於今日公役矣."(『顧問備略』濬川, 11~12면)

32) "又或難於年例上下, 則必爲之一番大劃給, 十萬兩, 擧而授之, 使貢人年年生殖以資其用, 則貢人者, 應無不願之端. 而在朝家, 雖有倉猝難辦之慮, 得一番設施, 則永無更顧之患, 誠萬世之利也."(同上, 14면)

이미 모든 면에서 요역노동체제(徭役勞動體制)가 광범히 붕괴되어버
린 당시에 관에서 동원하고 시행하는 일이 돈을 준다고 해서 제대로 될 수
없음을 간파했던 최성환은 민간청부제를 통하여 '각자위공(各自爲功)' 즉
개인별 능력 위주의 효율성을 최대한 활용하려 하였다. 준천사에 관한 것
은 특히 그 일단일 뿐이다.

7. 인재등용의 공평성과 새로운 직업관

최성환은 국가 위정(爲政)에 있어서 인재를 구하는 것이 제일의에 해당
하는 것으로 보고 인재의 양성을 위한 학교제도(學校制度)와 인재의 선발
을 위한 과거제도(科擧制度)를 논하면서 당시 우리나라의 잘못된 현실을
심각히 지적하였다. 그는 무엇보다 인재등용에 있어서 지역편중·문벌편
중의 결과로 인재는 사환(仕宦)과 관련이 없고 사환의 낙은 오직 소수 특
정 귀족의 가물(家物)이 되었다고 말하면서 지역편중·문벌편중의 실제
를 들어 말하였다.

예컨대 우리나라 8도 안에서 본래 잘 기용하지 않던 서북(西北) 3도의 인
사(人士)는 아예 제외하고, 5도의 인사로서 크게 기용된 자 또한 거의 없는
편이다. 간혹 지방에서 한두 명의 드러난 사람들이 있지만 또한 모두 경화
세족(京華世族)으로 그곳에 유우(流寓)한 집안이고 본래 그 지방의 인사라
고 말할 수 없다. 오늘날 뽑혀 쓰이는 자는 오직 경기 한 도일 뿐이다. 경기
한 도도 모두 그러한 것이 아니고 오직 도성(都城) 오부(五部) 안에 그칠 뿐
이다. 도성 오부는 우리나라 전국토를 들어 따진다면 삼백분의 일에 불과
하다. 그런데 삼백분의 일이 다 그러한 것도 아니고 오직 그중의 세경사대
부(世卿士大夫)에 그칠 뿐이며, 세경사대부 중에서도 오직 귀족대성(貴族

大姓, 외척 벌열)에 그칠 뿐이다. 그러니까 그 일분 가운데서도 겨우 백천분의 일에 해당하는 것뿐이다.[33]

이러한 편중은 마침내 일반 양반귀족도 불운을 당하는 사태를 불러왔다.

그러나 귀족 중에서도 이 낙(樂)을 얻는 자 또한 많지 않다. 귀족이 이 사환으로 인해 고통받는 자가 더욱 많은데, 그 고통은 한족(寒族, 평민)에 비해 더욱 심하다. 대저 귀족의 소업(所業)이란 오직 사환 한 길에 있을 뿐이다. 이미 생을 영위할 방도가 없고 또 몸을 보양할 계책도 없으면서 오직 과거 보느라 분주하여 세월을 다 흘려보내고도 합격이 안되어 종신토록 한 관직도 얻지 못한다. 만년에는 온갖 괴로움을 씹으며 백수포의(白首布衣)의 형편에다 끼니도 잇지를 못한 채 도로에 엎어지고 구학(溝壑)을 메우는 자가 흔하게 나타나고 있다.[34]

라고 하여 양반귀족 중에도 벼슬에서 빠진 사람이 많아, 그 생활의 고통은 한족(寒族)보다 더하다는 것이다. 그는 관료를 올바로 임용하기 위해서는 문족(門族)의 지위 고하를 전혀 염두에 두지 말고 오직 능력 위주로 선발해야 할 것이며 해당 기준에 들지 않는 사람은 다른 직종을 택해 가야 한

---

33) "如國家地方八道內, 除西北三道人士, 素不大用外, 五道人士之大用者, 又絶無, 或有一二顯者, 亦皆京華流寓也, 不可作外方人士論. 則今日所求而收用者, 惟京畿一道也. 京畿一道而猶不能皆然, 惟畿甸五部內是已. 則擧千里之地而三百分之一也. 三百分之一而猶不能皆然, 惟世卿士大夫是已, 世卿士大夫而惟貴族大姓是已. 則其一分之中, 又僅百千分之一也."(『顧問備略』下 卷4, 17면)

34) "然貴族之得此樂者, 亦復無多人, 而貴族之以此爲苦者, 更居多, 其苦有反甚於寒族者也. 夫貴族之所業, 惟仕宦一條路而已. 旣無營生之道, 仍無資身之策, 奔走科試, 流盡歲月, 終身不得一資. 窮年喫盡萬苦, 白首布衣, 糟糠不繼, 殭于道路, 塡于溝壑者, 比比皆然."(同上, 19면)

다고 하였다.

　무릇 관인(官人)은 반드시 일정한 과정을 거쳐 뽑힌 선거인(選擧人) 중
에서 임용해야 한다. 그외의 사람들은 농사를 짓거나 장사를 하거나 기술
을 배우는 데로 돌아가 생업에 힘쓰는 것이 좋다. 스스로 농사짓고 장사하
고 기술에 종사하면서 재덕(才德)을 함께 닦아 명성이 있게 되면 자연 향시
(鄕試)에 응하여 천거를 받아 출사할 수도 있다. 그렇게 되지 못하면 다시
농·상·기술로써 생업을 삼아야 한다. 그러므로 사환에 종사하는 자가 반
드시 모두 양반귀족일 필요가 없으며 농·상·기술자가 반드시 모두 한족
(寒族)일 필요도 없다. 이렇게 되면 사람들은 모두 항산(恒産)과 항심(恒
心)이 있게 되고, 양반귀족과 한족이 모두 고통받지 않게 될 것이다.[35]

라고 하여 직업에 귀천이 없는 것이니 과거(科擧) 한가지 길에 매달리지 말
고 자기 형편에 맞는 직업을 골라 살길을 도모해야 한다. 이렇게 되면 귀족
과 한족이 모두 살길이 있게 되고 고통에서 벗어날 수 있다는 것이다.
　그런데 일부 인사들이 한족과 하인(遐人, 먼 지방의 사람)들은 견문이 넓
지 못하고 학술(學術)이 조소(粗疎)하여 대용(大用)할 수 없다고 하면서
귀족이 아닌 사람을 등용하는 것이 마땅치 않다고 하였다. 이에 대하여 최
성환은

　하늘이 사람에게 성(性)을 부여함에 있어서 원래부터 후박(厚薄)이 없었
으니, 어찌 귀천(貴賤)과 하이(遐邇)의 구별이 있을 수 있겠는가? 다만 한

---

35) "凡官人, 必以前所論選擧人中取用, 餘皆歸農歸商歸傍歧, 則生業習矣. 更自農自商
　　自傍歧而才德幷修, 有可稱, 則自應鄕學得薦, 可以出而仕矣. 否則還是農商傍歧而生
　　業也. 然則仕宦者, 未必盡貴族, 農商傍歧者未必盡寒族也. 於是人皆有恒産有恒心,
　　貴族寒族幷無所苦."(同上, 20면)

족(寒族)과 하인(遐人)은 스스로 버려진 사람으로 자처하여 실력을 배양한 적이 없으며, 학업을 무용하다고 여기고 경제를 우활(迂闊)하다고 여겨, 신분의 향상을 이루지 않고 명예도 희구하지 않는다. 이것이 한족과 하인 중에 훌륭한 인재가 없는 까닭이다.[36]

라고 하여 종래 양반귀족 위주의 인재론(人材論)을 부정하고 새로운 직업관(職業觀)의 형성을 촉구하였다.

8. 맺음

우리나라 역사에 있어서, 중세에서 근대로의 이행과정이 외부로부터의 충격에 의해서 된 것만이 아니고 내재적·주체적 발전의 계기를 자체에서 찾아보려는 노력의 일환으로, 사상사의 전환에 유의하여 실학사상이 개화사상으로 옮겨가고 있음을 밝혀보려 하면서 특히 중인 출신 최성환의 『고문비략』을 중심으로 그것을 다루어보았다.

실학이 유교경전의 연역(演繹)으로부터 『역산물리(曆算物理)』의 과학세계로 옮겨온 것은 최한기의 여러 저술에서 보아왔거니와 행정·경제에 대한 구체적 논술은 최성환의 『고문비략』에서 더욱 탈성리학(脫性理學)·탈중세적(脫中世的) 경향을 보여주고 있다. 이 『고문비략』의 분석을 통해 종래의 실학사상이 최성환에 이르러 개화사상과 더욱 거리를 좁히고 나아가 '시민'적 사고에 한층 가까워지고 있음을 증명할 수가 있다. 실제로 개화정치의 기수인 유길준(兪吉濬)이 그의 일련의 개혁이론에서 최

---

36) "天賦人性, 原不厚薄, 豈有貴賤遐邇之別. 但寒族遐人, 自分棄置, 未曾培養, 以學業 爲無用, 以經濟爲迂闊, 不作身分, 不圖名譽. 此所以無奇異之才."(『顧問備略』下 卷 4, 17~18면)

성환을 높이 평가하여 "근유최성환(近有崔瑆煥) 경제사야(經濟士也)"라고 하면서 최성환의 세제개혁론(稅制改革論)을 전폭적으로 받아들이기도 하였다.[37]

정치참여가 전혀 불가능했던 중인층이 개혁에 더욱 열의를 갖고 있었던 것은 당연하다. 하지만 중인의 실학사상은 종래 양반 사대부층의 체제개혁론과도 다르다. 사대부층은 기본적으로 '천덕왕도(天德王道)'라는 유교적 이념과 원칙에 기반하여 체제를 개혁하려는 데 반해, 중인인 최성환은 그러한 이념과 원칙보다 '종시제의(從時制宜)', 즉 '때에 따라 형편에 따라 합리적으로 처리'한다는 것이다.

최성환의 『고문비략』은 이를 잘 말해준다. 그는 ① 전국의 지방행정제도를 개편하여 주군현(州郡縣)의 할거주의적인 독자적 행정을 횡적으로 연결시키는 동시에, 왕을 정점으로 하는 종적 체제를 만들어 중앙정부의 권력을 강화하는 동시에, ② 모든 세금을 금납제(金納制)로 통일하여 복잡한 현물조세정책(現物租稅政策)에서 오는 관리들의 부정과 수탈을 막는 동시에, 상평창의 창주인으로 하여금 현금으로 미곡을 매입케 하고, ③ 왕족들의 착복에 그쳤던 어업·염업·선업 등 산택자원(山澤資源)에 대한 세금을 국가가 받아 재정을 강화하며, ④ 공인(公人)을 동원하여 공전(公錢)을 소비함으로써 부정이 극에 달하고 있는 국가의 공역 등을 민간청부에 의해 해결할 수 있게 하자고 하였다. 그는 민간청부를 공인(貢人)에게 시키기를 주장했는데, 공인은 창주인들과 함께 당시의 상업자본(商業資本)과 관련이 있는 사람들이다. 그의 주장의 배경에는 당시 상업자본가의 이익을 옹호하는 점이 있는 것으로도 보인다. ⑤ 양심적이고 유능한 관료를 확보하기 위해, 그리고 소외계층의 불만을 해소하기 위해 인재등용을 공평하게 해줄 것 등을 주장하고 있다. 그는 "하늘이 인재를 내리는데 귀족

---

37) 兪吉濬全書編纂委員會 『兪吉濬全書』 IV, 일조각 1971, 179~89면.

에게만 내리지 않는다"면서 당시의 세도정치에 아주 비판적이었다.

당시의 세도정치는 극에 달해 팔도의 사대부 중에서 서울 성중의 세경사대부, 그리고 세경사대부 중에서도 귀족대성만이 세습적으로 권력을 담당할 수 있었기 때문에 양반 가운데서도 몰락한 자가 많았다. 그는 농·공·상의 한족(평민)들도 벼슬할 수 있게 하고, 양반귀족도 몰락하면 농·공·상을 하도록 해야 한다고 주장하였다. 그러나 우선 귀족의 존재를 부정하지 않았다는 점에서 현실을 합리적으로 해결해보자는 데 그치고 있다.

최성환의 이같은 생각은 군포전 문제에서도 드러난다. 당시의 하층민들은 변방지역에 군인으로 동원되면서 군포전이라는 세금을 이중으로 물었는데 힘없는 자만이 당해 비참한 지경에 빠져 있었다. 그는 하층민이 이중으로 부담해서는 안된다면서 상인(常人)은 몸으로 하고 양반이 양반노릇을 하려면 돈으로 낼 것을 강력히 주장하였다. 여기에서도 봉건적 신분제도를 뿌리째 부정하지 않는 가운데 '때에 맞추어 합리적으로 해결'해보려는 그의 생각이 드러나는 것이다.

그는 백성들의 소리를 대변하고 양반귀족을 비판했지만 당시 곳곳에서 심각하게 전개되고 있던 하층민의 조직적인 항거에 대해서는 비협조적이었다. 이것은 그의 한계로, 그가 속해 있던 중인층의 특성에 많이 기인하는 것이다.

최성환이 중인 출신으로 미관말직에서 당시 행정·경제 전반에 대한 개혁적 의견을 저술 속에 담아둔 것은 특이한 일이며, 달리 그 예를 찾아볼 수 없다. 그 구체적 논술은 원리 위주의 종래 실학파 학자들의 논조와 매우 다르다. 개개의 사례별 지적과 실행 가능을 위주로 한 주장은 반계·성호 이래 석학 대가의 '논도경방(論道經邦)'의 대이상(大理想) 대경륜(大經綸)은 찾아보기 어려워, 다분히 관방학적(官方學的) 성향을 띠고 있음이 사실이다. 그러나 우리는 그의 이러한 한계를 강조하기보다는 그의 명석하고도 합리적인 논조가 가지고 있는 실효성과 즉사성(卽事性)에 대하여 일정하게 이해하고 평가해주고 싶은 것이다.

결국 최성환의 실학사상은 상업자본을 배경으로 한 절대주의에의 지향이라고 설명할 수 있다. 다산이 토지공개념으로써 지주적 토지소유를 해체하여 지주지배층을 없애고 왕과 농민의 직접관계 위에 왕권의 강화 및 체제개혁을 해야 한다고 주장한 것과 좋은 대조를 보인다. 규범이나 원칙에 얽매이지 않은 채, 사회문제를 근본적으로가 아니라 방편적으로 해결하려 한 것이 최성환의 특징이라고 하겠다.

〈學術院論文集 37집 所收, 1998년〉

제2부 說林

佔畢齋 金宗直에 대한 研究와 그 課題

1. 文集定本作業

한 역사상의 인물을 연구함에 있어서 우선 ① 시대상황과 ② 본인의 사회적 처지 내지 정치적 입장, 그리고 ③ 그의 생활·사상 등을 차례로 살펴야 할 것이다. 그런데 ①에 관한 것은 사적문헌(史籍文獻) 등을 통해 살필 수 있지만 ②와 ③은 그의 저술과 부재기록(附載記錄)들을 종합한 문집을 상세히 검토해야만 비로소 그 전모를 살필 수 있다.

그런데 경우에 따라 문집도 문제가 있다. 시대가 올라갈수록 그러하다. 여기 점필재(佔畢齋) 문집을 예로 들어본다. 우선 그 간행 횟수를 조사해 보면 다음과 같다. 점필재 선생이 서거한 지 2년 후인 1494년에 성종(成宗) 임금의 명으로 유고를 선사하여 올렸으나 왕의 승하로 간행되지 못하였고, 문인 조위(曺偉)가 편집한 것을 전라감사 홍석견(洪石堅)이 개간했다는 기록이 있으나 사실이 분명치 않다. 임오사화(壬午士禍)를 겪은 지 22년 후인 1520년에 생질 강중진(康仲珍)이 남곤(南袞)의 서문을 받아 문집을 간행했으나 후일 남곤이 간적(奸賊)으로 낙인이 찍히는 바람에 이 문집이 보급되기 어려웠던데다가 임진왜란 때 거의 유실되어 전하지 않았다. 1649년에 경상감사 이만(李曼)이 간행하였고 1789년에 이헌경(李獻慶)의 서문을 붙여 간행하였으며 1892년에는 다시 송병선(宋秉璿)의 발문을 첨부하여 간행하였다. 그리고 1917년에는 김계현(金啓鉉) 등에 의해 대구에서 간행되기도 하였다.

이와같이 1494년으로부터 1917년에 이르기까지 무려 사백여년간 편집과 간행이 오륙차 되풀이되는 과정에서 내용의 상호출입(相互出入)이 없을 수 없고 편차(編次)와 권수(卷數)도 다르게 된 것이 있다. 학자들에 따라 선산본(善山本)·예림서원본(禮林書院本) 등의 명칭으로 인용하고 있으나 지금 대체로 규장각(奎章閣) 소장본을 선본(善本)으로 여기고 있고, 민족문화추진회(民族文化推進會) 문집총간본(文集叢刊本)도 이 규장각본을 대본으로 하였다. 이 본은 시집(詩集) 23권, 문집(文集) 2권, 이준록(彝尊錄) 2권, 연보(年譜)·부록(附錄) 합 9책으로 되어 있다. 그런데 여기에 커다란 결함이 있다. 오늘 이 자리 이 기회에 우선 『회당고(悔堂稿)』 1책을 소개 겸 설명하기로 하겠다.

『회당고』는 점필재의 초년 작품들을 모아놓은 시집이다. 필자가 1967년 일본 체류중 동양문고(東洋文庫)에서 『회당고』라는 복사본 1책을 발견하고 깜짝 놀랐다. 원본은 일본 궁성현립도서관(宮城縣立圖書館) 소장 목판본(木版本)으로 간년(刊年)은 미상이나 판심(版心)의 양식으로 보아 이조전기의 간본으로 추정되었다. 불분권(不分卷) 70장(張)으로 오·칠언 고·근체의 시작품 280여제 320여수가 실려 있다. 회당(悔堂)이라는 호가 점필재의 어떠한 기록에도 나타나지 않는데다가 서(序)와 발(跋) 한 편도 실려 있지 않은 이 책자에 대하여 일본학자들은 곤혹할 수밖에 없었다. 동양문고의 책들의 목록을 작성하고 있던 타가와 코우조우(田川孝三) 교수는 의문을 풀지 못해 고민하고 있었다. 그러나 필자는 일견 그것이 점필재의 시집임을 알 수 있었다.

첫째, 이 작품 속에 작자의 고향인 밀양(密陽)의 풍물(風物)이 자주 등장한다. 필자는 소년 때부터 『구밀양지(舊密陽誌)』에 실려 있는 그 시들을 애송하고 있었기 때문에 곧 알 수 있었다.

둘째, 이 시집에 실려 있는 「곡외종조(哭外從祖)」 시제의 주기(注記)에 "종조, 휘언충 운운(從祖, 諱彦忠云云)"한 내용이 바로 세종초(世宗初) 대마도 정벌에 공을 세운 점필재의 외종조(外從祖) 박언충(朴彦忠)을 가리키는 것이 확실하기 때문이다.

셋째, 이 시집에 실려 있는 오언율시 「선사사(仙槎寺)」가 허균(許筠)의 『국조시산(國朝詩刪)』에 점필재의 작품으로 뽑혀 있는 것이다.

이 『회당고』는 진작 필자의 『서벽외사 해외수일본총서(栖碧外史 海外蒐佚本叢書)』의 제73집으로 수록하였지만 무엇보다도 중요한 사실은 이 시집에 실린 작품 전부가 1520년에 나온 『점필재집(佔畢齋集)』 초간본(初刊本)을 위시하여 그 이후 몇차례 나온 보판본(補板本)의 어느 것에도 실려 있지 않다는 것이다. 이렇게 된 연유는 알 수 없으나 아무튼 이 일본(逸本) 시집의 발견은 점필재의 역사적 비중에 비추어 큰 소득이 아닐 수 없다.

이 시집에 실린 작품들은 대개 그의 18세 전후로부터 30세 전후까지의 소작으로 이해되는데, 『점필재집』의 시작품이 대개 34세 무렵의 소작부터 시작된다는 점에서 이 시집의 발견은 그의 문학적 역정의 상당히 긴 공백을 메워주게 된 것이다. 점필재의 시는 그의 기골(氣骨)·풍력(風力)으로 유명하거니와 그의 초기작인 이 시집은 그의 시의 이러한 미적 특성을 거의 원형질적(原形質的)으로 보여주고 있다고 할 만하다. 『점필재집』의 시에서는 출사 후 경화사단(京華詞壇)에의 체험 등으로 보다 증장(增長)된 표현수법의 세련으로 일정하게 조리되어 발현된 그의 기골·풍력의 표현수법이 상대적으로 미숙한 이 시집에서는 둔중(鈍重)하다 할 정도의 원형질로 노출되어 있다. 시의 주제·정감에 있어서는 부자·형제간의 가족이륜(家族彝倫)과 붕우간의 정의(情誼), 그리고 농형(農形) 및 이것과 관련되는 기상(氣象)에 대한 희우(喜憂)가 특히 두드러져 보인다. 이 점과 무관하지 않게 이 시집에서의 작자의 자연체험은 매우 윤리적이며 현실적이다. 초기 사림파(士林派)의 의식세계의 한 전형을 잘 보여주고 있다는 점에서 이 시집의 의미를 찾을 만하다.

우리는 앞으로 『점필재집』의 여러 본들을 대교(對校)하여 차이점을 밝히고 또 이 『회당고』를 시집의 수권으로 넣어서 문집 정본(定本)을 만들어둠으로써 장래의 연구자들에게 올바른 텍스트를 제공하게 되어야 할 것이다.

2. 詩文 속에 담긴 學問性의 추출과 師弟關係 및 學統의 재인식

일반적으로 우리나라 문집에서 시와 산문보다 「잡저(雜著)」 부분을 훨씬 중시한다. 「잡저」는 대체로 학술적 논변이 주류를 이루고 있기 때문이다. 한 사람의 시인이나 문장가라는 평가로 그치는 분이라면 「잡저」가 없는 것이 문제될 바가 없다. 그러나 학자로서 일정한 역사상의 위치를 점하고 있는 분이라면 학술적 논변을 담은 「잡저」가 없을 수 없는 것이다. 그런데 『점필재집』에는 「잡저」가 없다. 그의 학술사상 내지 이론체계가 어떠한 것인지 알 수가 없다. 점필재를 단순히 한 사람의 시인·문장가로 치부하고 만다면 그뿐이다. 그러나 과거 우리나라 유학자들이 어떤 누구도 점필재를 그렇게 간단히 보아 넘긴 사람은 없었다. 그것이 다만 우리나라 유학 학통상의 존재비중 때문이었던 것일까?

점필재에 앞서 이조 건국초의 양촌(陽村) 권근(權近)에게는 『오경천견록(五經淺見錄)』 『입학도설(入學圖說)』 등의 저술이 있었다. 이러한 저술들이 얼마만한 가치를 지닌 것인지 오늘날 우리 후학들이 감히 용훼(容喙)할 바는 아니지만 우선 『입학도설』부터 퇴계(退溪)의 인정을 받지 못했던 것은 우리에게 많은 시사를 준다. 적어도 우리나라 유학—성리학은 16세기에 들어와서 회재(晦齋) 이언적(李彦迪)·퇴계 이황(李滉) 등 몇분 선철(先哲)이 등장한 이후에 비로소 그 철학적 사유의 깊이와 이론의 선명도에 의해 독자성을 수립할 수 있었다. 그러니까 점필재에게는 시기상조인 것이다. 학술적 논변을 담은 「잡저」가 없는 것이 용혹무괴(容或無怪)인 것이다.

그런데도 점필재에 대한 평가에 있어서 다른 일반 시문가와는 궤를 같이하지 않았다. 먼저 퇴계의 시 한 절을 보자.

점필(佔畢)의 사문(師門), 백세(百世)에 이름이 났는데　佔畢師門百世名
문을 따라 도를 추구하여 홍생(鴻生)을 얻었네.　　　沿文溯道得鴻生

'홍생'을 얻었다는 것은 많은 훌륭한 제자들을 배출하였다는 뜻이다. 퇴계는 점필재를 백세의 '사문'으로 지극히 존봉(尊奉)하면서 그 하련에

성공미반(成功未半)에 화난(禍難, 士禍)을 입어　　　成功未半嗟蒙難
뭇 혼미한 사람을 불러 깨우려 했지만 아직도　　　喚起群昏尚未醒
깨어나지 못했네

라고 하여 점필재의 후진양성과 일대의 계몽사업이 사화로 인해 좌절된 것을 크게 아쉬워하였다. 우리는 특히 '연문소도(沿文溯道)'라는 말에 유의할 필요가 있다. 점필재의 문(文)은 문 그대로의 문이 아니고 문 그것을 통하여 '도(道)'를 추구한다는 것이다. 그리고 그 자주(自註)에 "佔畢, 主於詩文, 而典雅近道"라고 하여 점필재는 시문을 주로 했지만 전아(典雅)하여 도에 가까웠다는 것이다. 위에 도를 추구한다고 했거니와 이 주에서는 이미 도에 가까워졌다는 것이다. 우리는 선현의 말을 그대로 믿는 데에

그치지 말고 직접 점필재의 글에 나아가 그 시문 속에 담긴 학문성을 추출하기에 노력해야 할 것이다. 여기 시험삼아 한두 가지만 들어서 말해본다.

문장(文章)이란 것은 경술(經術)에서 나오는 것이니 경술은 곧 문장의 근저이다. 이를 초목에 비유한다면 어찌 뿌리가 없이 가지와 잎이 무성할 수 있으며 꽃과 열매가 열리고 영글 수 있겠는가. (「윤상선생 시집 서」)

라고 하여 문장은 경술의 바탕 위에 이루어지는 것으로, 경술의 절대적 가치를 강조하였다. 그는 한걸음 나아가

요즘의 소위 문장이란 조전조직(彫篆組織)의 공교로움에 지나지 않는다. 구두(句讀)와 훈고(訓詁)가 어찌 정치경륜에 도움이 될 수 있겠으며 조전조직이 어떻게 성리도덕지학(性理道德之學)에 참여할 수 있겠는가. (上同)

라고 하였다. 이에 의하면 점필재는 자기의 구경(究竟) 귀의할 곳을 성리도덕지학(性理道德之學)에 두었고 또한 그것이 그의 문장의 본령이었던 것이다. 그뿐 아니라 그는 정치와 경륜을 아울러 염두에 두기도 했던 것이다.

우리의 연구과제는 점필재의 글에서 그의 깊은 내용을 음미하여 그의 학문성을 추출 정리함으로써 그의 학자적 정신세계와 역사적 지향점을 파악하는 일이다. 그가 회인불권(誨人不倦)의 자세로 많은 제자를 길러내기에 성력(誠力)을 다했던 것은 시대의 요구에 부응하려는 숭고한 사명감에서였다. 당시 제자 중에 스승에 대한 약간의 불만과 의문이 있을 수도 있었지만 사제관계라는 기본윤리를 저버림이 있을 수는 없었을 것이다. 일설에 한훤당(寒暄堂) 김굉필(金宏弼) 선생이 선생의 입조(入朝) 처신에 미심쩍게 생각한 점이 있어, 스승을 등지려고 했다는 풍설이 있었다. 이에

대해 퇴계는 엄숙하게 부정하고 한훤당 선생이 그럴 리 만무하다고 단정한 바 있다. 그런데 뜻밖에 요즘 일부 인사들이 우리나라 도학은 한훤당에서 비롯되었으며 한훤당의 도학은 순전히 자득한 것이고 점필재와는 무관한 것이라고 주장하면서 한훤당과 점필재의 사제관계를 부인하기도 한다. 이는 참으로 부당한 생각이다. 위에서 본 바와 같이 점필재는 이미 '성리도덕지학'을 높이 여겼고 또한 그것을 제자들에게 교육의 지침으로 삼았다. 한훤당이 처음 호일(豪逸)한 자질에다가 『창려집(昌黎集)』을 애송할 정도로 문학의 취향이 있었는데 점필재로부터 『소학(小學)』을 받아 읽고 깨달은 바가 있어

문(文)을 업으로 하면서도 천기(天機)를 몰랐더니　　業文猶未識天機
소학(小學) 책 속에서 어제의 잘못을 깨달았네.　　小學書中晤昨非

라는 시를 썼다. 이를 본 점필재는 매우 기뻐하여

이 말은 곧 성인(聖人)의 길을 닦는 기초이니　　此言乃作聖根基
노재(魯齋)의 뒤에 어찌 또 사람이 없겠는가.　　魯齋後豈無其人乎

라고 하여 노재와 같이 『소학』을 통해 성학(聖學)의 문로에 접어든 것이라면서 한훤당을 극찬하였다.

이런 점으로 보아서도 우리는 한훤당이 점필재에게서 받은 바가 깊고 크다는 것을 알 만하다. 따라서 두 어른 사이의 사제관계를 우리는 조금도 의심하려 하지 않는다.

통상적으로 이조 유학의 학통은 정포은(鄭圃隱)으로부터 시작하여 정포은—길야은(吉冶隱)—김강호(金江湖)—점필재—한훤당—조정암(趙靜庵)으로 이어져온 것으로 말하고 있다. 이는 민간의 일반 유론(儒論)

에 그치지 않고 조정(朝廷)의 공의(公議)와 경연(經筵)의 계달(啓達) 등
에 모두 일치한다. 만약 점필재와 한훤당의 사제관계를 부인한다면 두 어
른의 인간관계가 끝나는 것만이 아니고 우리나라 학통에 중단이 생기고
유학사의 정통성이 허물어지는 것이다. 우리는 이것을 반드시 막아야 하
는 것이다.

2002년 9월 北漢山 기슭에서

寒暄堂 金宏弼의 道學精神과
그 歷史的 位置

오늘 한훤당(寒暄堂) 선생 서거 5백주년을 기념하는 이 모임에서 저는 특별한 의미를 느끼고 있습니다. 요즘 이곳저곳에서 선조와 선현을 위한 학술회의가 개최되고 있는 것을 볼 수 있습니다만, 오늘 한훤당 선생 서거 5백주년 기념 학술회의는 문중 행사나 유림 행사에 그치지 않고 우리 학계에 있어서 유학 학통의 연원을 밝히는 작업의 하나로서, 우리 학계에 하나의 중요한 수확이 얻어질 것으로 생각되는 바입니다.

이 행사에 제가 학술회의 의장이라고 되어 있는데다가 또 기조강연을 하기로 되어 있어서 영광스럽기도 합니다마는 팔십 나이에 최근 더욱 건강이 좋지 않고 두 눈마저 침침해서 원고 작성이 불가능한 상태입니다. 그러나 제가 명색 유가의 자제로서 생장해서 한평생 우리나라 전통적인 학술문화에 깊이 관여해온 터라 오늘 이 행사에 참여하지 않는 것은 도리가 아니라고 생각되어서 이렇게 나온 것입니다.

제가 내건 제목은 '환훤당 선생의 도학정신과 그 역사적 위치'라고 했습니다만 이에 관한 것은 기존의 연구에서도 나와 있을 것 같고 또 오늘 발표자 여러분께서 많이 논급하실 것으로 생각되기 때문에 저는 대강 그저 스쳐지나가는 정도로 몇마디 말씀드리도록 하겠습니다.

도학이라는 것이 학문인 이상 학문으로서의 체계와 이론이 있어야 하겠습니다만 한훤당 선생께서는 유감스럽게도 그런 것을 남기지 않으셨습니다. 그래서 저는 오늘 도학정신이라고 하여 특히 정신을 강조하려고 합니다. 이 점은 동방이학지조(東方理學之祖)라고 불리는 정포은(鄭圃隱) 선생에게도 해당되는 것입니다. 포은의 뒤에, 고려말 이조초에 경전에 관한 연구 즉 경학의 저술을 여러 종으로 내놓아서 학문의 체계와 이론을 갖춘 큰 학자로 알려질 만한 분도 있었습니다만 후세에서 그를 도학자로 인정해주지 않는 것은 그의 정신이 부족하기 때문이라고 생각합니다.

따라서 도학은 학문적 체계와 이론이 필요하지만 그보다 정신이 더 중요한 것입니다. 그러면 한훤당 선생의 정신은 무엇인가? 독학역행(篤學力行)이라든가 박문강기(博聞强記)라든가 하는 것이 아닙니다. 이런 것은 일반 선비로서 독실한 사람이라면 할 수 있는 것입니다. 한훤당 선생의 정신은 첫째, 사람으로서 실생활을 바탕으로 윤리규범을 철저히 실천하는 과정에서 그 입심제행(立心制行)의 순수하고 진지한 마음자세로서 추호의 가식을 허용하지 않는 것입니다. 이러한 정신은 금석(金石)을 뚫을 수 있고 신명(神明)에 통할 수 있는 것입니다. 동몽(童蒙)의 교과서인 『소학(小學)』에 새삼 정력을 기울여 공부한 것은 사람의 기본도리, 즉 애친경장융사친우지도(愛親敬長隆師親友之道)를 글자 그대로 실행하기 위한 것입니다.

"문장을 업으로 삼으면서도 천기(天機)를 알지 못했더니 소학 책 속에서 비로소 어제의 그름을 깨달았노라"고 하신 그 시에 대해서 스승 점필재(佔畢齋)께서 작성(作聖)의 근기(根基) 즉 성인이 될 수 있는 근본과 기초라고 표현한 바와 같이 선생은 '소학동자(小學童子)'로 자칭할 정도로 성인의 길을 향해서 인생의 재출발을 하셨던 것입니다.

이 소학동자라는 말은 단순한 겸사에서 나온 것이 아닙니다. 이 길이 얼마나 참다운 길인가는 퇴계(退溪)를 위시한 역대 명현들이 찬양해 마지않았고, 후일 영조 임금이 또한 선생을 추모하여 스스로 소학동자라고 하면서 소학을 공부한 바도 있습니다.

그런데 우리는 이 기회에 하나 짚고 넘어가야 할 것이 있습니다. 선생의 도학정신은 온 세상이 다 알고 있습니다마는 선생이 도달한 도학의 경지에 대해서는 알 수 없는 것으로 여겨왔습니다. 다시 말씀드리면 선생의 학(學)의 요체를 알 수 없다는 것입니다.

그런데 선생이 정일두(鄭一蠹) 선생과 대담하는 가운데 심(心)의 실체——마음의 실체에 대해서 주고받은 말씀이 있습니다. 선생은 일두선생과는 동심동덕(同心同德)으로 성입심통(聲入心通)——소리가 들어가기만 하면 곧 마음이 통하는 그런 사이였습니다. 심의 문제 즉 마음의 문제는 도학 즉 성리학의 핵심적 문제이므로 이런 일언일구(一言一句)가 지극히 중대한 것입니다.

그런데 두 어른의 대담 속에 심 즉 마음은 무유처(無有處)요 역무무처(亦無無處)라고 하여, 마음이란 있는 곳이 없다, 그리고 또한 없는 곳이 없다라고 말했습니다. 심은 있는 곳이 없고 또한 없는 곳이 없다라고 한 것입니다. 한훤당 선생이 먼저 이 화두(話頭)를 던졌고 일두선생이 곧 위와 같이 응답했다고 합니다. 이것은 마치 불교의 선문답(禪問答)과 같아서 우리가 쉽게 알아들을 수 없는 것입니다.

이 말씀에 대해서 지난날 학자들이 모두 의심을 하거나 간과해버렸습니다. 그런데 근세에 진주의 어떤 원로학자가 이를 극구 감탄하면서 우리나라 5백년 심학(心學) 중에서 가장 초탁한 뛰어난 견해라고 했습니다. 그분의 견해에 의하면 심 즉 마음은 성(性)과 정(情) 즉 성품과 감정, 그리고 의(意)와 욕(慾) 즉 의지와 욕망, 그것과 떼어서 독자적으로 존재하는 것으로 볼 수 없는 것이므로 심은 따로 있는 곳이 없다고 할 수 있습니다. 다시 말씀드리면 우리의 성품, 감정, 의지, 욕망, 이런 것과 떼어서 마음이라는 것이 따로 존재하는 것이 아니기 때문에 심이라는 것 마음이라는 것이 어디에도 있지 않다는 것입니다. 동시에 성과 정, 의와 욕 등 무릇 심(心) 자의 변, 즉 심방 변으로 되거나 마음심(心) 자의 받침이 되어 있는 것은 모두가 심이니 따라서 심이 없는 곳이 없다는 것입니다. 그분의 견해가 맞는 것인지 아닌지 저로서는 단정할 자격이 없습니다만 지금껏 의문시하거나 간과해버렸던 것에 대하여 새롭게 살피고 큰 의미를 부여한 것은 하나의 획기적 사실이며, 한훤당·일두 두 분 선생에 대한 연구에 한 전기를 마련할 수 있기도 할 것으로 여겨집니다. 앞으로 우리나라 철학사상을 연구하는 젊은 학자들이 이것을 과제로 삼아 깊이있게 연구해주기를 바라는 바입니다.

다음은 그 역사적 위치라는 것에 대해서 간단히 말씀드리겠습니다. 우리나라는 학술사, 사상사에서 일반 유학과 도학을 구분하여 보아왔습니다. 학식이 넓고 문장에 능한 일반 유학자는 신라, 고려 이래 적지 않았습니다. 모두가 과거(科擧)를 통해 벼슬길에 진출한 분들이었습니다. 그러나 수적으로 볼 때 전인구 중에서 소수에 불과했습니다. 그러다가 귀족사회에서 사대부 사회로 내려오면서 점차 사정이 달라져왔습니다. 조선왕조의 건국과 더불어 사대부들의 폭이 훨씬 넓혀지고 학식과 문장으로 조정에 활동한 관인학자(官人學者)가 대단히 많아졌습니다. 전장제도의 정비, 국고문헌의 편찬·정리 등 집현전 예문관을 중심으로 관학(官學)적 아카데미즘이 성립되었습니다. 세종조(世宗朝)에서 성종조(成宗朝)에 이르는 동안 조선왕조의 관학적 아카데미즘은 전성기를 보였습니다. 그러나 공신·척신 등 권력과 부를 추구하는 무리들이 생겨나서 이 아카데미즘은 차츰 빛을 잃어가고 오직 기득권 세력으로 자리를 굳히고 있을 따름이었습니다.

이와 때를 같이하여 지방에서 신흥사족(新興士族)의 젊은 자제(子弟)들이 우후죽순처럼 솟아올라 이른바 사림파(士林派)를 형성하였습니다. 이러한 현상은 주로 영남지방에서 일어났습니다. 이 젊은 자제들은 당시의 대표적 석학이며 교육자인 점필재(佔畢齋) 김종직(金宗直) 선생의 문하에 모여들어 각기 충량(充量)의 성장을 했습니다. 이 중에 한훤당 선생은 다른 선비들과는 달리 외화(外華)보다 내실(內實)을 중시하여 진작 문장 위주의 공부에서 벗어나, 내면세계에 침잠하였습니다. 『소학』에 집착하는 것이 이 때문이었습니다. 여기에서 우리나라 도학이 싹트기 시작한 것입니다.

어쨌든 이때부터 지방 신흥사림파는 중앙 기득권층에 도전을 시도하였고 그럴 때마다 사림파의 참패가 되풀이되었습니다. 이것이 연속된 사화(士禍)입니다. 이럴 경우에 기득권층은 사림파 전체를 적대시하는 동시에 사림 중에서도 가장 명망이 있고 영향력이 있는 인사(人士)를 없애려 했습니다. 한훤당 선생이 일차적으로 화를 당한 것이 이 때문입니다.

그러나 역사의 진전에 따라 결국 중앙 기득권층, 소위 훈구파가 무너지고 사림파가 정부 각 부서에 자리잡아 사림정치가 시작되면서 한훤당 선생에 대한 숭모가 본격화되었습니다. 종래 우리는 『경현록(景賢錄)』에 의하여 선생의 학행을 살펴왔습니다만, 『경현록』은 민간기록, 학자들의 기록으로 다소 한계가 있었습니다. 그런데 조선왕조실록이 나와 일반적으로 접하게 되면서 선생에 관한 사실과 자료를 훨씬 풍부하게 알게 되었습니다. 중종조(中宗朝)에서 선조조(宣祖朝)에 이르기까지 한훤당 선생에 대한 논의가 끊이지 않았는데, 정부의 대신들과 고관을 포함한 조야인사들이 한결같이 선생을 우리나라 도학의 선하(先河)를 열어놓은 분으로 예찬하고 있습니다. 문묘배향(文廟配享)을 논할 때에도 정포은을 말한 뒤에는 곧 한훤당 선생을 거명합니다. 이 여러 논의 중에도 선조 5년 9월에 동고(東皐) 이준경(李浚慶)의 주재로 열린 회의에서 논의된 것이 가장 요령 있게 서술되어 있습니다. 지금 여기 그 전부를 소개할 수는 없습니다만 역시 거기에도 "우리나라의 의리지학(義理之學)——당시에 성리학이란 말은 별로 사용되지 않았고 도학이라는 말도 자주 나오지 않음——은 김아무

개에 의해 시작되었고 다만 한 학자로서 독실하게 연구하여 조예가 깊을 뿐 아니라 교육적으로 큰 효과를 남겨서 오늘날 참공부를 하려는 선비들은 모두 그의 영향이다"라고 하였습니다. 이것은 하나의 예에 불과하고 당시 실록에는 선생에 대한 이야기로 열을 올리는 기사가 많다는 것을 부언해둡니다.

결론적으로 우리나라의 의리지학, 즉 도학이 정식으로 시작된 것은 한훤당 선생에게서부터라는 것입니다. 일반 유학의 토대 위에서 투철한 도학정신으로 관학적 아카데미즘의 병폐를 극복하고 신흥사림파 철학의 진로를 틔워놓은 것이 바로 한훤당 선생이라는 것입니다. 이것이 한훤당 선생의 역사적 위치인 것입니다.

2004년 10월 한훤당 선생 서거 오백주년 기념 학술회의에서

退溪와 그 遺墨
예술의 전당 遺墨展示會에 부쳐

이 기회에 우리가 먼저 말해두어야 할 것은 퇴계의 정신과 그 현실대처의 자세에 관한 것이다.

흔히 퇴계는 당시의 현실을 떠나 산림에서 도학(道學)만을 닦고 있었던 분으로, 도학자(道學者)로서는 높이 우러러보이지만 현실적 관점——정치·사회적 관점에서 볼 때에는 별로 의미를 부여할 수 없다고 여기고 있다. 특히 오늘의 젊은 세대들 사이에서 퇴계의 이미지가 그렇게 되어 있는 것 같다. 그러나 그것은 매우 잘못이다. 그것은 퇴계의 정신과 현실대처의 자세를 전혀 모르고 있는 데서 오는 잘못된 인식이다.

우리는 먼저 퇴계의 현실인식——시대관과 그 시대에 대해서 어떠한 사명감을 가지고 있었는가를 알아야 한다.

퇴계의 시대, 즉 16세기 초·중엽은 우리나라 정치사·사상사에 있어서 중요한 전환의 시대이다. 이조의 건국에 주동적 역할을 담당했던 신흥사대부(新興士大夫)——관료학자들은 건국 1백년 동안에 국가의 기반을 굳히고 문화적으로 전장제도(典章制度)를 정비하고, 역사 및 기타 국고문헌(國故文獻)을 편찬하는 등 많은 업적을 남겼다. 집현전을 비롯한 관각기구(館閣機構)에서 산출된 이 문화업적을 우리는 '관학적(官學的) 아카데미즘'으로 지칭하고 있지만, 이 이조초기의 관각문화의 주도자 가운데는 차차 공신·척신 등 권력과 부에 집착하는 자들이 끼어 있어 관학적 아카데미즘은 차츰 빛을 잃어갔다. 공신·척신 등 훈구파(勳舊派) 세력은 정권욕에 눈이 어두워 정치를 더욱 부패시킬 뿐 아니라 당시 지방에서 새로 등장한 사림(士林)들을 정적(政敵)으로 박해하여 여러 차례 사화(士禍)를 일으켰다.

사림파 출신인 퇴계가 이 시대를 '말세'로 보는 것도 당연하다. 동시에 이 말세적 현상을 극복하고 새 세운(世運)을 맞이해야 한다는 것이 사림파로서의 퇴계의 신념이었다. 중앙에서 관학적 아카데미즘의 퇴화와 지방에서 신진사림파 철학의 대두, 이것이 이 시대의 특징이며 퇴계의 역사적 위치가 설정될 근거가 되었다.

퇴계는 말세적 현상으로 무엇보다 당시 인심의 타락을 개탄하였다. 중앙정계를 굳이 떠나면서 국왕에게 올린 「무진육조소(戊辰六條疏)」에서 "오늘날의 인심은 부정(不正)함이 매우 심하다"고 하여 당시 각계각층의 인심의 부정을 가차없이 지적하고, 정치를 바로하기 위해서는 먼저 인심의 개선, 즉 정신풍토의 시정이 실현되어야 한다고 생각하였다. 이 인심의 개선이 없이는 어떠한 법제도를 만들더라도, 또 어떤 사람이 정국을 담당하더라도 실패할 수밖에 없다고 하면서 조정암(趙靜庵)의 선례를 들기도 하였다.

퇴계는 여기에서 자기 사명을 알았다. 말세를 극복하고 조국을 이상국화하려고 한 그의 문명지향적 의욕은, 그러나 성급한 미봉책으로서가 아니고 근본적 방책으로서 인심의 개선 즉 정신풍토의 시정작업에 착수했던 것이다. 그러기 위해 사림파 철학──성리학의 교육의 보급이 절실히 요구되었다. 퇴계에게 성리학은 존심양성(存心養性)의 수양을 통한 참다운 인간 형성의 학문이었다.

당시 지방에는 신진사림의 자제들이 계속 성장하고 있었다. 퇴계는 이 젊은 자제들에게 참다운 인간 형성의 학문을 가르쳐주어야 했다. 그런데 기존 교육기관인 향교와 국학(成均館)은 읍내(邑內)와 수도(首都)에 있어 번잡스러울 뿐 아니라, 과거(科擧)와의 관련에서 출세주의(出世主義)·공리주의(功利主義)가 지배하고 있었으므로 퇴계는 젊은 자제의 교육을 위한 새로운 환경조성의 필요성을 통감하였다. 이것이 퇴계가 지방에서 전력을 다해 서원(書院)창설운동을 벌이게 된 까닭이다. 정치에 무관심한 듯이 보이던 퇴계가 이상하리만큼 서원창설운동에 사회적·문화적 관심을 집중시킨 데에는 그만한 이유가 있었던 것이다.

근래 학자들 중에는 사림정치를 찬양하는 경우가 많지만 사림정치는 퇴계의 이러한 교육운동에 의해 배출된 인재들로 이루어진 것이라고 할 수 있다.

중앙의 관직을 버리고 지방 향리로 물러난 것을 명철보신(明哲保身)이라는 소극적 인생관으로 평가하는 잘못된 인식과는 달리, 사림파 철학의 완성에 의한 관학적 아카데미즘의 지양, 새로운 교육운동에 의한 정치에너지의 개발 등으로 새 세운을 맞이하려는 퇴계의 적극적 가치창조의 생애를 우리는 사려깊게 이해하지 않으면 안될 것이다.

"글씨는 사람이다"라는 말이 있다. 즉 글씨에서 그 사람의 인품이 가장 잘 나타난다는 것이다. 요즘의 서예(書藝)와 같이 중국법첩(中國法帖)에 의한 전문적 학습으로 스스로 일가(一家)를 이루는 사람들에게도 예외는 아니지만 특히 근대 이전의 학자들의 경우에 서예를 전문으로 한 것이 아니고 학문과 수양의 결과, 교양의 한 부분으로 나오는 글씨이기 때문에 그 인품이 더욱 형상화되어 나타나는 것이다.

퇴계선생의 글씨를 오늘날 우리가 높이 평가하고 귀중하게 보존하는 이유는 그것이 일반 서예가들의 글씨와 달리, 선생의 숭고하면서도 자상한 인품이 그대로 나타나기 때문이다. 퇴계선생은 그의 초년 박학역행(博

學力行)의 과정에서 글씨에도 유의하여 적지 않은 공력(功力)을 쌓은 것으로 되어 있지만 그것은 어디까지나 부차적인 것이었다. 선생의 글씨는 그의 시문학(詩文學)과 같은 바가 있다. 일찍이 허균(許筠)이 선생의 시를 평하면서 "선생의 시는 높은 경지에 들려고 애쓰지 않는데도 저절로 높아져 있다(先生詩 不冀高而自高)"라고 한 바 있는데, 나는 선생의 글씨도 마찬가지라고 생각한다. 선생의 글씨에는 기발(奇拔)·경한(勁悍)·화수(華秀)·미려(美麗)한 곳을 보기 드물다. 그러나 평범한 듯하면서도 격(格)이 지극히 높고, 담백한 듯하면서도 신채(神采)가 드러나고, 온유한 듯하면서도 엄정한 기상이 배어 있고, 정상(正常) 그대로이면서 변화가 잠재해 있어서 보면 볼수록 우리는 옷깃을 여미고 고개를 숙이게 된다.

선생의 시와 글씨에 대하여 당시 제자들 가운데 송계(松溪) 권응인(權應仁) 같은 분은 별로 찬성하지 않았던 것 같다. 그는 "선생께서 납작 글씨와 담박 풍월을 조금 줄이시면 도학이 더욱 빛날 것"이라고 말한 적이 있다. 이에 대하여 후세에 성호(星湖) 이익(李瀷)은 선생의 시를 몇수 예로 들어 송계를 반박하면서도 선생의 글씨에 대해서는 언급하지 않았다. 나는 여기 성호를 대신하여 선생의 글씨를 예로 들어, 송계를 반박하고 싶지만 지금 그럴 필요를 느끼지 않는다. 왜냐하면 이번 예술의 전당에서 전시된 유묵들을 직접 살펴봄으로써 천하만인이 함께 느끼고 깨닫게 될 것이기 때문이다.

이번 전시회에는 퇴계선생의 유묵만을 전시하는 것이 아니고 퇴계선생을 중심으로 그의 가문——부형(父兄)·자질(子姪)·자손들의 글씨와 선생의 교유(交遊)·사우(師友)·문인들——내지 퇴계학파에 속하는 역대 명사(名士)들의 글씨들을 광범히 수집하여 일당에 전시한다. 그뿐 아니라 퇴계 관계 판각(板刻)·금석문(金石文), 도산도(陶山圖)를 포함한 도판(圖版)들을 아울러 진열하여 한결 분위기를 돋우어주게 된다.

이러한 기획에는 주최측의 막대한 예산이 투입되고 적극적인 성(誠)과

열(熱)이 기울여졌을 것이다. 특히 실무를 담당한 여러 분들이 현지를 누비며 활동한 노고는 매우 값진 것이다. 이에 대하여 우리는 충심으로 격려와 성원을 아끼지 않는 바이다.

2001년 9월 5일

近畿學派에 있어서 順庵 安鼎福의 位置

1. 近畿學派의 성립

우리나라 사상사의 체계적 파악을 위한 작업의 하나로 우선 각개 학파에 있어서의 인적 구성과 학문적 전수, 즉 인맥·학맥에 의한 연결과 분화, 그리고 그로 인한 사상적 연변과 그 특징을 아울러 고찰하여 역사상에 일정한 위치와 의의를 부여해야 할 것이다.

일반적으로 퇴계학통(退溪學統)을 영남학파(嶺南學派), 율곡학통(栗谷學統)을 기호학파(畿湖學派)라고 말한다. 영남은 거의 퇴계학통 일색이고 기호는 율곡학통에 속한 인사가 많았기 때문이다. 그러나 이것은 대체론이다. 기실 기호지역 중 근기(近畿) 일대에 퇴계를 소술(紹述)하는 한 학파가 따로 있어서, 심성이기(心性理氣) 문제에 독창적 견해를 보이는 한편 실용실증의 학문을 창도하여, 우리나라 사상사상 하나의 신기원을 긋게 되었는데, 이것이 오늘날 우리 학계에서 각광을 받고 있는 실학(實學)의 한 유파이다. 우리는 이것을 위의 기호학파와 구별해서 '근기학파(近畿學派)'라고 부르고 또 실학의 다른 유파와 구별해서 '경세치용파(經世致用派)'라고 부르기도 한다.

근기학파의 대종(大宗)은 성호(星湖) 이익(李瀷)이다. 그러나 근기학파가 바로 성호에게서 시작된 것은 아니다. 실학으로서의 사상적 기반이 확립된 것은 성호에서 비롯된 것이지만 그러한 사상의 원류는 훨씬 위로 소급해야 하며 따라서 성호의 인맥·학맥을 따져 올라가면 미수(眉叟) 허목(許穆)과 한강(寒岡) 정구(鄭逑)를 거처 퇴계에 닿는다. 요즘 이조후기의 실학을 다루는 사람들이 실학의 사상적 연원을 으레 율곡에서 찾고 있지만 그것은 그 개연성을 말한 것일 뿐이다. 율곡이 당시 조정에서 몇가지 개혁적 의견으로 구체적 정책대안을 제시한 것이 사실이고, 또 성호가 국조 이래 시무를 아는 사람을 손꼽는다면 오직 율곡과 반계(磻溪)가 있을 뿐이라고 하였다. 그러나 율곡은 곧 실행에 옮길 수 있는 정책대안을 내놓았고, 반계는 본원(本源)을 구명하고 일체를 혁신하여 왕정의 시(始)가 된다고 한 바와 같이 성호는 반계의 주장이 현실에 저애(阻碍)가 많은 것이라고 하면서도 그의 경세치용의 학문성을 높이 평가하였다.[1] 따라서 율곡의 몇가지 정책대안을 곧바로 우리나라 사상사상 실학의 연원으로 볼 수는 없는 것이다.[2]

여기 우선 실학을 떠나, 학통 그 자체로 볼 때에 성호는 위에서 말한 바와 같이 퇴계와의 인맥·학맥을 인정하지 않을 수 없다. 먼저 구한말 성재(性齋) 허전(許傳)의 『언행총록(言行總錄)』에 실린 방산(舫山) 허훈(許薰)의 「후지(後識)」를 들어본다.

---

1) "國朝以來, 屈指識務, 有李栗谷柳磻溪二公在. 栗谷太半可行, 磻溪則究到源本, 一齊刻新, 爲王政之始."(『星湖僿說』卷11, 人事門, 「變法」)

2) 이러한 정책 의견을 실학의 연원으로 본다면 율곡에서 그치지 않고 위로 梁誠之·鄭道傳 등등 여러 관료학자들이 모두 이에 해당된다고 할 것이다. 우리나라 실학은 마땅히 17, 18세기 이후의 사회경제적 변화라는 역사적 조건 속에서 그 발생·발전의 계기를 찾아야 하며 또 그것이 몇개의 구체적 정책대안에 그치지 않고 근원적·전반적 체계로서의 학문성이 있어야 진정한 실학이 되는 것이다.

옛적 퇴계 이선생께서 우리나라에 학문을 일으켜, 실로 연원정맥(淵源正脈)을 열어놓았다. 한강 정구 선생이 그 적통(嫡統)을 받아 미수 허목 선생에게 전수하였고 다시 성호 이익, 순암(順庵) 안정복(安鼎福), 하려(下廬) 황덕길(黃德吉) 세 분이 있어 그 뒤를 이었는데 우리 성재선생에 이르러 사문(斯文)을 부익(扶翼)하고 그 유서(遺緒)를 소술(紹述)하셨으니 참으로 공(功)이 거룩하다.[3]

즉 퇴계가 창기한 우리나라 학문의 연원정맥이 한강에게로 전해졌고 한강은 미수에게 전해주었으며 다시 성호·순암·하려가 그 뒤를 이었는데 성재에 이르러 사문(斯文)의 발전계승에 거룩한 공을 남겼다는 것이다. 거꾸로 말하면 성재는 하려·순암을 통하여 성호의 학통에 접하게 되었고 성호는 다시 미수·한강을 통하여 퇴계의 학통에 접하게 되었다는 것으로, 결국 성재는 멀리 퇴계의 연원정맥을 물려받아 우리나라 학술사에 뚜렷한 위치를 차지했다는 것이다.

그런데 성호가 미수·한강을 통하여 퇴계의 학통에 접하게 되었다는 것은 허훈이 처음 주장한 것이 아니다. 성호의 제자로 자처하는 번암(樊巖) 채제공(蔡濟恭, 1720~99)이 성호의 묘갈명(墓碣銘) 서(序)에서 벌써 다음과 같이 밝혔다.

우리의 도(道)는 우리대로 도통(道統)의 연원이 있으니, 퇴계는 우리나라의 공부자(孔夫子)로서 자신의 도통을 한강에게 전하였고, 한강은 그 도통을 미수에게 전하였으며, 성호선생은 미수를 사숙(私淑)한 분으로 미수를 배워 퇴계의 연원에 접하였다. 후세에 학자들은 사문(斯文, 儒學)이 적통(嫡統)으로부터 적통으로 서로 계승되었음을 알 것이다.[4]

----

3) 『許傳全集』 卷5, 「跋」.
4) 『星湖先生文集』 附錄 卷1.

퇴계로부터 성호까지의 전수관계가 사문의 '적적상승(嫡嫡相承)'이라
하여 허훈의 설명보다 더욱 강조되어 있다. 아마 이것은 근기 남인들의 공
통된 생각이었던 것 같다.

누구나 알다시피 퇴계는 영남 출신으로 그의 학문과 교육의 장은 영남
을 본거지로 하고 있었으며 그의 많은 저명한 제자들이 또한 대개가 영남
인사들이다. 그런데 여기 채제공과 허훈 등의 말에 따르면 사문의 적통,
즉 퇴계학의 정통이 근기지방으로 내려왔다는 것이다.

우리는 종전부터 근기학파라는 말을 사용해왔다. 이조후기의 실학을
논할 때에 서울의 도시적 분위기 속에 성장한 연암(燕巖) 박지원(朴趾源)
의 이용후생파(利用厚生派)에 대하여, 근기의 농촌 토착적 환경을 바탕으
로 한 성호 이익의 경세치용파를 근기학파라고 불렀다. 실학을 주로 서울
및 근기지방에서 발생한 것으로 보면서 서울과 근기지방의 특색을 나타
내기 위하여 근기학파라고 했던 것이다.

그러나 위에서 말한 바와 같이 근기학파는 성호에서 시작된 것이 아니
고 성호의 인맥·학맥을 훨씬 위로 소급하여 올라가면 근기학파는 단순히
실학에 있어서의 서울파——이용후생파에 대가 되는 호칭이 아니고 우리
나라 사상사의 보다 넓은 시야에서 영남학파와의 대칭으로 등장하는 것
이다.

그렇다면 근기학파와 영남학파는 그 인적 구성과 학문적 전수에 있어
서 어떻게 구별되며 학파간의 관계 및 각기 특징은 어떠했는가. 이에 대하
여 근세 영남의 유명한 학자 심재(深齋) 조긍섭(曺兢燮, 1873~1933)은 일
찍이 다음과 같이 비교 논술하였다.

대체로 도산(陶山, 退溪) 이후 그를 숭배하여 배우는 자는 영남과 근기,
두 학파가 있다. …… 영남의 학(學)은 금양(錦陽, 葛庵 李玄逸)과 소호(蘇湖,
大山 李象靖)를 거쳐 정재(定齋, 柳致明)에게 이르렀으며, 근기의 학은 성

호·순암으로부터 성재 허전에게 이르렀는데 이로부터 유파가 더욱 넓어지고 학문의 장이 더욱 확대되었다.[5]

그러니까 퇴계를 종사(宗師)로 하여 배우는 자가 영남과 근기의 두 파가 있어, 영남의 학은 갈암(葛庵) 이현일(李玄逸), 대산(大山) 이상정(李象靖)을 거쳐 정재(定齋) 유치명(柳致明)에 이르렀고, 근기의 학은 성호와 순암을 거쳐 성재 허전에게로 내려왔는데, 이에 이르러 두 학파의 계열이 더욱 뚜렷해지고 그 저변이 더욱 확대되었다는 것이다. 여기 조긍섭의 글을 토대로, 다른 자료를 약간 보충하여 도표를 만들어둔다.[6]

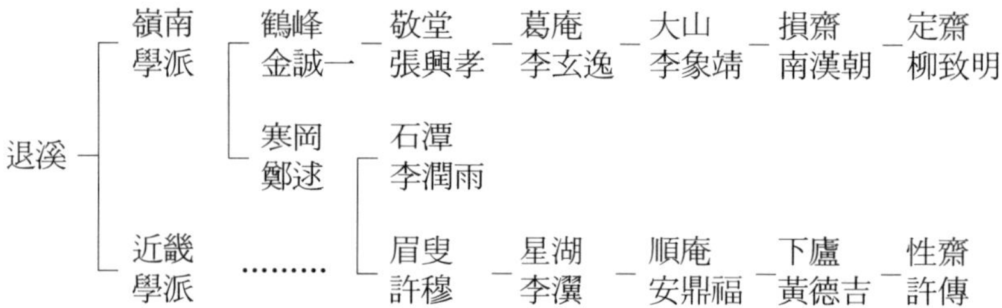

이 도표를 살펴보면 곧 알 수가 있다. 다같이 퇴계에게서 나왔지만 영남·근기 두 파는 서로의 계보가 다르며, 따라서 학문경향도 같을 수 없었다. 계속하여 조긍섭의 말을 인용한다.

영남의 학은 정밀하고 엄격하여 항상 원리에의 회귀와 마음수양에 치중하였고, 근기의 학은 굉대(宏大)하고 박흡(博洽)하여 늘 응용 위주로 시국

---

5) 『深齋集』 卷11, 「朴晩醒先生墓碣銘」.
6) 영남학파는 서애·학봉·한강의 세 계파가 있는데 여기서는 조긍섭의 글을 토대로 한 것이므로 부득이 학봉·한강계만 들었다.

을 구제하는 것을 급선무로 삼았다.[7]

이렇듯 계보와 경향을 달리하는 영남과 근기를 두 개의 학파로 정립시킴에 있어서 우리는 위의 도표 속의 한강의 위치에 일단 주목해야 할 것이다. 한강은 영남 출신이며 일생을 영남에서 보냈지만 그의 많은 제자 중에 가장 젊었던 근기 출신의 미수 허목이 늦게 대성하여 그의 의발(衣鉢)을 받음으로써 드디어 근기학파의 사실상의 개조(開祖)가 된 것이다. 한강은 자기의 기본입장을 영남학풍의 정엄하고 '반경수약(反經守約)'적인 데 두었지만 한편으로 방대한 저술과 편찬물을 통하여 그의 학풍은 크고 웅대하며 '응용구시(應用救時)' 즉 '경세치용'적 경향을 보여줌으로써 이미 근기실학으로의 새로운 방향을 암시했던 것이다.[8]

이러한 한강의 경향은 미수로 하여금 영남성리학과 근기실학의 가교자가 되게 하였고, 성호에 이르러 드디어 실학의 문호를 활짝 열게 하였다. 실학의 발생은 이조후기의 정치·경제·사회 등 현실문제와 밀착되어 있는 것이지만, 또한 사상사 자체의 내재적 전환과정에 유의해야 할 것이다.

2. 順庵의 위치

1) 星湖와의 만남

위에서 말했듯이 성호가 근기학파의 대종으로 실학의 학문방법과 사상적 기반을 확립시켜놓았지만 성호의 문하에는 다시 백화난만(百花爛漫)한 기상으로 여러 갈래의 새로운 경향이 다채롭게 전개되었다. 그중에서

---

7) 『深齋集』 卷11, 「朴晚醒先生墓碣銘」.
8) 『寒岡全集』, 驪江出版社, 解題 참조.

도 소장층(少壯層)의 급진주의를 대표하는 인물이 녹암(鹿庵) 권철신(權哲身)이라면, 노성층(老成層)의 온건주의를 견지한 인물이 순암이었다.

순암의 성격과 체질은 그가 성호에게 가르침을 받기 위해 처음 첨성리(瞻星里)로 성호를 찾아갔을 때 성호와의 문답을 기록한 그의 「함장록(函丈錄)」에서도 잘 나타난다.[9]

이 「함장록」은 순암이 성호와의 만남을 통하여 자신을 근기학파에 속하게 하고 나아가 그 학파에 있어서의 자기 위치 설정의 중요한 계기를 마련한 것에 대한 자세한 기록이다. 뿐만 아니라 우리는 이 기록을 통하여 옛날 분들의 사제간의 인연의 결합과 학문의 전수과정이 얼마나 정중하고도 숭고한 것이었는지를 엿볼 수도 있는 것이다. 이 「함장록」의 첫머리에 그 짤막한 경과 설명이 있다.

내가 어려서 낙향한 이후로 중간에 병이 드는 바람에 학문의 기회를 놓쳤는데, 성호선생을 찾아뵙고 경의를 표하고 싶은 마음이 많았다. 나이 스물여섯에 비로소 무주(茂朱)에서 광주(廣州) 경안면(慶安面) 덕곡(德谷)의 선산(先山) 아래에 와서 살게 되었으나, 가난과 질병으로 언제나 편안한 날이 없었다. 그러다가 병인년(丙寅年, 영조 22, 1746) 10월 17일에 처음으로 찾아뵙고 하룻밤을 잔 다음에 작별인사를 드리고 돌아왔으며, 무진년 12월 14일에 또 찾아가서 뵙고 하루를 묵은 뒤 16일에 하직인사를 드리고 돌아왔으니, 그간 선생에게 직접 뵙고 가르침을 받은 것이 모두 4일이다.

성호를 스승으로 섬겨, 수많은 서신으로 학문적인 문목(問目)의 왕복이 있었지만 직접 댁으로 찾아가 면전(面前)에서 대화를 나눈 것은 겨우 두 번뿐이라는 것이다. 그런데 이 기록은 1746년 처음 찾아가서 초면(初面)

---

9) 『順庵集』 卷16.

으로 인사를 한 때의 이야기로부터 시작된다.

　병인년 10월 16일에 집에서 떠나 17일 오후에 점섬(占剡)에 이르렀다. 작은 산기슭을 하나 넘자 그 산기슭이 끝나는 곳에 모사(茅舍)가 한 채 있었는데, 마당에 있던 하인 하나가 찾아온 손님을 보고 앞에 와서 절을 하였다. 내가 물어보아 선생의 댁이라는 것을 알고 드디어 말에서 내려서 알리게 했더니 즉시 들라고 했다. …… 선생이 인하여 어떤 연유로 이곳에 왔는지를 물었으므로 내가 허리를 굽히고 대답하기를, "나이가 거의 40이 되었으나 아직도 학문의 방법을 모르고 있습니다. 선생께서 도(道)를 강론하시는 곳이 멀지 않다는 것을 들었으면서도 선(善)을 지향하는 정성이 부족하여 10년 동안 우러러 사모하다가 이제야 찾아와 뵙습니다" 하였는데 선생께서는 거기에 대해 말씀이 없으셨다. 그러나 즐겁고 편안하게 말씀하고 웃으시어 전혀 단속하는 태도가 없고, 거지(擧止)가 법도에 맞는 것을 보고는 첫눈에 선생장자(先生長者)임을 알 수 있었다.

　초면이지만 즉시 가문 관계에 의한 친분이 알려지고 다같은 근기남인(近畿南人)의 어려운 처지에서, 그리고 순암의 청수(淸秀)한 용의(容儀)와 한숙(嫻熟)한 예절(禮節)에 접한 성호는 곧 간격을 두지 않고 좋은 후배를 만났다는 기분에서 자유롭게 학문에 관한 문답을 가졌다.

　내가 이어 물었다. "선유(先儒)들이 대부분 『대학(大學)』의 격치장(格致章)은 본래 있던 것으로서 주자(朱子)가 보망(補亡)하였다는 주장은 반드시 그렇지는 않은 것이라고 하는데, 그렇습니까?" 하니, 선생은 "나는 그런지를 모르겠다. 다만 본말을 따로 한 장으로 만든 뜻은 알 수 없는 점이 있다. 회재(晦齋)가 논한 것도 십분 온당한지를 모르겠거니와, 근래에 어떤 사인(士人)——진사 신후담(愼後聃)을 가리킨다——이 말한 설도 과연 타당성을 얻었는지 모르겠다."

또 말씀하기를, "권양촌(權陽村)은 글을 읽는 사람으로서 『대학도(大學圖)』를 만들었으나 발명(發明)한 것이 없다" "나도 또한 그림이 있으니 그대가 한번 보라"라고 하면서 『대학질서(大學疾書)』를 꺼내어 그 그림을 보여주고, 또 말씀하기를 "『성학십도(聖學十圖)』가운데 경재잠도(敬齋箴圖)·숙흥야매잠도(夙興夜寐箴圖)·소학도(小學圖) 등은 모두 온당하지 않고 심학도(心學圖)만이 자못 좋다"라고 하였다.

성호가 순암을 얼마나 신뢰하였는가를 여기에서 알 수가 있다. 초면인 한 후배에게 스스럼없이 회재의 『대학장구보유(大學章句補遺)』와 퇴계의 『성학십도』에 대해 미심쩍은 태도를 보인 것이다.

인하여 『맹자(孟子)』를 논하였다. 그리고 『질서(疾書)』의 춘왕정월(春王正月) 및 정지(井地)에 대해서 논한 변(辯)을 내어 보이고는 웃으면서 말씀하기를 "이것은 주자를 논박하는 일대 망론(妄論)이지만, 바로 주자의 충신이 되고자 하는 뜻인 것이니, 아마 주자가 보더라도 크게 비난하여 배척하지는 않을 것이다." 또 말씀하기를 "『중용』과 『대학』을 읽으면 구절마다 의문이 생긴다. 그런데 지금 사람들은 글을 읽으면서도 의심할 줄 모르기 때문에 학문이 진전되지 않는 것이다. 사람이 배워야 할 것은 두 가지 책에 불과하다. 그러므로 다소나마 스스로를 중히 여기는 자는 모두 이 책에 골몰하지만 끝내 얻는 바가 없으니, 애석할 뿐이다"라고 하였다.

성호는 한걸음 나아가 그의 『질서』에서 주자를 논박한 것을 내보이고 중용과 대학에 많은 의문점이 있다고도 말한 다음 모든 선비들이 『중용(中庸)』과 『대학』에 골몰하지만 아무런 새로운 견해가 없다고 하였다.

내가 인하여 국궁(鞠躬)하고 가르침을 청하였다. "지금 세상은 학술(學術)이 지리멸렬하고 당론(黨論)이 들끓고 있습니다. 한쪽 편은 비록 연원이 있다고 하나 그 학문이 단지 훈고(訓詁)와 소주(小註)에만 얽매이고 송습(誦習)하는 바가 『중용』『대학』『심경(心經)』『근사록(近思錄)』에 불과하여 이록(利祿)에 이끌리고 있는 실정입니다. 그리고 한쪽 편은 곤궁하고 피폐하여 겨를이 없어서 사학(斯學)에 대하여 뜻을 두지 못하고 있습니다. 학문이 강명(講明)되지 못하고 도리가 밝혀지지 않는 것이 실로 여기 원인이 있습니다. 원컨대 학문하는 요지를 듣고 싶습니다" 하니 선생이 말하기를,

"이것은 모두 양쪽 사람들의 폐단이다. 그러나 이것만으로 단정하여 입론(立論)해서는 안된다. 지금 세상이라고 어찌 호걸스러운 선비가 없겠는가. 다만 내가 아직 보지 못했을 뿐이다. 한쪽에서 세도(世道)를 주장하여 스스로 의리를 만들어서 상대방을 얽어넣는 수단으로 삼고 있으니 참으로 두려운 일이다. 학문이란 다만 뜻을 겸허히 가지는 데 달린 것이다. 뜻을 겸허히 가지다보면 오랫동안 학습하는 동안, 의리가 저절로 성숙하여 마음이 편안하고 기운이 화평해질 것이다. 그 요지란 전적으로 자기 자신에게 달려 있는 것으로 남과는 상관이 없다. 비록 훈고에 매달리는 것이 옳지 않기는 하지만, 만약 학문의 근원을 추구하고자 한다면 여러 선유(先儒)들이 터득하여 이루어놓은 말씀들 없이 어떻게 그 시비를 가릴 수 있겠는가. 그러나 학문이 실제로 여기에만 있는 것이 아닐 뿐이다. 또 저들은 이록(利祿)을 쫓아가더라도 나는 자로(子路)나 원사(原思)처럼 배움에 열중하여 스스로 노력한다면 이것이 이른바 선악이 모두 나의 스승이라는 것이다. 남의 단점을 지적하여 시비만 따져서는 안된다."

우리는 이 부분에서 당시 서인(西人, 老・少論)측의 과거에 의한 출세주의(出世主義) 내지 권력추구와 남인측의 몰락 빈궁에 의한 위미부진(委靡不振)으로 학문이 옳게 발전되지 못하고 있다는 것을 여실히 알 수가 있

다. 순암의 이에 어떻게 대처하면 좋겠는가라는 물음에 대하여 성호는 그 사실에 공감을 표시하면서도 양쪽 어느 경우에도 위축되거나 패배감을 갖지 말고 자기를 굳건히 지키면서 정진하라고 하였다.

끝으로 성호는 순암에게 매우 중요한 말씀을 건네주었다.

학문이란 자득(自得)하는 일이 귀한 것이다. 그러니 반드시 이 일이 귀하다는 것을 진정으로 알아서 스스로 마음에 터득해야만 억지로 하거나 가식적으로 하는 버릇이 없어져서 날로 진정한 영역으로 나아가게 되는 것이다.

학문에는 회의와 비판이 필요하고 회의와 비판을 통하여 '자득'해야 한다는 것이다. 이 '자득'론은 성호학의 기본방법이며 '자득'을 위해서는 '지식'에의 탐구가 절대 필요한 것이다. 여기 성호의 '지식주의(知識主義)'가 중시되는 까닭이 있다.

그런데 처음 순암은 성호의 이 주장에 선뜻 동조가 되지 않았다. 순암은 주자를 위시한 선현의 유훈(遺訓)을 독실하게 지키며 따라 실행하면 그것이 참학문이라고 여겼던 것이다. 이 한 문제만은 쉽게 납득이 되지 않았던 모양이다.

이윽고 아침상이 들어와서 식사를 마친 뒤, 조금 앉았다가 물러갈 것을 고하였다. 선생이 말하기를, "내가 쓸데없는 말을 많이 했으나, 그중에 쓸 만한 것도 있을 것이니 그대가 한번 생각해보기 바란다"라고 하였다. 자리에서 일어나자, 선생이 다시 말하기를, "그대는 연부역강(年富力強)하니 응당 지식의 탐구에 힘쓸 일이다. 지식이 밝아져야만 가는 길이 평탄하여 걸리는 것이 없게 된다"라고 하였다. 내가 선생께 절하자 일어나 답하였다. 드디어 물러나 돌아왔다.

그러나 성호는 끝내 자기 의견을 감추지 않고 작별하는 순간에 다시 순암에게 그의 '지식주의'를 타일러 보냈던 것이다.

2) 鹿庵과의 대립

녹암 권철신은 어떠한 인물인가, 그리고 근기학파에서 그의 위치는 어떠했는가? 여기 우선 다산 정약용이 지은 「묘지명」의 몇구절을 살펴본다. 이에 의하면, 녹암은 성호선생이 만년에 얻은 한 제자로서, 문학(文學)은 자하(子夏)와 같기를 믿었고, 사업의 포치선양(布置宣揚)은 자공(子貢)과 같기를 기대했으며, 성호선생이 돌아가신 후에는 후생(後生)으로 준수한 무리들이 모두 녹암에게로 모여들어 그를 스승으로 섬겼다는 것이다. 다시 말하면 녹암은 성호의 문하에서 가장 큰 촉망을 받았던 사람으로, 뒤에는 성호를 대신해서 후배들의 존경을 한몸에 모았다는 것이다.[10]

그런데 서학(西學, 天主敎)의 서적들이 북경을 통해 우리나라에 들어오자 녹암의 동생 권일신(權日新)이 남먼저 신봉하다가 잡혀 죽고, 온 가족이 천주교 신자로 지목되는 가운데 녹암은 그것을 금할 수도 없어서 마침내 신유사옥(辛酉邪獄)에 함께 죽게 되었다.

다산의 이 묘지명만을 보더라도 녹암은 대단한 학자로서 성호의 제자 중 가장 젊고 또 가장 많은 촉망을 받았던 사람임을 알 수 있다. 그는 순암의 집과 통혼하여 그의 아우 권일신(權日新)이 바로 순암의 사위가 되기도 하였다. 연령으로 보아 순암에게 아주 후배이고 또 사가(査家)의 정리로 보나 동문의 우의로 보나 순암은 남달리 그를 대하였다. 순암은 우선 녹암의 천재성과 학문연구에 있어서의 예리한 투시력을 높이 감싸주었다.

---

10)『與猶堂全集』1, 詩文集, 「鹿庵權公墓誌銘」.

보내온 별지(別紙)를 읽고 또 읽고는 정밀한 논리와 초절(超絶)한 식견
에 참으로 감탄했다네. 독서할 때는 반드시 의문이 있어야 하니, 의문이 있
어야지만 진전이 있기 때문일세.[11]

라고 하여 칭찬을 아끼지 않았다. 순암은 성호에게서 이어받은 '자득'론을
녹암에게 적용한 것이다. 그러나 곧 이어서

주자도, "독서할 때는 의문이 크면 진보도 크다"고 했고 또 이르기를, "처
음 읽을 때는 의문이 있는 것 같지 않다가 읽어갈수록 점점 의문이 생기고
중간에 가서는 마디마디가 의문투성이가 된다. 일단 그 과정을 거치고 나
면 의문이 점점 풀리기 시작하여 융회관통(融會貫通)하는 경지에 이르게
되는데 그제야 비로소 학문이라 할 수 있다" 하였으니 독서에는 별다른 방
법이 없고 주자의 그 말이 하나의 큰 단안일세. 대체로 성현들의 말씀은 모
두가 평이하고 명백하므로 굳이 굽은 길로 찾아 들어가서 자기가 자신을
의문 속에다 얽어맬 필요는 없는 것이지. 퇴계 이자(李子)도 이르기를, "독
서를 하면서 굳이 색다른 뜻을 깊이 캐려고 하지 말고 다만 그 본문을 놓고
그 본문이 가지고 있는 뜻만 찾으라"라고 했는데, 그 말이 아주 간단하면서
도 꼭 맞는 말이니 한번 생각해보게.

라고 하여 독서에 의문을 품는 것이 필요하다고 하면서도 주자와 퇴계의
말을 인용하여 성현의 평이한 말씀을 그대로 복습하는 것이 옳고 굳이 의
문을 일으켜서 굽은 길로 들어가지 말라고 하였다. 다음 편지에서는 사빈
(士賓)이라는 어느 동학의 충고의 말을 되새겨줄 것을 권고하면서

---

11) 『順庵集』 卷6, 「答權旣明別紙」.

자네가 사빈에게 보낸 서한을 보고 나도 모르게 환희 용약했다네. 우리
의 도(道)가 더욱 외로워져가고 있는 이때, 제군들이 과연 서로 보고 느끼
고 서로 경계하여 서로 대중지정(大中至正)의 경지에 이른다면 그 얼마나
다행스러운 일이겠는가. 사빈이 그대에게 충고하고 좋은 길로 인도한 뜻이
매우 온화하면서도 참으로 절실한데, 지금 세상에 이러한 일이 어디 있겠는
가. 자네가 그의 말을 잘 받아들이면 틀림없이 효과가 있을 것이고, 그중에
서도 말조심에 관한 경계는 자네의 병통에 더욱 적중한 것으로 현명한 자네
도 응당 알고 있을 것으로 생각되네. 이에 감히 사빈의 서신 내용을 따라 말
해보자면 그대는 너무 지나치게 고구(考究)하는 병폐가 있다 하겠네.

라고 하여 녹암의 공부하는 태도를 고칠 것과 말을 조심할 것을 거듭 당부
하였다. 순암은 한걸음 나아가

독서하면서 의문을 갖는 것은 물론 좋은 일이지. 의문이 적으면 진보도
적고, 의문이 많으면 진보도 많다는 주자의 말이 실로 바꿀 수 없는 정론이
지. 그러나 계속 의심만 하고 일정한 귀결처(歸結處)가 없으면 마음이 점
점 분란해져서 실효를 얻기가 어려운 법이라네. 나는 생각하기를 독서에
있어 자득(自得)이 비록 귀중한 것이지만 자득한 뜻이 먼저 마음속을 가로
막고 있으면, 선유(先儒)들 교훈에 대해 일부러 하자(瑕疵)만을 찾아내려
는 병폐가 있을 염려가 있을 것일세.[12]

라고 하였다. 여기서는 성호의 '자득'론이 자칫 후배들에게 나쁜 영향을
주지 않을까 걱정한 것이다. 특히 녹암이 주자의 학설에 불만을 품고 왕양
명(王陽明)의 치지설(致知說)이 옳다고 주장한 것에 대하여 순암은 매우

---

12) 『順庵集』卷6, 「答權旣明書 庚寅」.

못마땅하게 여기고 양명학의 핵심인 '양지(良知)'에 심한 비판을 가하여 녹암의 반성을 촉구하였다.

> 마음의 기능은 생각[思]이고, 생각은 지각[知]을 맡고 있으니, 주자가 치지격물(致知格物)을 해석하면서, "내 마음의 지각으로 사물의 이치를 궁구하는 것이다"라고 했다네. 이는 마음에는 앎의 이치가 있기 때문에 사물의 이치를 궁구할 수는 있으니 그렇게 되면 내 마음이 알고 있는 이치와 각 사물에 산재해 있는 이치가 합일이 되는 것일세. 그런데 굳이 마음[心]이 바로 이치[理]라고 다짜고짜 풀이할 까닭이 뭐란 말인가. 또 마음이 아는 것이 양지(良知)라고 하는데, 그것도 사람마다 기질이 달라 성인의 마음은 그것이 다 양지의 본연(本然)에서 나오는 것이 사실이나 중인(衆人)들 마음은 기질에 편승되고 한쪽으로 치우쳐 있어 마음의 앎이 허다히 인욕(人欲)에서 나오고 있는 것일세. 양명의 이 말은 인욕을 천리(天理)로 오인하고 있으니 그 흐름이 결과적으로 말할 수 없는 폐단을 가져올 것이 아닌가.

사람마다 기질이 다른데 성인(聖人)과 중인(衆人)의 마음을 다같이 양지(良知)라고 한다면 인욕(人欲)을 천리(天理)로 오인하게 된다는 것은 순암의 올바른 지적이 아닐 수 없는 것이다. 녹암이 말을 잘 듣지 않자 순암은

> 이러한 문제들은 기왕 의견들이 서로 합치되지 않을 경우 결국 갑을논박이 되어 합일점을 찾기가 어렵게 마련이니, 이후로는 서신 왕래에 피차 안부나 살피고 정담이나 나누는 것이 좋을 듯하네. 예문이나 경전 등에 관하여는 굳이 나같은 귀머거리와 장님의 귀와 눈을 빌려 가부를 시험할 필요가 없는 것이며, 성실을 위주로 하는 군자의 도리로서도 당연히 그래야 할 것일세.[13]

라고 하면서 앞으로 학문에 관한 논란을 거절하려고 하였다. 이에 대하여 녹암은 답장에서

지난번에, "경서 얘기하고 예문 논하고 하는 일을 말끔히 치워버리자"고 하신 서신을 받고 저도 모르게 가슴이 덜컹했습니다. 전일에 실지 소득은 없이 공연한 문의(文義)에만 얽매여 큰 죄를 짓고 말았으니, 저 자신으로서 는 조석으로 허물을 고치기에도 겨를이 없다고 생각하고 있는데 무슨 논설 을 감히 또 하겠습니까. 그리하여 그동안 저의 미욱한 소견을 기록해두었 던 것을 전부 찢어버리고, 이제 죽기 전까지 오직 입을 다물고 자신의 수양 이나 하면서 대악(大惡)에 빠지지 않는 것이 최상의 방법이 아닐까 합니 다.[14]

라고 하여 자신이 후회하는 듯하면서도 실은 순암에게 강하게 반발했던 것이다. 그러나 녹암이 당시 천주교와의 관련이 깊어져간다는 소문을 듣 게 되자 순암은 앉아서 관망만 할 수 없었다.

공의 서신을 받고 보니 전일과는 아주 딴판으로 선가(禪家)의 냄새가 물 씬 풍기는데 공이 어찌하여 이런 말을 하는 것인가? …… 지난번 영남 유생 들에게 들으니, 또 사흥(士興)이 와서 『칠극(七克)』을 빌려갔다고 하기에 마음속으로 의아하게 여겨, "『칠극』은 사물(四勿)에 대한 주석이나 다름없 는 것이니, 비록 뼈를 찌르는 듯한 절실한 내용이 더러 있기는 하지만 이 책 에 무슨 취할 점이 있겠는가" 했더니, 그후 들리는 말에 "양학(洋學)이 크게 번져 아무 아무가 주동자이고, 아무 아무는 그 다음이고 그밖에도 따라서 동화되어간 사람들이 얼마나 되는지 모른다"고 하기에, 너무나 놀란 적이

13) 『順庵集』 卷6, 「答權旣明 壬寅」.
14) 『順庵集』 卷6, 「答權旣明書 甲辰」.

있지만 기왕 남의 입에 낭자하게 올랐다면 서로 좋아하는 사이에 숨기고 감출 것이 뭐가 있겠는가.[15)]

그래도 순암은 '서로 좋아하는 사이'를 잊을 수 없어서 서로 터놓고 이야기해보자고 한 것이다. 『칠극』은 성호가 익히 읽고 거기에 우리 유가(儒家)와 상통하여 취할 점이 있다고 칭찬한 바 있었던 책인데도 순암은 후배들이 천주학에 빠져들 것을 염려하여 취할 점이 없는 것으로 돌려버렸다.

대체적으로 그들이 주장하는 것은 구세(救世)이지. 구마라습(鳩摩羅什)과 달마존자(達摩尊者)가 다 구세를 내세워 큰 바다를 건너 중국까지 와서 자기들 교화를 폈듯이 이마두(利瑪竇) 무리들도 역시 그러한 자들에 불과하다네.

성호가 이마두(利瑪竇)를 "구세(救世)를 위해 멀리 온 호걸지사(豪傑之士)"라고 말하고 중국의 군신(君臣)이 그를 옳게 존대할 줄 모른다고 비난한 것에 비하면 순암의 당시 상황은 그만큼 절박한 문제로서 여유를 둘 수 없었던 것이다.

제군들이 평소에 그렇게도 불교를 배척했으면서 지금 천주학에는 꼼짝 못하는 것을 보면 틀림없이 사람을 감동시킬 만한 별다른 문자가 있어서 그럴 터이지. 이런 까닭에 전번 서신에서 청했던 것은 까닭이 있어서였는데 지금 들으니 덕조(德操)가 얼마간의 서책을 가지고 갔다는데 이곳을 지나면서도 나를 찾아보지 않고 그냥 지나쳐버린 그 까닭을 알 수 없군. 아마

---

15) 『順庵集』 卷6, 「答權旣明書 甲辰」.

공부의 길이 달라 서로 얘기할 것이 없기 때문이었을까? 남을 선으로 인도한다는 천주의 뜻은 틀림없이 그렇지 않을 것일세.

이 편지에 의하면 이벽(李檗, 德操)이 천주교 서적을 가지고 감호(鑑湖, 녹암이 사는 곳)로 가면서, 순암에게는 그 앞을 지나면서도 들르지 않았음을 알 수가 있다. 그만큼 성호계통의 젊은 인사들이 순암을 경원시했던 것이다. 마침내 순암은 녹암을 정면으로 질책하였다.

　지금 들리는 말에 아무 아무가 서로 약속을 하고 신학(新學)을 공부하고 있다고 하는 소문이 파다한데, 그들 모두가 공의 절친한 벗 아니면 공의 문도들 아닌가. 공이 만약 금하고 억제했으면 이렇게 날뛸 리가 있겠는가. 공은 그들을 금지하지 않았을 뿐만 아니라, 오히려 물결을 조장하여 더 일으키고 있으니 이게 무슨 일인가.

　그런데 지금 또 듣자 하니, 공이 서양의 천주학에 있어 경망하고 철없는 젊은것들의 앞잡이가 되고 있다는데, 지금 세상에 사문(斯文)이 기대를 걸고, 친구들이 믿고 소중히 여기고, 세상사람들의 주목을 끌고, 후배들의 종주(宗主)가 될 사람이 공 말고 누가 있단 말인가. 그런데 이렇게 갑자기 이학(異學)으로 가버리다니 과연 어찌해서 그러한 것인가? 내가 보기에는, 서양사람들이 말을 제아무리 장황하게 해도, 그 모두가 석씨(釋氏)가 거치고 간 조잡한 발자취들로서 논리의 정미성(精微性)에 있어서는 오히려 석씨 쪽의 절반도 못 미치고 있네. 차라리 식심(識心)이니, 견성(見性)이니 하는 달마(達摩)·혜능(慧能)의 말을 따랐으면 따랐지, 밤낮 기도로 무당이나 다름없는 짓을 하는 서양의 그것들을 왜 따를 것인가. 그 짓을 해서 과연 지옥행을 면한다 하더라도 뜻있는 사람이면 하지 않을 것인데, 하물며 우리 유학을 하는 사람들이겠는가.

차라리 불교를 믿으라는 순암의 격한 논조는 단순한 사상·종교상의 문제에 그치지 않고 당시의 시대현실, 특히 집권층인 노론(老論) 중에서도 벽파(辟派)의 정치적 작용이 심상치 않음을 예감했기 때문이었다. 당시의 국왕 정조(正祖)와 영상 채제공(蔡濟恭)에 의하여 근기학파에 속한 일군의 진보적 학자·지식인이 학계 또는 정계에서 그런대로 유지되고 있지만 언제 어느 때에 사세(事勢)가 변하여 폭풍이 몰아닥칠지 모르는 판국이라 순암은 당시 근기학파의 원로로서 크게 우려를 할 수밖에 없었다. 천주교를 이교(異教), 사교(邪教)로 보았던 당시의 일반 분위기에 비추어볼 때 녹암계열의 서학 관련설은 대단히 위험한 것이었기 때문이다. 순암은 녹암에게 보낸 마지막 편지에서 다시 한번 반성을 촉구하면서도 소용이 없을 줄 짐작한 듯 장탄식으로 끝을 맺었다.

대체로 서양사람들이 실로 이류(異類)가 많아 총명과 재변(才辯), 기예와 법술(法術)에 있어 중국으로서는 따라갈 수 없기 때문에, 사람들이 많이 거기에 굴복되어 그들의 학문까지 믿게 되었다고 하지만 그럴 이치가 있겠는가. 그들의 학문이 황당무계하고 괴상망측하기로는 사실 저 노씨(老氏, 老子)와 석씨(釋氏, 釋迦) 이가(二家)와 조금도 다를 것이 없는데, 지금의 유자들이 저 이가(二家)는 이단으로 배척하면서 도리어 이쪽을 진학(眞學)이라고 하고 있는 실정일세. 사람들이 이 정도로까지 마음의 현혹을 느끼고 빠져들고 있으니, 이는 바로 세도(世道)의 부침(浮沈)과 학문의 사정(邪正)이 나뉘는 하나의 큰 전기라 하겠네.

아! 세상에 인류가 서식한 지 이미 오래이네. 기화(氣化)의 운행에 따라 청탁후박(淸濁厚薄)이 늘 변함에 태평한 날은 적고 혼란한 날이 많으며, 군자의 도(道)는 소멸하고 소인의 도가 자라며, 정학(正學)은 꺼져가고 사설(邪說)이 판을 쳐, 시대가 흐르면 흐를수록 점점 더 아래로만 내려가고 있으니 이 얼마나 답답한 일인가.[16]

3. 맺음

　성호는 18세기 우리나라 사상계에 새로운 방향을 타개하고 실학의 성
립에 결정적 역할을 한 분이다. 그러나 그의 학문과 사상은 진보와 보수의
양측면을 동시에 가지고 있었으며, 이것이 그의 문하에 녹암과 순암으로
대표되는 좌파·우파의 두 갈래 경향을 낳게 하였다. 녹암을 선두로 하여
유교경전에 대한 신해석, 주자학에 대한 회의와 비판, 서양문화에 대한 급
진적 수용 등 성호의 지식주의(知識主義)를 발전확대시킨 성호좌파의 전
통사상에의 도전과 외래문화에의 대담한 접근에 대해 순암은 적극적으로
견제를 가하려 했지만 결국 그것을 막아낼 수는 없었다. 근기학파의 공동
운명의 입장에서 장래를 크게 우려했던 순암은 개탄 속에 세상을 떠났고,
순암이 돌아간 바로 그해(1791년)에 진산사건(珍山事件)이 터져 머지않아
큰 참화가 올 것을 예고하였다.

　근기학파의 진보적 사조는 당시 이조 봉건지배체제—벌열정치적 지
배체제에 대한 민중적 저항의 한 반영이었다. 이 저항세력의 강도(强度)
는 이조 봉건지배체제에 큰 위협이 되지 않을 수 없었고 종전에 사문난적
(斯文亂賊)이라는 주자학 옹호 강령만으로 다룰 수 없었던 당시의 상황은
혹세무민(惑世誣民)이라는 사교(邪敎, 天主敎)의 이름 아래 진보적 집단
을 일망타진케 했던 것이다.

　여기 근기학파에 있어서 순암의 위치를 확인하기 위하여 아래의 도표
를 그려놓는다.

```
星湖 ┬ 右派……安鼎福(順庵) ── 黃德吉(下廬) ── 許傳(性齋)
     └ 左派……權哲身(鹿庵) ┬ 丁若銓(巽庵)
                            └ 丁若鏞(茶山)
```

---

16) 『順庵集』卷6, 「答權旣明書 甲辰」.

이 도표에 의하면 성재 허전이 근기학파의 학맥을 이어받아 순암의 적전(嫡傳)이 된 것이다. 천주교 관련 죄목에 몰려 성호좌파의 영수인 녹암 권철신이 여러 동지들과 함께 비명에 죽은 뒤에 녹암의 제자인 손암 정약전이 흑산도에서 불귀의 객이 되었고, 그 아우인 다산 정약용이 강진에서 간신히 살아 돌아왔지만 자기 학문을 이어받을 훌륭한 제자 한명 남기지 못한 채 이승을 하직하였다. 다산이 마현(馬峴) 옛집에 돌아왔을 때 아직 57세밖에 되지 않았지만 그에게는 찾아오는 문생이 별로 없었다. 이때 성재는 20세를 갓 넘은 유망한 학도로서 1년 전부터 두호(斗湖)로 하려를 찾아가 정식 제자가 되었고 거기에서 하려가 엮은 『동현학칙(東賢學則)』을 배운 뒤에 곧이어 퇴계의 『이자수어(李子粹語)』를 공부하고 있었다.

성호좌파가 당시 집권층에 의한 피의 숙청과 끊임없는 탄압으로 학맥이 단절된 뒤에 순암의 제자인 하려, 그리고 하려의 제자인 성재가 근기학파의 학통을 이어받아 남인 중의 일대 종장(宗匠)이 되었던 것은 성호학통을 위해 적이 다행한 일이 아닐 수 없었다.

1998년 5월 21일

茶山 丁若鏞의 經學과 經世學의 關係

1

"육경사서(六經四書)에 대한 연구로 수기(修己)를 삼고 일표이서(一表二書)의 작성으로 천하 국가를 위한다"라고 한 다산(茶山) 정약용(丁若鏞) 선생은 이 한마디 말로써 그의 경학(經學)과 경세학(經世學)을 요약해서 설명해주었습니다.

다산의 이 말은 얼핏 보아 그의 학문의 세계가 두 개의 분야로 나누어져 있는 것으로 생각되기가 쉽습니다. 실제 다산의 방대한 저술을 살펴볼 때 경학과 경세학 어느 쪽에 더 비중을 두어야 하며, 어느 쪽이 주가 되고 어느 쪽이 종이 되는 것인지 거연(居然)히 말할 수 없을 정도입니다.

게다가 오늘날 다산을 연구하는 학자들이 자기 전공과 취향에 따라 혹은 다산의 경학을 주로 다루게 되고, 혹은 다산의 경세학을 주로 다루게 되는 경향이 있어서 그동안 다산학은 두 개의 분야로 나뉘어 다루어지고 있었던 것이 사실입니다.

이러한 연구경향에 대한 반성이 몇몇 동학들 사이에서 일어나 차차 확산된 나머지, 지금은 기성 노장층이나 젊은 학도들이 함께 이 문제를 다산연구의 앞날의 과제로 삼기에 이르렀습니다.

오늘 다산학술문화재단(茶山學術文化財團)이 개최하는 제1회 학술발표대회에서 '다산의 경학과 경세학의 교류와 접점'이라는 주제를 내어건 것은 매우 시의(時宜)에 맞는 일로서 대단히 환영하는 바입니다.

2

다산연구는 우리나라 실학연구와 그 시작을 같이했습니다. 다산이 우리나라 실학의 집대성자라는 이유에서 실학이라면 곧 다산을 생각하기 때문입니다. 아니 그 반대로 다산의 존재로 말미암아 우리나라에서 실학의 벽루(壁壘)가 엄립(儼立)되고, 나아가 그 학문적·사상적 흐름을 상소방범(上溯傍汎)하여 실학파(實學派)·실학사(實學史)로 범위를 설정하고 연맥을 엮어낼 수 있었던 것입니다. 우리나라 역사상에서 다산이 없었다고 가정해보십시오. 실학파나 실학사의 범주가 제대로 구성될 수 있었겠습니까? 설사 구성해본다고 하더라도 그것은 뼈대가 없고 정채가 없는, 그리고 산만하고 빈약한 것이 될 것입니다. 그만큼 우리나라 학단에서 다산의 존재는 위대한 것입니다.

그런데 실학과 더불어 시작된 다산연구는 진작부터 경세학 쪽에 치중되어 있었습니다. 그것은 우리나라 실학의 성향에서 온 것입니다. 실학의 정의는 학자에 따라 조금씩 다를 수 있겠습니다만 요는 시대현실을 다루는 학문이란 것입니다. 현실이라는 것도 단순하게 규정지어지는 것이 아니겠습니다만 그 시대에 주어진 현실, 쉽게 말해서 사회·정치·경제 등 구체적 현실문제를 말하는 것입니다.

대체로 실학은 중세사회의 정체기·해체기에 근대를 지향하는 역사의 행정(行程) 속에 등장했습니다. 한·중·일 동아시아 3국에 비슷한 현상이 나타난 것입니다. 그중에서도 우리나라는 앞서 임진왜란·병자호란의 양 전쟁을 치르고 국토의 혹독한 피해상황과 국민의 심각한 패배의식 속에 재건과 갱생의 운동이 일어났습니다. 북벌론(北伐論)과 그 주비(籌備)과 정에서 군주가 선두에 서고 정계와 학계의 최고권위가 적극 뒷받침하고 나섰습니다. 어쩌면 그 기회에 민족의 에네르기를 긴장시켜 함께 난국을 극복하고 새로운 방향을 타개할 수 있을 것도 같았습니다. 그러나 북벌은 허구였습니다. 실현성이 전혀 없는 것이었습니다. 결과적으로 정부 주도 하에 밑에서 끓어오르는 민중의 울분——지배층의 무능과 비굴에 대한 불신반목과 대외적 적개심——을 북벌이란 구호 아래 발산·해소시키고 말았던 것입니다. 이리하여 정부의 전통적 위치는 존속되고 있었습니다만, 당쟁의 기복 끝에 소수 벌열의 가문이 정권을 농단(壟斷)하고 광범한 양반사족의 몰락을 가져왔으며, 17세기의 계속된 자연재해와 거기 따른 흉년기근에다가 관리들의 주구토색(誅求討索)으로 전국의 백성들은 유리하게 되었습니다. 한편 지배층의 일각에서 체제에 대한 위기감으로 부분적 개혁책을 추구했습니다. 대동법(大同法)의 시행을 전국적으로 확대하였고, 화폐도 일부 시행하기 시작했습니다.

18세기 중엽에는 균역법(均役法)이 나오기도 했습니다. 그런데 농업에 있어서 생산의욕이 상대적으로 향상되기도 했으나 낙후된 생산기술 때문에 별반 발전을 보지 못했고, 상품화폐경제가 이루어지기는 했으나 교통의 미발달 등 제반 여건의 미비로 전국적 시장 형성이 불가능했습니다. 수공업도 공장성적(工匠成籍)의 폐지 등 여건이 다소 개선되었다고 할 만하지만 매뉴팩처 단계에도 미치지 못한 형편이었습니다.

이러한 시대에 학계·사상계의 조류는 어떠했는가? 국초 이래 관학화(官學化)된 주자학(朱子學)이 심성론(心性論)의 관념화(觀念化)와 사대관계(事大關係)의 의리화(義理化)로 체제유지에 공헌해왔습니다만 북벌론자에 이르러 주자학적 리고리즘(rigorism)은 그 정점에 도달했습니다.

북벌론이 허구로 끝난 뒤에도 북벌론에서 주장되던 대의와 명분은 그대로 살아있어, 벌열정치의 정신적 지주 구실을 하고 있었습니다. 만동묘(萬東廟)의 설립과 숭봉(崇奉)은 그 단적인 예입니다. 이것이 얼마나 국민을 오도하고 역사를 왜곡하였던가는 이 자리에서 설명할 필요조차 없는 것입니다. 그런데도 당시의 일반 학자들은 인물성(人物性)의 동이(同異)와 주리(主理)·주기(主氣) 등 이론으로 상호 각승(角勝)을 일삼고 있었습니다. 사회·정치·경제 등 현실문제는 학문적 대상으로 삼지조차 않았습니다. 현실문제는 곧 민생문제임에도 불구하고 학자들이 자기 분야 밖의 일로 여겼습니다.

이와같이 어떤 이념이 체제와의 밀착으로 굳어져서 학풍의 비생산적 논쟁이 만성화되어가고 있는 데 대하여 그것을 바로잡아 현실문제로 방향을 돌려 현실에 즉한, 실지 사정에 즉한 과학적 파악으로 문제를 해결하려는 학문이 곧 실학이라는 것입니다. 실학의 성향이 이러하기 때문에 위에서 말한 바와 같이 다산연구의 시각들이 먼저 경세학 쪽으로 가게 되었던 것입니다.

3

실학이 유학에서 나온 것이기 때문에 '수제치평(修齊治平)'을 본령으로 내세우는 유학의 종지(宗旨)에 비추어 실학이 '치평'을 위해 현실문제를 궁구하는 것이 당연한 일이지만, 또한 '수제'를 위해서는 경전에 관한 공부가 불가결한 것입니다. 특히 성리학의 풍토 속에 자라난 실학파 학자들은 원래 성리학에 조예가 깊은 분들이 많았고 따라서 성리학의 바탕인 경전에 관한 공부가 보통 수준에 그치지 않았습니다. 그러나 실학파 학자들의 경전공부——경학(經學)은 종래 성리학자들의 경학 그것과는 크게 달랐습니다. 종래 성리학자들의 경학은 주자의 집주(集註)를 금과옥조로 받들어서 그 여의(餘意)를 부연하거나 장구(長句)를 점검하는 데에 불과했습니다. 그러나 '실학파의 경학'은 주자에 대한 회의와 비판으로 시작하여 끝에 가서는 완전히 탈주자학적 경지에 이르게 되었습니다. 성호(星湖)로부터 다산에 이르는 경학이 그것입니다. 실은 성호 이전에 선행 학자로 백호(白湖) 윤휴(尹鑴)·서계(西溪) 박세당(朴世堂) 등이 있었고, 다산과 동시대에 오면 석천(石泉) 신작(申綽) 내지 연경재(研經齋) 성해응(成海應) 등이 있어 주자의 집주에서 벗어난 경학을 하기도 했지만, 그들은 '실학파의 경학'의 범주에는 들지 않는 것입니다.

'궁경이치용(窮經以致用)'이라 하여, 경전을 궁구하여 그것으로 '용(用)'을 이룩한다는 것은 유학의 본래의 지향입니다. '용'은 곧 경세를 말하는 것입니다. '수제치평'이 유학의 본령으로 알려져온 것이 이 때문입니다. 그러나 많은 학자들의 경우에 '경세'에 관한 것이 수제치평이라는 원칙론·일반론에 머물러서 그것이 다만 유학의 이념으로 관념화되고 있을 뿐이었습니다. 그 시대의 현실에 즉한, 실지 사정에 즉한 과학적 파악으로 문제를 해결하려는 것과는 거리가 있는 것이었습니다.

그러니까 실학파의 경학은 일차적으로 주자학──성리학적 경학과 구별되어야 하고, 또 주자의 집주에서 벗어났다고 하더라도 경세적인 의견이 있어야 하며, 경세 그것도 유학의 원칙론·일반론적 수제치평론에 머물러 있고 실지 사정에 입각한 구체적 연구논술이 아닌 그러한 경학과도 구별되는 것입니다.

이 기회에 심대윤(沈大允, 1806~72)에 관해 간단히 언급하겠습니다. 심대윤은 지금껏 별로 알려지지 않았던 인물입니다만 그의 경전에 관한 저작은 놀라울 정도입니다. 양도 많지만 그의 사고가 대단히 새롭고 흥미로운 것입니다. 그는 인간의 욕망, 즉 '인욕'을 긍정적으로 설명하고 나아가 민중의 복리를 강조했습니다. '오도(吾道)' 즉 유학의 입장에서 서양 천주학에 대응하는 새로운 논리로서의 그의 경학은 대단히 값진 것이라 할 만합니다. 그러나 실학파의 경학에 입적시키기에는 또한 일정한 거리가 있는 것입니다.

다음으로 추사(秋史) 김정희(金正喜)에 관하여 다산과 비교 설명해보겠습니다. 추사의 경학적 한계를 알 수 있는 동시에 다산경학의 실학으로서의 성격을 다시금 선명히할 수 있기 때문입니다.

추사는 우리가 말해온 실학사의 제3기인 실사구시파(實事求是派)의 주역으로, 높은 명성과 함께 탁월한 식견을 가졌던 분입니다. 그는 청조 고증학을 몸소 접촉하고 체득한 정통 경학자로서 경학과 함께 우리나라 금석(金石) 서화(書畫)에 관한 대가의 위치를 지닌 분이어서 누구나 그를 실학파에 속한 학자로 손꼽는 데에 의심하지 않을 것입니다. 그러나 그의 경학에 대한 견해는 실학적인 것으로 보기 어렵다고 여겨집니다. 그의 경학의 학문적 태도는 매우 엄격하여 철저한 객관적 고증을 전제로 하지 않는 여하한 추론과 전인(轉認)도 허용하지 않습니다. 그리고 그는 경학에 있어서 '존고(存古)' 두 자를 대원칙으로 삼는 동시에 한유(漢儒)의 '가법(家法)'과 '사설(師說)'을 중시하였습니다. 다산에게 보낸 편지에 "정주(鄭註)에 의심스러운 데가 많이 있지만 그것이 모두 사설(師說)이요 가법(家法)이니 함부로 폄시하는 것은 크게 옳지 못합니다"라고 말하고, "후세 사람이 자기의 일지반해(一知半解)로서 약간 새로운 해득(解得)이 있으면 분기하여 정(鄭, 鄭玄)을 공격하는데 그것은 사설이 있는 것도 아니고 가법이 있는 것도 아닙니다. 경지(經旨)가 날로 박상(剝喪)해가는 것을 생각지 않습니다. 이는 후세 사람으로 크게 경계할 바입니다"라고 하였습니다. 그리고 다산의 육향(六鄉)에 관한 주장에 대하여

육향(六鄉)이 왕성(王城) 안에 있다는 것이 어디에 그 분명한 증거가 있단 말입니까. 내교(來敎)가 간략하여 무어라고 말할 수 없습니다. 대저 육

향이 교(郊)에 있다는 것은 정(鄭)이 가(賈)·마(馬)의 해석을 깨뜨린 것이지만 정(鄭)의 당시로부터 정론이 없는 것인데 지금 후인으로 어찌 '현공연측(懸空演測)'하여 마치 직접 그곳에 가서 그것을 눈으로 본 것처럼 하나하나 말할 수 있단 말입니까. 설사 그 설이 고인에게 암합(暗合)되는 바 있다고 하더라도 '자립기견(自立己見) 자창기설(自創己說)'은 경전을 다루는 데 있어서 함부로 할 바가 아닙니다. 그것은 다만 등갈(藤葛)을 더욱 첨가시켜 후인의 안목을 어지럽힐 뿐이요, '어경무보(於經無補)' 즉 경전에 아무 보탬이 안되는 것입니다.

라고 하여 다산의 주장을 매우 못마땅하게 여겼습니다. 다산의 자립기견(自立己見)과 자창기설(自創己說)이 경학을 하는 올바른 태도가 아니며 후인의 안목을 어지럽힐 뿐 '어경무보'라고 하면서 자신은 정설(鄭說)을 준수할 따름이라고 하였습니다. 그는 육경의 전주(傳注)도 육경의 정문(正文)과 함께 천고에 드리워 전할 것이니 위공(僞孔)·두예(杜預)·왕필(王弼)·하안(何晏)도 폐출할 수 없는데 하물며 정의(鄭義)에 있어서 이겠습니까라고 하면서 끝을 맺었습니다.

　추사의 경학은 한마디로 경(經)을 위한 경학입니다. '어경무보' 즉 경에 보탬이 안되면 어떠한 새로운 견해도 부정적인 것입니다. 따라서 그는 '존고'를 내세우며 거기에 가장 큰 의미를 부여했습니다. 다산이 육향을 논하고 거기에 상당히 심혈을 기울인 것은 그 스스로 명백히 말하지는 않았지만 서울 내지 수도권의 개조를 희구하는 의도를 바닥에 깔고 있었던 것으로 짐작됩니다. 그런데 추사는 그것을 '어경무보'라 하여 한마디로 잘라 말해버린 것입니다. 이쯤 되면 '궁경이치용(窮經以致用)'이라는 치용의 의미는 어디에서 찾아야 할 것인지 알 수 없는 일입니다.

4

다산의 경학과 경세학에 대해서 오늘 각기 논제를 담당하신 발표자 여러분의 전문적이고도 상세한 연구가 곧 제시될 것입니다. 나는 다만 '실학파의 경학'을 성격지워, 그것으로 다산의 경학과 경세학의 관계를 생각해보았고 추사의 경학과의 차이를 일별하여 다산의 경학을 보다 명석하게 이해해보려고 했습니다.

다산의 시대에는 이미 청조의 고증학이 우리나라에 전파되어 학자들 사이에 한학(漢學)·송학(宋學)이라는 말이 사용되기 시작하였고 한송절충론(漢宋折衷論)이 나오기도 하였습니다. 오늘날 우리 연구자에 의하여 혹은 '한학중심적(漢學中心的) 한송절충론(漢宋折衷論)'으로, 혹은 '송학중심적(宋學中心的) 한송절충론(漢宋折衷論)'으로 칭도되고 있기도 합니다. 그런데 다산의 경학은 처음부터 한학, 송학이라는 구분을 염두에 두지 않았고 또 그것을 잘 말하지도 않았습니다. 오직 깊이 탐색하고 정밀히 검토한 끝에 자기의 주체적 판단으로 입론했을 뿐입니다. 양계초(梁啓超)가 대진(戴震)을 한학도 송학도 아니고 '청학(淸學)'이라고 하여 대씨의 독창성을 높이 평가했습니다만 우리는 다산의 경학을 한학도 송학도 그리고 한송절충학도 아니고 '조선학(朝鮮學)'이라고 칭하는 것이 좋겠다고 생각합니다. 다산이 일찍이 스스로 조선인으로서 조선시를 짓는다고 설파한 적이 있었습니다만 우리는 그의 경학을 조선학이라고 부르는 것이 결코 사리에 틀리는 것이 아니라고 여깁니다. 그것은 당시 조선의 현실문제를 다루어놓은 그의 경세치용적 업적——『경세유표(經世遺表)』와 『목민심서(牧民心書)』『흠흠신서(欽欽新書)』 등 모두에서 말한 이른바 일표이서(一表二書)가 모두 육경사서(六經四書)에 관한 그의 경학과 표리관계를 이루는 것으로, 어느 하나 '조선의 것'이 아님이 없기 때문입니다.

1999년 9월

韓國의 儒學傳統과 그 展望

오늘, 성균관대학교 건학 6백주년을 기념하는 동양학 학술회의에 참여하여 말씀을 하게 된 것을 영광스럽게 생각합니다.

말이 기조강연이지, 실은 별로 깊은 생각 위에 문제의 기조가 될 만한 내용을 담은 것이 아니고 다만 평소에 생각하고 있었던 것과 이 자리에 서서 느끼게 된 소감을 짤막하게 개진할 따름입니다.

1. 한국의 전통문화와 유학

한국의 유학전통을 말하기 전에 먼저 한국의 전통문화에 대하여 짚고 넘어가야 하겠습니다. 오늘날 우리가 우리의 전통문화를 정당히 계승해야 한다는 것은 역사적 당위에 속한 명제로서 지금 아무도 부정하지 못합니다. 그러나 전통문화에 대한 정의가 반드시 명확한 것은 아닙니다. 흔히 고유문화와 전통문화를 같은 뜻으로 쓰고 있습니다. 그것도 틀린 것은 아닙니다. 그러나 지난 옛날의 것을 고유문화라고 하여 모두 오늘날 우리의 전통문화로서 계승해야 한다는 것은 아닙니다. 우리의 고유문화라고 일컬을 수 있는 것 가운데는 진작 청산되어야 할 것이 있습니다. 나는 얼마 전 이기백(李基白) 교수의 「전통문화(傳統文化)와 현대(現代)」라는 글에서 아래와 같은 구절을 읽었습니다.

> 최근에는 무격신앙(巫覡信仰)이 부활하는 조짐이 나타나고 있다. 무당을 무형문화재(無形文化財)로 지정함으로써 그들의 사회적 권위가 격상되고 있다고 한다. 이것은 고유한 전통문화를 존중해야 한다는 관념의 산물임이 분명하다. 또 풍수설(風水說)로 중국으로부터 수용되기 이전에 한국의 고유한 풍수설이 있었다고도 한다. 그것은 우리의 전통문화이며, 이를 계승하지 않으면 안된다고 주장한다. 그래서 유력한 정치인들이 조상의 묘소를 풍수사로 하여금 선정케 하여 이장(移葬)한다고들 한다.
>
> 예를 들자면 한이 없을 듯하지만, 이같이 고유문화를 전통문화로서 존중하는 것이 민족적인 과업인 것같이 생각하는 경향이 짙다.[1]

무격신앙(巫覡信仰)과 풍수신앙(風水信仰)이 과연 우리만의 고유한 것인가는 별문제로 하고 이것을 고유문화라고 하여 우리의 전통문화로서 살려야 할 것은 아니라고 생각합니다.

20세기 초기에 급진적진 근대화운동가들——과격한 근대지상주의자들이 유교를 타매(唾罵)하여 무격신앙·풍수신앙과 함께 청산해야 할 것처럼 여겨왔습니다. 중국에서의 '타도공자' 운동과 함께 우리나라에서도 그러한 조류가 있었습니다.

또 하나 간과할 수 없는 것은 유교가 외래사상이라고 하여 배제한다는 것입니다.

---

1) 李基白 「傳統文化와 現代」, 『전통문화의 재점검과 전망』, 동국대학교.

한국의 역사와 문화를 이해하는 데 정신적으로 큰 영향을 끼친 신채호의 견해를 들 수가 있다. 신채호는 한국의 고유한 낭가사상(郎家思想) 즉 화랑정신(花郎精神)을 우리의 고유사상으로 보고, 이를 외래사상인 유가사상(儒家思想)과 대립하는 것으로 이해하였다. 낭가사상이 독립사상인 데 대해서 유가사상은 사대사상으로 규정하여, 이 아와 비아의 투쟁이 한국사 전개의 축을 이루는 것으로 본 것이다.[2]

유교는 외래사상이고 고유의 것이 아니므로 고유한 낭가사상(郎家思想)에 입각하여 유가사상을 극복하자는 것입니다. 이것은 단재(丹齋)의 초기 국수적 사상에서 나온 것이고 또 그 당시의 시대상황을 고려해보면 그의 논조를 일정하게 이해할 수가 있기도 합니다. 그러나 이러한 사고방식이 일제하 일부 지식인 사이에 그대로 남아 있어서 편협하고 폐쇄적인 경향이 쉽게 가셔지지 않았습니다.

결국 유학은 무격신앙·풍수신앙과 함께 청산될 전통문화가 아니며, 또 외래사상이라고 하여 배제될 수도 없고 배제되어서도 안될 것입니다. 여기에서 우리는 유학을 우리의 전통문화로서 재점검하면서 유학 자체의 전통과 그 장점·단점, 그리고 앞으로의 전망을 가져보기로 하겠습니다.

2. 한국 유학의 역사적 전개

나는 한국의 유학을 역사적으로 보아, 문사학시대(文辭學時代)·성리학시대(性理學時代)·실학시대(實學時代)로 구분한 바 있습니다. 문사학시대는 삼국시대에서 고려전기까지로, 주로 전장제도를 담당해왔고 불교

---

2) 같은 글 참조.

와는 상보관계를 이루어오면서 아무런 충돌이 없었습니다. 성리학시대는 고려말엽에서 이조 후기·말기까지로 불교를 밀어내고 국교적 지위를 차지하였습니다. 성리학은 신유학 곧 주자학으로, 당시의 어용불교와 불교의 신봉자들을 배격하고 나섰습니다.

성인(聖人)의 도는 일상생활의 이론에 지나지 않는다. 자식이 되어서는 효(孝)를 해야 하고 신하가 되어서는 충(忠)을 해야 하며 예(禮)로써 가정을 규술(規率)하고 신(信)으로써 붕우를 사귀어야 한다. …… 저 불교도들은 도리를 완전히 저버리고 있다. (安珦)

유자(儒者)의 도는 다 일용평상지사(日用平常之事)이다. 음식·남녀는 인간 누구나의 공통적인 것으로 거기에 지극한 이치가 있다. 불교에서 남녀관계를 끊고 암혈(巖穴)에 앉아 초의목식(草衣木食)을 하는 것은 너무나 부자연스러운 것이 아니냐. (『高麗史』列傳, 鄭夢周)

식(食)은 인간에게 가장 큰 것이다. …… 그러므로 농민은 가색(稼穡)에 힘쓰고, 공상(工商)은 공상대로 그리고 사(士)는 사대로 각기 소업이 있어 의식을 위해 노력하고 또 거기에 대한 도리를 다한다. 그런데 중들은 경직(耕織)을 버리고 또 사회를 위해 일하는 것도 없다. 걸식은 왜 한단 말인가. 하루 한 알[粒]도 그들에게는 구차한 것이다. 그뿐인가. 지금은 화려한 전당에서 풍후(豊厚)한 의식을 왕자(王者)와 같이 하고 광대한 장원과 수많은 노비를 거느려 문서장부(文書帳簿)가 어느 관청보다 더 쌓여 있고 사람을 사역하는 것이 국가 공모보다 더 준엄하다. 한차례의 불사에 평민 10가의 재산을 허비한다. 인류의 적일 뿐 아니라 천지의 거대한 좀이다. (鄭道傳)

이들의 주장은 ① 사람에게는 일상생활의 도가 있고 ② 음식·남녀는 인간의 공통된 이치임을 강조하는 한편 ③ 중들의 무위도식하는 비생산적·소비적 생활을 매도(罵倒)하는 것입니다.

이와같이 불교에 대한 배격과정에서 당시의 주자학—신유학의 성격이 선명히 드러나니 누구나 알다시피 신유학은 공맹(孔孟)의 학, 즉 고전유학에 대한 이론적 구명으로 그 특징을 삼는 것으로, 우주와 인생에 대한 철학적 해석—성리학이 그 주가 됩니다. 그런데 신유학을 수입한 고려후기의 신흥사대부들이 성리학에 관한 형이상학적 사변적 연구를 별로 보여준 바가 없고 오직 현실적 사회이론 즉 '인륜'만을 기치로 높이 게양했던 것입니다.

물론 성리학이 들어온 지 일천해서 그것의 섭취 소화에 일정한 기간이 소요된다는 점도 고려에 넣어야 하겠지만, 보다도 신흥사대부들이 현실적 문제로서 필요한 것은 신유학의 형이상학적 부면이 아니라 신유학의 명분론·의리론 그것이었습니다. 신유학의 명분론·의리론은 동양적 자연법(自然法) 사상의 종합적 체계의 대성과 더불어 전개된 것으로, "자식이 되어서는 효를 해야 하고 신하가 되어서는 충을 해야 한다"는 것은 인간 자신의 선택에 의한 것이 아니고 주어진 하나의 전제인 것입니다. 이것은 천리(天理)입니다. 인륜은 곧 천리의 구현입니다. 따라서 당연 이전의 필연인 것입니다. 이러한 명분론·의리론은 신흥사대부들의 이론적 무장으로 강력한 힘의 발휘를 가능케 하였습니다. 불교에 대한 투쟁은 이 이론적 무장으로 신흥사대부들에게 무한한 자신을 주었던 것입니다.

불교에 대한 투쟁은 불교와 일체가 되어 있는 중앙권력층 내지 대장원주(大莊園主)인 세신거실(世臣巨室)에 대한 투쟁을 의미하는 것이며, 불교에 대한 승리는 사상적인 승리인 동시에 정치·사회적 승리를 수반하기도 한 것입니다.

신유학에서 내세운 인륜, 특히 효·충·예·신은 신흥사대부들의 지방 중소지주로서의 가족도덕과 신진관료로서의 정치도덕·사회도덕이었습니다.

　지금까지 주로 이 도덕의 대상층세력의 저항성을 설명해 알거니와 다음은 이 도덕질서의 대하부관계를 한마디해둘 필요가 있습니다. 신흥사대부들의 지주적 토지소유는 전호농민(佃戶農民)을 토대로 삼고 있으며 이 전호농민의 확보는 무엇보다 중요합니다. 위로 중앙권력의 전호(佃戶)에 대한 부당한 수탈을 막아야 하는 동시에 농민 자체의 토지로부터의 유망(流亡)을 제지하여야 합니다. 지주적 토지소유의 사적 발전에 필수적인 조건이기 때문입니다. 주자는 일찍이 도덕질서를 말하면서 군(君)과 신(臣), 부(父)와 자(子), 부(夫)와 부(婦)에 뒤이어 지주와 전호를 같이 말하였습니다. 군신·부자와 같이 지주·전호도 일정 불변의 도덕질서 속에 위치시켜놓았습니다. 신유학의 명분론·의리론은 지주에 대한 전호의 의무로 연장된 것입니다. 뿐만 아니라 주자는 그의 「권농문(勸農文)」에서 지주와 전호의 상호관계를 구체적으로 말해놓기도 하였습니다.

　전호는 지주의 땅을 빌려 가구(家口)를 부양하고 지주는 전호로부터 지대를 받아 가계를 풍요케 한다. 양자가 상수(相須)하여 바야흐로 존립한다. 전호는 지주를 침범해서는 안되고 지주는 전호를 학대해선 안된다.

　이것은 지주·전호 간의 중세적 생산관계를 합리적으로 발전시키자는 논리입니다. 고려후기의 신흥사대부들이 신유학의 명분론·의리론을 받아들인 밑바닥에는 지주로서의 대전호 관계의 도덕질서 확립이 필요했음을 간과할 수 없는 것입니다. 또한 그들은 중세적 생산관계의 합리적 발전을 위해서 주자의 이론을 그대로 준용(遵用)했던 셈입니다.

　1391년 즉 고려왕조가 끝나기 바로 전에 신흥사대부들이 전제(田制)를 개혁하고 과전법(科田法)을 제정할 때의 지주와 전호에 관한 규정은 위에 인용한 주자의 이론을 그대로 나타낸 것입니다.

불교에 대한 신유학의 이론적 승리는 신흥사대부들의 구세력에 대한 정치적 승리, 즉 신흥 중소지주들의 대장원주에 대한 경제적 승리와 일치하였습니다. 이리하여 합리적으로 개편된 지주·전호 간의 생산관계를 주축으로 새로운 전진을 보이게 된 한국사회는 고려왕조를 물리치고 이씨 왕조를 수립시켜 15~16세기에 이르러서는 신유학의 이념 위에 정치·교육·문물제도의 균형있는 발전을 이룩하였고, 유명한 학자들의 계속적 출현으로 신유학의 이기철학적 연구도 매우 심화되었습니다. 이기호발론(理氣互發論)을 정밀하게 다루어놓은 이퇴계(李退溪, 1501~70)와 기발이승일도론(氣發理乘一途論)을 독자적으로 제창한 이율곡(李栗谷, 1536~84)은 이 시기의 한국 성리학의 대표적 두 거성(巨星)이었습니다.

그런데 주자학에 의하면 천하의 사물에는 당연(當然)의 '이(理)'와 아울러 소이연(所以然)의 '이(理)'가 있는데, 인간의 윤리관계도 자연적인 것이고 결코 인위적인 것이 아니며, 이것에 곧 당연 또는 소이연의 '이'로서 천으로부터 품수하는 '성(性)' 그것에 불과한 것이라고 하였습니다. 이 '성'이 천지간에 존재하는 '태극(太極)'이라고 부르는 혼연한 일리(一理)이며, 나아가 군의 인(仁), 신의 의(義), 친의 자(慈), 자의 효(孝), 그리고 지주와 농노 등 모든 상하관계는 모두 사람의 작위에서 된 것이 아닌 동시에 조금도 이론이 있을 수 없는 자연이요 천리라는 것으로, 이 권위주의적 질서는 송나라 이후 황제를 정점으로 한 관료지배의 가일층의 강화와 확립을 반영하여 나온 것입니다. 동양적 전제주의 권력에 있어서 가장 유리한 이론이 되어 있는 이 성리학은 후세 원·명·청대를 통하여 정통적 권위를 보유하게 되었던 것입니다.

우리나라에서도 조선왕조의 수립과 더불어 성리학이 관학화(官學化)되어, 이후 5백년 동안 절대적 권위를 지속하였고, 이 권위의 뒷받침 위에 이조 군주의 지배체제가 확립되어왔던 것입니다. 이퇴계·이율곡의 이학(理學)은 농담(濃淡)의 차는 있을망정 모두 이 권위의 구축에 내면적 혹은 표면적 역할을 했던 것입니다. 이퇴계를 사종(師宗)으로 삼는 영남계 주리학파(主理學派)가 권위를 내면으로부터 구축하고 있었음에 대신하여, 이율곡을 소술(紹述)하는 기호계 주기학파(主氣學派)는 권위의 행사에 보다 탄력성 있는 기능을 발휘했던 것입니다.

게다가 그 에피고넨들에 의해서 생기를 잃은 번쇄한 이론과 형식적인 예법(禮法)의 논쟁을 상호간에 일삼게 되었고 이 논쟁은 또한 정치상의 당파싸움과도 밀접한 관련을 가지게 되어, '양반' 즉 사대부계급 자체의 격심한 분열·분화 과정을 촉진시켰습니다. 이 당파싸움은 17세기 중엽에 이르러 승자측과 패자측의 역관계(力關係)가 완전히 균형을 잃은 채 고정되게 되면서, 승자측은 자기들의 영구집권을 합리적으로 옹호하기 위해서 성리학의 권위주의적 측면을 강화하는 한편 사상과 언론의 자유를 철저히 통제하게 되었습니다. 이제 신유학은 그 초기의 발랄한 진취성을 상실하고 도리어 한국인의 발전을 크게 제약하는 정신적 질곡이 되고 말았습니다.

영·정 시대의 실학파에 이르러 비로소 주자학적 권위주의에 대한 반성이 일어나고 있었습니다. 성호(星湖) 이익(李瀷)과 같은 분들의 저술 가운데는 그러한 경향을 볼 수가 있습니다. 성호는 군주전제주의에 대하여 "군존신비(君尊臣卑)는 진시황(秦始皇)에서부터 시작한 것인데, 한(漢)나라가 그것을 고치지 못한 채 오늘에 이른 것"이라고 통박하고, 군주의 독존(獨尊)은 과거제·문벌제와 함께 정치의 삼얼(三蘗) 즉 세 가지의 요악(妖惡)이라고 한 바가 있었습니다. 이 성호의 사상을 발전적으로 계승한 이가 다산(茶山) 정약용(丁若鏞)입니다.

여기 우선 「탕론(湯論)」을 소개하겠습니다. 그의 「탕론」에 "원래 황제는 하늘에서 내려온 것이 아니고 땅에서 솟아나온 것도 아니며 밑으로부터 추대되어 나온 것이다. 5가(家)에서 인장(隣長)을 추대하고, 인장은 이장(里長)을 추대하고, 이장은 현장(縣長)을 추대하고, 현장은 제후(諸侯)

를, 그리고 제후는 천자(天子)를 추대했던 것이다. 또한 이 추대된 사람들이 제 책임과 구실을 못다 할 때에 5가는 인장을 갈아내고, 25가는 이장을 갈아내고, 그리고 9후(侯) 8백(伯)은 황제를 갈아내게 되는 것이다. 그런데 이러한 옛날의 제도가 바뀌어져 한 이후에는 천자가 제후를 세우고, 제후는 현장을 세우고, 현장은 다시 이장을, 그리고 이장은 인장을 세우게 되어 밑의 사람이 조금만 불공하면 '역(逆)'으로 취급되는데, 그것은 옛날에는 밑으로부터 위로 올라오게 되었으므로 '순(順)'이라 할 수 있었던 것이 이제 위로부터 밑으로 내려오게 되었으므로 자칫하면 '역'으로 몰리게 되는 것이다"라 하였습니다.

다산의 이 이론은 원시민주제를 이상화한 것으로, 군주의 특권이 조금도 인정되지 않을 뿐 아니라 선거와 교체를 통하여 전제주의의 근거를 밑바닥으로부터 없이 하자는 것이라고 할 수 있는 것입니다. 이것은 우리나라에서는 물론 동양 정치사상사에 있어서 하나의 경이적인 것이 아닐 수 없습니다.

정다산의 그와같은 경이적인 이론은, 당시 권위주의의 억압 아래에서 백일하에 드러내지 못했을 뿐 아니라, 그후에 계속해서 일반적으로 별로 알려지지 않은 실정이었습니다.

한국 실학의 담당자들은 사대부계급에서 분화된 사(士), 즉 앞에서 말한 당파싸움의 패자측에 속한 사람들을 중심해서 형성된 계층이며, 실학의 유파는 경세치용파(經世致用派)·이용후생파(利用厚生派)·실사구시파(實事求是派) 셋으로 구분될 수 있겠거니와, 여기 사족을 달아보면 실학은 아래와 같은 네 가지 점으로 그 성과를 요약할 수 있다고 봅니다.

① 형이상학적 사변적 학문에 대한 실용·실증주의의 제창
② 우주자연적 질서로부터 인간사회 질서를 분리시킴
③ 중화주의적 세계관의 부정과 독자적 민족관의 주장

④ 사·농·공·상의 신분제에 관한 비판과 새로운 직업관의 형성

이와같은 실학의 성과는 근대적 사유에 매우 가까워진 것입니다. 역사적 제약 때문에 근대라는 시대 개념을 창조해내지는 못했지만 역사의 행정 속에 있어서의 그들의 지향은 근대로의 방향으로 통했던 것입니다. 실학 속에서 움트기 시작한 근대적 사유의 맹아는 19세기 후반에 이르러 서양문화와의 접촉을 통하여 개화운동으로 발전하였습니다. 그러나 성리학의 전통을 묵수하는 사람들은 그것을 거부하기에 시종하였습니다. 개화운동의 실패는 국제적 이유가 크겠지만 이러한 국내 사정에도 중요한 원인이 있는 것입니다.

실학파 학자들의 사상과는 상관없이 주자학적 권위주의는 그대로 이조 말까지 내려와서, 갑신정변(甲申政變)에도 동학혁명(東學革命)전쟁에도 유교는 참여하지 않았던 것은 물론 끝까지 반대입장을 취했던 것입니다. ‘척양척왜(斥洋斥倭)’라는 보수적 구호만으로 조국을 지켜낼 수 없었고, 의병(義兵)을 일으켜 무장투쟁을 한 것은 높이 평가할 수 있겠습니다만 ‘존화출이(尊華黜夷)’라는 낡은 이념 때문에 민중의 동원을 가능한 범위까지 확대하지 못하고 말았습니다. 결국 한일합병(韓日合倂)이라는 역사적 비운 앞에 오직 ‘방성대곡(放聲大哭)’과 ‘앙약순절(仰藥殉節)’로서 그칠 수밖에 없었던 것입니다. 이리하여 일제 식민지 정치 속에서는 유교가 양반·지주들의 이데올로기로서 그대로 온존하고 있었습니다.

3. 한국 유학의 전망

1900년을 전후한 근대화운동(개화운동·계몽운동)에 유교가 참여하지 않았고 1960년대의 근대화운동에도 유교는 철저히 소외되었습니다. 다시

말하자면 유교는 근대화 과정에 아무런 역할도 못했다는 것입니다.

그런데 오늘날 한국인의 의식구조 속에 성리학의 요소가 많은 성분을 차지하고 있습니다. 종래의 유교문화권에 속했던 중국·일본 등 다른 지역에 비하여 한국 국민들에게는 성리학을 바탕으로 한 유교적 의식이 상대적으로 짙게 남아 있습니다. 여기에는 장점도 있고 단점도 있을 것입니다.

해방 직후 미군정이 실시되고 미국 풍조가 범람하는 이질적 사고와 체제 속에서 중앙의 성균관(成均館)과 전국 각 지방 향교(鄕校)의 건물과 의식을 소중히 보존하였고, 애국독립 원로의 주도하에 유도회총본부(儒道會總本部)가 결성되었으며, 나아가 성균관의 학전(學田)과 전국 향교의 재산을 바탕으로 성균관대학(成均館大學)이라는 근대적 대학의 문을 열게 된 것은 특기할 일입니다. 이제 근대적 학문방법에 의하여 유학의 새로운 학풍이 활발해질 수 있을 것 같았습니다.

그러나 사정은 기대에 아주 미치지 못하고 있습니다. 두 가지 이유 때문입니다. 첫째, 유학의 환경과 기반이 낙후되어 있다는 것입니다. 유학의 지지바탕이 전국유림(全國儒林)인데 호왈백만(號曰百萬)인 전국 유림이 실은 지금 향촌사회의 잔여 부로(父老)들에 의하여 건물과 의식이 고식적으로 유지되는 실정이어서 학풍의 진작에 별 도움을 주지 못하고 경우에 따라서는 역작용을 하기도 합니다. 둘째, 유학에 종사하는 연구자들의 종래 한국 유학 자체에 대한 연구축적이 아직 미약하고 외국종교·외국철학과의 교류 흡수가 미흡하여 새로운 방향타개가 쉽지 않은 것입니다. 이 두 가지 중에서 후자는 연륜이 쌓임에 따라 해결될 수 있겠지만 전자는 앞날이 더욱 어두워 보입니다. 유학이 갱생을 하기 위해서는 향촌의 부로들에게만 의존할 것이 아니고 도시 시민들에게 호흡을 통하고 정신적 융화를 얻어내야 하겠습니다.

유학 속에는 우리 조상들의 고상하고도 진지한 정신유산이 들어 있습니다. 지금 이러한 전통을 이어받지 못하고 온세상이 오직 물질만능주의,

타산적 실리주의와 현란한 시청각문화 속에 경조부박(輕躁浮薄)한 사고
와 행동을 날로 확산시켜 사회의 위기를 양성하고 있습니다.

　세월은 자꾸 흘러 이제 20세기도 끝나려고 합니다. '세기말병'을 앓고
있는 지구촌의 여러 인간군 속에 우리 민족은 독특한 증상을 노정시키고
있습니다. 중세와 현대의 의식의 혼류 속에 제대로 방향을 정립하지 못하
고 있습니다.

　이제 우리는 과학적인 연구를 통하여 유교를 역사상에 일정한 지위를 주
어놓고, 거기에서 봉건적인 유제는 버리고 민주적·혁신적 요소와 높은 도
덕성은 섭취하여 새로운 민족문화의 창조에 보탬이 되게 하고 민족적 자존
심을 고양하는 데에 이바지하게 해야 할 것입니다. 이것은 우리가 당면한
중요한 역사적 과제의 하나입니다. 근대화 과정에 역할을 못했던 유교가
근대를 넘어서서 미래사회에 많은 기여를 할 수 있어야 하겠습니다.

1998년 10월 成均館大學校에서

동아시아와 韓國

성균관대학(成均館大學)이 조선왕조 오백년 중앙 태학(太學)의 터전 위에 유교사상의 연원을 면면히 이어오면서 학문적·교육적으로 한국문화의 발전에 한 중심축이 되어왔습니다. 1975년 '유교문화권(儒敎文化圈)의 특수성과 공통성'이라는 학술회의를 소개한 뒤에 계속해서 동아시아의 학술교류를 위해 국제회의를 주최해왔습니다만 이제 그 성과의 축적을 바탕으로 '동아시아학술원'의 개원을 보기에 이르렀고 곧이어, 오늘 '동아시아학의 모색과 지향'이라는 주제를 가지고 중국·일본 및 세계의 석학들을 모시고 회의를 열게 되었습니다.

동아시아는 다름 아닌 한·중·일 삼국을 뜻하는 것으로, 이를 하나의 문화권——동아시아 문화권으로 묶어서 칭하는 것입니다. 동아시아 문화권은 곧 한자문화권(漢字文化圈), 특히 유교문화권으로 특징지어집니다. 불교가 종교로서 역시 공통된 분포도를 이루기는 했습니다만 고대로부터 전장제도, 정치문물은 주로 유교에 의거해왔기 때문입니다. 중세로 내려오면서 농담의 차가 있어왔고 근대로 들어오면서 크게 서로 향방을 달리하기도 했습니다만 역사적으로 볼 때에 동아시아는 의연히 유교문화권이라고 할 수 있습니다. 서구문화권——기독교문화권이나 중동문화권——회

교문화권과 구별지어, 유교문화권을 대상으로 하는 학을 동아시아학이라
고 하겠습니다.

원래 동아시아학(동방학·동양학)은 일찍이 서구인들에 의해 이름 붙여
진 것입니다. 근대 서구 자본주의가 동방으로 진출하면서 먼저 동방의 각
민족과 국가의 실태를 파악할 필요가 있었던 것입니다. 그들의 동방학 또
는 동양학은 바로 이 실태조사를 위한 학문이었습니다. 그런데 이 서구인
들의 동방학·동양학은 동방 각 민족·국가의 이익을 위한 것이 아니고 서
구 자본주의세력에 의한 동방의 지배에 이바지한 것이며 (비록 그것이 직
접적 목적이 아니었다고 변명하더라도 그 간접적·결과적 기능은 부인할
수 없을 것이다) 현재 생동하고 진취적인 민족·국가를 대상으로 한 것이
아니고 쇠퇴해가는 민족, 몰락해가는 문명권을 그 연구의 착수처로 삼았던
것입니다. 이리하여 서구인들의 손으로 Sinology, Egyptology, Indology 등
의 학이 성립되었고 재빨리 자본주의를 수입하여 근대화한 일본은 또한
서구에 뒤따라 대륙진출을 꾀하면서 '지나학(支那學)'을 만들고 한편 한
국에 식민정책을 강행하면서 '조선학(朝鮮學)'을 만들어나갔습니다.

서구인과 일본인들의 '지나학'에 대응하여 중국에서는 남먼저 '국학(國
學)'을 들고 나왔습니다. 근대 열강의 침략 속에 위대한 조국과 유구한 문
화가 절멸의 위기에 놓이게 된 것을 통감한 중국의 지식인들은 국학의 기
치하에 전통을 보존하고 애국심을 환발(渙發)시키려고 했습니다.

한국에서는 일본 군국주의자의 횡포 아래 '국학'이라는 말의 사용조차
불가능했으나 국학의식은 어느 나라에 못지않게 강렬했습니다. 서울에
와 있던 일제 어용학자들이 '조선사편수회(朝鮮史編修會)'와 '청구학회
(靑丘學會)'를 만들어 관제의 '조선학'으로 학계에 군림하자 한국의 학자
들은 일치한 결속으로 거기 대항하여 '진단학(震檀學)'을 수립하였습니
다. 진단학은 곧 국학의 변명에 불과한 것입니다. 1934년 진단학회(震檀
學會)가 조직되고 『진단학보(震檀學報)』가 발간된 것은 한국에 있어서

근대적 의미의 국학이 성립되었다는 첫 신호를 뜻하는 것으로, 우리는 그 의의를 높이 평가합니다.

제2차 세계대전을 치르고 나서 지구의 표면은 제민족의 독립전취(獨立戰取)에 의한 신흥국가들의 등장으로 많은 변모를 가져왔습니다. 그것은 아시아에 있어서 더욱 현저했습니다. 반세기를 지나는 동안 여러가지 고난과 굴절을 거쳐왔습니다만 이제 신천년을 맞이하여 우리는 다시금 자세를 가다듬고 새로운 차원을 향해 새로운 가치창조에 나아가야 하겠습니다. 이제 우리는 서구인들의 동방학·동양학과는 별개로, 우리 아시아인의 주체적 입장에서 동아시아학을 건설해나가야 하겠습니다. 이에 대하여 아시아인이라면 누구도 이의를 제기하지 않을 것입니다.

그런데 한마디로 동아시아학이라고 하지만 한·중·일 삼국은 각기 자국의 학적 전통이 있어왔고 또 그 학적 전통은 각기 자국의 역사적 위치와 조건에 의해 형성된 것입니다. 이 역사적 위치와 조건을 초월해서 동아시아학이라는 큰 테두리 속에 자국의 학적 전통을 몰각시키고 그대로 합류할 수는 없는 것입니다.

한·중·일 삼국은 유사 이래 수천년 동안 이웃해 살아오면서 정치적·문화적으로 밀접한 관계에 있어왔습니다만 역사적 위치와 조건에 따라서 상호간의 대응관계가 달랐습니다. 우리는 여기에서 과거를 정리하고 새롭게 출발한다는 뜻에서 지나간 역사를 한번 되돌아볼 필요가 있다고 생각합니다.

오랜 역사에서 하나하나 열거하기는 불가능한 것입니다만, 여기 우선 삼국간의 관계가 가장 집중적으로 나타났던 16세기말 임진왜란 전후 시기를 잡아, 하나의 예를 삼아보겠습니다.

당시 한국(조선, 이하 조선으로 칭함)과 일본, 일본과 중국(明)의 상호관계는 평등 혹은 불평등의 명확한 전제 없이 계속적으로 국교가 있어왔습니다. 이것이 당시 동아시아 국제관계의 실정이었습니다. 이러한 모순은

기나긴 세월 동안 역사 속에 묵과되어왔던 것입니다. 그러다가 16세기경
으로 접어들면서 서세동점(西勢東漸)이라는 세계사의 신기운과 그것에
대한 일본의 촉각은 이러한 모순을 양성화시키고 종래의 동아시아 국제
관계에 일차적 동요를 가져왔습니다. 임진왜란은 바로 그 첫번째의 파도
였습니다.

이 세기적 폭풍의 전야에 조선의 외교사절로서 일본에 가 있었던 학봉
(鶴峰) 김성일(金誠一)은 본국의 부진한 국력과 일본 풍신정권(豊臣政權)
의 오만 무성의한 태도를 감안하고 무엇보다 동아시아에 있어서의 조선의
국제적 지위의 상향적 부각의 필요성을 절감했던 것입니다. 이때 마침 일
본 승 종진(宗陳, 경도 대덕사 제117대 주지로서 秀吉이 설립한 자야 총견원의
개산자)이 『대명일통지(大明一統志)』 속의 조선관계 기사를 가지고 사실
여부를 질문해왔으므로 김성일은 '조선국연혁고이 풍속고이(朝鮮國沿革
考異 風俗考異)'라는 장문의 변해(辨解)를 썼습니다. 우선 『대명일통지』
를 펼쳐보면 조선국 연혁이라는 제목 아래 서술된 줄거리는 조선국의 역
사, 조선민족의 역사가 아니라 중국의 점령사, 지배사로 되어 있고 그 점
령과 지배 범위에 관해서도 사실과 상반된 것, 실제 이상 과장된 것 등으로
가득 차 있었습니다. 김성일은 이에 대해 원문을 문제 중심으로 단락을 짓
고 매 단락마다 소상하게 오류를 지적하고 진상을 석명했습니다.

『대명일통지』는 1461년 명나라 정부가 편찬한 중국의 대표적 전적(典
籍)으로 영종(英宗)황제의 서문에 "천하를 혼일(混一)하여 해내외(海內
外)가 모두 위 판도에 들어왔으며 삼대(三代)로부터 한당(漢唐) 이래로
일통(一統)의 대업(大業)이 이에 더할 수 없다"라고 하여 명의 세계제국
적 이상이 유감없이 실현된 듯 스스로 찬미하고 끝에 가서 "우리 자손의
세세 후계자로 하여금 조종(祖宗)의 개국창업의 공이 이처럼 광대함을 알
게 하고 온 천하의 식자들이 이 책으로 말미암아 고금의 고실을 고구하여
그 문견을 넓히게 될 것"이라고 하여 『대명일통지』의 효용은 명나라 황통

의 계승자들의 영구 보전(寶典)이 될 뿐 아니라 널리 세계인의 문견과 지식에 좋은 영향을 끼치게 될 것이라는 것입니다. 세계제국적 이상을 담아놓은 『대명일통지』는 중국중심주의 세계관——중화사상(中華思想)에 입각하여 중국 이외의 지역, 즉 주변국들은 외이(外夷)라고 불렀습니다. 화이(華夷)의 구분은 중국의 전통적 사고방식이며 이 사고방식은 『대명일통지』를 그대로 성격짓게 된 것입니다. 중화의 입장에서 외이를 대하는 자세는 외국에 관한 인식을 항상 불성실 부정확하게 만들었고 대국주의(大國主義)의 자기본위적 견해들은 이웃나라에 대한 본질 파악을 더욱 어렵게 했던 것입니다.

김성일은 일본땅에 앉아서 중국의 대표적 전적인 『대명일통지』의 조선 관계 기사를 축조(逐條) 비판하면서 명나라 황제가 대단한 권위와 가치를 부여해놓은 책을 맹자의 말을 빌려 '없는 것만도 못한 책(不如無書)'이라고 통렬히 논박했습니다. 그리하여 종진(宗陳)에게 회시(回示)해주고 끝에 서한을 첨부하여 『대명일통지』의 허구성을 알리는 동시에 일본관계 기사에도 오류가 있을 것이니 적록(摘錄)해서 보여주면 우리 조선인도 의혹을 깨뜨릴 것이라고 했습니다. 이는 조선과 일본이 다같이 중국의 주변국으로서 부당한 인식을 받아서는 안되겠다는 것입니다. 종진은 수길(秀吉)에게 보고하겠다는 답장을 보내왔을 뿐, 그 뒤 이 문제가 더이상 진전은 없었던 것 같습니다. 그뿐 아니라 수길은 2년 뒤에 곧 대규모의 침략전쟁을 일으켜서 조선의 전국토를 병화 속에 몰아넣었습니다. 일본은 그야말로 명분이 없는 '무명지사(無名之師)'를 일으킨 것입니다. '일본이 중국으로 쳐들어갈 터이니 조선에서 길을 빌려달라는 것'입니다. 이 '가도멸괵(假途滅虢)'의 속셈을 잘 알고 있는 조선은 그것을 허용할 리 만무한 것입니다. 앞서 김성일이 일본을 진정한 여국(與國)으로 생각하지는 않았지만 나름대로 믿고, 귀국 보고에서 일본이 침략해오지 않을 것이라고 말했는데, 이렇게 침략을 당하게 되자 정세판단을 잘못한 책임을 지게 되었습니다. 분개한 김성일은 전방에 뛰어들어 관군과 의병을 지휘하다가 전쟁 와중에 순국하였고, 독력(獨力)으로 방어할 수 없었던 조선왕조는 명의 원조를 청할 수밖에 없었습니다. 명의 조정은 처음 '이적상공(夷狄相攻)에 불필개입(不必介入)'이라는 의견이 있기도 했지만 동아시아 세계의 질서를 유지하려는 처지에서 결국 출병을 했습니다. 한·중·일 삼국의 7년 간에 걸친 전쟁은 일본의 패퇴로 끝이 났지만 막대한 소모는 삼국을 극도로 피폐하게 했습니다. 16세기도 저물어 동아시아 역사의 변국(變局)이 재촉될 무렵 이 전쟁은 적지 않은 전기를 만들어놓았습니다. 조선왕조는 그냥 존속하였지만 수길의 사망과 함께 덕천막부(德川幕府)가 일본을 장악하였고 중국에서는 명청(明淸)의 교체로 세상이 크게 달라졌습니다. 만주정부(滿洲政府)와 덕천막부의 안정정책(安定政策)으로 이백년 동안 무사히 지내왔지만 19세기 말엽 서세동점의 파고와 더불어 일본의 '명치유신(明治維新)'은 또다시 조선에 침략의 손길을 뻗쳐, 먼저 중국과 조선을 갈라놓은 뒤에 필경 조선을 식민지화하여 36년간 조선민족을 크게 괴롭혔습니다.

　이상으로 기나긴 삼국간의 관계사 중에서 오직 한 시기를 예로 들어 말해왔습니다만 이것은 굳이 지나간 역사를 들추어, 아픈 데를 건드리려는 것이 아닙니다. 우리가 앞으로 동아시아학의 건설적 방향을 옳게 세우기 위해서는, 그리고 위에서 말한 대로 과거를 정리하고 새롭게 출발하기 위해서는 반드시 짚고 넘어가야 할 문제이기 때문입니다.

　인간에게는 체구의 대소와 가산의 빈부의 차이가 있습니다만 인권과 인격에 있어서 자유와 평등이 똑같이 보장되어야 한다는 것이 보편적 진리입니다. 마찬가지로 국토의 활협(闊狹)이나 경제의 선후진적 차이가 있더라도 각기 국가의 수평적·대등적 이해 위에 서로의 접촉과 교섭이 이루어져야 한다는 것도 당연한 일입니다. 학술과 문화도 이러한 전제 위에 국제적 교류협력이 가능한 것입니다. 우선 역사 이야기가 되겠습니다만 고구려(高句麗)와 발해(渤海)는 엄연히 한국사의 권역에 속한 독립국(獨立國)인데도 지금 중국에서 대중화국 내의 소수민족 지방정권(地方政權)이라고 규정하고 있습니다. 이는 『대명일통지』의 그것과 궤를 같이하는 것입니다. 그리고 일본은 지난날의 침략을 솔직히 시인하지 않고 역사교과서를 계속 왜곡하여 외교상의 문제까지 야기하고 있습니다.

지금 우리 한국은 민족적으로 남북통일을 추구하기 위해서 그리고 경제적으로 구조개혁과 위기타개를 위해서 온 국민이 고뇌에 찬 행진을 계속하고 있습니다. 무엇보다 중국과 일본의 선린우호적 협조가 절실히 요망됩니다.

이러한 상황에서 한국이 동아시아학을 위해 국제회의를 소개한다는 것은 어찌 보면 자기 자신의 주제파악도 못하고 있는 것이 아닌가 하는 의문을 갖기도 합니다.

그러나 모두에서 말한 바와 같이 성균관대학이 건학이념을 바탕으로 동아시아학을 창도한다는 것은 결코 객쩍은 일이 아닙니다. 그리고 다른 지역문화권, 특히 서구문화권과의 대비에서 동아시아 문화권의 사상·문화를 재발견하여 오늘날 자본주의——물질지상주의의 온갖 폐해를 극복하고 21세기, 나아가 미래세계에 기여하려는 취지는 매우 값진 것으로 느껴집니다. 이에 대해서는 각국에서 오신 여러 석학들께서 각론탁설(各論卓說)이 많이 나올 것이므로 필자는 췌언(贅言)을 하지 않고 다만 동아시아학 자체의 회고와 반성에 관한 평소의 소회를 개진했을 뿐입니다. 망언다사(妄言多謝)합니다.

2000년 11월 23일

國學 一百年의 回顧와 展望

1. 머리말

광복 50년의 국학, 그 성과와 전망이라는 주제로 이번 대회를 준비해오신 준비위원 여러분에게 우선 그 현명한 착상과 진지한 노력에 대해 감사를 드리고자 합니다. 그것은 두 가지 이유에서입니다. 첫째, 종전 국사학·국문학 등 제분야에 있어서 분야별 대회는 해마다 열리다시피 했습니다만 이번과 같이 국학 전반에 걸친 종합적 연구와 성찰은 처음 있는 일이고, 또 그것이 한 전문학술단체에 의해서가 아니고 각 대학의 여러 저명한 연구소가 공동으로 힘을 모아 개최함으로써 종래 분산적이고 할거화의 우려마저 없지 않았던 우리 각자의 역량들이 하나로 결집될 계기가 마련되었다는 점이 매우 중요하다는 것입니다. 둘째, 시기가 아주 적절하다는 것입니다. 우리 국사학·국문학 등 제분야가 아직 충분한 연구 축적이 되어 있지 않고 국민의 생활문화가 확고한 자리잡음을 이룩하지 못한 상태에서 요즘 갑자기 국제화·세계화의 바람이 불어닥쳐 자체 정비와 방향 설정에 당혹한 감이 없지 않은 실정입니다. 이러한 때에 국학 일백년의 성과를 정리하고 그 전망을 가져본다는 것은 대단히 뜻이 있는 일로 여겨지는 바입니다.

2. 국학의 성립 경위와 시기 구분

국학 일백년 동안의 성립과 전개과정을 여기 일차적으로 살펴서 다음
과 같이 세 개의 시기로 구분해보고자 합니다.

1. 계몽기의 국학——본국학(本國學)
2. 일제하의 국학——조선학(朝鮮學)
3. 해방후의 국학——한국학(韓國學)

이것은 극히 거시적으로 일별한 것이고 깊이있게 체계적으로 다루어
놓은 것은 아닙니다만 우선 순서대로 설명해나가겠습니다.

1) 계몽기의 국학——본국학

국학이라는 범주가 단초적으로 이루어져 나타나기 시작한 것은 근대적
학문의 발아기(發芽期), 대략 19세기 말 20세기 초의 계몽운동(啓蒙運動)
의 시기였다고 생각됩니다. 1899년 광무(光武) 3년 1월 9일자 「황성신문
(皇城新聞)」 논설에, 부강하기 위하여서는 관제를 민(民)을 위한 것으로
개정할 것을 제기하면서 그 한 방법으로

상(上)으로 관찰사(觀察使)와 하(下)로 군수(郡守)를 다만 민사(民事)에
능히 진심(盡心)할 자(者)를 택하여 거관(居官)케 하고 그 소관 내에 각기
학교를 설(設)하여 총수자제(聰秀子弟)로 하여금 본국학(本國學)과 외국
학(外國學)을 균교(均敎)하여 실천역행(實踐力行)케……

할 것을 주장했는데 여기에서 말하는 '본국학'이란 곧 국학(國學)을 뜻하는 것입니다. 이 본국학은 우리나라의 제반 실상을 알기 위한 공부를 가리키는 것으로, 즉 자기 자신을 명백히 인식하려는 학문이었는데 이러한 자기인식의 필요성은 이미 「독립신문」 건양(建陽) 원년(元年) 5월 30일자 논설에서 구체적으로 개진되고 있습니다.

나라마다 집과 인구와 국중에서 생기는 돈과 논과 밭과 지면의 장광 수효들을 모두 책에 박아 인민을 가르치는 법인데 조선은 이런 일에 당하여 한가지 자세한 책이 없은즉, 조선사람들이 자기 나라가 얼마나 큰지 자기 나라에 사람이 얼마가 있는지 돈이 얼마가 있는지 전장이 얼마가 있는지 사람이 몇이 나고 몇이 죽는지 전국 지형이 어떻게 생겼는지 도무지 자세히들 모르니 외국학문도 배우려니와 조선사람들이 자기 나라 일부터 먼저 알 도리를 하는 것이 마땅한지라. 조선 인구 수효가 얼만지 모르되 남의 나라 인구 수효 아는 사람은 혹 있으니 이것을 비유컨대 동네사람의 집에 식구가 몇이 있고 그 사람의 형제가 어떻고 세간이 얼마가 있는지 다 알되 내 집에는 식구가 얼만지 자식이 몇이 있는지 형제가 어떤지 모르는 것과 같으니, 동네사람의 형제와 식구가 몇인지 아는 것도 긴하거니와 내 집 일부터 알아야 내 집 세간살이도 잘될 터이요 남보기에도 똑똑한 사람 노릇을 할 터인즉……

이와같이 자기인식을 위한 계몽적 학문으로 전개되었던 이 시기의 국학은 비록 소박하지만 우리나라에 관한 모든 것—언어·역사·민속·지리·고전 등이 중심되는 공부의 대상으로 떠올랐던 것입니다. 그리고 그 의식기반에 있어서 민족의식이 확고부동하게 정립되어 있었습니다. 민족의 위기를 타개하려는 목적의식은 위의 논설들에서도 이미 명백하게 드러나 있지만 「독립신문」 건양 원년 9월 22일자 논설에서 더욱 자세히 설명되어 나옵니다.

> 애국하는 것이 학문상에 큰 조목이라 …… 전국 인민이 남의 나라 사기
> (史記)도 알려니와 자기 나라 사기를 먼저 알아 언제는 나라가 흥하였고 언
> 제는 나라가 못된 것을 밝히 알아, 조상이 잘못한 것은 징계가 되어 그 부끄
> 러움을 기어이 씻으려 하며 옳은 일은 본받아 더 낫게 할 도리를 생각하
> 며……

이 시기의 국학, 발아기의 국학은 말하자면 위에서와 같은 민족의식을
바탕으로 하여 국민의 애국심을 고취하려는 애국주의적·계몽적 국학이
었다고 할 수 있습니다.

그러나 이러한 애국주의적·계몽적 국학이 결코 고루하고 폐쇄적인 것
은 아니었습니다. 이 시기 국학의 민족의식은 이미 세계사적 보편성과의
관련 아래서 전개되고 있었습니다. 「독립신문」 광무(光武) 2년 4월 2일자
논설은 아래와 같이 주장하고 있습니다.

> 교육한 사람은 다만 자기 나라 사기만 공부하는 것이 아니라 세계 각국
> 사기를 다 공부하여 어떤 때 어떤 나라에서 어떤 일이 어떻게 생겨 끝이 어
> 떻게 된 것을 알면 그 지식을 가지고 당장 있는 일과 미래사를 미리 요량하
> 는 생각이 나는 것이라.

그리고 「대한매일신보(大韓每日申報)」 융희(隆熙) 2년 7월 16일자의
'세계근대사 불가불람(世界近代史 不可不覽)'이라는 논설에서는

> 애국심(愛國心)을 배양(培養)함에는 본국사(本國史)를 불가불독(不可不
> 讀)이며, 문명연원(文明淵源)을 연구함에는 각국 고대사(古代史)를 불가불

독(不可不讀)……

이라고 하여 우리나라 문명 연원의 인식에 세계 각국 고대사의 인식이 유효하다는 논리까지 전개하고 있습니다. 이러한 논리의 바탕에는 우리나라와 세계 각국의 문화에 보편적 차원의 동질성이 있다고 하는 인식이 깔려 있었다고 보아야 할 것 같습니다.

2) 일제하의 국학—조선학

애국주의적·계몽적 국학은 1910년 소위 '한일합병'이라는 일제의 강도적 점령정책 아래 커다란 변화를 겪었습니다. 현실과의 대결에서 국학은 한층 더 강렬한 민족의식으로 무장하여 그야말로 전투적 자세로 임하게 되었습니다. 박은식(朴殷植)·신채호(申采浩) 등은 중국·만주 벌판을 헤매는 독립운동 과정 속에서 체험을 통한 이론의 연마와 의식의 성장을 볼 수 있었습니다. 신채호에 의해 제창된 '아(我)와 비아(非我)의 투쟁(鬪爭)'론은 그만큼 국학의 실천성을 고조시킨 것으로 크게 주목을 끌기도 했습니다.

그러나 이 시기 해외의 가혹한 여건은 신채호의 이러한 학문의 계승과 진전을 불가능하게 만들었습니다. 한편 국내에서는 3·1운동을 치르고 소위 '문화정치'라는 일제정책이 나오자 그 당시 신교육을 받은 지식인들이 그것을 이용하여 문화운동을 벌이면서 문학예술활동과 함께 국사·국문학을 연구한 업적들이 차차 나타났습니다. 그러나 일제 관학자들이 권력을 배경으로 모든 유리한 조건을 독점한 채 조선을 연구하게 됨으로써 우리의 연구자들은 수적으로 양적으로 압도된 형편이었습니다. 『청구학총(靑丘學叢)』을 위시한 일제의 학술지 및 각종 간행물들은 우리 연구자들로서는 힘겨루기가 참으로 어려웠습니다. 그나마 1930년대에 들어 일제의 대륙침략이 자행되고 우리에 대한 통치가 더욱 악랄해져서 문화운동도 곤란한 처지에 몰리게 되었습니다.

이러한 때에 '조선학(朝鮮學)'이란 말이 등장했습니다. 조선학이란 용어는 1934년 10월 『신조선(新朝鮮)』제6호에 그 처음 사용자와 그것에 대한 논란이 게재되어 있습니다. 이때 정다산(丁茶山) 백년제(百年祭)를 앞두고 신조선사(新朝鮮社)에서 『여유당전서(與猶堂全書)』의 간행 등 대대적 기념사업을 펴고 있었는데 정인보(鄭寅普)가 「조선학(朝鮮學)에 있어서 정다산(丁茶山)의 지위(地位)」라는 일문(一文)을 쓴 것을 계기로, 조선학이 갑자기 논의되었습니다.

보도(報道)에 민속(敏速)한 신문기자제군(新聞記者諸君), 송곳처럼 육감(六感)이 발달된 쩌내리스트, 문화(文化)의 중임(重任)을 맡은 언론기관(言論機關)이 이 소리를 듣고 정좌(靜坐)할 리(理) 만무(萬無). 9월 13일 조간(朝刊) 동아일보(東亞日報)가 앞장을 섰다. 「조선(朝鮮) 연구의 기운(機運)에 제(際)하야」가 그 제목(題目).

사계(斯界)의 권위(權威) 백남운(白南雲)·현상윤(玄相允)·안재홍(安在鴻) 제선생(諸先生)을 역방(歷訪)하고 조선학(朝鮮學)의 정의(定義)를 질문(質問)……

이에 대하여 안재홍은 찬성을 하고 현상윤·백남운은 각기 다른 입장에서 반대하였습니다. 이 시기 우리 국학계의 대표적 인사들의 사고를 한번 살피는 것이 흥미로운 것이기에 여기 소개하기로 합니다.

안재홍씨(安在鴻氏) 답왈(答曰) 조선학(朝鮮學)은 광의(廣義) 협의(狹義) 이종(二種)으로 볼 수 있으니 온갖 방면으로 조선(朝鮮)을 연구(硏究) 탐색(探索)할 것이 전자(前者)에 속(屬)하고 고유(固有)한 것, 조선문화(朝鮮文化)의 특색(特色), 조선(朝鮮)의 독특(獨特)한 전통(傳統)을 천명(闡

明)하야 학문적(學問的)으로 체계화(體系化)하는 것 …… 일언(一言)으로
말하면 조선역사(朝鮮歷史)를 기초(基礎)로 하여 세계문화(世界文化)에 조
선색(朝鮮色)을 짜넣는 것이 우리에게 부여(賦與)된 임무(任務)……

안재홍의 광의의 조선학은 오늘의 일반적 의미의 국학으로 별 문제가
없는 것이고, 협의의 것은 우리나라의 고유문화, 우리 겨레의 독자적 전통
을 말한 것으로, 그것이 국수주의로 나아가지 않는 한 크게 탓할 필요가
없을 것 같습니다.
안재홍과 달리 현상윤은 조선학이라는 명사부터 반대했습니다.

남의 나라의 문물(文物)을 그렇게 쉽게 한데 모아서 "이것이오" 하고 손
쉽게 연구할 수 없는 것과 동일(同一)한 이치(理致)로, 우리 조선문화(朝鮮
文化)를 한데 모아서 연구(硏究)한다는 것은 남을 경멸히 여기고 하는 말이
라고밖에 볼 수 없다. …… 문화의 각 부문을 전문적으로 연구할 것이니 조
선학(朝鮮學)이 아니라 '조선문화연구(朝鮮文化硏究)'가 타당하다. 좀더
나가면 '조선(朝鮮)의 학(學)'이라든가 '조선(朝鮮)의 혼(魂)의 학(學)'이라
고 함이 익익타당(益益妥當)……

현상윤은 안재홍의 광의의 조선학을 사실상 지지하면서도 조선학이란
말이 자칫 오해를 일으킬 소지가 있으므로 그것의 명사화를 반대한 것입
니다. 굳이 고유·독자적인 것을 찾으려면 명칭부터 '조선의 혼의 학' 등으
로 할 것이고, 그것을 일반화하지는 말라는 것입니다.
이에 비하여 백남운은 조선학이라는 명칭이 문제가 아니고 학문경향을
문제삼았던 것 같습니다.

조선심(朝鮮心)·조선혼(朝鮮魂)·조선민족(朝鮮民族)의 본래성(本來

性) 등을 찾아보자는 것이 어렴풋하나마 일부 학자들 사이에 일어나는 것 같다. …… 조선민족(朝鮮民族) 하면 단군(檀君) 때부터 있는 줄 알지만 민족(民族)과 종족(種族)을 구별(區別)해야지 …… 조선학(朝鮮學)이 민족의식(民族意識)을 고조(高調)하는 학문(學問)이라고 이해(理解)될 가능성(可能性)이 많이 있다.

라고 하여 백남운은 그의 사회경제사학적 관점에서 처음부터 조선학을 부정적으로 논평하였습니다.

그러나 같은 해 『신조선(新朝鮮)』 제7호에 권두언으로 「조선학(朝鮮學)의 문제(問題)」를 실었습니다. 저산(樗山, 權泰彙 新朝鮮社 主幹)의 글입니다.

'조선학(朝鮮學)'의 외침이 가끔 높은 것이 이즈음 우리 사회의 한 경향(傾向)이다. 애급학(埃及學)·지나학(支那學) 하는 따위로 조선학(朝鮮學)이란 것은 좀 당(當)치 않는 말이라고 주장하는 분이 있으니 그 말이 옳다. 그러나 혹(或)은 국학(國學), 혹(或)은 무슨 학(學) 하면서 일개(一個)의 동일문화체계(同一文化體系)의 단일화(單一化)한 집단(集團)에서 그 집단 자신의 특수(特殊)한 역사(歷史)와 사회(社會)와 문화(文化)를 탐색(探索)하고 구명(究明)하려는 학(學)의 부문(部門)을 무슨 학(學)이라고 한다면 그런 의미(意味)에서 조선학(朝鮮學)이란 숙어(熟語)를 우리가 마음놓고 쓸 수 있다.
(……)
조선학(朝鮮學)이란 무엇이냐 조선혼(朝鮮魂)이나 조선정신(朝鮮精神)을 취급(取扱)하는 학(學)이냐고 미리부터 근심스런 생각을 하는 분도 있다. …… 아무리 국제화(國際化)를 고조(高調)하는 초신진(超新進)의 학도(學徒)일지라도 …… 문화(文化) 및 그 사상(思想)에 있어서 조선적(朝鮮

的)이면서 세계적(世界的)이요 세계적(世界的)이면서 조선적(朝鮮的)인,
현대(現代)의 세련(洗練)된 자아(自我)를 창건(創建)……

해야 한다고 되풀이 말하였습니다. 조선학을 두 가지 방법으로 나누어, 당시 우리 사회현실에 대한 통계적·숫자적 파악이 그 하나이고, 역사적·전통적 문화에 대한 파악이 또 그 하나로써 모두 엄정한 과학적 조사연구의 대상이 되는 것이라 하였습니다. 이것은 아마 당시 사회경제사학(社會經濟史學) 쪽의 비판 특히 백남운의 비판에 대한 대답이라고 여겨집니다.

어떻든 당시 소수 인사를 제외하고는 조선학이란 말에 거부감을 가진 바 없었고 더더구나 조선학의 내용에 대해서는 별로 자황(雌黃)을 달지 않았던 것 같습니다. 당시에 소설 『임거정(林巨正)』을 집필한 홍명희(洪命憙)도 이 조선학운동에 협조하면서 『담헌서(湛軒書)』 『완당전집(阮堂全集)』 등 고전의 간행에 가담했습니다. 일제의 탄압 아래에서 외부 지향을 피해 내면세계로 들어가버린 느낌이 없는 것은 아니지만 그나마 국학의 명맥을 지키기 위해 애써준 우리 선배들의 궤적을 찾아보며 경의를 표하고자 합니다.

이 시기에 다시 주목할 것은 진단학회의 창립입니다. 진단학회 구성원들은 신조선사 계열과는 성질을 달리하는 동시에 사회경제사학 쪽과도 교섭이 없었습니다. 근대적 실증방법을 체득한 학자들의 구성체로서 말하자면 오늘의 실증사학(實證史學)의 선구적 단체입니다. 일제의 『청구학총』이 끝날 무렵에 출현한 『진단학보』는 우리나라 학자들의 손으로 만들어진 종합 학술지였습니다. 이런 의미에서 대단히 소중한 것입니다. 그러나 학문 경향은 『청구학총』과 크게 달라진 것이 없었습니다. 민족적 동기에서 출발했던 국학——진단학이 새로운 방법론적 무장으로 일제의 청구학(青丘學)——식민지 사학을 타파하지 못하고 적의 학문과 동차원의 세계에서 저회하고 말았던 것입니다.

3) 해방후의 국학——한국학

해방후의 국학은 세 가지 흐름으로 요약할 수가 있습니다. 애국주의적 민족사학, 문헌 위주의 실증사학, 사회경제사학이 그것입니다. 고고학·민속학·국문학 등 여러 부문의 학술적 유산들이 있었지만 역사학 쪽의 비중이 높았던 것이 사실이었습니다.

그런데 계몽기의 애국주의적 사학은 일제하의 조선학에 기맥(氣脈)이 닿아 있었으나 조선학에 참여한 인사들이 6·25전쟁을 전후하여 사망·납북 등으로 후계자들을 얻지 못한 채 곧 단절상태에 있게 되었고, 사회경제사학은 해방 직후에 한때 활기를 띠었으나 공식주의(公式主義)의 구사로 인하여 적지 않은 오류를 내포하고 있는데다가 이땅의 외적 조건이 그것의 자유로운 발표를 허용하지 않게 되자 필경 시들어지고 말았습니다. 애국주의적 민족사학이 폐각(廢閣)되고 사회경제사학이 시들어진 상황 속에 문헌 위주의 실증사학이 온존되어 계속 발전함으로써 오늘 이땅의 국학의 주류가 되었습니다.

언제부터인가 우리는 국학 대신 '한국학'이란 말을 자주 사용하게 되었습니다. 한국의 경제발전과 국제적 지위의 향상은 외국 특히 서양인들로 하여금 한국에의 관심을 확대케 하였고, 나아가 한국에 대한 학적 탐구를 불러일으켰습니다. 특히 미국은 일찍부터 한·미관계의 특수사정에 의하여 대학에 한국학 강좌가 설치되어 한국학 전공자가 적지 않게 나왔습니다. 이리하여 미국의 한국학이 거꾸로 우리나라에 일정한 영향을 주는 경우도 있다고 여겨집니다.

세계가 좁아지고 국경을 넘어 사람들의 접촉이 일상화됨에 따라 아(我)와 비아(非我)의 경계도 흐려지고 민족의 개성이 몰각될 위험성도 있게 되었습니다. 이러한 형편에 오늘날 세계화가 국가정책으로 추진되고 있습니다. 어느 때보다 민족적 자아의 각성이 요구되고 있는 것입니다.

미국의 한국학은 미국 스스로의 필요에 의해 되는 것이고, 결코 한국을

위한 것이 아닙니다. 사회학적·문화인류학적 성격을 띠고 있는 미국의
한국학은 미국의 세계정책상 그 지역연구의 일환으로 이루어지는 것입니
다. 미국만이 아니고 모든 외국이 마찬가지입니다. 과거의 애급학(埃及
學)·인도학(印度學)·지나학(支那學) 등에서 선례를 볼 것입니다.

우리의 한국학은 민족 주체적 한국학이 되어야 하겠습니다. 국수주의
에 흐르지 않으면서, 우리 민족의 존재를 세계사적 시야 속에 위치시키면
서 우리 자신을 굳건히 지키고 발전시켜나가야 하겠습니다.

해방후의 한국학에 대해서는 이 정도로 말을 마치겠습니다. 오늘 이 자
리에 계신 분들이 대체로 모두 한국학의 주역들이고 혹은 다음의 주역이
될 분들이기 때문에 내가 긴 말을 할 필요가 없겠기 때문입니다.

3. 전망―맺음

국학 일백년의 회고를 통하여 우리는 국학에 속한 학도의 한 사람으로
많은 점을 다시 검토하고 반성할 필요를 느끼고 있습니다. 계몽기나 일제
하, 그리고 해방후에 걸쳐 우리가 주어진 여건에 매달려 살면서, 그 시대
의 역사적 명제에 최선을 다했던가를 생각해보면 아쉬운 것이 한두 가지
가 아닙니다.

무엇보다 우리는 시대에 대응하면서 주체적·능동적으로 현실을 타개
할 창의력과 정열이 부족하지 않았나 여겨집니다. 그동안 우리를 둘러싼
현실은 몇번이고 백척간두에서 민족의 위기를 조성하고 있었습니다. 그
런데도 우리 국학도들은 상아탑적 분위기 속에 자신을 안주시키고 현실
을 외면하고 있었습니다. 그동안 국학권장의 혜택 속에 안이하게 삶을 누
렸던 것이 사실이 아닌가 합니다. 국학권장이라는 것도 생각해보면 지난
날의 군사정권이 자기들의 정통성 결여라는 약점을 그것으로 분장하려

했던 데서 나온 것이 아닌가 합니다. 이것은 우리 국학도들의 뼈아픈 자기 반성의 몫이라고 하겠습니다.

그렇다고 오늘날 당면한 문제가 우리 국학도들의 반성만으로 끝나는 것이 아닙니다. 문민정부가 세계화를 외치면서 국학권장의 종전 궤도를 하루아침에 수정하는 듯한 인상을 주고 있습니다. 대학의 교양국어(敎養國語)·교양국사(敎養國史)가 대폭 감축되고 국민학교 학동들에게 영어를 가르치는 것을 장려하고 있습니다. 정부·기업인·기술관료 할 것 없이 영어회화, 영어지식에 급급하고 한국민으로서의 기본교양은 등한시하고 있습니다.

세계화의 지향이 잘못되었다는 것이 아니며 영어의 장려가 불필요하다는 것이 아닙니다. 문제는 그것에 선행하여 국학의 생활화, 즉 한국인으로서의 기본교양이 자리를 잡아야 한다는 것입니다.

세계의 중심국가가 되려면, 한국인이 일등국민이 되려면, 먼저 우리말, 우리글, 우리문화를 철저히 훈련·개발·발전시켜, 가장 우수한, 가장 세련된 것으로 만들어야 할 것입니다. 국민학교 때부터 영어를 공부시켜 영어로 글을 잘 쓰고 말을 잘 한다고 해봤자 영어세계에 종속국민이 될 뿐입니다. 지난날 우리 조상들이 어릴 적부터 한문을 공부해서 한문으로 쓰고 짓고 자유로이 의사소통을 했지만 결국 한자·한문의 세계——중화세계에 '소중화' 국민이 될 뿐이었습니다. 오늘날 또 전철을 밟아야 하는 것인지, 깊이 생각해야 하겠습니다.

〈한국정신문화연구원 『光復 50周年 國學의 成果』所收, 1995년 12월〉

제3부 序

默齋實記 序

　우리나라 성(姓)들의 대다수가 중국의 성과 글자를 같이하고 그중에는
중국에서 동으로 옮겨와 귀화했다고 말하는 경우도 적지 않다. 그런데 오
직 박씨(朴氏)는 우리나라의 독특한 성으로, 신라 건국신화 속에 등장하
여 그로부터 역대왕조로 내려오면서 명신석보(名臣碩輔) 홍유철장(鴻儒
哲匠)이 끊임없이 나타나, 일국의 고문화벌(高門華閥)로 문염(文艶)을 펼
쳐왔다.

　이리하여 박씨는 여러 갈래로 분파가 되어 각기 흥왕을 자랑하고 있지
만 그 가운데서 밀양(密陽)을 본관으로 하는 박씨가 유달리 수가 많고 또
곳곳에서 뚜렷한 문호를 이룩하여 향방(鄕邦)의 빛이 되어왔다. 『여지승
람(輿地勝覽)』밀양도호부(密陽都護府)의 인물조(人物條)를 보면 고려시
대의 박의신(朴義臣, 공부상서)을 위시하여 조선왕조 초엽의 박중손(朴仲
孫)·박미(朴楣) 부자의 이름과 환력(宦歷)이 자세히 실려 있다. 『여지승
람』의 인물은 당시 조정에서 전국적 규모에 의한 객관적 채집으로, 거기
수록된 인물은 대단히 비중이 높은 분들이다. 일반 가문의 보첩(譜牒)의
기재와는 성격이 아주 다른 것이다.

　필자는 고향이 밀양인 관계로 역사상에 나타난 밀양 인물에 대하여 남

달리 관심을 가져오면서 특히 박씨의 인물사에 대해 더 많이 알고자 하였다. 지난 연말에 시조시인 박영록(朴永祿)씨가 찾아와 그의 선세 자료초록 한 묶음을 보여주었는데 그 책이 위의 박중손, 즉 밀산군(密山君) 공효공(恭孝公) 휘(諱) 중손(仲孫)에 관한 것이었다. 필자는 경희(驚喜)한 나머지 책의 내용을 일차 섭렵한 뒤에 편제의 개정과 자구의 교정에 약간의 조언(助言)을 하기도 하였다.

공효공의 자는 경윤(慶胤)이고 호는 백당(栢堂) 또는 묵재(黙齋)인데, 세종(世宗)·단종(端宗)조에 걸쳐 집현전 박사(集賢殿 博士), 의정부 사인(議政府 舍人), 사헌부 집의(司憲府 執義), 승정원 도승지(承政院 都承旨) 등 청요한 관직을 지냈고, 세조(世祖) 집권 후에 공(工)·이(吏)·형(刑)·예(禮)의 4조판서를 거쳐 응천군(凝川君)·밀성군(密城君)의 봉작(封爵)을 받았으며 좌참찬(左參贊)으로 숭록(崇祿)에 진계(進階)하여 55세에 서거하였다. 천성이 온아하고 매사에 겸공염근(謙恭廉謹)하여 접인처세(接人處世)에 혐원(嫌怨)이 없었다고 한다. 이러한 그의 자품이 정변의 격랑을 넘어서서 조정의 질서와 전장제도의 부지에 중요한 역할을 수행했던 것으로 보인다.

지금 이 책을 두고 볼 때 적이 유감스럽게 여겨지는 것이 한둘이 아니다. 특히 공의 소저(所著) 시문(詩文)이 오랜 세월 속에 산일되고 몇차례의 병화(兵火) 속에 소실된 듯, 그의 경력과 위치에 비해 너무도 남긴 것이 빈약하다는 점이다. 이 책의 명칭을 『묵재실기(黙齋實記)』라고 한 것도 공의 친작(親作)은 시(詩) 3수와 소(疏)·계사(啓辭) 몇편뿐이고 내용의 대부분이 공의 사적에 관한 자료와 기술로 채워져 있기 때문이다. 말하자면 이 책은 부록이 큰 무게를 지니고 있다는 것이다.

그러나 공과 창수왕복(唱酬往復)한 제현(諸賢)들의 시장(詩章)에는 저헌(樗軒) 이석형(李石亨), 불우헌(不憂軒) 정극인(丁克仁), 보한재(保閑齋) 신숙주(申叔舟), 사가(四佳) 서거정(徐居正), 태허정(太虛亭) 최항(崔

恒), 매죽헌(梅竹軒) 성삼문(成三問) 등 기라성 같은 명경거공(名卿巨公)이 나열되어 있고, 특히 함경도 순릉(巡陵)시 송별시첩(送別詩帖)에 후일 경근(敬謹)히 발문(跋文)을 쓴 퇴계(退溪) 이황(李滉) 선생의 귀중한 글이 주목된다. 그리고 『조선왕조실록(朝鮮王朝實錄)』에서 초출(抄出)한 공의 소(疏)·계(啓)는 국정에 대한 공의 간독(懇篤)한 건백(建白)이 드러날 뿐 아니라 공의 관료생활의 활동상이 빠짐없이 기록되어 있고 마지막 서졸(書卒)에 따른 사신(史臣)의 평은 공의 일생을 간결하게 부각시켜놓은 것으로 한 양심적인 재상의 영원한 인간상을 보여주고 있는 것이다.

이 『묵재실기』가 출판되어 세상에 펴이게 되면 공의 일생에 관한 새로운 조명이 가해질 것은 물론, 박씨 문중의 소중한 고실(故實)과 아울러 박씨의 인물사에 대한 이해가 그만큼 진전될 수 있을 것이다.

박영록씨의 수차에 걸친 서문 요청으로 사양치 못하고 이와같이 몇줄의 무사(蕪辭)로써 색책(塞責)하는 바이다.

2000년 4월 5일 북한산 기슭에서

陶山書院 序

　도산서원(陶山書院)은 우리나라의 대표적인 서원이다. 16세기말 창립된 이래, 조선왕조 300여년 동안 사림(士林)의 정신적 메카가 되어왔고 21세기인 오늘날에도 우리나라 전통문화의 귀중한 유산(遺産)으로 자리하고 있다. 물질문화로서의 유산만이 아니고 정신문화로서의 유산으로도 변치 않고 연면히 그 맥(脈)을 이어오고 있는 중이다.

　퇴계선생의 숭고한 역사적 위상과 함께 서원 자체가 건립배경과 유서(由緒)가 남다른데다가 아름다운 환경과 건물 구조 및 배치가 완벽 자족하게 한 세계를 이루고 있다. 예를 들어, 누구나 잘 알고 있는 우리나라 오현(五賢)의 서원 가운데 도동서원(道東書院)·남계서원(藍溪書院)·심곡서원(深谷書院)·옥산서원(玉山書院)은 모두 도산서원과 함께 큰 비중을 지닌 서원으로서 각기 연고지(緣故地)에 세워져 있지만 그 연고관계가 도산서원과는 같지 않다. 위의 서원들은 대개 사후(死後)에 추모를 위해 세운 것이고 생전에 강학(講學)을 했던 곳은 아니다. 그런데 도산서원은 도산서당 시절부터 퇴계선생이 직접 제자들을 모아 가르치던 곳으로, 선생의 평일 강학의 체취(體臭)와 정조(情調)가 그대로 스며 있는 곳에 대강장(大講場)인 도산서원이 들어선 것이다. 생전과 사후가 그대로 연결된 도산서원의 건립배경과 유서는 실로 우리나라 서원의 전형적인 것이다. 그리고 위의 서원들 가운데 하나하나의 건물은 도산서원보다 굉걸(宏傑)한 것이 있기도 하지만 도산서원과 같이 전체적으로 환경에 조화되면서 아늑한 임만(林巒) 속에 완족(完足)한 자기 세계를 이루고 있는 곳은 없어 보인다.

도산의 자연미(自然美)는 일찍부터 알려졌다. 퇴계선생이 『도산잡영(陶山雜詠)』을 통하여 도산의 이모저모를 시(詩)로써 미화(美化)해두었거니와, '산불재고 유선즉령(山不在高 有仙則靈)'이라고 한 바와 같이 도산이 높아서가 아니라 퇴계선생이 계셨기 때문에 유명해진 것이다. 명종(明宗, 재위 1546~67) 임금이 퇴계선생의 출사(出仕) 불응(不應)을 탄식하면서 화공으로 하여금 도산도(陶山圖)를 그려오게 하여 선생의 생활환경을 감상한 적이 있었는데 지금 그 그림은 알 길 없거니와 후기로 내려오면서 세인들의 도산에 대한 향념은 하나의 동경(憧憬)으로 발전하여 문인화가(文人畫家)들의 도산도가 끊임없이 나타났다. 그 가운데 겸재(謙齋) 정선(鄭歡)·표암(豹庵) 강세황(姜世晃) 등의 그림이 더욱 이채로웠다.

필자는 16세 소년 때부터 췌향(贅鄕)인 도산으로 왕래하면서 서원을 자주 출입하여 재(齋)·사(舍)·당(堂)·묘(廟)는 물론, 나무 한그루 풀 한포기도 눈에 익지 않은 것이 없었다. 중년 들어 세파에 시달리고 전공인 역사학에 골몰하느라 성리학 형이상학(形而上學)에 관심이 소원해지면서 도산을 찾을 기회도 많지 않았다. 이제 70대 후반에 성성(星星)한 백발로 새삼 퇴계학연구원의 책임을 맡게 되어 감회가 새로워진다.

금년(2001년)은 퇴계선생 탄신 500주년이 되는 해이다. 경향간에 각종 기념행사가 큰 규모로 준비되어 있다. 필자는 『도산서원』이라는 책자를 만들어서 이 기념사업과 때를 같이하여 세상에 내어놓는다. 풍부한 도판(圖版)과 아울러 그동안의 퇴계학 연구논문들 중에서 수작(秀作) 여러 편을 골라 첨부하였다.

많은 것을 도와주신 퇴계학연구원 이용태(李龍兌) 이사장, 이동환(李東歡) 부원장 및 이윤희(李允熙) 간사장과 사진작가 황헌만(黃憲萬)씨, 그리고 간행사를 위시하여 사진설명을 일일이 영어로 옮겨놓은 유만근(兪萬根) 교수에게 아울러 감사드린다. 끝으로 요즘의 불황 속에 이 책의 출판을 담당한 한길사 김언호(金彦鎬) 사장 및 동출판사 관계자 제씨에게 또한 사의(謝意)를 표해둔다.

2001년 8월 1일

倻溪 宋希奎 文集國譯影印 序

　　야계(倻溪) 송충숙공(宋忠肅公)의 시문집의 영인 국역본이 나왔다. 을사사화(乙巳士禍)의 명현인 야계선생의 문집을 영인하고 우리말 우리글로 쉽게 풀어 세상에 펴으로써 자손들에게는 물론, 강호(江湖)의 일반 독서자에게 선인의 문조(文藻)와 사상을 널리 이해할 수 있는 계기를 마련해주었다는 점에 매우 의의가 있다. 후학의 한 사람으로 동경(同慶)해 마지않는다.

　　조선왕조 오백년의 역사상에 수많은 명현(名賢)이 배출되어 기라성과 같이 찬란하고 후세 사람으로 이런 명현들에 대한 숭봉(崇奉)이 또한 대단하지만, 대체로 인물평가에 있어서 다섯 가지의 기준과 등차를 두어온 것으로 되어 있다. 첫째가 도학(道學), 둘째가 충절(忠節), 셋째가 문장(文章), 넷째가 훈업(勳業), 다섯째가 사환(仕宦)이라는 것이다.

　　첫째, 도학은 도덕과 학문을 말하는 것으로, 유학(儒學) 특히 성리학(性理學) 지상주의 국가에 있어서 도덕과 학문을 최고의 가치로 삼는 것은 당연한 일이다. 둘째, 충절은 충효(忠孝)와 절의(節義)를 말하는 것으로, 사람으로서 인륜을 다하는 것이 지상의 도리인 동시에 인간으로서의 기본 품격을 결정하는 것이어서 국가사회를 지탱해나가는 뿌리와 기둥이 되는 것이다. 셋째, 문장은 옛사람들이 말하는 대로 '경국(經國)의 대업(大業)이요 불후(不朽)의 성사(盛事)'로서 인류문화의 정수를 표출하는 것이다. 넷째, 훈업은 사직(社稷)에 공로가 있고 구적(寇賊)을 평정한 업적을 말하는 것이다. 다섯째, 사환은 고관대작(高官大爵)으로 일신이 영달하고 가문을 명예롭게 하는 것을 말하는 것이다.

이러한 기준과 등차가 얼마만큼 역사적 의미를 갖는 것인지는 별문제로 하고 종래 공명부귀의 현실적 실리보다 숭고한 이상과 영원한 정신세계에 훨씬 더 많이 가치를 부여했던 우리나라의 전통적 관념은 매우 소중한 것이라 할 수 있다.

이러한 관점에서 볼 때, 우리는 야계선생에 대하여 새삼 옷깃을 여미고 존경의 뜻을 표하게 된다. 선생의 유문(遺文)이 병선(兵燹)으로 많이 상실되어 지금 그 중요한 저술을 접할 수 없는 것이 크게 유감스러운 일이지만 선생은 일찍부터 회재(晦齋)·퇴계(退溪) 양 선생과 남다른 교의를 맺어, 창수왕복(唱酬往復)과 절차탁마(切磋琢磨)를 통하여 동심동덕(同心同德)으로 추앙받고 있었으니 선생의 도덕과 학문의 경지를 짐작할 수 있는 것이다. 다음 충절에 이르러서는 선생을 두고 논의조차 할 필요가 없는 것이다. 을사사화의 장본인 충순당(忠順堂) 밀지(密旨) 문제에 대하여 선생의 의연하고도 당당한 주장은 집의(執義)라는 직명(職名) 그대로 조집(操執)과 의기(義氣)로 일관된 신념에 찬 행동으로서 조야사적(朝野史籍)에 빛나는 기록을 남겼거니와 이 한가지 사실만이 아니다. 7세 때에 이미 시(詩)를 지어, 몸가짐은 오직 효제(孝悌)로써 하고 뜻을 세움은 마땅히 신(信)과 충(忠)으로 한다라고 밝혔다. 유소년 시절에 이미 이와같이 지향이 분명했던 선생은 일생 동안 소신을 한번도 굽혔거나 변한 적이 없었다. 선생의 학식과 충의대절(忠義大節)이 이동고(李東皐)의 정미주의(丁未奏議)를 위시하여 제현의 찬술에서 누서특서(累書特書)되었으니 여기서 사족을 달 것이 아니다.

다음 문장에 대하여 일언한다. 위에서 말한 대로 선생의 유문은 남은 것이 근소하여 현재 문집에 수록되어 있는 것이 겨우 시(詩)와 부(賦) 몇편, 계사(啓辭)·논(論)·책(策) 몇종뿐이다. 그러나 이 중의 책문, 특히 재이책(災異策)·정책(政策)은 선생이 왕과 정부에 제출한 일종의 건의서에 해당하는 것으로, 천덕왕도(天德王道)를 바탕으로 한 제왕학(帝王學)을 설명하면서 실덕실정(實德實政)을 강조하고 나아가 대각(臺閣)의 견제를 받지 말고 재상(宰相) 중심으로 백료(百僚)를 통솔하여 정치를 힘있게 운영하라고 권고한 것이다. 이것이야말로 옛사람이 말한 바 '경국(經國)의 대업(大業)'을 담은 진정한 문장이라고 할 것이다.

이와같이 선생은 도덕과 학문, 충효와 절의, 그리고 문장을 겸비한 분으로 이른바 인물평가에서 최상위를 점하신 분이다. 훈업과 사환은 모두 '감재하풍(敢在下風)'에 속한 것이다.

오늘날 선생의 문집 자체를 두고 본다면 다소 소략하고 엉성한 감이 없지 않다. 그러나 편자척구(片字隻句) 속에 배어 있는 선생의 숭고한 이상과 영원한 정신세계를 우리가 마음있게 읽으면서 가슴으로 깊이 체득함으로써 이 책이 지닌 의미가 진실로 보람을 얻게 해야 할 것이다. 이것이 우리 후인들의 의무일 것이다. 이 영인 국역본이 나올 무렵, 선생의 19세손 송재소(宋載卲) 교수가 문중 부로(父老)의 명으로 우성(佑成)에게 서문을 청해왔기에 우성은 사양치 못하고 감히 몇줄의 무사(蕪辭)로써 색책(塞責)하기로 한다.

2000년 1월

愚伏 鄭經世 研究論叢 序

지난 1977년 성균관대학교 대동문화연구원에서 『우복집(愚伏集)』을
영인으로 출판할 때에 권두에 해제 대신 다섯 개의 제목으로 짧은 논문을
실었다. 필자들은 각기 주어진 제목에 따라 정성껏 서술한 것이지만 그것
으로 우복(愚伏)선생의 전모를 밝히기에는 역부족의 느낌이었다.

세월이 갈수록 우복선생에 대한 세상사람들의 경앙(景仰)이 더해가고
선생의 생애와 학술사상 내지 정치적 유위(猷爲)에 대한 보다 깊이있는
분석과 상세한 파악이 요망되는 실정이다. 이번에 뜻있는 사회인사들과
선생 후손들의 주선 및 지원을 얻어 다시 네 분의 학자로부터 선생에 대한
연구논문이 나왔다. 이제 그 네 편의 글을 모아 다섯 편과 합집하여 단행
본 1책을 만들어내게 되었다.

조선왕조 오백년 역사에서 16세기 말 17세기 초엽은 가장 큰 민족적 시
련을 겪었던 시기이다. 임진(壬辰)·정유(丁酉) 왜란(倭亂)으로 국토의 태
반이 회신(灰燼)으로 화하여 그 상처가 아물기도 전에 정묘(丁卯)·병자
(丙子)의 호란(胡亂)이 다시 일어나 국가와 국민에게 엄청난 정신적·물
질적 손해를 입히게 되었다.

이와같은 긍고의 재난은 물론 외부로부터 온 것이지만 우선 그것에 대

응하는 우리나라의 주체적 자세가 문제였다. 왜란이 발발하자 국왕을 위시한 정부관료층이 진작 서새(西塞)로 도피하여 오직 민간 의병(義兵)과 명나라 원군(援軍)에게 적의 방어 및 격퇴를 맡겨버리다시피 하더니 호란의 발생을 전후하여 또한 명나라 장졸(毛文龍 같은 무리)에게 시달리는 한편 청의 사신에 대하여 구차한 태도로 미봉해나가려 하다가 필경 남한산성(南漢山城)의 성하지맹(城下之盟)을 당하고 말았다.

민족의 선두에 서서 조국을 구하자라고 외치면서 군관민(軍官民)의 전민족적(全民族的) 통일항전체제(統一抗戰體制)를 구축해야 할 이 시기에 모든 관인들이 동서당쟁(東西黨爭)에 빠져서 소아(小我)의 이기적 추구에 급급하였으니 생각하면 한심하기 짝이 없는 일이다.

그래도 왜란 때에는 적지 않은 현신석보(賢臣碩輔)들이 일시에 나와 나름대로 난국을 극복해올 수 있었지만, 뒤에 광해조(光海朝)를 거쳐 인조조(仁祖朝)에 와서는 여러 원로명상(元老名相)이 거의 다 조락사망(凋落死亡)하여 호란을 앞둔 시점에서 국가의 명운이 오직 암담할 뿐이었다.

이 양란(兩亂) 가운데에서 민족의 지성과 양심에 입각하여 충언당론(忠言讜論)으로 나라의 사활문제를 힘껏 다루고 부르짖은 어른이 계셨으니 곧 우복(愚伏) 정경세(鄭經世) 선생이었다. 선생은 우리나라 유학사에서 중요한 위치를 차지한 대현(大賢)의 한 분이지만, 일반 성리학자들의 고공단좌(高拱端坐)하여 명리(名理)의 담론을 일삼는 그런 체질과는 매우 달랐다. 선생은 왜란 때에 갓 30세의 젊은 관인으로 사정에 의해 향리에 있다가 불의에 대구(大寇)를 만나 가족의 참화를 당한 채, 의병의 소모(召募)와 군량의 조달에 헌신적 활동을 전개하였고, 조정에 돌아와서는 홍문관(弘文館)의 동료를 창솔하여 「옥당청자강차(玉堂請自强箚)」를 올렸다. 이 '자강(自强)'의 두 글자야말로 선생의 일생을 통한 정치·국방사상의 핵심적 주장이었다. 무엇보다 정부가 강력한 의지로써 국난에 대처하기 위해 의타심과 관망적 태도를 버리고 군신상하가 일치단결, 피나는 인내와 용감한 저항으로 밀고 나가자는 것이다.

정유년에 적이 다시 쳐들어오자 임진년과 같이 정부는 또 우왕좌왕 갈피를 잡지 못하므로 선생은 「옥당청수도성차(玉堂請守都城箚)」를 올려 서울을 사수할 것을 역설하였다. 다행히 정부가 피난을 가지 않고 사태가 해결되었지만 선생의 '자강'정신은 한결같았다. 왜란이 끝나고 얼마 안 가 호란, 즉 정묘화약(丁卯和約) 뒤에도 몇차례나 「옥당논시무차(玉堂論時務箚)」를 올렸는데, 그중에도 두번째 차(箚)에서는 구구절절 자강을 강조하였다. 그리고 북로(北虜, 만주족 청)에 대한 답서를 논하면서 우리 외교문서에서 한결같이 저자세를 취하지 말고 시비직곡을 따져 당당히 자기를 주장하자고 요청하였다. 오직 적의 비위만을 맞추어주며 적의 재침이 없기만을 바라고 있는 왕과 관료들의 고식적 조치를 정면으로 비난하였다.

선생은 이 '자강'사상의 바탕 위에 당면과제로서 절용(節用) · 안민(安民) · 치병(治兵)의 3대 정강정책(政綱政策)을 내세웠다. 왕의 내수사(內需司)를 혁파하고 제궁가(諸宮家)의 염분(鹽盆) · 어량(魚梁) 등을 회수하여 국가재정에 충당할 것과 호패법(號牌法)의 여행(勵行)에 의하여 민정(民丁)을 확보하고 무기체계를 궁전(弓箭)에서 총포(銃砲)로 바꾸어 포수 1만명의 양성으로 국방력의 강화를 도모하자고 한 것 등은 특히 유명한 지론이다.

선생의 이러한 지론이 당시 왕과 관료들에게 받아들여지지 않은 채 결국 병자년의 민족적 치욕을 맛보게 되었다. 이때 선생은 이미 세상을 떠난 뒤라 저 구원(九原)에서 오직 통한을 품고 계실 따름이었으리라.

근 4백년을 지난 오늘날 민족사의 온갖 구절을 회고하며 목전의 민족현실을 살펴볼 때 우리는 선생의 '자강'정신을 새삼 일깨워, 모든 어려움을 타개해나가는 주체적 자원으로 삼아야 할 것이다.

선생에 대한 연구는 교악(喬嶽)과 대하(大河)를 한 면으로만 볼 수 없듯이 어느 한쪽에만 치중할 수가 없다. 그런 의미에서 이 책은 각 부문에 걸쳐 선생의 존재를 조명한 것이다. 따라서 이 책을 손에 든 독자들은 책의 내용을 두루 피열(披閱)함으로써 선생의 번리(藩籬)에 가까이 접해볼 수 있을 것이다.

다만 이 서문에서 나는 무엇보다 선생의 국난극복을 위한 탁월한 견해와 간독(懇篤)한 충정을 부각시켜 선생의 역사적 위상을 재정립하는 데 이바지하고자 한 것이다. 독자의 양찰(諒察)을 빈다.

1996년 7월 10일

五峰書院誌 序

취원당(聚遠堂) 조(曺)선생과 그 증조 정우당(淨友堂)공을 봉향(奉享)하던 오봉서원(五峰書院)이 훼철(毁撤)된 지 백여년 만에 다시 복구되어 선현(先賢)에 대한 조두(俎豆)와 사자(士子)들의 제숙(齊宿)이 가능하게 되었다고 한다. 이는 밀양 유림의 소망으로 조씨(曺氏) 일문의 숙원사업이었던 만큼 우리가 동경해 마지않는 바이다.

우리나라 서원이 역사상에 등장하기 시작한 것은 16세기 전반기부터다. 이 시기는 조선왕조 건국 이래 중앙관인층에 의해 형성되었던 관학적(官學的) 아카데미즘이 점차 퇴화되고 지방에서 신진사림파(新進士林派)의 철학이 대두되고 있던 전환기였다. 이 시기에 서원창설운동(書院創設運動)을 주도했던 퇴계(退溪)선생의 기본 취지는 지방사족(地方士族)의 자제들에게 새로운 교육환경을 마련해주는 것이었다. 당시 각 군읍에 향교(鄕校)가 있고 서울에 성균관(成均館)이 있었으나 모두 교육기관으로서의 기능이 부실해지고 또 과거제도와의 관련에서 이욕이 앞서 있었기 때문에 분답한 성시를 떠나 깨끗하고 고요한 산림에서 참다운 공부를 시켜 올바른 인재를 양성하여 중앙정치를 담당하게 하려는 것이다. 다시 말하면 서원을 통해 지방에서 새로운 정치에너지를 개발한다는 것이었다.

그런데 서원은 두 가지 기능을 하고 있었다. 첫째는 강당(講堂)에서 젊은 학도를 가르치는 일이고, 둘째는 사당(祠堂)에서 현지 선현을 향사(享祀)하는 일이다. 근세로 내려올수록 첫째의 기능은 거의 없어지고 둘째의 기능만 관행으로 남아 있어서 서원의 초기 목적과는 상당한 거리가 있게 된 셈이다. 게다가 오늘날 공사립학교가 번창하여 거기에서 인재양성을 도맡아 하게 됨으로써 서원교육은 설 땅이 없어진 것이다.

그러나 생각해보면 한 고을에서 그 지방의 선현을 받들어 모시고 향사를 통해 후인들의 추모의 정을 새롭게 한다는 것은 결코 단순한 의식이 아니다. 선현의 사상과 체취(體臭)를 가까이하여 개인 개인의 인격의 도야는 물론, 사회의 풍기를 순화시키는 데에 큰 공헌이 될 수 있을 것이다.

요즘, 불교·기독교 등 종교 쪽에서 사원과 교당을 통해 교화에 많은 활동을 하는 것으로 되어 있다. 유교가 종교적 신앙단체는 아니지만 서원을 통하여 고유의 윤리도덕으로 사회를 바로잡는 데에 적극 참여해야 할 시기다. 경제제일주의·물질지상주의가 빚어낸 타락된 정신과 혼탁한 분위기 속에서 방향을 잃고 있는 사람들에게 좋은 길잡이가 되어주어야 할 것이다.

우리 밀양에는 점필재(佔畢齋) 김선생(金先生)을 받드는 예림서원(禮林書院)을 위시하여 우리 향선생(鄕先生)을 모시는 여러 서원들이 있어왔고 한때 훼철되었다가 다시 복구된 서원도 있다. 이번 오봉서원의 복구도 그러한 추세 속에서 이루어진 것이다. 취원당 선생은 계씨(季氏) 지산(芝山)선생과 형제가 함께 일찍이 퇴계 문하에서 학업을 전수하였고 그 출천(出天)의 효성과 우애는 국가적 포장을 받기도 하였다. 이러한 심충지성(深衷至性)은 조선(祖先)에게서 이어져내려온 것으로 증조 정우당공의 순독한 가행과 청렴결백한 공직생활을 보면 곧 그 유래를 알 것이다. 오봉서원의 사당의 명칭을 '청효사(淸孝祠)'라고 했거니와 '청백봉공 효우정가(淸白奉公 孝友政家)'의 8자는 오봉서원의 기본지침인 동시에 오늘의 사회에 커다란 교훈이 될 것이다.

끝으로 필자는 이 기회에 평소의 소감을 말해둔다. 오늘의 공사립학교—중고교와 대학이 과연 인재양성을 옳게 하고 있는 것인가. 이 학교에서 양성된 인재가 중앙정치를 담당하여 과연 임무를 잘 수행해왔는가. 오늘의 불행한 사태가 어디에서 온 것인가. 우리는 범연히 자본주의 말폐를 말하기에 앞서 우리 학교교육의 부실에 대해 크게 반성해야 할 것이다. 여기서 감히 제창한다. 퇴계선생이 당시 향교와 성균관의 부실을 극복하기 위해 서원창설운동을 주도했던 사실을 거울로 삼아 우리는 오늘날 중고교와 대학의 부실을 극복하기 위해 서원교육의 이념을 부흥시켜야 한다고. 이것은 학교교육을 전적으로 부정함이 아니다. 그 결함부분을 측면에서 보완해주자는 것이다. 이리하여 서원도 향사의 관행에 그치지 않고 초기 목적에 비추어 두 가지 기능을 다 살리자는 것이다. 이러한 의미에서 오봉서원의 지침인 '청(淸)'과 '효(孝)'를 개인의 윤리, 사회의 윤리로 교육시켜 나아가 중앙정치를 담당할 인재를 양성하는 바탕이 되게 한다면 우리 밀양에서뿐 아니라 우리나라 서원 전체에 역사적 사명의 새로운 가능성을 부여받을 수 있을 것이다.

오봉서원의 중건사역이 낙성된 뒤에 원지의 발간을 추진하는 밀양 인사들이 필자에게 권두일언(卷頭一言)을 청해왔다. 향후생(鄕後生)의 한 사람으로 도리를 다해야 한다는 뜻에서 비재천식(菲材淺識)을 무릅쓰고 이 졸문으로 색책(塞責)한다.

1998년 驚蟄날에

近畿實學淵源諸賢集 序

근기실학(近畿實學)은 곧 성호학파(星湖學派)의 실학을 말한다. 성호
星湖) 이익(李翼)을 중심으로 형성된 근기 일원의 실용실증적 학풍을 '근
기실학'으로 불러온 것은 그리 오래된 일이 아니다. 종래 우리나라 유학사
에서 퇴계학통(退溪學統)을 영남학파(嶺南學派), 율곡학통(栗谷學統)을
기호학파(畿湖學派)라고 일러온 것이 일반 상식이었는데 기실 기호지역
중 근기 일원에 율곡학통과 성향을 달리하면서 새로운 이념적 바탕 위에
독창적 이론체계를 갖추어 한 학파를 이룬 것이 곧 성호학파이며, 이것이
오늘날 학계에서 각광을 받고 있는 실학이다. 따라서 근래에 와서 '근기실
학'이란 이름으로 그것을 특징지어 사용하는 것이다.

근기실학이라고 하여 자칫 그것이 근기(近畿)라는 한 지역의 학문으로
잘못 인상을 줄 수 있을지도 모른다. 그러나 성호를 생각하면 그 오해는
곧 풀리게 된다. 조선왕조 오백년 학술문화의 흐름 속에 성호의 위치는 너
무나 뚜렷하다. 고려말로부터 수입되기 시작한 주자학(朱子學)이 15·16
세기에 이르러 유교적 지배질서를 정착시키고 국가 사회의 기강을 확립
하여 여러 면으로 긍정적 의의를 지녀왔으나 임병양란(壬丙兩亂)을 치르
고 국력의 피폐와 민심의 이반 속에 정치는 개선되지 않고 엉뚱하게 춘추

대의(春秋大義)의 헛된 구호 아래 이념이 경화(硬化)된 채 권위주의를 구축하고 권력을 농단(壟斷)해왔다. 이러한 시기에 성호는 명문 출신으로서 서울과 지척인 안산(安山)땅에 살면서도 벼슬을 멀리하고 재야인사로서 학자생활 팔십 평생에 부단한 연찬(鍊鑽)과 방대한 연구성과를 통하여 참신한 논리를 개발하고 창조적인 견해를 표출하여 폐쇄된 인심(人心)의 영규(靈竅)를 틔어주고 학문의 신방향(新方向)을 타개해주었다. 성호는 무엇보다 당시의 형이상학적 사변적 학풍의 비생산적 논쟁을 지양하고 학문의 구경 가치를 경세치용(經世致用)에 두었다. 경세치용은 당시의 시대 현실을 올바로 파악하고 정치·경제·사회의 모든 문제를 정면으로 다루어 개혁을 실행해야 한다는 것이다. 성호학파를 실학파 중에서 경세치용파로 위치시키는 것이 당연하다고 하겠다. 그러나 성호는 우리나라 실학의 최선두에 서서 한 시대의 방향을 개척한 것이다. 이 향방이 열리게 되자 곧 뒤이어 이용후생파(利用厚生派)·실사구시파(實事求是派)가 계기적으로 등장하여 실학의 풍상(風尙)이 조수(潮水)를 이루게 되었거니와 이는 모두 성호의 영향 아래 그 여분잉복(餘芬剩馥)을 직접 간접으로 향수(享受)하여 계승 발전시킨 것이다.

그런데 성호의 이러한 학문은 그 내력을 어디에서 찾을 것인가. 물론 우리나라 학통을 논하는 선인(先人)들의 기술(記述)에 미수(眉叟)·한강(寒岡)을 거쳐 퇴계(退溪)에까지 소급하여 성호를 퇴계학(退溪學)의 '적적상승(嫡嫡相承)'으로 보고 있다. 번암(樊巖) 채제공(蔡濟恭) 등 근기남인계 학자들의 공통된 주장이다. 우리는 이 주장을 부정할 이유가 조금도 없다. 성호가 평생 동안 퇴계를 존모(尊慕)하고 퇴계학을 우리나라 학문의 정통으로 받들어왔기 때문이다. 그러나 우리는 성호를 퇴계학통으로 보는 일면과 아울러 성호의 가학연원(家學淵源)에 크게 유의할 필요가 있음을 강조한다. 성호의 가학(家學)은 멀리 경헌공(敬憲公) 이계손(李繼孫)으로부터 시작하여 증조(曾祖)인 소릉(少陵) 이상의(李尙毅), 종숙(從叔)인 태호(太湖) 이원진(李元鎭), 부친인 매산(梅山) 이하진(李夏鎭) 그리고 친형(親兄)인 섬계(剡溪) 이잠(李潛), 옥동(玉洞) 이서(李漵) 등 명현석학이 대대로 이어져오다가 성호에 이르러 드디어 췌정육상(萃精毓祥)의 일대 기운(機運)이 나타난 것이다. 성호는 계왕개래(繼往開來)의 역사적 처지에서 또한 문제자질(門弟子姪)들의 군영(群英)이 활짝 꽃을 피우게 하였다. 정산(貞山) 이병휴(李秉休), 성재(省齋) 이진휴(李震休), 혜환(惠寰) 이용휴(李用休), 두산(杜山) 이맹휴(李孟休)를 위시하여 청담(淸潭) 이중환(李重煥), 정헌(貞軒) 이가환(李家煥), 목재(木齋) 이삼환(李森煥) 등 이루 다 헤아릴 수 없는 제제다사(濟濟多士)들이 성호의 문정(門庭)에서 나와 혁혁하게 일세(一世)를 조요(照耀)하였다. 우리가 다른 학자들과는 달리 성호에 대해 유독 그 가학연원을 살피려 하는 것은 그 가학연원이 곧 그대로 실학연원(實學淵源)이 되는 것으로, 학술적 견지에서 중시할 필요가 있기 때문이다.

필자는 일찍이 1984년에 『성호전집(星湖全集)』을 편집하여 시중 출판사에서 간행한 뒤에 성호학(星湖學)의 원류(源流)를 종합적으로 고찰하기 위하여 두 가지 기획을 하였다. 첫째는 『근기학파제현집(近畿學派諸賢集)』으로 성호의 제자들의 저술을 간행하는 일이고, 둘째는 『근기여주이씨제현집(近畿驪州李氏諸賢集)』으로 성호의 가학을 상소하탐(上遡下探)하여 그 저술들을 간행하는 일이다. 첫째의 것은 일차로 순암(順庵) 안정복(安鼎福)의 전집을 내었고, 곧이어 소남(邵南) 윤동규(尹東奎)의 유고를 김시업(金時鄴) 교수에게 의뢰하여 대동문화연구원에서 정리 간행하기로 하였다. 둘째의 것은 이돈형(李暾衡) 박사의 소장(所藏)인 선세유편(先世遺編)들을 간행하는 것인데, 그것이 그리 쉬운 일이 아니었다. 그 대부분이 초고(草稿) 필사본(筆寫本)으로 정리가 간단치 않고 또 분량이 워낙 많아서 출판이 용이하지 않은 것이다. 다행하게도 임형택(林熒澤) 교수가 한국한문학회(韓國漢文學會) 회장으로서 회원 여러분을 동원하여 각 책을 정리한 뒤에 각기 해제를 집필케 하고 어느 출판사에 출판을 의논했던바, 출판사의 사정이 여의치 않아 한때 추진이 유보되었다. 결국 김시업 교수와의 합의 아래 대동문화연구원에서 책을 내기로 하였고, 임형택 교수가 뒤이어 연구원의 책임을 맡게 되자 이 일에 더욱 박차를 가하여 이제 완성을 보게 되었다.

이 『근기실학연원제현집』은 당초 '근기여주이씨제현집'으로 생각했던 이름을 바꾸어 정한 것이다. 김·임 양 교수의 의견에 따른 것이다. 대학연구소에서 어느 한 가문의 문헌을 총 출판한다는 것이 혐의스럽고 또 학술적 관점에서 봐도 근기실학연원(近畿實學淵源)으로 칭하는 것이 좋다고 여겨지는 것이다.

이 책들은 무려 10여종에 달하는 것으로 성호 일문(一門)의 선·후대 여러 학자 지식인의 다채로운 실학관계 내용들을 포괄하고 있다. 그 원본(原本)들을 누대(累代)에 걸쳐 보장(寶藏)해오던 이돈형 박사가 병중에도 정성을 다하여 출판에 협조해주신 것에 깊은 감사를 드리며, 대동문화연구원에서 많은 어려움을 무릅쓰고 다른 일에 앞서 이 책들을 세상에 공포할 수 있게 한 김·임 양 교수의 학문적 열성(熱誠)에 경의를 표한다. 그리고 필자 개인에게는 오랜 숙원이 달성된 것이어서 사사로이 기쁨과 흥감을 마지않는 바이다.

2002년 初秋에 북한산 기슭에서

奉化鄭氏辛巳譜 序

　근대로 들어오면서 중세 이래 전통적 성씨(姓氏) 집단의 족적(族的) 유대(紐帶)가 점차 해체되기 시작하고 개인중심적 사고가 인간의 모든 활동의 기본이 되게 되었다. 개인중심적 사고는 개인 개인의 인간적 자각을 바탕으로 한 것이기 때문에 그것은 역사의 소산이며 시대의 요구에 부합된 것으로, 정치·법제·사회 여러 면에서 보장을 받게 되고 아무도 그것을 막을 수 없으며 또 부정할 수도 없는 것이다.

　그러나 오늘날 개인중심적 사고의 건전한 작용과는 별도로, 개인주의·이기주의 내지 물질지상주의의 온갖 폐해가 파생되는 것도 부인할 수 없는 일이다. 특히 젊은 세대들이 조상과 가문을 외면하거나 망각하는 지경에 이르게 되어 자기의 뿌리가 어디에 있는지조차 알지 못하는 경우가 허다하다. 조상과 가문을 외면하고 자기의 뿌리를 모르는 사람이 부모형제에 대한 도리를 옳게 해나갈 수 있겠으며, 부모형제에 대한 도리를 옳게 해나가지 못하는 사람이 국가민족에 관한 이념과 정성을 지닐 수 있겠는가. 우리는 깊이 생각해야 할 것이다.

　이러한 의미에서 족보의 발간은 매우 뜻이 있다고 여긴다. 조상과 가문을 알려주는 가장 구체적 자료가 곧 족보 그것인 까닭이다. 족보를 통하여 조상과 가문을, 그리고 자기의 뿌리를 알게 됨으로써 조국애·민족애를 체득하여 자기 자신의 정체성·주체성을 파악하고 나아가 세계를 향해 큰 보무를 내어딛게 될 수 있을 것이다.

봉화정씨(奉化鄭氏)는 우리나라의 수많은 성씨 집단 가운데서 널리 알려진 명벌(名閥)의 하나이다. 봉화지방의 토착 성씨로서 고려말엽에 훌륭한 인물이 대를 이어 등장하여 드디어 이땅의 역사상에 크나큰 발자취를 남겼다. 강직명민(剛直明敏)한 천품과 청백(淸白)한 지신(持身)으로 영원히 관리의 모범이 된 고려(高麗) 보문각(寶文閣) 제학(提學) 형부상서(刑部尙書) 염의(廉義)선생 휘(諱) 운경(云敬)과, 군국추요(軍國樞要)의 직에 있으면서 관제·군제 기타 모든 전장제도를 창안 실행하여 조선 개국 일등공신이 된 삼봉상국(三峰相國) 휘(諱) 도전(道傳)이 그분들이다. 조선의 개국은 단순한 왕조의 교체가 아니고 일정한 개혁과 진보를 수반한 우리나라 역사의 중요한 진전기이고 이 시기의 중심적 인물이 바로 삼봉(三峰)이다. 이러한 삼봉의 공적이 그의 불행한 최후와 함께 퇴색되어 조선왕조 오백년간 빛을 보지 못했던 것은 참으로 유감스러운 일이다. 그러나 이는 조선조 초기 왕가의 내부 알력에서 부당하게 정치적 희생이 되었던 것으로, 세상이 다 알고 있는 일이어서 공에 대한 역사적 평가는 후세로 내려올수록 더욱 높게 나타났다. 왕조 말에 모든 것이 신설(伸雪)되고 포양작업(褒揚作業)이 진행되어 오늘에 이르고 있음은 너무도 당연한 것이다. 공의 손증의 대에 이미 정승 판서의 현달한 직위를 누린 분들이 있었음을 보면 당시의 세론(世論)을 알 만도 하다. 다만 조선조의 정치풍토가 훈척권귀(勳戚權貴)들의 농단(壟斷)에 의해 권력의 기반이 갈수록 협소 첨예해지고 사대부층의 광범한 탈락자가 발생하게 되면서 개국공신들의 후예도 소외된 처지에 있는 경우가 많았다. 정씨의 가문에 과환(科宦)이 점점 줄어든 것도 이러한 추세에서 이해되는 것이다.

정씨의 족보는 이미 영조(英祖) 41년 서기 1765년 을유(乙酉)에 편찬

간행되었고 이로부터 편간(編刊)이 대대로 계속되어왔다. 20세기에 들어와서만 해도 1900년 경자(庚子), 1911년 신해(辛亥), 1934년 갑술(甲戌), 1960년 경신(庚申), 1965년 을사(乙巳), 그리고 1982년 임술보(壬戌譜)가 거듭되어 나왔다. 이번에 또다시 21세기의 시작과 함께 2001년 신사보(辛巳譜)가 나오게 된 것이다. 이와같이 족보의 거듭된 출판을 해오는 것을 보면 정씨가 얼마나 조상과 가문의 전통을 존중하고 있는가를 알고도 남음이 있다.

21세기는 개인중심적 사고가 더욱 발휘되어, 좋은 의미에서 무한경쟁의 시대에 활력으로 작용할 것이다. 세계를 무대로 하는 우리 젊은 세대들에게 우리의 뿌리를 알려주고 자기 자신의 정체성·주체성을 파악하도록 해주는 것이 어느 때보다 절실하다. 21세기에 첫번째로 나오는 이 족보가 정씨의 자제들에게는 물론이고 다른 가문의 후승(後承)들에게도 한 모범이 될 수 있기를 바라 마지않는다.

이 신사보의 발간을 앞두고 정씨 종회의 정병무(鄭柄武) 회장과 편찬위 정광순(鄭廣淳)씨가 나를 찾아와서 서문을 청하기에 나는 사양치 못하고 평소의 소감을 덧붙여 이 무사(蕪辭)로써 서문(序文)을 대신해둔다.

2002년 7월

凝窩 李源祚 研究論叢 序

응와(凝窩) 이정헌공(李定憲公)의 전집(全集)이 영인본(影印本)으로 나와 세상에 보급됨으로써 선생의 학문 문장과 환업(宦業)이 서세(逝世) 백수십년(百數十年)이 지난 오늘에 이르러 한층 더 빛을 발하게 되었다. 특히 1892년에 출판된 목판본 권22 외에 가장(家藏) 수고(手稿) 잡록류(雜錄類)들을 모두 정리하여 이번에 영인본 속에 함께 수록함으로써 선생 일대(一代)의 생애와 유위(猷爲)의 전모가 드러나, 후학들의 연구와 논구(論究)에 크게 보익(補益)될 수 있게 하였다.

근년 전국의 각 대학교수 지식인들이 뜻을 모아 선생에 관한 연구논문들을 엮어 책을 내려고 하면서 그 서문을 청해왔기에 필자 또한 동경(同慶)의 뜻으로 사양치 못하고 이 글을 초(草)하기로 한다.

조선왕조의 통치체제가 전기의 사대부정치로부터 후기의 벌열정치(閥閱政治)로, 그리고 말기의 세도정치(勢道政治)로 옮겨오면서 중앙의 권력구조가 더욱 첨예화하여 양반사회에 많은 탈락자가 나오고 전국적으로 광범한 피소외층(被疎外層)을 발생시켰다. 중앙권력을 장악한 사람은 서울 도성 내의 소수 특권 가문들이고 권력 주변에 결집된 사람들은 서울을 포함한 기호(畿湖)의 일부 사람들뿐이었다.

이러한 상황 아래 영남지방에서도 사환(仕宦)의 길이 극히 좁아져서 명문고가(名門古家)의 후손들이 대체로 정치권외(政治圈外)에서 일생을 소요(逍遙)하거나 가뭄에 콩 나듯 근소한 벼슬아치로 시종(始終)했던 형편이었다.

이러한 형편에서 응와선생이 성주(星州)의 한 유가(儒家)의 자제(子弟)로서 과거(科擧)를 통해 발신(發身)하였다. 당시 과장(科場)에는 웬만한 집안이면 모두 이른바 거벽(巨擘)과 서수(書手)를 끼고 들어가 차작차서(借作借書)를 일삼고 있었는데 선생은 18세 소년으로 당당하게 자문자필(自文自筆)로써 합격하였다. 이렇게 출발부터 남달랐던 선생은 관계에 나아가 중앙의 청화(淸華)한 직위(職位)와 지방의 웅주거목(雄州巨牧)을 역임하면서 군주에 대한 충정어린 보필(輔弼)과 민생에 관한 훌륭한 치적(治積)을 남겼다.

그러나 선생은 한번도 정부(政府) 추요(樞要)의 자리에 앉아 경세제민(經世濟民)의 큰 포부를 실현시킬 처지에 있어본 적이 없었다. 오직 여진려퇴(旅進旅退)로써 주어진 여건에서 성의를 다해 임무를 수행했을 뿐이었다.

이리하여 선생은 기본적으로 관료로서보다 한 사람의 학자의 입장에서 학문을 다루게 되었다. 그런데 선생의 학문은 한마디로 영남유학의 정통을 지키면서 엄격히 자기 가법(家法)을 수립하여 시대의 신경향에 귀를 기울이지 않았다. 조정에 있을 때 이재(彝齋) 권돈인(權敦仁)이 연경(燕京)으로 사행(使行)을 떠나는 길에 선생은 평소 요우(僚友)의 정의(情誼)로 송별시(送別詩)를 지어주면서 북경(北京)에서 새로운 책들을 분별없이 사오지 말 것과 신기한 논설에 쉽게 끌려가지 말 것을 당부하였다. 그리고 제주목사(濟州牧使)로 있을 때 귀양살이를 하고 있는 추사(秋史) 김정희(金正喜)를 따뜻이 보살펴주면서도 추사의 학문적 견해에는 동조하지 않았다. 추사가 고문상서(古文尙書)의 인심도심(人心道心)에 관한 십육언(十六言)을 부정하는 글을 지어 보내왔을 때 선생은 의연히 전통적 견해——주자(朱子)·퇴계(退溪) 이래의 견해에 입각하여 추사의 그것을 변파(辨破)하는 글을 쓰게 되었다. 실은 이 고문상서의 인심도심 몇구에 대하여 앞서 다산(茶山) 정약용(丁若鏞)에게 있어서도 이미 심각히 논의되었다. 다산은 고문상서가 후세의 위서(僞書)이며 인심도심 몇구는 순자(荀子)에서 따온 것임을 확인하면서도 이 인심도심에 관한 것은 순자가 창작한 것이 아니고 고성(古聖)의 말씀을 전해놓은 것이라고 주장하여 이 몇구가 큰 의미를 갖는 것으로 보았다. 다만 십육언 중의 마지막 4자(字)인 "윤집궐중(允執厥中)"은 조작된 것이라고 한 것이 다산의 견해이다. 요컨대 다산은 고증학적(考證學的) 성과의 결론을 무조건 따르지 않고 글의 내용의 중요성에 의미를 부여했던 것이다. 응와선생이 추사의 글을 변파한 근본 취지도 고증의 논리보다 사상적·정신적 전통에 큰 비중을 두었던 것이다.

이 시대는 서세동점(西勢東漸)의 파고가 높아지고 있던 때라 우리나라가 국내적으로 위미잔열(委靡殘劣)하여 수습이 어려운 판국에 외세에 대처할 하등의 준비도 되어 있지 않아서 그야말로 앞날이 암담할 따름이었다. 선생이 조정에 있을 때에도 정병(政柄)을 잡아 나라의 앞날의 방향을 열어나갈 위치가 되지 못하였고 학자의 본분으로 돌아와서 세도(世道)와 인심(人心)을 바로잡기에도 당시의 사정이 허여되지 않았다. 이에 선생은 오직 우리나라 학술 문화의 정통성을 확고하게 지킴으로써 민족의 주체성을 견지하고자 했던 것이다. 그러기 위해서는 무엇보다 먼저 영남유학의 전통을 부식(扶植)하고 선양(宣揚)해야 할 필요를 절실히 느꼈던 것이다. 권돈인·김정희는 모두 당대의 준재(俊才)로서 나름대로 개명된 사람들이지만 선생이 그들의 사고와 추구에 동조할 수 없었던 것은 그들의 약간의 새로운 성향으로 인하여 자기의 좌표가 흔들리게 할 수 없었기 때문일 것이다.

이번에 여러 교수들이 각기 주제를 가지고 풍부한 자료와 독자적 시각
에 바탕하여 선생에 대한 이모저모의 고증을 가함으로써 지금까지 선생
에 대한 일반인들의 이해를 심화시키고 나아가 선생의 본연의 자세가 역
사·사회의 전면에 탁연히 나타나게 되도록 할 것이다.

2005년 乙酉 端陽節

農山世獻 序

오늘의 서부경남(西部慶南)은 옛날부터 강우(江右), 또는 우도(右道)라
고 불러왔다. 낙동강을 경계로 하여 경상도를 좌우도(左右道)로 나누고
있는바, 경상도의 유구한 문화를 말할 때에 안동(安東)을 좌도의 중심으
로, 그리고 진주(晉州)를 우도의 중심으로 설명해왔다. 안동과 진주에는
모두 고려시대로부터 이름난 성씨 집단이 자리를 잡아 사환(仕宦)·공렬
(功烈)·덕행(德行)·문장(文章)으로 두각을 나타내고 또한 자손이 번창
하여 이른바 명문거족(名門巨族)으로 역사상에 뚜렷한 위치를 차지하게
되었다.

특히 진주는 하씨(河氏)·강씨(姜氏)·정씨(鄭氏)의 삼대성(三大姓)이 본
관지(本貫地)에 그대로 눌러앉아, 정포은(鄭圃隱) 선생은 시에서 "진양성
이하강정(晉陽城裏河姜鄭) 명여장강만고류(名與長江萬古流)"라고 하였
는데 삼성(三姓)의 명성(名聲)이 긴 강물과 같이 만고에 흐른다는 것이다.
이 시에서 하(河)·강(姜)·정(鄭)의 순서는 삼성의 사회적 지위를 서열화
한 것이 아니고 시의 평측(平仄)에 따라 그렇게 한 것일 뿐이다. 정씨가 맨
끝에 놓인 것이 그 때문이다. 모든 점으로 보아 정씨가 하·강 양성(兩姓)
에 비해서 하등의 손색이 없는 것은 세상이 다 아는 일이다.

오랜 유서(由緒)와 전통에 의해 정씨에게는 여러가지 문헌과 기록물이 있어왔는데 이 『농산세헌(農山世獻)』은 그중의 하나라고 할 수 있다. 농산은 원래 안의(安義)땅인데 현재 거창군(居昌郡) 북상면(北上面)에 속해 있는 마을이다. 1492년(조선 성종 23년)경에 충의교위(忠毅校尉) 부사용(副司勇) 정순(鄭純)이 진주 가귀곡(佳貴谷)에서 안의현으로 입향(入鄕)하여 500년간 정씨 후손들이 자작일촌(自作一村)으로 살아온 곳이다.

이 책이 『농산세헌』이란 이름으로 체제를 갖추어 출판되는 것은 이번에 새로운 일이지만, 내용은 15세기 이래 3대에 걸친 네 분의 자료들을 모아놓은 것으로 모두 몇백년 전의 소중한 기록들이다. 구체적으로 말하면 입향조인 부사용공 정순을 위시하여 그 아들 팔완당(八玩堂) 정몽서(鄭夢瑞), 팔완당의 손자 만월당(滿月堂) 정종주(鄭宗周), 그리고 팔완당의 차자(次子) 의사(義士) 정용(鄭鏞)에 관한 자료로서 묘지·묘갈·유사(遺事) 내지 당대 제현(諸賢)과 후인들의 창수(唱酬) 제영(題詠) 및 기술 그것이다.

이 제현 가운데는 갈천(葛川) 임훈(林薰)·첨모당(瞻慕堂) 임운(林芸) 형제와 동계(桐溪) 정온(鄭蘊) 같은 혁혁한 명현들이 자리하고 있다. 특히 갈천·첨모당·동계 선생 등에 대하여 정씨 쪽의 부사용공 이래 팔완당·만월당 두 분은 지역적으로 향당(鄕黨)관계, 혈연적으로 인척관계, 학문적으로 사우(師友)관계가 얽히고설켜서 훈도(薰陶)와 영향이 남달랐던 것이다. 따라서 이 책에 수록된 갈천·첨모당·동계 선생 등의 글들은 막연한 추상(推想)에서 나온 것이 아니고 명백하고도 진실한 파악(把握)으로 다루어놓은 것이어서 독자에게 한결 신뢰를 갖게 해준다. 그중에도 임진왜란에서 한 사람의 국민으로 나라와 겨레를 위해 한점의 가식 없이 기꺼이 목숨을 바쳐 싸웠던 정의사(鄭義士)의 신념과 기백을 감개어린 사조(辭調)로써 집약적으로 서술해놓은 것은 만인의 심금을 울려주는 것이었다.

이 책을 만들기 위해, 자료를 수집하고 번역·출판 등 갖은 어려운 일에

물심양면으로 힘을 다한 분은 동해무역상사를 경영하는 실업가(實業家)
정태홍 사장이다. 나는 정사장이 실업인으로 이와같이 위선(衛先)사업에
힘을 쏟는 동시에 이 책으로 문중(門中) 젊은 자제들에게 조상님의 거룩
한 정신을 심어주려는 취지에 매우 경의를 표하였다. 그리하여 민족문화
추진회 박소동(朴小東)·송기채(宋基采) 양 실장에게 협조를 부탁하였고
책이 나오게 될 무렵, 이렇게 몇줄의 무사(蕪辭)로써 서문을 대신해둔다.
　끝으로 이 책이 정씨의 가문사(家門史)에 그치지 않고 오늘날 서부경남
의 한 중요문헌이 되는 동시에 진주 중심의 우도(右道)문화가 정씨를 통
하여 그만큼 확산되고 있음을 보여줄 것으로 믿는다.

2000년 7월 6일

密陽金石苑 序

우리나라 금석학(金石學)이 학적 체계를 갖추기 시작한 것은 그리 오래된 것이 아니다. 그러나 금석 자체의 유물 및 자료의 유래는 실로 아득한 상고로부터어서 삼국시대를 거쳐 고려에 들어오면 벌써 그 종류가 다양하고 양도 대단히 풍부한 편이다. 그리고 이조후기부터 학자·지식인들 사이에서 수집과 정리가 유행하고 호고적(好古的) 취미에서 차차 실증적 연구를 통한 학문적 성과가 나오게 되었다. 이것은 중국 청조(淸朝)의 고거학(考據學)의 영향에서 온 것도 있지만 한자문화권에 있어서 우리 민족문화에 대한 자아발견 자기인식이 중요한 작용을 한 것이다. 이리하여 오늘날 이 금석학이 역사연구에 보조과학으로 큰 도움을 주고 있는 실정이다.

민족문화는 각 지방문화의 총화로써 이루어진다. 따라서 우리는 오래 전부터 지방문화에 대한 관심을 높여왔다. 그런데 그동안 지방에 대한 각개 학술조사가 대체로 방언·민요·전설 등 민속학적 범위에서 벗어나지 못했고, 문헌에 관한 것도 오직 향안(鄕案)·읍지(邑誌)와 재지사족(在地士族)들의 문집(文集) 내지 수기(手記) 등이 그 주종을 이루었다.

여기에서 우리는 역사의 산 증거의 하나로서 각 지방에 산재한 금석들의 유물 및 자료를 다시 광범하게 그리고 정밀하게 파악해야 한다고 느꼈

다. 종래 우리 선인들의 금석관계 서첩이 적지 않았고 해방후에 역사학·
고고학 교수들에 의해 새로운 책자가 여러 종으로 나오기도 했지만 그 모
두가 전국적 시야에서 중점적으로 선택한 것이어서 지방문화의 개별적
차원에서 볼 때에 너무도 누락된 것이 많아 아쉬운 점이 한두 가지가 아니
었다.

　이번에 밀양문화원에서 조희붕(曺喜鵬) 원장의 책임하에 밀양 경내에
있는 모든 금석들을 조사하여 탁본을 만들고 그것을 편차(編次)하여『밀
양금석원(密陽金石苑)』이라는 이름으로 책을 내게 되었다. 나는 현재 고
향을 떠나 있어서 이 사업에 직접 참여하지는 못했지만, 그 취지에 전적으
로 공감하고 찬동하였다. 이제 그 목차를 보니 멀리 신라·고려 이래 향고
(鄕故) 족승(族乘)의 시조격(始祖格)에 해당한 인물을 위시하여 조선왕조
오백년간 혁혁한 유림의 종사와 불교계의 위인, 그리고 수많은 석학(碩
學)·현량(賢良)들의 비표(碑表)가 삼라(森羅)해 있고 조창비(漕倉碑)와
같은 특수한 고적(古蹟)의 기념물도 주목을 끈다.

　우리 밀양은 예로부터 영남의 한 중심지로 역사·문화의 유서깊은 이름
난 고장이다. 지금은 부산·대구·울산의 대도시를 남·북·동으로 가까이
끼고 있으면서 통과(通過) 물산(物産)의 독자적인 생활영역을 이루고 있
어, 차분하면서도 숭고 우아한 위상을 지니고 있는 동시에 미래에의 웅원
한 꿈을 가꾸고 있다. 여기에 걸맞게 문화활동과 그 업적이 눈여겨볼 만하
다. 근년간 밀양문화원에서 나온 방대하고도 조리있는 여러 간행물들이
그것이다. 이는 모두 밀양 인사들이 문화원을 주축으로 합심협력한 결과
이다. 이번 이 금석원도 같은 선상의 산물이다.

　끝으로 조원장을 필두로 문화원 관계 인사들의 다년에 걸친 수고와 이
러한 문화행위에 깊은 이해와 도타운 협조를 아끼지 않으신 시당국에 대
하여 재외향인(在外鄕人)의 한 사람으로 감사의 뜻을 보내드린다.

1997년 12월 북한산 기슭에서

驪州李氏歷代人物誌 序

이땅의 성씨(姓氏) 집단이 역사상에 뚜렷이 형성되기 시작한 것은 대략 고려후기부터였다고 할 수 있다. 물론 신라 이래 득성(得姓)한 씨족(氏族)으로 유구한 내력을 자랑하는 이들이 있기도 하지만, 대체로 계보(系譜)가 일관되게 이어지지 못하고 중간에 단속(斷續)이 되풀이되거나 기록이 불분명한 점이 없지 않다. 그중에는 중국의 한(漢) 또는 당대(唐代)로부터 이주 정착(定着)했다고 설명하는 씨족도 한둘이 아니어서 더욱 준신(準信)하기가 어렵게 되어 있다. 따라서 오늘날 일반 인가(人家)의 보첩(譜牒)을 고람(考覽)하면 일정한 근거 위에 확실한 대수(代數)를 꼽을 수 있게 된 것은 십중팔구가 12·13세기경 곧 고려후기부터 시작되고 있다. 특히 본관(本貫)제도가 이루어져서 같은 성이면서도 별개의 씨족으로 고정된 것이 또한 이 시기라 볼 수 있다.

여주(驪州)를 본관으로 하는 우리 이성(李姓)도 고려후기부터 한 성씨 집단으로 이루어지기 시작하였다. 보첩과 사승(史乘) 그리고 기타 문헌에 의하면 이 시기에 여주지방[黃驪縣] 이성(李姓) 출신의 인물이 여러 갈래로 나타난다. 근친일족(近親一族)은 문제가 되지 않지만 당시 이 여러 갈래의 인물들이 동향동성(同鄕同姓)으로서 동족의식(同族意識)으로 연결되어 있었는지 분명한 기록은 없다.

그러나 생각해보면 후세에 확장된 지금의 여주가 아니고 당시 '황려현(黃驪縣)'이라는 손바닥만 한 작은 고을에서 성을 같이하고 살았다는 것은 결코 우연한 일이 아닐 것이다. 한가지 예를 들면 문순공(文順公) 이규보(李奎報)와 재상(宰相) 이인식(李仁植)의 경우이다. 이인식은 사환(仕宦)이 현달하고 문한(文翰)이 뛰어난 분 같다. 그의 후손이 알려지지 않고 그의 문집이 전해오는 것도 없지만『동국이상국집(東國李相國集)』에 그와 더불어 창수한 시가 여러 편에 달하고 있다. 거기에 이인식의 시구가 소개되어 나온다. 어쨌든 문순공과 이인식은 고향에서부터 친밀히 지냈다. 문순공이 이인식에게 화답한 시에 소주(小註)를 달기를 "나와 공은 동군(同郡)인데 군(郡)에 말바위[馬巖]가 있어, 일찍 함께 놀았다(余與公同郡, 郡有馬巖, 嘗遊賞處)"라고 하였다. 또 이인식의 시를 화답하면서

근원이 여강에서 나와, 한 파(派)로 이어졌는데	源出驪江派正連
이제 또 구중궁궐에 함께 임금을 모시고 있네	如今同侍九重天
한 고을 한 성(姓)으로 동시에 재상(宰相) 되니	鄕中一姓一時相
고을 노인들 응당 성사(盛事)로 전하리	邑老應將盛事傳

라고 하였다. 첫 구에 근원이 여강에서 나와 한 파로 이어졌다고 하면서 소주(小註)로 "함께 황려현에서 나온 까닭에 이렇게 말했다(同出黃驪縣故云)"라고 덧붙여놓기도 하였다. 그리고 한 고을 한 성으로 같은 시기에 재상이 되었음을 자랑삼아 말하였다. 그러나 이것만으로는 동향(同鄕) 동성(同姓)임은 증명되지만 동족(同族)이라고 단정할 수는 없다. 그런데 또 다음 시에 "황비(黃扉, 재상을 뜻함)를 함께 했을 뿐 아니라(黃扉不獨得同時), 선리(仙李, 李姓을 美化시킨 말) 숲속에 붙은 가지가 되었네(仙李林中作附支)"라고 한 것이 있다. '붙은 가지'라고 한 것은 문순공 자신의 겸사

이지만, 요는 이인식과 한 나무에 붙어 있는 '본 연친'이라는 것은 본래 친족으로 연결된다는 뜻이다. 이로써 보면 문순공과 이인식 두 분의 사이는 비록 가까운 촌수는 아니지만 동족이라는 의식이 있었던 것이 분명하다. 유감스럽게도 이인식은 그의 행적을 남긴 것이 없다. 재상까지 되었는데도『고려사(高麗史)』열전(列傳)에 그의 이름은 없다.

다시 말하면 12·13세기경, 황려현에 여러 갈래의 이성 출신의 인물이 나타나는데 대체로 동향 동성에 동족으로 의식되고 있었던 것 같다. 다만 당시에 일반 민간에서 조상과 가문에 대한 의식이 발달하지 않았고 따라서 동족이라도 족적(族的) 유대(紐帶)가 밀착되지 않은 채 그대로 내려왔을 뿐이었다.

그러다가 고려말 이조초를 거쳐 유학 곧 성리학이 시대의 주류를 이루고 종법적(宗法的) 이념이 정치적·사회적으로 지배질서를 확립시켜나가게 되자 아연 성씨 집단의 구심적 결집이 강화되게 되었다. 이러한 추세는 이조 후기에서 말기로 접어들면서 더욱 가속화되었다. 수없이 많은 족보들이 경쟁적으로 간행된 것을 보아도 알 수 있다. 이리하여 조상과 가문의 전통을 밝히고 동족의 계보를 소급 추심하여 고려 때까지 올라가면서 족보의 규모는 점점 대형화되었던 것이다.

우리 여주이씨도 이러한 추세 속에 당초 여주를 본관으로 하는 이성은 모두 한 책 속에 수록하여 두 차례나 족보를 간행하였다. 우리 여주이씨는 크게 보아 세 갈래로 나눈다. 휘(諱) 인덕(仁德)을 시조로 하는 교위공파(校尉公派), 휘 은백(殷伯)을 시조로 하고 휘 규보(奎報)를 현조(顯祖)로 하는 문순공파(文順公派), 그리고 휘 세정(世貞)을 시조로 하는 경주파(慶州派)가 그것이다. 이 세 갈래의 이성이 초기부터 족적 유대가 밀착되어 있었는지는 확인할 수 없지만 위의 문순공과 이인식의 예를 들어 말한 바와 같이 동족이라는 의식은 형성되어 있었고 그것이 면면이 후세로 내려와서 족보를 함께 할 수 있었던 것이다.

요즘 온 나라가 일일생활권으로 압축되고 사람들이 수도 서울로 집중되면서 우리 여주이씨도 동족끼리 상호간에 자주 접촉하게 됨으로써 진작 '여주이씨 종친회연합회'를 만들어서 족의(族誼)를 한층 돈독히하게 되었다. 다른 성씨들과 마찬가지로 우리도 고려 때의 문헌기록이 결핍되어 이 세 갈래의 후손들이 공통된 한 뿌리를 찾지 못하고 있는 것은 사실이지만 동향 동성인 동족의 후손으로 종친회를 이룬 것은 너무나 당연한 일이다.

그런데 족보도 중요하지만 족보가 한 성씨의 문헌으로 값진 것이 되려면 먼저 보첩 속에 등재된 인물들이 훌륭해야 하는 것이다. 후손들이 그의 조상을 숭배함에 있어서 단순히 우리 조상이니까 우리가 숭배하는 것이 아니고 조상님들의 범백(凡百)이 우리 후손들에게 훌륭한 본보기가 되어 귀에 젖고 마음으로 사모하는 바가 되어야 한다. 그리고 나아가 후손만이 아니고 온 겨레 온 나라가 존경하는 인물이 많이 있어야 하는 것이다.

우리나라의 인물에 대한 기왕의 평가는 다섯 가지로 치고 있다. 첫째 도학(道學), 둘째 충절(忠節), 셋째 공훈(功勳), 넷째 문장(文章), 다섯째 사환(仕宦)이다.

우리 여주이씨의 조상들은 고려후기로부터 상하 칠팔백년 동안에 이 다섯 가지에 해당되는 분들이 얼마든지 있다. 도학으로 백세사표(百世師表)가 되고 문장으로 일국(一國)의 선하(先河)가 되는 분을 위시하여 충절과 공훈이 청사(靑史)에 빛나고 사환이 누대에 선혁(蟬奕)한 집안이 이루 헤아릴 수 없을 정도다. 그밖에 학문으로 유림의 태두가 되고 저술로 국계민생(國界民生)에 큰 방향을 열어주신 석학명현이 끊임없이 나왔고, 근대에 와서 민중의 개화와 민족의 독립에 선도자적 역할을 수행한 유명한 인사들도 있다. 비록 이와같이 혁혁하게 드러난 분이 아니더라도 품행과 문필이 향성(鄕省)에 알려지고 후손에게 끼침이 있어, 우리가 기억하고 배워야 할 어른들이 참으로 많다.

우리가 이러한 조상들의 거룩함을 항상 염두에 두고 일상생활에서 지침으로 삼아, 후손으로서 부끄러움이 없게 하려면 조상들의 사적을 언제나 가까이 곁에서 접하고 살펴야 한다. 그런데 족보는 대체로 파별(派別)로 되어 있어 종합적으로 볼 수가 없고 또 대동보(大同譜)는 너무 방대하고 복잡하여 기송(記誦)에 불편하다. 여기 인물 본위로 자료를 뽑아, 따로 인물지를 만든 소이가 있는 것이다.

우리 종친회연합회에서 『여주이씨역대인물지(驪州李氏歷代人物誌)』를 기획한 지는 아주 오래되었다. 첫째 자료수집이 대단히 어려웠고, 둘째 경비조달이 또한 쉽지 않았기 때문이다. 그동안 종친회연합회를 운영해오신 역대 회장님들의 물심양면의 도움과 자료의 수집편찬을 전담한 성익(誠益)·운성(雲成)·춘환(春煥) 세 분, 내지 집필을 분담한 각파 종원 여러분의 노고, 그중 특히 기획단계에서부터 책임을 다하고 집필과 교정을 아울러 담당한 운성종군(雲成從君)의 열(熱)과 성(誠)에 의하여 이제 이 책자가 상재(上梓)되고 전국의 종친들에게 널리 반포하여 흠조돈종(欽祖敦宗)의 미덕을 배양해가는 데에 크게 기여하게 되었다. 종원의 한 사람으로, 그리고 집필위원의 한 사람으로 동경(同慶)해 마지않는다.

종래 우리 여주이씨를 '동방정수지족(東方精粹之族)'이라고 말해왔다. 우리나라 성씨 집단 중에 맑고도 순수한 씨족이란 뜻이다. 우리는 남에게 자랑할 필요도 없거니와 또한 자기 긍지를 훼손해서도 안될 것이다. 이 인물지의 발간을 계기로 우리는 다시 한번 다짐을 해두고자 한다.

1997년 새해에 서울 강남에서

晩圃 金時璞文集 序

　서기 2009년 6월말, 나는 퇴계학연구원 연례행사의 일환으로 젊은 학자들과 안동시(安東市) 임하면(臨河面) 천전동(川前洞)의 독립기념관(獨立紀念館)에 머물며 『퇴계집(退溪集)』을 강론하고 있었다. 이때 고우(故友) 만포(晩圃)의 영윤(令胤) 건종(建鍾)군과 승종(承鍾)군이 찾아와 무릎을 꿇고 비감(悲感)한 표정으로 말하기를 "선친께서 써놓으신 글이 적지 않은데 불초한 저희들이 게으르고 무능하여 십년이 다 되도록 정리하지 못하다가 이제야 겨우 편집을 마치게 되었습니다. 선친께서는 세상이 알면 부끄러운 것이니 책으로 묶지 말라고 하셨으나 저희들은 자손들에게는 읽혀야겠다고 생각하여 출간하려 합니다. 저희들은 처음부터 선생님께서 서문(序文)을 써주시리라 믿고 있었습니다. 제발 사양하지 마시기 바랍니다"라고 한다. 내 이미 망구(望九)의 나이에 정신이 혼모(昏耗)하여 가벼운 붓을 들기에도 힘에 겨운 상태라 사양을 하려 했으나 전후의 여러 사정이 나로 하여금 도저히 거절을 하지 못하게 하여 다시 무거운 붓을 들지 않을 수 없게 되었다.

　오호라! 정우(情友) 만포(晩圃)가 세상을 떠난 지 어느덧 10년이나 되었다. 서릉(徐陵)의 "歲月如流, 人生幾何?(흐르는 물과 같은 세월, 사람은 얼

마나 사는가?)"라는 말이 떠오르고 만포와 정을 나눈 30여년 세월이 주마
등처럼 지나간다. 나는 약관(弱冠) 때부터 처향(妻鄕)인 안동(安東)에 출
입하였는데 불혹(不惑) 즈음에 6년 장(長)인 만포를 처음 만났을 때부터
유가의 전통문화와 전고(典故)에 박식한 풍모와 따뜻한 인간미에 느껴지
는 바가 많았다. 그 뒤 여러 장소에서 만나면서 만포가 사학(史學)을 했더
라면 이택지익(麗澤之益)을 더욱 돈독히할 수 있었을 것이란 생각을 한
적이 한두 번이 아니었다. 만포는 어렸을 때 당시 영남의 유맥(儒脈)을 잇
던 수산(秀山) 김병종(金秉宗) 선생의 문하에서 수학(修學)하다가 부득이
한 사정으로 중도에 철학(輟學)하였는데 늘 이를 아쉬워하였다. 그러나
만포는 청년기에 산업(産業)에 힘을 써서 일가(一家)를 오랜 간난(艱難)
으로부터 벗어나게 하였고, 장년기에는 도정(道政)에 참여해 지방정치사
에 뚜렷한 족적(足跡)을 남겼기에 그의 삶은 입언(立言)의 차원에서보다
도 입공(立功)의 차원에서 먼저 논의해야 할 것으로 생각한다.

　나는 만포의 제오자(第五子)이자 나의 제자인 언종(彦鍾)군이 가져온
문집 원고를 보고 적이 놀라지 않을 수 없었다. 우선 양으로만 해도 글자
수로 근 백만 자이고 이백자 원고지로 오천 매에 가까우니 말이다. 게다가
그 가운데 여러 편의 학술논문도 있었는데 그 수준이 전문학자의 글에 비
해도 손색이 없었다. 세간에는 향토사학자(鄕土史學者)라는 말이 있는데
만포에게는 그보다 재야학자(在野學者)라는 말이 더 적실한 표현일 것이
다. 들으니 만포는 경북(慶北) 도의회(道議會) 부의장(副議長) 직에 있던
43세 때에 5·16 군사정변이 발발하자 즉시 정치활동을 중단하고 고향으
로 돌아가 여러 차례에 걸친 군사정권의 인유(引誘)를 단호히 거절하고
지천명(知天命)에 이르기까지 두문불출(杜門不出)하며 분비(憤悱)의 글
을 읽었다 한다. 그 뒤로도 주경야독(晝耕夜讀)하며 영남의 유맥(儒脈)을
진작하고 천전((川前) 김문(金門)의 유호(維護)와 천선목족(闡先睦族)에
진력한 사행은 세소공지(世所共知)의 사실이다. 만포가 있었으므로 세상

사람들은 예괴악붕(禮壞樂崩)의 시대에도 안동에 사람이 있음을 알았던 것이다. 특히 만포는 방조(傍祖)인 학봉(鶴峯)선생의 촉석루(矗石樓) 시(詩)에 관련된 오랜 논란(論難)을 단 한 편의 논문 「촉석루중삼장사시(矗石樓中三壯士詩) 고증(考證)」으로 잘 종식시키기도 하였다.

　나는 여기서 문득 젊은날의 여러가지 형적(形迹)을 다 지워버리고 늦게야 발분독서(發憤讀書)하여 이 주옥같은 글들을 남긴 만포의 일생이 참으로 보람찬 것으로 느껴지며, 이 책이 앞으로 많은 사람들에게 귀감이 될 것으로 믿는다.

2009년 9월

金潤坤敎授 定年退職紀念論叢 序

한국중세사학회에서 춘보(春甫) 김윤곤(金潤坤) 교수의 정년퇴직을 앞두고 여러 교수 동학 및 후배들의 논문을 모아 기념논총으로『한국중세사회(韓國中世社會)의 제문제(諸問題)』라는 책자를 낸다고 하면서 나에게 알려왔다. 춘보는 언제 봐도 건강이 넘쳐흐르고 또 늘 대구에 있어서 나와 자주 접촉할 시간이 없었으므로 나는 항상 막연히 춘보가 한창 나이에 보람찬 교수생활을 하고 있는 줄로만 여기고 있던 터라, 이 소식을 듣고 보니 세월이 참으로 빠르구나 하는 감탄을 금할 수 없었다. 나는 이 기회에 몇줄의 글을 써서 일반 세속적인 송사(頌詞)의 형식이 아니고 나와 춘보와의 지난 일을 회고하면서 옛정을 되새겨보기로 한다.

나와 춘보의 인연은 멀리 1950년대로 소급된다. 나는 부산에 살면서 동아대학교에 교수로 나갈 때였는데, 춘보가 학생으로 입학하여 참연(嶄然)히 두각을 나타내었다. 당시 사학과에는 강진철(姜晉哲) 선생이 과의 주임교수로 있었고 나와 김보근(金寶根)·조계찬(趙啓纘) 제씨가 함께 재직 중이었는데 서울에서 4·19혁명이 일어날 무렵, 부산에서도 학생들의 동향이 심상치 않았다. 대학당국은 최대한 학생들을 눌러앉힐 생각으로 갖은 조치를 취하였고, 교수들은 부득이 거기에 협조해야 하는 형편이었다.

뿐 아니라 이승만(李承晩)의 하야성명(下野聲明)이 나온 뒤에도 지방에는 관(官)의 지배체제가 종전 그대로였고, 학원 내에도 중앙권력에 결탁했던 무리들이 그대로 자리를 차지하고 있었다. 이때 사학과 학생들이 주동이 되어 이웃대학 학생들과의 연대 아래 일대 혁신을 위한 거사(擧事)를 추진하고 있었다. 나와 강교수는 신중론(愼重論)으로 타일렀으나 학생들은 듣지 않았다. 그러던 어느 날 주동자의 한 사람인 춘보가 나와 단독대좌(單獨對坐)한 자리에서 나의 태도 결정을 강하게 요구하였다. 나는 드디어 강교수와 함께 각 대학 교수에게 연락하여 공동협의를 거친 뒤에, 수백명의 각 대학 교수들이 수구세력(守舊勢力)의 청산을 외치면서 가두행진으로 시위를 벌였다. 그러나 일부 비동조 어용학생(御用學生)들이 사학과 학생을 포위하여 난동을 부리는데 춘보가 밖에서 소문을 듣고 단신으로 포위망 속에 뛰어들어 동지들을 구하려다가 도리어 극심한 곤욕을 치렀다. 나는 그날 춘보의 의지가 굳고 동지들에 대한 신의가 두터운 것을 새삼 발견하고 마음 든든히 생각하였다.

4·19혁명이 한계를 드러내고 학원민주화(學園民主化)가 뜻대로 되지 않자 나와 강교수는 대학당국과의 마찰을 견디다 못해 서울로 이직(移職)했는데, 춘보도 학부 졸업 즉시 서울로 나를 찾아와 성균관대 대학원 사학과에 적을 두었다. 내가 한창 고려사(高麗史) 연구에 열중하고 있을 때라, 강진철·이기백(李基白)·김성준(金成俊) 세 분과 함께 고려사연구회를 조직하여 매주 1회 나의 연구실에서 『고려사』 '지(志)' 부분을 가지고 독회(讀會)를 열었다. 몇몇 외부인사들이 비회원으로 와서 들었지만 특히 춘보는 조수의 자격으로 빠짐없이 독회에 참가하여 강독과 토론의 진지한 분위기에 함께 젖었다. 아마 춘보의 공부의 기초가 이때 이미 마련되어 가고 있었을 것이다. 2년 뒤에 석사논문인 「여말선초(麗末鮮初)의 상서사(尙瑞司)」를 역사학회에 발표했는데 많은 선배학자들이 그 논문을 칭찬하였고 당시 일본 동경교대(東京敎大) 미야하라 도이찌(宮原菟一)씨도

나에게 그 논문을 매우 좋게 평가하였다.

나는 대동문화연구원 원장직을 맡아서 주로 우리나라 명현(名賢)의 문집(文集)들을 정리 영인(影印)하는 것으로 사업을 삼게 되었는데 춘보는 거기에 연구원으로 있으면서 사실상 일을 독담하다시피 하였다.

그런데 나는 고려사 연구에서 차차 거리를 두고 이조후기의 실학에 관심을 기울이기 시작했는데 춘보는 한때 대동법(大同法)에 관한 것과 『택리지(擇里志)』의 저자 이중환(李重煥)에 관한 것을 쓰기도 했으나, 나와 달리 춘보는 고려사에서 손을 떼지 않고 꾸준히 전공을 지켜나갔다. 특히 영남대학교 교수로 자리를 옮긴 뒤에 『고려대장경(高麗大藏經)』을 주제로 잡아 집중적으로 연구하면서 여러 편의 논문을 썼다. 강화천도(江華遷都)와 몽고(蒙古)에 대한 항전(抗戰) 속에 방대한 『고려대장경』을 출판한 것은 위대한 민족의 수난기에 남겨진 세계적 기념물이다. 이에 대한 춘보의 관심은 당시 국민들의 참여도의 여하에 있었다. 특히 춘보는 대장경 관계 모든 자료를 섭렵하는 한편 81, 258장에 달하는 목판의 영인본을 일일이 조사하여 목판의 각수(刻手)의 성명(姓名) 신분(身分)을 알 수 있는 대로 알아내는 데 고심하였다. 여기에는 물론 장인(匠人)들이 주가 되어 있지만 일반 신도(信徒) 신녀(信女)들이 자기 부모의 명복을 위해 기진(寄進)한 경우도 있었고, 그중에서 진사 출신자가 직접 각도(刻刀)를 잡고 각자(刻字)한 경판(經板)도 있었다. 이것은 춘보의 큰 발견이다. 최씨정권(崔氏政權)의 강제동원으로만 볼 수 없는 일면이 있다는 것이다.

한편 춘보는 부산·대구 지역의 고려사 연구자들이 합심하여 한국중세사학회를 만들게 될 때에 중심적 역할을 하였고 이어서 초대회장을 역임하기도 했으며, 영남대학교 민족문화연구소의 책임을 맡아 실로 많은 업적을 내기도 하였다.

이와같은 춘보의 학문적 의욕과 문화적 활동이 대학 정년에 의해 일단 제동을 받게 되는 것은 불가피한 일이다. 그러나 대학 강단에서 물러난다고 하여 춘보의 의욕과 활동이 중단되지 않을 것이다. 제도상의 정년퇴임과 관계없이 자신의 창의와 노력이 얼마든지 더 많은 결실을 볼 수 있겠기 때문이다.

　　나는 춘보를 믿는다.

2001년 6월 16일 北漢山 기슭에서

密陽鄕校誌 序

　우리나라 유사 이래 수천년 동안 쌓이고 쌓인 문화유산이 따지고 보면 불교문화와 유교문화에 속한 것이 거의 그 전부이다. 삼국·신라로부터의 불교문화는 사찰(寺刹)에 의해 발전 보존되어왔고, 고려·조선으로 들어와서 유교문화는 향교(鄕校)·서원(書院)에 의해 발달 보급되어왔다. 불교의 원리가 초세속적(超世俗的)인 정신세계에 치중한 나머지 현실에서 벗어나 자기해탈의 법열(法悅)을 느끼게 되고 비록 호국제세(護國濟世)의 홍원(弘願)을 말하지만 결국은 세상과 거리를 둔 산중총림(山中叢林)에서 그 위치를 한정하게 되었다. 이것이 사찰(寺刹)이다. 이에 비하면 유교는 처음부터 수제치평(修齊治平)을 출발점으로 하여 전장제도(典章制度), 학술문물(學術文物)에 걸쳐 국가사회에 직접 이바지하기로 되어 있으므로 결과는 민족문화의 창달에 크게 기여하게 되는 것이다. 따라서 세상을 직접 상대로, 사람들이 모여사는 곳으로 활동방향을 정하였던 것이다. 향교·서원이 사찰과는 반대로 군읍(郡邑)의 중심이나 의관학자(衣冠學子)들의 교통요소에 설치되었던 까닭이 여기에 있다.

　그런데 서원(書院)은 어느 특정 명현(名賢)의 연고지에 민간인사(民間人士)들이 설립하여 학문의 강론과 그 명현에 대한 추모(追慕) 향사(享

祀)를 하는 곳으로 되어 있어서 매 고을마다 꼭 있어야 하는 것은 아니다. 비록 조정(朝廷)으로부터 사액(賜額)을 받고 전토(田土)와 장획(臧獲)의 지원을 받았다고 하더라도 설립주체가 민간인사들이니만치 사립적(私立的) 성격에서 벗어날 수 없었던 것이다. 그러나 향교(鄕校)는 아주 다르다. 유교문화권에 있어서 전국적으로 군현제도(郡縣制度)의 시행과 더불어 고을마다 지방관아(地方官衙)와 함께 그 지방의 향교가 병설되어서 지방행정을 지방교화(地方敎化)와 밀착시켜 추진하게 되었다. 고려시대 반유반불(半儒半佛)의 정치·사회적 상황 속에서도 향교가 널리 존립되어왔거니와 조선왕조에 들어와서 유교를 국시(國是)로 삼은 정치이념이 확립됨에 따라서 어떠한 궁향벽현(窮鄕僻縣)에도 반드시 향교가 있게 마련이고, 수령칠사(守令七事) 중에서 '학교흥(學校興)'이 차지하는 비중이 대단히 높았다. '학교흥'은 향교를 잘 운영하여 학풍(學風)이 진흥함으로써 인재육성에 공로가 있음을 말하는 것이다. 이와같이 향교는 국가정책의 지대한 과제이며 지방행정의 최선무(最先務)의 하나에 속했던 것이다.

이제 본론으로 돌아와 밀양(密陽)의 향교에 관한 이야기를 하기로 한다. 우리 밀양은 경상도의 명구(名區)로서 물산과 교통 그리고 인민의 부서(富庶)가 진작부터 전국군현(全國郡縣) 중에서 유수한 지방으로 되어 있었으므로 향교도 일찍 설립되었던 것으로 보인다. 그 최초의 설립이 언제 되었는지는 딱히 알 수 없지만 늦어도 고려전기에 이미 존재했던 것으로 짐작되고도 남는다.

고려전기에 있어서 수도 개성(開城)을 포함한 중부 이북은 거란(契丹)·여진(女眞) 등 북방민족의 구략(寇掠)과 압박(壓迫) 때문에 전쟁과 방비에 따른 출혈이 심하였고, 뒤이어 정중부(鄭仲夫)·이의방(李義方) 등 무신(武臣)의 정변(政變)으로 소란과 희생이 연속되었다. 이에 비하여 남쪽 지방은 그런 피해가 적었으므로 비교적 안정된 분위기 속에 삶을 영위할 수 있었다. 밀양의 경우도 그러하였다.

　무신정변(武臣政變, 1170년)에 죽지 않고 개성을 탈출한 방랑시인(放浪詩人) 임춘(林椿)은 밀양에 와서 오래 머물면서, 여러 시편(詩篇)을 통하여 이 고장의 자연풍광(自然風光)과 인재문물(人才文物) 등 당시의 정황을 잘 표현해놓았다. 그는 영남사(嶺南寺) 내지 영남사죽루(嶺南寺竹樓, 지금 嶺南樓의 前身)에 올라 지은 시에 "물 위에 뜬 도화(桃花)는 무릉도원(武陵桃源)을 연상케 하는데 수양버들 사이에 천백(千百)의 가옥(家屋)이 있고 해 저문 교외(郊外)에 한가롭게 돌아오는 우마(牛馬)들은 그 번화스럽고 평화스러움을 한결 더 잘 보여준다"라고 하였다. 임춘은 이러한 자연풍광에 대해서뿐 아니라 이 고장의 인재문물에 대해서도 탄선(歎羨)을 마지않았다. 당시 향교의 제생(諸生)들이 그를 초청하여 회음(會飮)을 한 적이 있었는데, 임춘은 또 시로써 사의(謝意)를 표하였다. 시의 대의(大意)는 이러하다. "교궁(校宮)의 사당(祠堂)에 들러 선성(先聖)의 진상(眞像) 앞에 절하고 행단(杏壇)의 봄, 의관(衣冠)의 높은 집회(集會)에 나아가니 당상(堂上)에는 수많은 착한 선비들이 오르내리고 좌중(座中)에는 모두 세련된 빈객(賓客)이 흥겹게 수작들 한다. 이 늙은 몸, 항상 사문(斯文, 文章·學問)이 상실(喪失)된 것을 탄식했더니 여기 이 명도(名都)에 와서 비로소 예의(禮義)가 새로워지고 있음을 기뻐하게 되었다."

　창과 칼로써 모든 것을 결정하는 무신정권하(武臣政權下)에서 이 고장 사람들의 문아(文雅)와 예절(禮節)에 접한 임춘은 충심으로 감열(感悅)을 금치 못했던 것이다. 처음 「유밀주서사(遊密州書事)」에서 "선비가 많기로 촉군(蜀郡)과 같다"느니 "풍속은 순후하여 예의의 고장"이라는 등의 찬사를 발하더니 이번엔 향교에 대한 시에서 다시 "수많은 선비"라느니 "예의가 새로워"지느니 하는 말을 되풀이한 것이다. 임춘은 마지막으로 「기밀주태수(寄密州太守)」라는 시에서 필마단장(匹馬單裝)으로 다시 여도(旅途)에 오르는 자신의 쓸쓸한 행색을 말하는 한편 아름다운 밀양에 대한 무한한 아쉬움을 표시하기도 하였다. 임춘의 이러한 시는 종래 한시(漢詩)

의 특유한 수식성(修飾性) 때문에 약간의 지나친 표현이 있을지 모르지만 1170년대 당시의 우리 밀양의 상황을 알려주는 좋은 자료라고 하겠다.

이러한 밀양향교의 전통은 고려에서 조선왕조로 내려오면서 면면한 역사 속에 지속적으로 유지되어왔다. 여말선초(麗末鮮初)로부터 지방 명족(名族)인 손씨(孫氏)·박씨(朴氏)·변씨(卞氏)들에 의하여 명경(名卿) 거인(巨人)이 배출되고 그 유화(遺化)가 점피(漸被)되어오다가, 점필재(佔畢齋) 김종직(金宗直) 선생(成宗朝)에 이르러 일대(一代)의 종장(宗匠)으로 문풍(文風)을 진작하여 지방(地方) 문운(文運)의 일대 전기(轉機)를 조성하였다. 점필재 선생은 영남유학 내지 이조유학의 성립에 있어서 그 창시자적(創始者的) 영예(榮譽)를 지니고 있는 분이거니와, 그는 향토 밀양에 있어서 풍습(風習)을 교정(矯正)하고 젊은 자제들의 향학열을 고무시키기에 진력하였다. 향사당(鄕祠堂, 鄕廳)을 기반으로 향헌(鄕憲) 향약(鄕約)을 실시하고, 다시 의재(義財)를 설치하는 데 협력하여 향당사회(鄕黨社會)의 친목과 교화를 도모하였다. 그의 「의재기(義財記)」에 "이 고을이 비록 왕경(王京)과 멀리 떨어진 해유(海維)에 있으나, 산천(山川) 토양(土壤)이 기름지고, 세가(世家) 사족(士族)으로 오랜 전통을 지니면서, 전원(田園)에 사는 이들이 타읍(他邑)의 비(比)가 아닌즉, 인사범백(人事凡百)에 있어서 예의절차(禮儀節次)를 강마(講磨)하지 않으면 안될 것"이라고 말하고, "이 의재(義財)의 자금(資金)을 운영함에 있어서 적당한 인재(人材)는 얼마든지 있을 것이며, 그것은 조금이라도 '인의지심(仁義之心)'이 있는 이라면 이 풍속을 순화시키는 사업에 어찌 힘을 다하지 않을까 보냐"고 하였다.

그는 향교를 특히 중시하여 향교의 질적 향상에 권권(惓惓)한 관심을 기울였는데, 그가 향중(鄕中)의 일 기로(耆老)로서 밀양 명륜당(明倫堂)에 있는 학생들에게 특별히 서한을 보내어 소회(所懷)를 피력하면서, "향교에서 강학(講學)을 밝게 하여, '효제충신(孝悌忠信)'의 교(敎)를 사람마다 잘 복습하면, 상서(庠序)로부터 여항(閭巷)에 이르기까지 풍교(風敎) 소급(所及)에 사회질서가 자연히 바로잡혀질 것이니, 이로 보아 한 지방의 치화(治化)는 향교에 그 관건이 있는 것이며, 한 지방뿐 아니라 온 천하가 마찬가지다"라고 하였다. 그는 이어서 이 고장의 지리(地理)·물정(物情)을 언급하면서, "자연의 미, 물산의 풍부, 공상(工商)의 교주(交湊)가 동남(東南)의 일 도회(都會)라 할 만하고, 민심이 또한 근면민첩(勤勉敏捷)하여 도솔(導率)만 잘하면 왕화(王化)에 충실한 백성이 될 것이다"라고 하였다. 이러한 말로써 젊은 학자(學子)들의 향토에 대한 인식과 애착심을 환기시키고, 다시 과거(過去)의 사실(史實)을 들어서 "이렇듯 좋은 고장이 고려(高麗) 삼별초(三別抄)의 반란(叛亂) 당시에 관련되어 지방민들이 패망(敗亡) 복멸(覆滅)을 입었고, 그로부터 세상사람들이 이 고장의 민속(民俗)을 폄시(貶視)하고, 뒤에 관풍록(觀風錄)이나 지리지(地理誌)를 쓰는 이들이 모두 '기민호투쟁(其民好鬪爭)'이라고 낙인을 찍다시피 하여, 지금까지 산천인물(山川人物)의 수치와 모욕이 되어 있다"고 말한 후, 다시 이어 "땅은 고금(古今)이 없어도 사람은 고금이 있는 것인즉, 지금 '요박(澆薄)'해진 것을 돌이켜 '순후(淳厚)'함에 돌아가게 함이 어찌 그 시기(時機)가 없으리오. 그것에 대한 책임은 향교(鄕校)에 있는 것이니, 방금 문치(文治)가 흥융해지려는 무렵, 제군(諸君)은 모두 선발(選拔)된 수재(秀才)로 수선지지(首善之地, 鄕校를 가리키는 말)에 있느니만치, 행실을 닦고 배움에 힘써서 지방의 선도자(先導者)로 계몽적(啓蒙的)인 역할을 해야 하며, 나아가 이 고장의 오랜 누명(陋名)을 씻어버려야 한다"라고 하였다.

그는 위와 같이 후진들에게 이 고장의 역사적 오점을(그것이 오늘날 史眼으로 보아 오점인지 아닌지는 별문제로 치고—필자) 상기시키면서 계왕개래(繼往開來)하는 역사적 자각(自覺)에서 분발 약진할 것을 촉구하였다. 이리하여 사문(斯文)의 선진(先進)인 그의 저대(著大)한 권위 아래 향교를 근거로 한 수많은 인재들이 육성되었으며, 밀양은 그 당시 영남 일대에 신학풍의 진원지를 이룩하였고 그로부터 우리 밀양은 '추로지향(鄒魯之鄕)'이라는 미명(美名)을 누리게 되었다.

임진왜란을 지난 뒤에 폐허 속에서 향토의 재건과 더불어 향교의 부흥을 위한 여러 향현(鄕賢)들의 고심노력이 주효하여 일단 종래의 면모를 회복하였지만, 전국적 현상으로 향교의 풍운이 날로 쇠미해져서 사자(士子)들의 강독(講讀) 소리는 멀어지고 오직 선성선현(先聖先賢)에 대한 춘추향사(春秋享祀)로 그 명맥을 이어왔다. 우리 밀양향교도 예외는 아니었다. 일제침략기를 거쳐 해방후에 뜻있는 인사들이 향교에 모여 전통을 되찾고 그 의의를 살리기 위해 명륜학원(明倫學院)을 부설하는 등 한때 활기를 일으키기도 하였다. 이리하여 중간에 다소의 변화를 겪으면서 오늘에 이르렀다. 우뚝 솟은 풍화루(風化樓)는 변함없이 이 고을의 유구한 교화(敎化)의 상징을 보여주고 있기도 하다.

이번에 향교 임원 여러분의 합심협의 아래『밀양향교지(密陽鄕校誌)』를 발간하기로 추진하면서 향중전고(鄕中典故)에 밝은 사학자 이운성(李雲成)씨에게 집필을 의뢰했는바, 씨는 그의 학적(學的) 양식(良識)에 의하여 자료의 성실한 수집과 사실의 상세한 파악, 그리고 조리있는 서술로 2년여의 힘을 기울여 완성을 보게 되었다. 근래 각 고을마다 향교지(鄕校誌)라는 이름으로 책자를 내고 있지만, 이 책과 같이 학술적 체재를 갖춘 책자는 볼 수가 없다. 이것 또한 우리 밀양의 문화적 역량을 보여주는 것이란 점에서 기쁘게 생각된다. 앞으로 이 책을 통하여 우리는 향교가 우리나라 문화유산, 특히 유교문화의 유산으로 어떠한 가치를 지니고 있는 것인가를 잘 알게 될 것이다.

이 책이 상재(上梓)될 무렵 이언출(李彦出) 전교(典校)와 집필자 이운성씨가 한성(漢城) 서경(西坰)으로 우성(佑成)을 찾아와 이 책의 서문(序文)을 부탁하기에 우성 또한 밀양향인(密陽鄕人)의 한 사람으로 동경(同

慶)의 마음과 아울러 탁명(託名)의 영광을 느끼게 되어 사양치 않고 이 글
을 쓰게 되었다.

2004년 10월 개천절

華下詩集 卷頭에

　이 책은 우리 종조부(從祖父) 화하공(華下公)의 시집(詩集)이다. 공(公)이 서거(逝去)하신 뒤에 아드님이신 벽암공(碧巖公, 諱 璣衡)이 이 시들을 수집하여 일책(一冊)을 만들고 해서(楷書)로 정사(精寫)하여 건상(巾箱)에 남겨두었는데, 육십년이 지난 지금 증손(曾孫) 희문(熙文)이 공간(公刊)할 계획을 세워, 번역까지 한 뒤에 영인(影印)으로 일책을 출판한 것이다. 전반부는 시 전부를 우리말로 풀이하여 모든 사람이 읽을 수 있게 한 국역본(國譯本)이고, 후반부는 원시(原詩) 필사본(筆寫本)을 그대로 찍어 첨부한 것이다.

　1861년 철종(哲宗) 신유(辛酉)에 경상도 밀양부(密陽府) 단장면(丹場面) 무릉동(武陵洞)에서 탄생하여 1930년 경오(庚午)에 동(同) 부북면(府北面) 퇴로리(退老里)에서 세상을 떠나신 화하공은 휘(諱)가 병수(炳壽), 자(字)가 경기(景箕)이며, 여주이씨(驪州李氏) 가문의 출신으로 항재공(恒齋公)의 차남이고 성헌공(省軒公)의 단 한 분의 아우였다. 어려서 형제가 함께 가정에서 공부를 하며 성장했지만, 성헌공은 일찍부터 학문의 세계에 침잠하여 학자로서 한평생을 보낼 뜻을 굳혔음에 반하여 화하공은 세상일에 뜻을 두어 진작 경사(京師)에 출입하면서 공경대부(公卿大夫)

와 명사(名士)들을 사귀게 되었다. 연재(淵齋) 윤참판(尹參判) 종의(宗儀)와 같은 석학(碩學) 고로(古老)를 위시하여 장지연(張志淵), 신채호(申采浩) 등 진보적 계몽사상가들에게까지 접촉의 범위를 넓혔다. 과장(科場)에서 뜻을 얻지 못하고 남행(南行)으로 원릉참봉(元陵參奉)의 제수(除授)를 받기도 했으나, 국운(國運)이 날로 기울어져서 일목(一木)으로 대하(大廈)를 떠받칠 수 없음을 깨닫고 미련없이 서울을 떠나 표연히 밀양 향리에 돌아와 노친(老親)의 봉양(奉養)과 가사(家事)의 간리(幹理)에 정성을 기울였다. 마을이 화악산하(華嶽山下)에 있었으므로 '화하소옥(華下小屋)'이라는 편액(扁額)을 거실(居室)에 걸어두고 전원생활(田園生活)에 낙(樂)을 붙였다. 화하(華下)라는 호를 쓰기 시작한 것도 이때부터였다. 조선왕조가 망하고 항재공이 돌아가시자 삼년(三年)의 복상(服喪)을 마친 후에 형제가 함께 선친(先親)의 별업(別業)인 서고정사(西皐精舍)로 거치를 옮겨 창송녹죽(蒼松綠竹) 속에 사립문을 닫아걸고 극진한 우애(友愛)를 나누며 백수청금(白首靑衿)으로 서안(書案)에 마주 앉아 연찬(硏鑽)의 세월을 보냈다.

성헌공이 여러 유학자들과 왕복문답(往復問答)을 할 때나 『조선사강목(朝鮮史綱目)』 등 저술을 할 때에 화하공은 언제나 곁에서 필연(筆硯)의 역(役)을 도왔다. 지금 가장(家藏)한 성헌공의 서간문초(書簡文草)와 기록문자(記錄文字)에서 화하공의 글씨가 많은 것을 보아도 알 수 있다. 화하공은 평생 스스로 학자 또는 문사(文士)로 자처한 적이 없었지만 경전(經典)의 교양과 시문(詩文)의 술작(述作)에 있어서 일반 촌학구(村學究)의 기급(企及)할 바가 아니었다. 특히 시에 있어서 근체(近體) 제작(諸作)은 탈속한 운치와 아울러 대우(對偶)의 정치(精緻)함과 묘사의 상절(詳切)함이 타의 추종을 불허한다는 평이 있어왔다. 그중에도 「재거십사(齋居十事)」 「박산제영(博山諸詠)」 「금강행창수(金剛行唱酬)」 등은 연편첩장(連篇疊章)으로 사율(四律)·절구(絶句)·고시(古詩)의 여러 형식(形

式)을 두루 사용하여 작품을 이룬 것으로, 그 가운데 훌륭한 구(句)와 연(聯)이 착종(錯綜)하여 독자들로 하여금 전고후응(前顧後應)에 끝날 줄 모르게 하고 있다.

얼핏 보아 시의 내용은 주로 산수자연(山水自然)과 전원풍경(田園風景)을 노래하면서 스스로 생활취미(生活趣味)를 즐기는 것 같지만, 마음있는 사람의 눈으로 본다면 그 속에는 망국(亡國)의 비통(悲痛)에서 서산낙조(西山落照)를 바라보며 눈물을 뿌리는 애절한 심정과 도탄(塗炭)에 빠진 동포를 어떻게 구제할까를 애타게 생각하는 염원(念願)이 서려 있고 민족의 장래에 대한 깊은 우려에서 젊은이들의 올바른 지향(志向)과 끊임없는 면학(勉學)을 간곡하게 부탁하는 언사(言辭)가 수처(數處)에 보이고 있다. 일제식민지 시기에 있어서 양심적 중소지주층(中小地主層) 내지 사족(士族) 지식인(知識人)의 고뇌(苦惱)와 희구(希求)를 읽을 수 있는 것이다.

이 『화하시집(華下詩集)』은 여주세고(驪州世稿)의 하나로서 『항재집(恒齋集)』『성헌집(省軒集)』의 뒤를 이어 최근에 나온 『퇴수재집(退修齋集)』과 함께 우리 퇴로(退老)마을의 한 문헌으로 일정한 가치를 지니게 될 것이다.

1998년 歲暮에

星湖學研究 創刊號 卷頭에

2002년에 성호기념관(星湖紀念館)이 안산시(安山市)에서 준공 개관되어 성호(星湖) 이익(李瀷) 선생의 학문과 인간 존재에 대한 천명이 상당히 진전되었음은 물론, 실학의 발상지인 근기지방(近畿地方)에 문화의 서광이 비추어지는 신호로 보여지기도 했다. 이번에 안산시 당국의 지원과 성호기념관의 주동으로 『성호학연구(星湖學研究)』의 창간호가 나오게 된 것은 참으로 경하할 일이다. 이것은 안산시와 경기도에 국한된 사업이 아니고 우리나라 학술사(學術史) 내지 문화사(文化史)에 일정한 역할과 공헌이 이루어질 것으로 기대되기도 하는 것이다.

성호선생은 여주이씨(驪州李氏) 명문 출신으로 서울에서 가장 가까운 안산땅에 팔십 평생을 사시면서 벼슬길에 나서지 않고 오직 재야학자(在野學者)로서 연구와 저술에 한 생애를 바쳤다. 선생은 실학의 기초를 확립하고 나아가 경세치용(經世致用)의 학풍을 창도하면서 막상 자신은 세상에 나가 경세적(經世的) 활동을 하지 않았다. 이것은 선생의 본뜻이 아니다. 선생은 일찍이 퇴계(退溪) 이황(李滉) 선생이 조정(朝廷)의 징소(徵召)에 응하지 않고 끝내 은퇴한 것을 못내 아쉽게 생각했던 것을 보아도 알 수 있다. 실은 당시의 집권층이 당색(黨色)의 상이(相異)로 인해 선생의 가문을 적대시하고 선생의 학자적 이론과 포부를 경원(敬遠)하여 조정에 발붙이지 못하게 했기 때문이다.

그러나 오늘날 우리의 견지에서 본다면 선생이 당시 조정에 나아가 관직생활을 했다고 하더라도 자기의 이상을 실현시키기에는 시대여건이 너무도 맞지 않아, 필경 보람없이 물러나거나 아니면 화를 당하게 되었을 것이다. 따라서 선생의 위대한 학적 업적을 후세에 남기기가 어려웠을 것이다. 우리는 이러한 결과를 가지고 선생을 위해 다행하게 여기고 우리들 스스로 위로하고 있는 것이다.

선생의 학적 업적은 우리나라 학술사상의 흐름 속에 하나의 신기원을 획(劃)한 것으로 누구나 인정하고 있는 바이지만 오늘날 선생의 학의 내용에 대한 구체적 탐색과 분석은 아직 미미한 편이다. 앞으로의 과제를 위하여 여기 우선 그 대체적 윤곽을 그려보면서 몇가지 그 특성을 들어보기로 한다.

첫째, 현실성(現實性)을 들 수 있다. 종래 관념화된 성리학(性理學)의 풍상(風尙) 속에 심성이기(心性理氣)로 스콜라적 논쟁에 시종(始終)하고 있었는데 선생은 성리학을 철저히 소화한 뒤에 당시의 현실문제를 정면으로 다루어, 정치·법제·교육·군사·조세 등 국정 전반에 걸쳐 개혁적 의견을 개진하였다. 그것도 일반 유학자들이 빠지기 쉬운 이념 위주의 논술이 아니고 어디까지나 당시 상황에 있어서 현실적 해결책을 제시한 것이었다.

둘째, 주체성(主體性)을 들 수 있다. 종래 사대주의(事大主義) 중화주의자(中華主義者)들의 몰자아적(沒自我的) 의식상태는 남한산성의 치욕을 민족적 치욕으로 여기지 않고 대명(大明)을 위해 후수(後讎)해야 한다는 춘추대의(春秋大義)를 높이 외치는 데에 이르렀다. 이에 대한 비판이 양심적 지식인들 사이에 일어나고 있었지만 중앙권력에 결탁한 권위주의의 강력한 통제 아래 정면대결이 불가능하였다. 선생은 보다 근원적으로 자아에의 인식을 선명히하면서 역사를 통하여 민족주체성을 정립하였다.

삼한정통론(三韓正統論)을 위시하여 구체적 역사사실들을 모두 우리 민족의 주체적 입장에서 이해하고 설명하였다.

셋째, 객관성(客觀性)과 공평성(公平性)을 들 수 있다. 종래 유학자들의 세계관은 화이론(華夷論)에 입각한 중국중심주의(中國中心主義)에서 벗어나지 못하여 고려말의 반원친명정책(反元親明政策)을 전통적 의리로 여겨오고 있는데 선생은 거기에 동조하지 않았다. 원(元)과 명(明)을 대등한 위치에 두고 우리 고려의 국제적 처지가 어떻게 조치를 취하는 것이 현명한가를 상세히 논하였다. 그리고 16세기 이래 서양선교사들이 동방으로 오는 것은 그들 나름의 '구세(救世)'의 뜻에서 온 것이라고 하여 일단 긍정적으로 보았고 세계 각국이 제각기 황(皇)과 왕(王)이 있어 자기 역내를 통치하고 있으므로 중국이 유일의 황제나라가 아니라고 설파하였다.

선생은 그의 가문이 남인계(南人系)에 속하여 노론정권(老論政權)으로부터 갖은 억압을 받아 부친은 극변(極邊)으로 귀양가서 사망하고 형은 장살(杖殺)을 당하는 불운의 연속하에 생장해왔건만 평소에 국정을 논하고 인물을 평함에 있어서 한번도 당론(黨論)의 편견에 사로잡히는 일이 없었다. 오직 우국우민의 충정으로 일관된 성충을 담아 논지를 전개해왔을 뿐이다. 선생의 열린 세계관과 사심없는 정론·인물론들은 모두 그의 객관성과 공평성에서 온 것이었다.

오늘날 국시가 일정치 않고 사리사욕이 범람하는 사회풍토에서 우리는 '성호학(星湖學)'을 단순한 기왕의 학술사상으로 여기지 말고 선생의 기본정신을 체득하고 기본입장을 거점으로 삼아, 우리의 삶의 태도를 바로잡고 나아갈 방향을 올바로 정립하는 데에 크나큰 지침이 되도록 해야 할 것이다.

『성호학연구』의 발간에 즈음하여 축하말씀을 드리면서 몇마디 소감을 덧붙여 적는다.

2003년 12월 實是學舍에서

密陽文化 創刊號 卷頭에

밀양문화원에서 『밀양문화(密陽文化)』 창간호를 내면서 손기현(孫琪鉉) 원장으로부터 나에게 몇줄의 글을 청해왔다. 밀양문화원은 그동안 『밀양지(密陽誌)』『밀양지명고(密陽地名攷)』『밀양누정록(密陽樓亭錄)』『밀양금석원(密陽金石苑)』 등 향토 문헌자료들을 많이 출판하여 한 지방의 편찬물(編纂物)로서 아주 풍부한 편이어서 다른 이웃 고을에서 그 유례를 찾아보기 드물 정도이다.

그러나 위의 책들은 대체로 과거를 정리하는 사적(史的) 작업에 속한 것이다. 그리고 전통적 사림지식층(士林知識層)의 문화에 해당하는 것이 그 대부분이다. 문화라는 것은 시대적으로 과거의 문화 즉 전근대문화와 현재의 문화 즉 근현대문화가 있으며, 사회계층적으로는 사림지식층의 문화와 서민층의 문화가 있다. 우리가 민족문화 내지 지방문화를 말할 때에 역사적으로 전근대문화와 근현대문화의 계승관계를, 그리고 사림지식층 문화와 서민층 문화의 상관관계를 총체적으로 살필 수 있어야 하는 것이다.

그런데 지금까지의 밀양문화원의 업적은 전근대문화와 사림지식층 문화에 편중된 느낌이 없지 않다. 물론 그 자체도 중요하고도 훌륭한 재산으로 소중히 이어나가야 한다. 그러나 앞으로는 근현대문화와 서민층 문화에 대한 관심의 폭을 보다 넓혀가면서 많은 것을 발굴 천명하고, 한걸음 나아가 시·시조·소설 등 우리 고장 시인 문사들의 문예창작활동의 활발한 발표지가 되는 것은 물론, 회화·서예 등 미술분야에까지 적극 지원해 주어야 할 것이다. 이것이 시대의 요구이다.

신임 손기현 원장은 이러한 실정을 잘 파악하고 그 포부의 일단으로 『밀양문화』라는 잡지를 발행하여 위의 시대적 요구에 부응하려고 한다. 참으로 좋은 착안이요, 합당한 계획이다. 손원장은 예총(藝總)을 통하여 우리 고장에 공헌한 바가 많았으므로 그 경험을 살려서 다시 훌륭한 달성(達成)을 보게 될 것을 믿어 의심치 않는다.

세계는 지금 21세기를 맞이하여 전세기(前世紀)의 온갖 병폐를 청산하고 새로운 가치체계의 창조를 위해 고민하고 있다. 우리 모두 여기에 동참하여 민족의 예지(叡智)를 빛내야 할 때이다. 이러한 추세 속에 『밀양문화』도 일정한 자기 몫을 해내야 할 것이다.

나는 밀양사람으로 몸은 비록 객지에 와 있지만 마음으로는 어느 하루도 고향을 잊어본 적이 없다. 『밀양문화』의 창간 소식에 접하여 기쁜 마음으로 몇가지 소회(所懷)를 적는다.

2000년 12월

嶺南樓 創刊號 卷頭에

　서울에 거주하는 우리 밀양 출신 인사들이 재경 향우회를 조직하여 활동해온 지가 벌써 오랜 세월이 흘렀다. 그동안 몇몇 책자를 발간하여 회원들의 동정과 소식을 전해주는 것은 물론, 우리 밀양의 역사와 문화유산을 소개하여 세상에 널리 알리는 일에 공헌해오기도 하였다. 더욱이 근년에 들어오면서 이러한 일이 더욱 활발하게 추진되고 있음을 보면서 우리는 모두 흐뭇해하고 있다.

　얼마 전 나는 손한규(孫漢奎) 회장의 초대를 받아 손영찬(孫永燦), 진삼술(陳三述), 권영률(權寧律)씨 등 간부들과 함께 한자리에서 고향이야기로 꽃을 피웠는데, 헤어질 무렵 나에게 몇줄의 글을 청하기에 흔쾌히 허락하였다. 나는 몸은 비록 서울에 있지만 마음은 하루도 고향에 가 있지 않는 날이 없었다. 나이도 먹을 만큼 먹었고 이제 곧 공직생활도 끝낼 작정이어서 시골집을 수리해두고 도연명(陶淵明)의 「귀거래사(歸去來辭)」를 읊으면서 돌아갈 날을 기다리고 있는 중이다. 내 비록 늙어서 손으로 농사일을 할 수는 없지만 조상님의 체취를 들이쉬며 공기 좋고 물 맑은 전원풍경 속에 여생을 보내고 싶은 심정이 간절하다.

　우리 밀양은 영남(嶺南)의 명구(名區)로 손꼽히는 고장이다. 뒤로는 화악산을 병풍처럼 두르고 앞으로는 낙동강을 금대(襟帶)로 삼아 대산(大山), 장강(長江)으로 한 경계(境界)를 이룬 가운데 기름진 전야(田野)가 펼쳐져 있고 아름다운 계곡과 임수(林藪)가 점철되어 마치 거대한 한 폭의 그림을 보는 것 같다. 물산의 풍요와 민생의 안락은 예부터 일러온 말이다.

밀양의 전경(全景)을 그림에 비유한다면 화룡점정(畵龍點睛)에 해당하는 것이 곧 영남루(嶺南樓)이다. 영남루는 밀양의 옛 시가(市街)의 중심부에서 높다란 추화(推火)의 뻗은 언덕 위에 자리잡아 아래로 굽이쳐 흐르는 응천(凝川)과 멀리 사문교(沙門郊)의 벌판을 내려다보는 그 자체의 위치만으로도 너무나 훌륭한 것이지만, 금상첨화로 고려 이래 역대 명현(名賢)의 수백 수천의 시장(詩章)들이 찬란한 빛을 발하고 있어서 더할 수 없이 보람에 차 있는 것이다.

영남지방에 유명한 누각(樓閣)이 많지만 오직 밀양의 것이 영남이란 이름을 차지한 것은 누구에게나 수긍이 가는 일이다. 옛날 송나라 소동파(蘇東坡)가 자기 고향인 촉(蜀, 四川省)땅을 그리면서 원경루(遠景樓)를 두고 기문(記文)을 지어 회포를 위로한 적이 있었는데, 지금 우리도 고향 생각을 할 때마다 영남루를 떠올리는 것이 당연할 것이다. 향우회지의 이름을 『영남루(嶺南樓)』로 정한 소이(所以)가 여기 있는 것이다.

어떤 중국인 학자가 나에게 말하기를 "현재 중국대륙이 개발의 붐을 타서 각 지방에 근대적 도시시설의 소음이 요란스럽지만 악양루(岳陽樓), 황학루(黃鶴樓) 등 고전적 누각을 알뜰히 보전하여 고전문화의 핵심을 지킨다"라고 하였다. 지금 우리 밀양은 남쪽의 부산, 북쪽의 대구, 그리고 동쪽의 울산 등 3대 광역시가 가까이 접하고 있어서 자칫 개발의 물결에 휩싸일 우려가 없지도 않다. 그러나 우리는 저 악양루, 황학루와 함께 영남루를 동아시아 고전문화의 한 핵심으로 길이길이 보전해나가야 할 것이다.

여기까지 쓰고 보니 나는 문득 옛 추억으로 이끌려가게 된다. 16세 때의 일이다. 일제 말엽의 전쟁중이라 모든 물상(物象)이 암담하지만 그래도 무엇인가 장래에 대한 모색으로 고민이 있었다. 영남루에 혼자 올라서 오언절구(五言絶句) 한 수를 지었다.

허물어진 성벽, 천년의 자취이고   廢郭千年跡

차가운 가람은 만고에 흐르도다   寒江萬古流

가을바람에 무한한 회포   秋風無限意

나 홀로 영남루에 올랐다네   獨上嶺南樓

중년 이후에 영남루에 관련하여 지은 시가 한두 편이 아니지만 여기 우선 최초의 오언시 한 수를 적어, 고향을 그리는 여러 벗님들께 한토막 이야깃거리로 제공하고자 한다.

2002년 9월

제4부 解題

今是堂集 解題

1

이 『금시당집(今是堂集)』은 우리 선조 승선공(承宣公) 금시당 선생의 시문 약간편(若干篇)과 부록문자를 합집(合輯)하여 한 책으로 만들고 그것을 우리말로 번역하여 자손들을 포함한 일반 사람들이 쉽게 읽을 수 있도록 한 것이다.

원래 선생의 시문과 부록문자는 「금시당선생유고」라는 이름으로 우리 가문의 세고(世稿)인 『철감록(綴感錄)』속에 수록되어 있었다. 이번에 새로 발견한 글들을 한데 묶어 내용이 다소 불어났으므로 『철감록』에서 따로 떼내어 단행본으로 세상에 펴게 된 것이다.

그리고 끝에 선생의 맏아드님이신 근재(謹齋)선생의 실기(實記)를 부재(附載)하여 두 부자분의 분복(芬馥)이 한 책 속에 담겨 있게 되었다.

선생의 휘(諱)는 광진(光軫), 자(字)는 여임(汝任)이고, 금시당은 만년(晩年)의 아호(雅號)이다. 조선왕조 제13대인 명종조(明宗朝)에 중앙에서 청요(淸要)한 관직을 지내면서 충언당론(忠言讜論)으로 조정(朝政)의 궐실(闕失)을 광구(匡救)하였고, 여러 고을살이로 지방의 민사(民事)와 풍교(風敎)를 진작한 조선전기의 명현의 한 분이었다.

여주(驪州)를 본관으로 하는 우리 이성(李姓)이 고려중엽에 개경(開京)으로 진출하여 잠영지족(簪纓之族)이 됨으로써 기우자(騎牛子) 선생 문절공(文節公)과 같은 현조(顯祖)가 나시게 되었고, 조선 건국과 함께 한양(漢陽)으로 옮겨와 왕실과 혼인하는 유수한 명문(名門)의 하나가 되기도 했으며, 경상도 밀양으로 이주한 뒤에는 전형적인 재지사족(在地士族)으로 학문·덕행이 향방(鄕邦)의 빛을 더하였다.

조선사대부의 사회에서 사환(仕宦)은 가격(家格)을 위해 필수적인 것이지만 경향(京鄕)의 간격과 격차가 심해져서 한번 낙남(落南)한 이후에는 우리 가문도 종전의 환업(宦業)을 유지할 수 없었다. 16세기 중반 선생이 처음 서울에 올라가 벼슬길에 들어설 때에 이미 서울에는 국초 이래의 친족들이 다 시골로 떠난 뒤였으며, 조상의 세업(世業)도 서울에 남아 있는 것이 별반 없었던 것 같다. 게다가 숙부 내한공(內翰公) 월연(月淵)선생이 향리(鄕里)로 은퇴하여 별세하시고, 곧이어 백형(伯兄) 생진공(生進公)이 문과합격자로서 방방(放榜)을 보기 전에 서울에서 급서(急逝)하여 향리로 반장(返葬)한 지 겨우 몇해 뒤라 선생은 한양 명문의 자손으로 다른 시골 선비들과 다를 바 없이 서울생활이 고단하였다.

이 시대는 우리나라 역사상 사림(士林)들에게 가장 큰 좌절을 주었던 기묘사화(己卯士禍)를 치르고 얼마 되지 않아 다시 마지막 사화인 을사사화(乙巳士禍)를 겪은 직후였다. 선생이 중종(中宗) 35년(1540) 모재(慕

齋) 김안국(金安國)의 주시하(主試下)에 생원복시(生員覆試)에 합격한 것이 28세 때였고, 명종(明宗) 원년(1546) 증광별시문과(增廣別試文科)에 합격한 데 이어 전시(殿試)에서 병과(丙科)에 제31인으로 급제한 것은 34세 때였다.

이때는 을사사화의 바로 다음해라 사기(士氣)가 저상(沮喪)하고 관기(官紀)가 해이하여 나라의 형편이 매우 암담하였다. 선생은 영남(嶺南) 선비로서 사마시와 문과급제 동년(同年)이 된 갈천(葛川) 임훈(林薰)·옥계(玉溪) 노진(盧禛)·약봉(藥峰) 김극일(金克一) 그리고 귀암(龜巖) 이정(李楨) 등과 가까이 사귀면서 정인군자(正人君子)의 도리로서 서로 격려하며 관료생활에 청직봉공(淸職奉公)을 다짐하였다.

승문원 정자(承文院 正字)에서 예문관 검열(藝文館 檢閱)로 옮겨 대교(待敎)·봉교(奉敎)로 승진하여 한림명사(翰林名士)로 뚜렷하게 두각을 나타내는 한편 춘추관 기사관(春秋館 記事官)·승정원 주서(承政院 注書) 등을 거쳐 홍문관 부교리(弘文館 副校理)로서 옥당(玉堂)에 들게 되었으며, 호조(戶曹)·공조(工曹)·병조(兵曹)의 좌랑(佐郞)을 역임하면서 젊은 관인으로서 종횡으로 활약하였다. 중종(中宗)·인종(仁宗)의 실록 편찬에 참여하여 완성을 보게 된 것도 이 무렵이었다. 한때 외직으로 순천(順天)·흥양(興陽)·사천(泗川)·창녕(昌寧) 등지의 수령이 되어 목민관으로서 임무수행에 성심을 다하였다. 사관(史官)은 "선생이 맑고 단아하며 백성들에게 끼친 혜택이 많았다"고 평하였다.

다시 조정에 돌아온 뒤에는 임금의 특명으로 선발한 사유(師儒)의 한 분이 되었는데 사유 43인 가운데 선생이 수석으로 뽑혔다. '사유'란 것은 당시 학생들의 태만한 공부 분위기와 선비들의 불미스런 풍습을 바로잡기 위하여 관료 중에 덕행이 높고 학문이 깊어 스승이 될 만한 유자(儒者)를 골라 교도(敎導)의 책임을 지게 하려는 것이었다. 그 선발의 기준이 엄격한 것은 불문가지이거니와 선생이 수석으로 뽑힌 것도 선생에 대한 물망이 어떠했던가를 짐작할 수 있게 해준다.

이때 선생의 나이 벌써 52세, 사헌부 집의(司憲府 執義)·춘추관 편수관(春秋館 編修官)·사간원 사간(司諫院 司諫)·홍문관 응교(弘文館 應敎)를 거쳐 53세 때 비로소 정3품 당상(堂上)으로 승정원에 들어가 동부승지(同副承旨)·우부승지(右副承旨)·좌부승지(左副承旨)에 이르렀다. 얼마 되지 않아 서반(西班)의 용양위호군(龍驤衛護軍)·충무위상호군(忠武衛上護軍)이라는 대우직으로 옮겨지고 다시 외직으로 담양 부사(潭陽府使)에 부임하게 되었으나 선생은 이에 환정(宦情)의 염권(厭倦)과 세미(世味)의 신산(辛酸)을 느껴 곧 인수(印綬)를 내던지고 밀양으로 돌아왔다.

환향(還鄕)한 뒤에 용호(龍湖) 위쪽 백곡(栢谷)에 별서(別墅)를 마련하여 금시당(今是堂)이라는 당호를 편액으로 걸었다. 도연명의 「귀거래사(歸去來辭)」의 '각금시이작비(覺今是而昨非)'라는 구절에서 따온 것이다. 지금이 옳고 어제까지는 잘못되었다는 뜻이다. 선생의 심경을 알 만하다. 이 청한(淸寒)한 삶도 오래 누리지 못하고 겨우 일년이 지난 54세에 세상을 떠나시고 말았다.

3

이제 이 책의 내용을 개괄적으로 살펴보기로 한다.

첫째, 시(詩) 몇편을 두고 보면 선생은 벼슬길에 나가 있으면서도 언제나 밀양 향리의 강산풍물을 잊지 못하고, 또 향리에 돌아와 있으면 나라와 임금을 잊지 못하였다. 「월연에 배를 띄워 회포를 그리다(泛舟月淵寫懷)」라는 시에서 무봉산(舞鳳山)의 저녁바람과 용호탄(龍湖灘)의 가을비를 노래하면서 비록 그윽하고 고요한 정취는 많으나 멀리 서울 하늘을 바라보며 임금을 잊을 수 없는 시름이 일어난다고 하였다. 그리고 「부질없이

이는 흥취(漫興)」에서는 제2연에 "십년간의 벼슬살이 무슨 사업을 했는
고, 내 고장의 자연을 즐기며 노닐고저"라고 하여 시골생활을 즐기려 하
면서도 끝에 가서 "님 그리는 서쪽 하늘에 저녁해가 떨어지면, 부질없이
이는 회포 시에 부쳐 풀어본다"라고 하였다. 그러나 선생의 원래의 체질
과 지상(志尙)은 환로(宦路)보다 강호(江湖)에 있었으므로 결국 시의 본
의(本意)는 언제나 은퇴에 있었다.

「예문관에 있으면서 월영어옹께 부친다(在翰苑寄月盈漁翁)」는 시에서
도 종형(從兄)인 월영옹(月盈翁)의 어조한정(漁釣閒情)을 부러워하면서
자신이 옥당(玉堂)에 앉아 있는 것이 깊이 부끄럽다고 하였고, 「남수정에
서 쓰다(題攬秀亭)」의 끝에 "십년간 분주했던 헛된 이름 부끄럽네"라고
하여 그날의 심사(心事)를 보여주기도 하였다.

선생은 입조(立朝) 17년 동안 나라와 임금과 백성들을 위해 성심을 다
했건만 자신에게 주어진 위치는 언제나 관료사회의 중하위층에 머물러
있어서 자기의 활동이 매우 제한적일 수밖에 없었고, 또 당시의 정국이 외
척 권흉들의 손에 쥐어져 있어서 왕도정치(王道政治)의 실현이 전혀 불가
능했기 때문에 타고난 선비의 기개가 선생으로 하여금 구차스러운 벼슬
살이에 얽매여 있게 하지 않았던 것이다.

둘째, 잡저(雜著) 두 편은 선생이 젊은 시절 과시(科試)에 응한 문자(文
字)이다. 「문행선후설(文行先後說)」은 덕행(德行)과 문예(文藝) 중에 어
느 것이 먼저이며 나중인가를 논한 글이다. 가치상으로 말하면 덕행이 먼
저이지만 방법상으로 인문입도(因文入道) 즉 문(文)을 통하여 도(道)에
들어가기 때문에 문을 가벼이 여길 수 없는 것이다. 선생의 시대에 조금
앞서 도학파(道學派)와 사장파(詞章派)의 알력이 심한 적이 있었으므로
책제(策題)도 이러한 것이 나왔던 것이다. 선생은 어느 한쪽에 치우치지
않고 가장 온당한 논리로 소견을 피력한 것이다.

「동방삭론(東方朔論)」은 동방삭을 예로 들어 신하가 임금을 섬김에 있

어 잘못을 충고할 때 경직된 논리로 임금에게 강요하는 것보다 해학과 풍
자로써 임금을 깨우치고 규제하는 것이 효과적일 수 있다고 말하여, 동방
삭의 행동을 이해해주면서도 임금을 정도로 인도하는 길이 아님을 설파
한 것이다. 그러나 동방삭의 진심과 고충을 인정하여, 그가 그 나름대로
존재의의가 있다고 하였다. 여기에서도 선생은 일반 유학자들의 딱딱하
고 융통성없는 처사(處事)에 반성할 계기를 제공해준 것이라고 할 만하
다. 아무튼 이 글은 군주전제체재(君主專制體裁) 아래에서 신하들의 대응
방법에 관한 중요한 논의의 하나로 볼 것이다.

셋째, 계사(啓辭) 다섯 종과 연설(筵說) 한 종에 대해 살펴본다. 선생이
사헌부 장령(掌令)으로 있을 때 올린 계(啓)가 두 종이고, 사간원 사간(司
諫)으로서 올린 것이 한 종이고, 승정원 동부승지로서 올린 계가 하나 좌
부승지로서 올린 계가 하나이다. 그리고 경연(經筵)에서 조강(朝講)시에
임금께 직접 아뢴 연설이 하나이다.

사헌부에서 올린 두 종의 계의 하나는 어느 절의 중이 불법으로 선왕태
봉(先王胎封)의 산림을 남벌하다가 감사(監司)에게 체포되어 자살한 뒤
에, 그 무리가 선종판사(禪宗判事) 보우(普雨)에게 제소하여 문제를 시끄
럽게 하고 있는 것을 선생이 장령으로써 규탄한 것이다. 당시 보우는 문정
왕후(文定王后)에게 밀착하여 권세가 대단했는데 선생이 과감하게 배척
을 했다. 처음에는 임금이 들은 척도 하지 않다가 여론이 들끓게 되자 일
정한 조치를 내리게 되었다. 다른 하나는 남대문과 동대문에 있는 큰 종
(鐘)을 왕실의 내수사(內需司)로 옮겨 다른 불사(佛寺)에 주려 한 것을 선
생이 동료들과 반대 진언을 한 것이다. 이것 역시 문정왕후와 보우가 짜고
한 것이다. 임금은 끝내 듣지 않았다.

사간원에서 올린 계는 국가적으로 대단히 중요한 문제를 제기한 것이
다. 부산 왜관(倭館)의 왜인을 상대로 불법무역이 성행하여 여러가지 염
려스러운 사태가 생길 것을 미리 봉쇄하려 했던 것이다. 당시 왜구(倭寇)

가 바닷길로 중국의 연안(沿岸)에 침입하여 탈취한 금은·보패·비단들이 부산포(釜山浦)에 폭주하여 부산뿐 아니라 인근 지방의 수령(守令)·변장(邊將)들까지 수륙(水陸) 양쪽으로 물화를 수송하여 교역을 자행하는데, 우리나라의 쌀과 포백으로 저들의 사치품들을 마구잡이로 구입하니, 남방(南方) 백성들의 명맥이 온통 왜구의 손에 들어가는 것이라 말하고 이 폐단을 통렬히 뜯어고치지 않으면 후일 무궁한 걱정이 될 것이라고 하였다. 선생은 이어 부산첨사(釜山僉使) 유모(柳某)와 동래부사 윤모(尹某)를 파면시킬 것을 강력히 요청하였다. 이에 대해 임금은 첨사만 바꾸게 하고 나머지는 손을 대지 않았다.

승정원에서 올린 계는 두 가지인데 하나는 권신 이량(李樑)을 공격하여 그를 조정에서 내치기를 주장한 것이다. 권신 이량은 당시 사림의 일치된 공론으로 배척하는 상황인데도 임금은 이러한 일은 승정원에서 말할 소임이 아니라면서 듣지 않았다. 다른 하나는 원각사(圓覺寺) 터(현 탑골공원) 안의 민가(民家)에 화재가 나서 사람이 타죽은 사건이 있었는데, 임금이 명령을 내려 그 부근 일대의 주민들을 죄다 남벌원(南伐原)의 공지(空地)로 이주시키고 탑골에 살지 못하게 하자, 승정원에서 그 부당함을 지적하면서 특히 소민(小民)들이 시전(市廛)과 멀리 떨어져서 생업을 잃게 될 것이 염려된다고 한 것이다. 임금은 다른 구실을 들어 듣지 않았다.

경연에서 선생이 임금께 직접 아뢴 것은 군주로서 학문에 소홀함이 있어서는 안된다는 것을 간곡히 말한 것이다. 이에 대해 임금이 어떤 반응을 보였는지는 기록이 없어 알지 못한다.

이상으로 선생의 시문·차계(箚啓)를 대강 섭렵한 셈이다. 선생의 남긴 글이 이 정도에 그칠 리 만무하지만, 임진왜란 때 밀양땅의 혹독한 피해로 우리 가문의 문적이 온통 회신(灰燼)으로 변해버린 처지라 지금 한탄을 해봐도 소용이 없다. 참으로 통탄할 일이다.

다음은 부록문자에 대해 언급해둔다. 이 부록문자는 두 가지로 나눌 수 있다. 하나는 선생에 관한 『왕조실록(王朝實錄)』의 기록과 경향간의 공사 문자를 모은 것이고, 다른 하나는 행장(行狀)·묘지(墓誌)·묘갈(墓碣) 등과 금시당 관계 기사 및 시편 등이다. 많은 명유석학의 찬술(撰述)과 제영(題詠)이 실려 있어 이 책의 내용을 한층 충실하게 해준다.

끝으로 권말에 첨부된 「근재선생실기(謹齋先生實記)」에 대하여 간단히 적는다.

근재선생은 남긴 시문이 한 편도 전하는 것이 없다. 오직 선배(先輩) 장자(長者)의 기록이 여러 형태로 남아 있어 그 인품과 사행(事行)이 알려져 온다. 특히 임진란중에 함께 창의(倡義)한 동향(同鄕) 척질(戚姪) 오한(鰲漢) 손기양(孫起陽) 선생의 비교적 자세한 만장(輓章)과 제문(祭文)이 있어 큰 징빙(徵憑)이 된다. 제문에는 「문련숙질 의실사생(門連叔姪 義實師生)」이라고 하여 오한이 사제(師弟)의 의(誼)를 말하였고, 오휴자(五休子) 안신(安玔) 선생이 그의 족숙 옥천(玉川) 안여경(安餘慶)의 행록(行錄)에서 한강(寒岡) 정구(鄭逑)·동강(東岡) 김우옹(金宇顒)·존재(存齋) 곽준(郭䞭) 제선생(諸先生)과 근재선생을 함께 들어 절차탁마한 사이였다고 말하였다. 이런 기록들로 보아 근재선생의 위치를 짐작할 수 있으며, 우리 후손들은 물론 향중 인사들의 존봉(尊奉)이 또한 마땅하고도 남음이 있다고 하겠다.

2000년 3월

增補 明南樓叢書 解題(補)

　지난 1971년에 성균관대학교 대동문화연구원의 책임을 맡고 있었던 필자는 혜강(惠岡) 최한기(崔漢綺)의 저술과 편찬에 속한 방대한 책들을 국내외에서 널리 수집 편찬하여 『명남루총서(明南樓叢書)』라는 이름으로 5책을 출판한 바 있었다. 이것이 혜강의 학적(學的) 유산(遺産)을 최초로 정리 간행한 것으로 학계(學界)에 적지 않은 기여를 한 셈이었다.

　그 뒤 1985년에, 그동안 혜강의 글이 하나 둘씩 발견된 것을 모아 다시 시중(市中) 여강출판사(驪江出版社)에서 『명남루전집(明南樓全集)』이란 이름으로 대형(大型) 3책을 출판하였다. 이때에도 필자가 주관하였다. 그러다가 1999년 뜻밖에도 혜강의 방후손(傍後孫) 최명재(崔明宰)씨가 혜강의 종손(宗孫) 집에서 여러가지 새로운 자료들을 발견하여 필자에게 가져왔다. 그 책들 중에는 이름도 처음 보는 것, 그리고 이름은 알려졌으나 실물(實物)을 접할 수 없던 것들이 있었으며, 특히 혜강의 문집 초고에 해당하는 것과 그의 아들 최병대(崔柄大)의 수기(手記) 등이 포함되어 있어서 혜강 연구에 결정적 자료가 되는 것이었다. 필자는 이것을 하루빨리 세상에 널리 펴기로 생각했으나 여강출판사는 이미 문을 닫은 뒤라 대동문화연구원장 김시업(金時鄴) 교수와 상의하여 과거의 『명남루총서』에다

증보(增補)라는 두 글자를 붙여, 혜강의 글을 총집성(總集成)하는 일을 하기로 하였다. 김교수는 곧 이 일에 착수하여 진행하다가 후임 임형택(林熒澤) 원장에게 고스란히 인계해주었고 임교수 또한 적극적으로 추진하여 이제 그 완성(完成)을 보게 되었다. 혜강에 관한 한, 이 『증보 명남루총서』가 아마 마지막 결정판이 될 것으로 여긴다. 책이 나올 무렵, 필자는 다시 책머리에 해제(解題)를 실어달라는 부탁이 있어, 과거 총서와 전집에 실렸던 것을 약간 수정 보완하여 그대로 싣는다. 그리고 혜강 연구의 초기 인식과 그후의 진전상황을 알리기 위해, 이미 사문화(死文化)된 대목도 그대로 두었다.

몇차례의 전재(轉載)과정을 거치면서 이미 달라진 사정이 그대로 사재(渣滓)로 남아 있기도 하다. 독자는 앞뒤를 참조하면서 읽어주시길 바란다.

이제 여기 새로 발견된 혜강의 저술과 기록들, 그리고 혜강 연구에 중요한 자료가 될 만한 것으로 이번 총서에 새로 수록된 것들을 대강 요약하여 설명하기로 한다.

소모(素謨)

역시 혜강의 초기작(初期作)으로 매우 의미가 있다. 경전(經典)과 사적(史籍)을 바탕으로 역대 치란(治亂)의 경위를 살피고 시의(時宜)를 파악하여 경세제민(經世濟民)의 조치를 취해야 한다는 것으로, 내용은 선거(選擧)·전례(典禮)·형법(刑法) 등에 걸친 광범한 문제들을 다루어놓은 것이다. 혜강의 일생 동안의 편저(編著)에서 다루어진 문제들이 이미 이 『소모』에 내포되어 있다고 하겠다. 소모라는 뜻은 일정한 직위가 없는 소인(素人)의 거처에서 경국경세(經國經世)의 유모(猷謨)를 설명한다는 것이다. 혜강의 종손가에서 나온 초고본을 활자로 옮겨 찍은 것이다.

농정회요(農政會要)

혜강의 초기의 편저로서, 중국의 『농정전서(農政全書)』를 위시하여 우리나라의 농서(農書)들을 광범하게 섭렵하고 발췌하여 이룩해놓은 책이다. 일찍부터 우리나라 농업의 낙후한 점에 유의하여 생산기술의 발전 향상에 특별한 관심과 대책을 세워놓은 것이다. 이 책은 『인정(人政)』등과 같이 일본에 유출되어 경도대학(京都大學)에 소장되어 있으나 그 1권과 2권이 결락되어 매우 유감스럽다. 불행 중 다행으로 그 1권 첫부분 몇조(條)가 『소모』초고본의 끝에 실려 있어서 그것을 옮겨다가 이 책의 첫머리에 실어두었다. 불완전하나마 중요한 참고가 될 것이다. 경도대학 소장본을 대본으로 하였다.

향약추인(鄕約抽人)

혜강의 노년작(老年作)이다. 기존의 향약이 유명무실한 지 오래되어 아무 쓸모가 없지만 약정(約正)을 통하여 향촌사회의 혁신과 재건을 시도하였다. 우선 향약을 통한 지방 수령의 치적의 평가를 엄정히 행하면 실효를 거둘 수 있다는 것이다. 뿐만 아니라 이를 통하여 지방 인재(人才)들을 발견하고 뽑아올릴 수 있다고 보았다. 역시 혜강의 종손가에서 나온 초고본을 활자로 옮겨 찍은 것이다.

승순사무(承順事務)

역시 혜강의 노년작으로, 그의 운화기(運化氣)의 이론이 농숙(濃熟)한 경지에 이른 뒤에 나온 것의 하나이다. 승천운화(承天運化)·순민사무(順民事務)가 이 책의 요체이다. 혜강은 무엇보다 사무(事務)를 중시하였다. 실사실무를 바탕으로 하지 않는 학문은 허학(虛學)이라고 타기하였다. 그리하여 승천순인(承天順人)·행사성무(行事成務)를 여러번 되풀이하였다. 즉 하늘의 운화를 잘 이어받고 인민의 요구에 순응하는 것이 승순사무라는 것이다. 왕조 말엽의 정치사회적 상황을 염두에 두고 읽을 것이다.
역시 혜강의 종손가에서 나온 초고본을 활자로 옮겨 찍은 것이다. 결락된
부분은 공란(空欄)으로 표시하였다.

혜강잡고(惠岡雜藁)

이 책은 혜강의 문집 초고에 해당하는 것이다. 혜강의 일반 편저(編著)
들과 달리 혜강 자신의 생활과 정황(情況)을 담아둔 것이어서 혜강 연구
의 기초가 되는 중요한 자료이다. 다만 초고이기 때문에 서(序)·기(記)·
설(說)·제문(祭文) 등이 잡박한 형태로 실려 있고 또 결락된 부분이 적지
않아 애석하다. 원래 책제목이 없는 것을 실시학사(實是學舍)에서 『혜강
잡고』라고 이름하였다. 혜강의 종손가에서 나온 것을 활자로 옮겨 찍은
것이다. 결락된 부분은 공란으로 표시하였다.

최병대난필수록(崔柄大亂筆隨錄)

혜강의 장남 최병대의 수기물(手記物)로서 일기와 가계부 겸한 잡기장
이다. 당시 정부의 말단 관원으로 보고 느낀 것을 적어둔 것이 또한 흥미
롭다. 비록 난초(亂草)로 두서없이 기록한 것이지만 혜강에 관한 자료가
군데군데 나온다. 특히 혜강 일가의 경제사정이 어떠한 상태에 있었던가
를 잘 보여주는 것이 매우 소중스럽다. 책제목이 없는 것을 실시학사에서
『최병대난필수록』이라고 이름하였다. 역시 혜강의 종손가에서 나온 것을
대강 정리하여 활자로 찍은 것이다.

2002년 8월 북한산 기슭에서

省齋集 解題

1

이 책은 경북(慶北) 성주(星州)의 선학(先學), 성재(省齋) 정재기(鄭在夔, 1857~1919) 선생의 시문집(詩文集)이다. 원래 초고(草稿) 필사본(筆寫本) 4책이었던 것을 1책으로 합편(合編)하여 신연활자(新鉛活字)로 인출(印出)한 것이다. 성재의 서세 후 70여년 동안 그의 지촌(枝村) 고택(古宅)에 고이 보존되어 있다가 이제 증손(曾孫) 화식(華植)군의 성력(誠力)과 화식군의 종숙(從叔) 택락(宅洛)씨 형제의 협조로 세상에 널리 반포하게 된 것이다.

2

'조선인재 반재영남(朝鮮人材 半在嶺南)'이라는 말이 있듯이 과연 영남에는 인재가 고금을 통해 배출되어, 홍유철장(鴻儒哲匠)이 대를 이어 문운을 흥왕케 하였다. 특히 영남은 유교문화의 본고장이므로 조선 오백년

유학사의 결산기에 이르러서도 제제다사(濟濟多士)가 등장하여 그 출처에 따라 혹은 학문과 문장으로 사림의 전통을 이어나가고, 혹은 절의와 지조로 우리 민족의 정신을 진려(振勵)하여 후일의 독립과 발전에 기여해왔다.

성재는 한강(寒岡)선생의 13대손이다. 한강은 퇴계학통(退溪學統) 중에서 영남의 성리학과 근기의 실학에 관한 가교자 역할을 한 분으로 우리나라 학술사상사상 독특한 위치를 점하고 있음은 새삼 췌언할 필요가 없거니와, 영남에 국한시켜 보더라도 17세기 이후 거대한 '한강학단(寒岡學團)'이 낙동강 중류 일대에 포진하여 그 학맥이 최근세에까지 이어져내려왔다. 성재는 곧 한강의 자손으로 한강의 학맥을 이어받은 근세 순유(醇儒)의 한 분이다.

성재는 천성이 총오(聰悟)한데다가 소싯적부터 독실한 공부를 쌓아, 15세에 이미 문사(文辭)가 대진(大進)하여 영가(詠歌)에 격조가 높고 논술(論述)에 조리가 삼엄하니 선배장자들이 경이롭게 보았다. 성재는 백가문전(百家文典)을 두루 섭렵하면서 오직 사서(四書, 論孟庸學)를 귀숙처(歸宿處)로 삼았고 특히 『서경』을 많이 읽어, 그의 문장이 선진고전(先秦古典)의 구기(口氣)를 갖추었다고 하였다. 독서잠(讀書箴)과 수제치평잠(修齊治平箴)은 모두 이때 부지런히 글을 읽으면서 지은 좌우명이다. 그러나 성재는 어느 날 번연히 깨달은 바가 있었다. 부지런히 읽기만 한다고 되는 것이 아니고 성리학의 진수를 투득(透得)해야 한다고 생각하였다. 인심도심(人心道心)의 변으로부터 시작하여 선철(先哲)의 오의(奧義)를 차제(次第)로 궁구 체험하기에 이르렀다. 구습을 제거한다는 뜻으로 '할구습(割舊習)'이란 이름을 헌제(軒題)에 붙이고 또 맹자의 말씀 속에 '자자위선(孜孜爲善)'이란 뜻을 취하여 '청순계(聽舜雞)'로써 거실의 이름을 삼았다. 당시 동향의 선배인 한주(寒洲) 이공진상(李公震相)이 심즉리설(心卽理說)을 제창하여 따르는 사람들이 많았는데, 성재는 한주의 인품과 학문적 조예에 대하여 '공유간세호(公惟間世豪)' '직궁성명원(直窮性命源)' 등의 구절로써 높이 평가하면서도 그 학설에 동조하지는 않았다. 그만큼 성재는 퇴계·한강 이래의 정통 성리학의 이론에 확신을 두었던 것 같다.

경술국치(庚戌國恥) 뒤에 성재는 눈물을 흘리며 탄식하기를 선비가 초야(草野)에 있으나 묘당(廟堂)에 있으나 국가에 대한 의리는 마찬가지다라고 하여 그날부터 두문불출, 십년을 하루같이 보내면서 마치 미망인(未亡人)처럼 처신하였다. 그러다가 1919년 3·1운동(기미만세운동)이 일어날 무렵 성재는 동향인 김공창숙(金公昌淑)의 비밀주획(秘密籌劃)으로 경상도·충청도 유림 백여명과 성기(聲氣)를 상통(相通)하여 왜노(倭奴)의 만행을 지탄하고 우리 민족의 독립을 요구하는 장문의 호소문을 파리 만국평화회의에 보낸 바 있었는데 이 일로 일본경찰이 성재를 사문(査問)하기 위하여 출두를 요청해왔다. 성재는 자기의 처지에서 더이상 나라를 위해 할 일이 있을 수 없다는 것과 유의유관(儒衣儒冠)으로 왜노의 법정에 서는 것이 곤욕스럽기만 하다고 판단하고, 드디어 하루 전날 밤 임석(衽席)에서 약을 들고 유연히 자진하였다. 일반 친척지구(親戚知舊)는 물론이고 수하자질(手下子姪)들도 미처 알지 못하였다. 오호라. 고인이 말하기를 "강개살신이(慷慨殺身易)하되 종용취의난(從容就義難)이라" 하여, 즉 강개한 격정으로 자결하기는 차라리 쉬울 수 있지만 종용한 분위기에서 의를 택해 자진하기는 참으로 어려운 것이라고 한 바 있는데, 성재야말로 종용취의의 극치를 이루었다고 하겠다.

3

이제 이 책의 내용을 대강 소개해둔다. 이 책의 체재는 영남문집의 일반적 편제에 따라 시(詩)·서(書)·서(序)·기(記)·발(跋)·잠(箴)·명(銘)·

상량문(上樑文)·제문(祭文)·통문(通文)의 순으로 되어 있고, 별도로 잡저가 한 책을 이루고 있다. 그리고 부록이 붙어 있다.

시는 조탁을 일삼지 않은 채 충담소산(沖澹蕭散)하여 속기(俗氣)가 전혀 없고, 산문은 전아정치(典雅精緻)한 가운데 논지가 명창(明暢)하고 정리가 곡진하여 서사와 논인(論人)에 독자의 공감을 얻게 되어 있다.

잡저는 모두 일기 형식으로 된 것인데, 「선석일기(禪石日記)」「도산일기(陶山日記)」「태학일기(太學日記)」「행전문답(杏田問答)」 등 네 편이다.

선석일기(禪石日記)

1886년 성주 선석사(禪石寺) 부속암자(附屬庵子)인 중암(中庵)에 부급면학(負笈勉學)하던 때의 일기. 유가의 자제들이 산사에서 독서하는 것은 얼마든지 볼 수 있는 일이지만, 원래 승(僧)·속(俗)의 관계가 피차 불편을 느끼는 경우가 적지 않고, 또 양반의 권위를 배경으로 승도를 귀찮게 하는 일이 많아서 서로 알력이 생기는 일이 종종 있었는데 성재의 단방정직(端方正直)한 모습과 성의있는 접촉으로 승도들의 존경과 환대를 받았고, 성주·인동(仁同) 일원의 인아친지(姻婭親知)들이 즐겁게 왕래강토(往來講討)하였다. 조선말엽의 지방 사원의 형편과 승도의 동향들이 재미있게 그려져 있다.

도산일기(陶山日記)

1898년 성재는 선사(先事)를 위해 영남 각지의 명문들을 순방하게 되었는데 먼저 상주를 들러 안동(安東)에서 하회(河回)·금계(金溪) 등 유서깊은 마을을 방문하고, 예안(禮安)으로 가서 상계(上溪)·하계(下溪)·계남(溪南)·의인(宜仁)·부포(浮浦)·원촌(遠村) 등처를 두루 거쳐 도산서원(陶山書院)의 향사(享祀)에 참여하였다. 이 중에 암서헌(巖栖軒)에서의 유물·유적과 선명당(先明堂)에서의 여러 보장(寶藏)들을 살피는 과정에 감동적인 심정을 표현한 장면들은 대단히 인상적이다. 이 시기에 이미 외세가 국내 깊숙이 침투해 있고 왕조의 체제가 송두리째 흔들리는 상황인데도 영남지방에는 양반가문이 그대로 각기 경내에 기포성렬(基布星列)하여 교양과 문염(文艶)을 자랑하면서, 무슨 일이 생기면 또한 서원을 중심으로 사림의 여론을 좌우하고 연원의 차이에 따라 주의주장을 달리하는 경우가 있음을 볼 수 있다. 그러나 영남 전체 유림의 정신적 종앙지(宗仰地)인 도산서원이 여러 서원 위에 군림하여 모든 여론을 주도하는 위치에 있었다. 이「도산일기」는 그것을 잘 보여준다고 하겠다.

태학일기(太學日記)

1898년 봄에 선사(先事)를 위해 도산을 다녀왔던 성재는 같은 문제로 다시 그해 여름 서울 성균관(成均館)을 찾지 않으면 안되었다. 일마일동(一馬一僮)으로 길을 나선 성재는 한여름 더위에 장마철을 만나 폭우광란(暴雨狂瀾)에 창일(漲溢)된 하천을 수없이 건너면서 도로에 전패(顚沛)한 것이 말할 수 없는 형편이었다. 그러나 선사를 위한 일념에서 조금도 망설임이 없었다. 먼저 충청도의 명문인 연산김씨(連山金氏, 金沙溪 후손)·회덕송씨(懷德宋氏, 宋尤庵 후손)를 찾아 그 문중의 대표들과 접촉을 벌여 모두 동조와 지원을 확보하였다. 연김·회송은 모두 노론계 벌족(閥族)으로 성재에게는 색다른 곳이며, 상주·안동의 유림들과는 평소의 성향이 아주 달랐던 사람들이다. 그런데도 김씨·송씨 모두 한강(寒岡)에 대한 존경과 성재의 언론풍의(言論風儀)에 감복한 탓으로 아낌없이 협조해주었던 것이다. 서울에 올라와서는 더욱 어려움이 많았다. 영남인사로서 서울에 와서 벼슬하는 사람 또는 벼슬을 구하는 사람들이 다수 살고 있었지만 그 스스로 양편(兩便)으로 갈라져 있어서 성재에게 합심협력하기가 여간 곤란하지 않았다. 이미 반대편에 의한 태학(太學, 성균관)의 통문(通文)이 발표된 뒤여서, 그것을 뒤엎고 새로운 통문을 작성케 하여 널리 유포시키는 것이 결코 쉬운 일이 아니었다. 당시 성균관에는 관장이 신두희(申斗熹, 법부대신 申箕善의 형)이고 동서남(東西南) 삼재(三齋)에 진사(進士)들이 머물고 있었는데, 성재는 관장을 위시하여 삼재 유생들에게 설득을 벌임으로써 우여곡절 끝에 의견을 귀일시키고 또 재경 영남인사들 중 동조자를 규합하여 성명서를 내놓음으로써 승세를 굳히게 되었다. 이 과정에서 성재는 여러 족친(族親)들의 도움을 받기도 했지만 오직 자기의 정성과 설득력으로 목적을 관철할 수 있었던 것이다. 이 「태학일기」는 구한말 서울의 벼슬아치들과 성균관을 중심으로 한 유생들의 동태, 특히 재경 영남인사들의 삶의 자세 등이 잘 그려져 있어서 많은 점에서 흥미를 돋우어주는 귀중한 기록이라 할 만하다.

행전문답(杏田問答)

1900년 40세 때에 향산(響山) 이공만도(李公晩燾)와의 문답으로 『대학(大學)』 「정심장(正心章)」에 '존양(存養, 存心養性)'을 말한 바가 있다는 향산의 주장에 대하여 성재는 수미일관(首尾一貫) 예리한 질문으로 노선배를 답변에 궁하게 하였다. 이 문제는 학문상의 견해차일 뿐 아니라 여헌(旅軒)의 이른바 구조문목(九條問目)과 관련되는 것으로 성재에게는 선사와 관계되는 일이어서 한치의 후퇴도 허용될 수 없었던 것이다.

4

1993년 겨울 어느 날, 화식군과 택락씨가 『성재유고(省齋遺稿)』 4책을 들고 서울 강남의 실시학사로 나를 찾아와, 연전에 성재공에 대한 정부의 포창이 있었고 뒤이어 건국훈장(建國勳章, 애족장)을 받았는데 이것을 계기로 곧 유고를 출판할 터이니 성재공의 행장(行狀)을 지어달라는 것이다. 이미 자세한 유사가 있어 행장이 필요치 않고, 또 이미 묘갈도 세웠으니 비문도 필요치 않은 형편이다. 나는 생각한 끝에 문집의 해제를 쓰기로 하였다. 그리하여 이 책이 어떠한 의미를 지닌 것인가를 자손을 포함한 많은 사람들에게 알려드리고자 하였다.

회고하면 내가 십여세에 이미 가장(家藏) 건연집록(巾衍輯錄)에서 나의 조고(祖考)에게 보내온 성재공의 수십 통의 서간을 읽으면서 두 분 사이의 돈독한 우의를 느꼈고, 나아가 나의 선친에 대한 성재공의 극진한 사랑을 알게 되었다. 그때 이미 나의 조고와 성재공은 다 세상을 떠나신 후였다. 15세가 되어 지촌 외가(外家)에 처음 다니러 갔던바, 외조모 이씨와 나란히 앉아 계신 한 부인에게 인사를 드리고 보니 바로 성재공의 부인 권씨였다. 권부인은 나의 등을 어루만지며 "내 외손자에 진배없다"라고 하면서 무척 귀애해주셨다. 지금 백발이 성성한 칠십 나이에 공의 유고를 대하여 옛일을 추억하니 사적인 감회가 끝이 없어 자연히 말이 길어졌다. 남자(覽者)의 양해를 바란다.

1995년 7월 31일

退修齋集 解題

1

이 책은 우리 재종조부(再從祖父) 퇴수재(退修齋) 선생의 시문(詩文)들을 모아, 모두 2책으로 간행한 것이다. 선생은 평소에 자기의 저술을 전후(傳後)할 목적으로 미리 편차(編次)해두신 일이 없어, 서거하신 뒤에 모든 문자가 산만한 그대로 건상(巾箱) 속에 남아 있었다. 그후 곧 6·25전쟁이 발발하였고, 전쟁이 정지된 후에도 세국이 안정되지 않아 누구 할 것 없이 선대의 문자를 수습 정리하기가 쉬운 일이 아니었다. 선생의 장자이신 고(故) 도산공(棹山公, 諱 象衡)이 일찍이 유고를 수집하여 우인(于人) 조규철(曺圭哲)옹에게 교열(校閱)을 의뢰했던바, 우인은 문장본위(文章本位)로 존발(存拔)을 가하여 우선 약간권(若干卷)으로 만들어놓았는데 도산공이 출판을 못하고 타계하신 후에 중공(仲公, 諱 國衡)이 다시 수집을 거듭하여 상당량을 보완하게 되었다. 생각해보면 선생의 문자를 문장 일변에 중점을 두는 것도 의미가 있지만 보다 더 많은 자료로써 선생의 일상생활의 전모를 통하여 조선(祖先)에 대한 극진한 성효와 친척지구(親戚知舊)간의 왕복에 따른 간독한 정념(情念), 그리고 겨레와 나라에 관한 숭고

한 이상 등을 자세히 남겨둠이 바람직한 것이다. 따라서 다소의 번용(煩冗)을 무릅쓰고 지금의 상태로 상재(上梓)한 것이다. 책의 체재는 영남 선현의 일반 문집을 표준으로 한 우리 가문의 기왕의 문집 형식을 그대로 따른 것이다.

2

1882년(고종 임오) 경상도(慶尙道) 밀양군(密陽郡) 단장면(丹場面) 무릉리(武陵里)에서 탄생하여 1948년 동(同) 부북면(府北面) 퇴로리(退老里) 본제(本第)에서 67세를 일기로 세상을 떠난 퇴수재 선생은 여주(驪州)를 본관으로 하는 이씨가문의 출신으로, 휘(諱)는 병곤(炳鯤), 자(字)는 경익(景翼, 初諱 炳駿, 字 景穆)이고, 퇴수재는 그의 호(號)이다. 여주이씨는 여말선초에 개경(開京)에서 한양(漢陽)으로 옮겨와 왕실과 혼인하는 유수한 명벌(名閥)이 되었고, 밀양으로 낙향하면서부터는 영남의 전형적인 재지사족(在地士族)으로 지체를 지켜왔다. 선생의 생장기부터 중년 이후에 걸쳐 민족적으로 주권을 잃은 불행한 시대였으나 가운(家運)은 나름대로 흥왕한 편이어서 퇴로라는 한 마을에서 일문이 부와 문염(文艶)을 아울러 누리고 있었다.

선생의 부친 용재공(庸齋公)이 백형(伯兄) 항재공(恒齋公)·중형(仲兄) 정존헌공(靜存軒公)과 함께 연장접옥(連墻接屋)으로 문려(門閭)를 벌여 놓고 여러 자질들을 거느리게 되었는데, 선생은 육종형제(六從兄弟) 가운데 다섯번째의 서열로서 여러 종반(從班) 중에 가장 젊은 편이고 또 여러 종질들과는 나이가 비슷하면서 한 항렬이 높아, 위아래의 훈도(薰陶)와 제휴(提携) 속에 선생은 독자적 위치에서 배식(培植)이 제일 깊고 두터웠다. 특히 백종형(伯從兄) 성헌공(省軒公)에 대해서는 선생이 스승으로 섬기면서 큰 기망(期望)과 의장(倚仗)을 받아 일생 동안 그 학문과 유모(猷謨)를 계승하고 발전시켰다.

서세동점(西勢東漸)에 따라 신사조(新思潮)가 범람하고 일본이 틈을 타서 밀고 들어와 국세가 날로 위태로웠다. 선생은 대한제국 말기에 상경하여 당시의 명사로서 애국계몽운동에 열을 올리던 장지연(張志淵)·최남선(崔南善) 제씨와 만나봤으나 이미 기울어진 왕조를 붙들 수 없음을 보고 돌아왔으며, 경술국치(庚戌國恥)를 당하여 여러 명사들이 국외로 망명했는데 선생은 한때 압록강을 건너 만주에 피해 살던 장인 노대눌공(盧大訥公)을 방문하는 한편 국외에서의 독립운동가들의 형편을 탐문해보았으나 또한 뜻에 맞는 바가 없어 돌아왔다. 이로부터 '퇴수초복(退修初服)' 넉 자를 미두(楣頭)에 걸어두고 안으로 자제의 직분을 다하고 밖으로 향당(鄉黨)을 도솔(導率)하여 후일에 대비하려 하였다.

원래 우리 가학(家學)의 학통(學統)은 성호학파(星湖學派)에 속해 있었고 또 성호는 우리 여주이씨 동족의 대선철(大先哲)이었으므로 선생은 성헌공의 뒤를 이어 항상 성호를 존모하고 그의 저술을 널리 섭렵하였다. 영남의 보수적 성리학 분위기 속에 근기실학(近畿實學)의 학풍을 받아들이기가 용이하지 않았지만 20세기 신시대를 맞이하여 나라를 빼앗기고 세상이 바뀌어진 상황에서 중세적 사고와 규범을 묵수할 수 없는 때라, 실학을 통해서나마 법고창신(法古創新)의 전진적 자세를 취해야 하였다. 성헌공이 성호의 방대한 문집고본(文集藁本)을 아산(牙山) 방손(傍孫)의 집에서 퇴로에 운반해두고 출판을 추진하는데 경향간(京鄉間)의 저해하는 세력이 만만치 않았다. 이에 선생이 몸소 영남 우도(右道)와 기호지방(畿湖地方)을 두루 다니면서 고심노력으로 주선하여 마침내 많은 사림의 협조 속에 『성호선생문집(星湖先生文集)』의 거질(巨帙)이 처음으로 세상에 보급되게 되었다. 그러나 일은 여기에서 끝나지 않았다. 성호의 학설 가운데 퇴계와 다른 점이 있다고 하여 영남 특히 안동 일원에서 좋지 않게 생각하는 분들이 적지 않았다. 예를 들면 대표적 유학자의 한 분이었던 청산(晴山) 권공(權公, 相翊)이 선생에게 편지를 보내 성호의 이론을 몹시 비판하였다. 청산은 선생과 선후배간에 남다른 계의(契誼)가 있었음에도 불구하고 가차없이 지적한 것이다. 이에 대해 선생은 성호의 견해를 대변하는 한편 되도록 논의를 줄여 불필요한 파장이 일지 않도록 조심하였다. 선생의 주도한 배려를 알 만하다.

3·1운동이 실패로 돌아가자 온 집안이 힘을 모아 정진의숙(正進義塾)이라는 학교를 창립하였다. 앞서 항재공이 서당식(書堂式) 자제교육(子弟敎育)만으로 시대에 대처해나갈 수 없음을 깨닫고 서고정사(西皐精舍) 건너편에 화산의숙(華山義塾)을 설치해놓고 일본인 교사 두 명을 고용하여 근대적 교과에다가 측량기술 등을 가르치게 했다가 국치를 겪고는 원수에게 밥을 먹일 수 없다고 하여 일본인 교사를 내보내고 학당의 문을 닫아버렸다. 이제 일본인이 아니라도 근대교육을 받은 우리나라 교사들이 얼마든지 있으므로 화산의숙의 정신을 살리면서 이름을 고쳐 정진의숙이라 정하고 학교교육에 한걸음 내디딘 것이다. 처음 선생은 종형 율봉공(栗峰公)의 주창에 따라 도하공(桃下公)을 거쳐 성헌공에게 건의하여 마을 앞에 학사건물을 짓고 교사를 초빙하고 학생을 모집하여 원근의 향응(響應)을 얻었다. 그 이념과 기획이 주로 선생에게서 나왔는데 '명륜정덕, 이용후생(明倫正德, 利用厚生)'으로 교시(校是)를 삼고, 구체적 교육내용은 사서삼경(四書三經)과 만국역사지리(萬國歷史地理) 및 실용기예지학(實用技藝之學)이었다. 이때 양론(兩論)이 있었다. 일부 유림에서 '왕패병용(王覇並用)'이라고 기롱하는가 하면, 서울의 신문논조는 정진의숙의 성립을 칭찬하면서도 그 교육의 보수색을 폄하하였다. 당시 영남의 진보적 학자이며 민립대학(民立大學) 설립을 위해 분주하던 동산(東山) 유인식(柳寅植)이 정진의숙에 와서 강연을 하고 돌아가서 의숙의 과정이 시의에 맞지 않으니 새롭게 개혁해야 한다고 역설하면서 선생에게 장문의 서

한을 보내왔다. 선생은 3차에 걸친 왕복 변난(辨難)에서 지금이 과도시대 인만큼 우리는 신구병진(新舊並進)을 통하여 전통을 보존하면서 시대요구에 부응해야 한다고 강조하였다. 그런데 일본 총독부의 교육통제가 강화되면서 정진의숙은 점차 압박을 받기 시작하였다. 교단에서의 우리말 사용과 장부의 단기(檀紀) 표시가 여러 차례 문제가 되어 교사와 문중자제들이 누차 검속(檢束)되었다. 학감을 거쳐 교장으로 있던 선생은 드디어 수하 종질들에게 자리를 물려주고, 당신은 자기의 서재(書齋)로 돌아와 연학(研學)과 치가(治家)로 날을 보냈다. 중일전쟁(中日戰爭)이 장기화되면서 일본의 주구(誅求)와 탄압이 더욱 심해져서 일문이 모두 마을을 떠나 도시로 이사했는데 선생도 솔가(率家)하여 부산으로 옮겼다. 태평양전쟁(太平洋戰爭)이 일어나면서 결국 정진학교는 완전 폐쇄당하고 얼마 뒤에 마을에 있던 집안의 서적이 수색을 당하였다. 그리고 때마침 고택(故宅)에 계시던 선생은 부산으로 압송되어 경남경찰부 고등과에 구수되었다. 일본 식민정치에 대한 비협조 불복종을 철저히 응징하겠다는 것이었다. 근 칠순의 고령으로 냉상조반(冷床粗飯)을 태연히 이겨내면서 저들의 구힐(究詰)에 조금도 주저함이 없이 응답을 해주니 경리배도 감탄하여 참으로 '대인선생(大人先生)'이라고 칭송하였다. '쇠로'의 탓으로 40여일만에 출옥 환가했으나 이때 선생은 이미 병든 몸이 되었다.

곧 해방이 되었지만 남북의 분단과 좌우의 알력이 날이 갈수록 더해지자 선생은 초연불락(愀然不樂)하면서 문을 닫고 조섭(調攝)하며 지냈다. 충청도 옥천(沃川)의 이종성(李鍾聲)씨는 우국지사로서 일제하에 항상 피신해 다니면서 종종 선생에게 왕래했는데, 해방된 그해 겨울에 서울에서 찾아와 백범(白凡) 김구(金九)가 재야의 인물들을 규합하여 건국에 이바지하려 하므로 자기가 이미 선생을 천거했으니 함께 상경하자고 하였다. 그러나 선생은 병을 칭하고 끝내 응하지 않았다.

3

선생의 일생을 상고해보면 우리나라 시골 유교가정의 자제로 생장하여 역사상 유례없이 격변하는 과도시대에 처하면서 신구겸전(新舊兼全)한 학자로서 '박통고금 절충동서(博通古今 折衷東西)'의 훌륭한 자기성취를 이룩한 분이라고 할 수 있다. 선생은 다른 한문학자와는 달리 국어국문에 유의하여 가사(歌辭)를 짓고 한문소설을 우리말로 번역하기도 하였다. 완고한 재래 유자들은 간혹 선생을 '개화한 사람'이라고 불만해하기도 했지만 선생은 평생 보발(保髮)한 채 매일 관대(冠帶)를 정숙히 하고 누구보다 유가의 승묵(繩墨)을 엄격히 지켜왔으며, 시류를 탄 젊은 세대들은 선생을 구식 유학의 원로일 뿐 시대의 흐름에 무관한 분이라고 여겨왔지만 선생은 대천교악(大川喬嶽)이 운동하는 것을 볼 수 없으면서도 그 공효(功效)가 크게 물(物)에 미치는 것과 같았다.

가장 유감스러운 것은 선생이 한 사람의 학자로서 전문적 연구저술을 남기지 않았다는 것이다. 저술이라고 하여 일반 세속 선비들과 같이 남의 분묘의 지갈이나 문집의 서발 등을 많이 지어 수십 책에 달하는 문집을 내는 것을 말함이 아니다. 성호 이래 '궁행심득 실지유용(躬行心得 實地有用)'의 학을 뜻하는 경학(經學)·사학(史學)들에 관한 저술을 가리킨다. 선생의 남다른 '궁행심득 실지유용'은 일상생활을 통하여 실천에 충실했음이 신명에게 통할 일이고, 다만 경학·사학에 관한 체계적 저술을 집필하지 않았다는 것이다. 그러나 경학에 관한 것은 성헌공과의 문답 등을 통하여 깊은 조예의 일단을 엿볼 수 있고(『성헌집』에 실려 있으므로 이 책에는 추록하지 않았음), 사학은 선생이 매우 관심을 두었던 분야로서 박식달견이 타의 추종을 불허하였다. 성헌공이 『조선사강목(朝鮮史綱目)』을 기초하여 조선왕조 건국에서부터 숙종조까지 쓰다가 사정에 의해 중단하고 그것의 완성을 선생에게 부탁해두었는데 선생은 오매일념(寤寐一念), 필생의 임무로 삼았다. 『조선사강목』은 조선왕조의 기년(紀年) 아래 세계 각국의 주요한 사실들을 간추려 실은 것이므로 선생은 우리나라 역사는 물론, 세계사의 이해에 힘을 기울였다. 특히 만년에 조선후기의 사료를 보강하기 위해, 서울 여저(旅邸)에서 장기간 체류하면서 7·8명의 필진을 동원하여 이왕궁(李王宮) 비장(秘藏)의 『고종실록(高宗實錄)』 초본을 위시한 민간 야사문적(野史文籍) 등을 광범히 초록하였다. 이것이 승두세자(蠅頭細字)로 된 『이가묵장사료총편(李家墨莊史料叢編)』 40여 책의 호한(浩汗)한 기록물이다. 선생은 이어서 집필에 착수하려 했으나 일제강점 마지막 단계에서 조성된 내우외환이 선생의 노경(老境)을 불안정하게 만들었고 옥고(獄苦) 속에 얻은 병이 침면하여 마침내 뜻을 이루지 못한 채, 해방 겨우 3년 만에 생을 마감하였다. 참으로 통석(痛惜)의 염(念)을 금할 수 없는 일이다.

선생은 약관시절(弱冠時節), 서고정사(西皋精舍)에 초빙되어온 심재(深齋) 조긍섭(曺兢燮)에게 여러 종질(從姪)들과 함께 종유(從遊)하면서 시문을 공부하였는데, 심재는 매양 선생의 소작을 크게 칭찬하였고 선생 또한 당송고문적(唐宋古文的) 문장(文章)에 흥미를 가졌으나 부형의 희망과 가학의 지향이 그렇지 않아 곧 수기치인지학(修己治人之學)에 전념하였다. 따라서 이 책에 실린 선생의 글은 초년 습작기에 심재와 함께한 음영과 논설들을 제외하면 한만(汗漫)한 문묵(文墨)의 여적(餘滴)과 같은 것은 별로 없고 오직 일용상행(日用常行)과 한훤수응(寒暄酬應), 그리고 선덕(先德)의 소술(紹述)과 잠휘(潛徽)의 천발(闡發) 등 불가폐한 것들이 대부분이다.

그러나 시 가운데 서울에서 민충정공(閔忠正公) 혈죽(血竹)을 두고 지은 것과 허왕산(許旺山) 안중근(安重根) 등을 추모한 애팔시(哀八詩), 그리고 만주에서의 삼학사(三學士) 초혼문(招魂文) 등은 망국(亡國)의 한을 읊은 비장한 격조로서 우리나라 한문학사의 마지막 페이지를 장식할 작품의 하나로 손꼽힐 만하다. 문은 특히 서간(書簡)이 소장(所長)이어서 우여서창(紆餘敍暢)한 행문(行文)에다가 정상(精詳)한 사리(事理)의 설명을 담아, 읽는 사람이 누구나 감복하게 된다. 뇌헌(磊軒) 정종호(鄭宗鎬)는 선생의 서간이 주서(朱書)와 방불한 면이 있다고 찬탄하기도 하였다.

　여기에 부기할 것은 선생의 「일기(日記)」 수십 책이다. 1906년 병오(丙午), 선생의 26세 때부터 시작하여 일기의 음청(陰晴)을 비롯, 가정의 대소사와 지방사회 내지 시국에 관한 견문들을 기록한 것으로, 만년에 일경(日警)에게 구검된 시기를 빼고는 한평생 동안의 것이 잘 나타나 있다. 명칭도 다양하다. 「위득록(爲得錄)」 「위사록(爲思錄)」 「관유록(觀遺錄)」 「상위록(喪威錄)」 「여다일기(茹茶日記)」 「여한일기(旅漢日記)」 「국로여묵(菊露餘墨)」이 있고, 별도로 「성헌선생상중일기(省軒先生喪中日記)」가 있다. 이 일기들은 선생의 신변잡기에 그치지 않고 일제하의 지방 유림 내지 양심적 중소지주층의 이모저모의 생활과 그 동향을 보여주는 것으로, 우리나라 근현대사 연구자에게 꼭 다루어져야 할 중요한 사료이다. 이번에 이 책을 발간하면서 이 일기를 함께 펴지 못하는 것이 무척 안타까운 일이다.

1997년 12월

제5부 刊行辭

牧隱 李穡의 生涯와 思想 刊行辭

목은(牧隱) 이색(李穡) 선생이 여주(驪州) 연자탄(燕子灘) 주중(舟中)에서 운명한 것이 고려왕조 정혁(鼎革) 후 4년째인 1396년이었다. 그러니까 올해 1996년은 선생이 세상을 떠나신 지 꼭 600주년이 되는 해이다. 이를 기념하기 위하여 학계 여러 인사들이 각기 전공에 따라 연구논문을 집필하고 선생의 후손인 한산이씨(韓山李氏) 일문(一門)에서 그것을 수집(蒐集) 편차(編次)하여 단행본 논문집 1책을 내게 되었다.

역사상의 인물에 대한 후세 사람들의 존모(尊慕)나 기념행사는 동서를 막론하고 널리 있는 일이다. 오늘날 우리나라에서도 전통문화의 재발견·재인식의 기운과 아울러 선인의 학덕과 공적을 다시금 살피고 되새기는 작업이 수처에서 행하여지고 있다. 그러나 육백년이라는 시간의 거리에도 불구하고 이처럼 많은 학자들이 공동의 관심을 가지고 기꺼이 참여하여 정성껏 찬술(撰述)을 했다는 것은 아주 이례(異例)에 속한 일이라 하지 않을 수 없다. 이는 오직 목은선생의 역사상의 위치와 존재비중에 대한 사람들의 평소의 경앙(景仰)과 이충(彝衷)의 동감(同感)에서 나온 것이라 여겨진다.

목은선생의 위치와 존재비중, 그것은 우선 우리나라 사상사·문학사에 있어서 선생이 차지한 위치가 너무나 뚜렷하다는 사실이다. 우리나라 사상사의 주류는 고려 후기에서 말기로 접어들면서 불교에서 유학―성리학으로 전환되는데 이 전환기에 있어서 일대(一代)의 유종(儒宗)으로 광전계후(光前啓後)의 위상을 확립한 분이 바로 목은선생이다. 물론 회헌(晦軒) 안향(安珦)·상당(上黨) 백이정(白頤正)·익재(益齋) 이제현(李齊賢)과 같은 제현(諸賢)의 선도(先導)가 있었지만 선생이 성균관에 자리를 잡고 앉아, 포은(圃隱) 정몽주(鄭夢周)를 위시한 제제다사(濟濟多士)들과 더불어 명리(名理)를 강토(講討)하고 풍교(風敎)를 진작(振作)한 것이 성리학시대의 시발점의 결정적 계기가 된 것이다. 문학사에 있어서의 선생의 지위는 더욱 말할 필요가 없다.

역대 문인학자들이 우리나라 문학을 사적(史的)으로 개관할 때에 으레고운(孤雲) 최치원(崔致遠)·백운(白雲) 이규보(李奎報)·익재 이제현과함께 선생을 들고 있거니와, 특히 선생은 고려와 이조의 교체시대에 문학의 대가로서 끼친 영향이 절대(絶大)하였기 때문이다.

끝으로 고려말 정계에서의 목은선생의 존재비중을 생각해봐야 할 것이다. 선생은 공민왕(恭愍王) 이래 항상 문한(文翰)의 직(職)을 맡아 국정을보필해왔거니와 우왕(禑王)·창왕(昌王)의 시기에 와서는 그 명망(名望)이 국내외에 높이 알려져 있을 뿐 아니라 문생고구(門生故舊)가 조단(朝端)에 포열(布列)되어 있어서 선생의 일거일동(一擧一動)이 조야(朝野)의 모든 사람들에게 주목되고 있었다. 그러나 당시 군국(軍國)의 실권이선생의 수중에 있지 않았고 나아가 위화도회군(威化島回軍) 후에는 고려의 종사(宗社)가 풍전(風前)의 등화(燈火)와 같았다. 태조(太祖) 이성계(李成桂)에게 반룡부봉(攀龍附鳳)하는 신진세력들이 갖은 책동으로 선생을 거세하려 하였다. 그런데 선생이 창왕으로 우왕의 뒤를 잇게 한 것이나전제개혁(田制改革)을 반대한 것은 어떻게 해서든지 고려왕조의 존속을도모하기 위함이었다. 그러나 대세는 이미 반대파에 기울어져 정포은의 죽음과 함께 고려왕조는 옥사(屋社)가 되었고, 선생은 유리방랑(流離放浪) 끝에 생을 마감하였다. 이씨조정(李氏朝廷)에서 선생을 끝까지 회유하려고 한 것은 당시 국민적 숭앙(崇仰)을 받고 있는 선생을 방외(方外)에 버려둘 수 없는 까닭이었다. 그러나 선생이 타협을 거부하고 자기의 절조를 굽히지 않은 것은 역사적으로 그 존재비중을 더욱 크게 한 것이었다.

이번에 이 기념논문집이 나옴으로써 목은선생의 사상과 문학 내지 그 정치적 유위(猷爲)에 대한 집중적 조명을 가하게 될 뿐 아니라, 고려말 이조초의 역사적 상황에 대한 보다 상세하고 심도있는 파악이 가능하게 될 것으로 믿는다.

600주년 기념 학술발표와 논문집의 출판에 있어서 필자가 처음부터 기획에 참여했던 관계로 이 일을 주관하는 분들로부터 간행사를 쓰라는 부탁이 있어 감히 사양치 못하고 몇줄의 무사(蕪辭)를 적어 색책(塞責)하기로 한다.

1996년 仲秋節 북한산 기슭에서

瘡疹集 刊行辭

내가 해외여행을 통하여 우리나라 일서(佚書)를 탐방하기 시작한 것은 일본과 미국에서였다. 그후 중국과 구주(歐洲)를 여행할 때에도 방서행각(訪書行脚)의 연장으로 생각하고 관심있게 살펴보았다.

구주에서 서전(瑞典)·불란서(佛蘭西)·이태리(伊太利) 각국을 둘러보았지만 별로 눈에 띄는 것이 없었다. 특히 파리에서는 국립도서관(國立圖書館)과 동양어학교도서관(東洋語學校圖書館)에 기대를 가져보았으나, 국립도서관에는 『직지심체요절(直指心體要節)』과 같은 이 세상에 훤전(喧傳)되고 있는 것 외에 의궤(儀軌) 종류가 대부분이고, 동양어학교도서관에는 근대 소설잡지류(小說雜誌類)가 고작이었다.

중국은 우리와 '동문(同文)'의 나라이며 역사적 사정으로 보아서도 많은 것을 발견할 것 같았다. 그런데 사실은 그렇지가 않았다. 물론 우리 책으로 중국 각 지역 도서관에 수장(收藏)된 것이 적지 않지만 모두가 현재 우리 국내에 있는 것들이다. 내가 찾는 것은 좀처럼 나타나지 않았다. 몇 차례의 여행에서 아무 소득이 없었다.

이런 가운데 중국 절강성도서관(浙江省圖書館) 소장(所藏) 『창진집(瘡疹集)』과 요령성도서관(遼寧省圖書館) 소장(所藏) 『태의원선생안(太醫

院先生案)』을 발견하고 가벼운 흥분마저 느꼈다. 『창진집』은 15세기 전반에 세종(世宗) 임금이 일반 국민, 특히 유아(幼兒)들의 구료(救療)를 위해 만든 것으로, 역대(歷代) 의원취재(醫員取才) 내지 의학지망생(醫學志望生)의 강서(講書)로 사용되어오던 것인데 이조후기로 내려오면서 자취를 감추어, 최근까지 의학사가(醫學史家)들이 망실(亡失)된 책으로 치부하고 있었던 것이다. 이 책은 고활자(古活字, 乙亥字)본으로 화려 전중한 체재를 갖추고 있는데 첫장에 '칭의관장서기(稱意館藏書記)'라는 장서인(藏書印)이 있고 그 위에 '절강도서관진장선본(浙江圖書館珍藏善本)'이라는 도장이 찍혀 있다. 중국인들이 진장선본으로 소중히 간직하고 있는 것임을 알 만하다. 『태의원선생안』은 이조후기부터 말기에 이르기까지 태의원(太醫院, 內醫院) 관계 인사들의 명단을 차례대로 수록한 것이다. 명단에는 위에 본관(本貫), 밑에 가계(家系)·경력(經歷)을 간단하게 주기(注記)해놓았다. 여기에 내침의선생안(內鍼醫先生案)과 의약동참선생안(議藥同參先生案)이 첨부되어 있어서 우리나라 의사학(醫史學)의 귀중한 자료가 될 수 있을 것이다. 이 책은 필사본(筆寫本)으로, '만주국립중앙도서관장서인(滿洲國立中央圖書館藏書印)' 또는 '동북도서관장서인(東北圖書館藏書印)'이라는 두 개의 도장이 찍혀 있다. 우리나라에서 유출된 시기를 짐작할 만하다.

이제 『창진집』과 『태의원선생안』의 두 책을 1책으로 묶어 『서벽외사해외수일본총서(栖碧外史海外蒐佚本叢書)』의 하나로 출판하기로 한다. 일본·미국에 이어, 중국에 있는 우리 일서(佚書)를 가져다가 거기에 보태는 것이다.

이 책의 출판에 즈음하여 나는 먼저 중국의 까다로운 절차를 무릅쓰고 이 책의 복사를 위한 주선과 협조에 성의를 다해주신 북경사범대학(北京師範大學) 팽림(彭林) 교수와 책의 소재를 처음 제보해주신 연변대학(延邊大學) 고적연구소장(古籍硏究所長) 최문식(崔文植)씨에게 멀리 고마움을 전한다.

우리나라 의학(醫學)의 한 고전이며 우리나라 의사(醫史)의 산 증거가
되는 이 책을 옳게 이해하기 위하여 책머리에 특별히 한국 한의학연구소
홍원식(洪元植) 소장의 해제를 실었다. 홍소장에게 감사한다. 그리고 어
려운 여건에도 불구하고 계속 이 수일본을 출판해주시는 아세아문화사
이창세(李昌世) 사장에게 거듭 사의를 표해둔다.

1996년 10월 북한산 기슭에서

趙熙龍全集 譯註 刊行辭

실시학사(實是學舍) 고전문학연구회(古典文學硏究會)에서 조희룡(趙熙龍)의 모든 유작(遺作)을 애써 수집(蒐輯)하여 공동으로 읽고 토론하고 우리말로 번역하기 시작한 것은 1994년 봄이었다. 무려 5년의 세월을 거친 많은 노력 끝에 이제 번역이 완성되어 『조희룡전집(趙熙龍全集)』이란 이름으로 출판하게 되었다. 여섯 책으로 한 질(帙)을 만든 이 전집에는 조희룡의 산문(散文)·시(詩)·서간문(書簡文)·전기물(傳記物) 들이 빠짐없이 골고루 수록되어 있다. 여기 간단히 그 내용을 소개하기로 한다.

첫째, 산문은 그의 수필(隨筆)·화제(畫題), 단평(短評) 등 수기류(手記類)에 해당하는 것으로, 짧은 글 속에 예리한 관찰과 탈속한 사고, 그리고 기발한 상상력과 참신한 표현법이 나타나 있다. 당시 중인(中人) 출신 신지식인(新知識人)으로서의 면모를 잘 보여주는 것이 이 산문이며 또한 이 산문이 전집에서 차지하는 비중이 결정적이다.

둘째, 시는 서울의 시사동인(詩社同人)들과의 창수(唱酬)와 먼 귀양길에서 보고 들은 풍물(風物)·세태(世態)를 읊은 것, 그리고 절해고도(絶海孤島)의 유배생활에서 외롭고 적막한 심경을 노래한 것이 대부분이다. 이 작품들은 대개 칠언절구(七言絶句)로 이루어져 있고 장편대작(長篇大作)

은 극히 적은 편이다. 산문과 궤를 같이한다. 시의 격조는 반드시 높다고 말할 수 없지만 그중에 경구(警句)가 적지 않다. 시를 전업(專業)으로 하는 정수동(鄭壽銅)에게 미치지는 못하지만 기타 송석원(松石園)·벽오사(碧梧社) 등 중인층 일반 시인들 가운데서 역시 빼어난 위치에 있다고 하겠다.

셋째, 서간문은 귀양살이에서 서울의 친지들과의 왕복이 주류를 이루고 있는데, 그날의 자신의 고독한 처지와 서울에서의 지난날 좋은 시절에 대한 그리운 심정이 잘 묘사되어 있다. 그것과는 별도로 성명의 표시도 없는 모모(某某) 지우(知友)들과 주고받은 적발 중에는 재담(才談)과 아취(雅趣)가 교차되어 있어서 독자에게 흥미를 주고 있다. 18세기 후반부터 연암(燕岩) 박지원(朴趾源)을 위시한 서울의 일부 지식분자들 사이에서 유행하였던 '소품척독(小品尺牘)'의 연장으로 여겨지지만, 중인층의 입장에서 쓰여진 것으로 또한 일정한 새로운 색깔과 체취가 느껴진다.

넷째, 전기물은 『호산외기(壺山外記)』를 말한다. 호산(壺山)은 조희룡 자신의 호(號)이고 외기(外記)는 정사(正史)에 실리기 어려운 민간인, 특히 중인층 이하의 인물들을 기록한 것이다. 종래 정사는 물론이고 일반 야사(野史)에서도 주로 출세한 관인(官人)이나 이름난 양반사대부만을 다루었고 민간인 특히 서민들의 내력과 동향은 무시되어온 것이 관례였다. 18세기 후반 이래 중인층에서 경제적·문화적으로 고개를 들기 시작함에 따라 중인 출신 신지식인에 의하여 양반관인이 아닌 당시 사회 중하류층의 사람들을 광범하게 시야(視野)에 올리고 기록으로 남기게 되었다. 유재건(劉在建)의 『이향견문록(里鄉見聞錄)』은 그 좋은 예이다. 조희룡은 『이향견문록』에 서문을 썼으면서도 자기는 별도로 『호산외기』를 엮었다. 그런데 『호산외기』는 『이향견문록』에 비해 문장이 훨씬 세련되고 사실 서술에서도 생동감이 넘친다. 그만큼 능력에 있어 차이가 나는 것이다.

이 『조희룡전집』은 처음부터 하나의 전집으로 어떤 저본(底本)이 있었던 것이 아니기 때문에 각 책의 원래 소장처가 각기 다르고 수집의 경로도 각각 다르다.

여기 우선 그 소장처를 밝혀둔다.

『석우망년록(石友忘年錄)』: 지곡서당본(芝谷書堂本)

『화구암난묵(畫鷗盦讕墨)』: 시중(市中) 모인사(某人士) 소장본

『한와헌제화잡존(漢瓦軒題畫雜存)』: 단계(端溪) 김정언댁본(金正言宅本)

『우해악암고(又海岳庵稿)』: 영남대학교 도서관본

『수경재해외적독(壽鏡齋海外赤牘)』: 국립중앙도서관본

『우봉척독(又峰尺牘)』: 서울대학교 규장각본

『호산외기(壺山外記)』: 고려대학교 도서관본

이 책들은 그동안 분산적으로 수장(收藏)되어 있어서 별로 널리 알려지지 않았고, 극히 일부분 학술잡지에 영인(影印)으로 실리기도 했으나 원문(原文)이 순한문이어서 일반 사람들에게 제대로 읽혀지지도도 못했다.

그런데 조희룡 하면 조선왕조 말엽에 시서화(詩書畫) 삼절(三絶)로 많이 알려진 사람이고, 또 그가 중인이라는 특수계층의 출신으로 우리나라 사대부문화(士大夫文化)의 적층(積層) 아래 독자적 생명공간을 마련하고 있었다는 점에서 매우 주목되어오기도 했다. 특히 오늘날 서화(書畫) 인구가 크게 늘어나서 우리나라의 전통미술 내지 미학사상(美學思想)에 대한 사적(史的) 고찰이 절실히 요구되고 또 어느정도 활발히 전개되어가고 있기도 하다. 다만 유감스러운 것은 대부분의 자료가 한문 원전 그대로 남아 있어서 이용자에게 큰 불편을 주고 있다는 사실이다. 요즘 간혹 이 분야의 저술들을 대할 적마다 그릇된 해석에 의한 부당한 설명이 수처(隨處)에 노출되고 있음을 본다. 이번에 이 『조희룡전집』이 공간됨에 따라, 이 분야에 종사하는 여러분에게 조그만 도움이 될 수 있으면 기쁨이고 영

광이다.

『이향견문록』의 번역출판에 뒤이어 다시 『조희룡전집』을 내게 된 것은 오로지 실시학사 고전문학연구회 제군(諸君)의 부단한 연구의욕의 소산(所産)이다. 나는 그 의욕 그 노력을 항상 가상히 여기고 격려해 마지않는다.

끝으로 요즘과 같은 불황 속에 이러한 고전을 책임지고 출판을 맡아준 한길사 김언호(金彦鎬) 사장에게 감사의 뜻을 표해둔다. 그리고 자료수집에 도움을 준 부산(釜山) 경성대(慶星大) 정경주(鄭景柱) 교수에게 또한 사의를 전한다.

1999년 4월 고양시 화정에서

李鈺全集 譯註 刊行辭

　　실시학사 고전문학연구회에서 『조희룡전집』에 뒤이어 이제 『이옥전집(李鈺全集)』을 내게 되었다. 이옥(李鈺)은 18세기 말~19세기 초의 한 문사(文士)로서 우리나라 소품체(小品體) 문학의 뛰어난 작가라고 할 수 있는 분이다.

　　그런데 이옥의 성명(姓名)은 지난날 어떠한 사승(史乘)이나 민간학자의 기록에도 별로 나타나지 않는다. 따라서 그의 작품들도 별로 세상에 공표되지 않은 채 내려왔다. 우리나라 한우충동(汗牛充棟)의 그 많은 문집 가운데서 이옥의 것은 전혀 보이지 않는다. 오직 당시 문학동인집(文學同人集)이라 할 수 있는 김려(金鑢, 1766~1821)의 『담정총서(潭庭叢書)』 속에 산만하게 수록되어 있는 것이 대부분이고 그밖에 보잘것없는 단행본 형식의 한두 가지가 도서관의 한구석에 끼어 있거나 시중(市中) 책가게에 간혹 보인 적이 있었을 뿐이다. 그러니까 이옥의 글은 그가 죽은 지 이백여년에 한번도 체계적으로 편집된 것이 없고 또한 한번도 인쇄를 겪은 적이 없으며 다만 필사(筆寫)된 것이 이것저것 분산적으로 남아 있을 뿐이었다.

　　이옥의 존재가 이와같이 된 데에는 몇가지 이유가 있다고 추정된다. 첫

째 그의 가문이 한미하여 조야(朝野)를 막론하고 그를 급인(汲引) 발탁해
줄 사람이 적었고, 둘째 그의 문학성향이 소품체에 편중되어 있어서 당시
국왕 정조(正祖)의 강력한 문체반정(文體反正) 정책에 배치됨으로써 과
거(科擧) 진출이 전혀 불가능했으며, 셋째 그의 생득적(生得的) 체질이 외
곬으로 나가서 국왕의 정책적 요구에 자기를 굽혀가며 타협할 수 없었던
때문이었다. 그리하여 수차례에 걸친 국왕의 견책과 두 번의 충군(充軍)
등 가혹한 제재조치를 받았다. 당시 사족(士族)에게 충군의 처분은 정말
참담한 죄벌이었다. 그러나 이옥은 끝까지 그의 문학을 지켜나갔다. 같은
시기에 적지 않은 명사(名士)들이 정조 임금의 엄중한 명령 아래 자기의
문학세계에서 방향을 돌려, 정조의 정치교화에 순응하는 입장을 취했는
데 이옥은 그렇지 않았다. 이옥의 그후의 창작활동은 변치 않고 더욱 치열
한 자기탐구와 자기표현에 열중했음을 보여주었다. 말하자면 이옥은 그
의 문학을 생명으로 여기며 어떤 무엇과도 바꾸거나 포기할 수 없었던 것
이다.

　이옥 문학의 내용에 대해서는 이 책의 해제에 자못 상세하게 다루어져
있으므로 여기 첩상가옥(疊床架屋)을 하지 않는다. 다만 그 문학의 시대
적 상황과 문학사적 의의에 대해서 일언(一言)하고자 한다. 18세기 후반
은 이조 중세사회의 하향기 해체기에 있으면서 상대적으로 정치적 안정
속에 농업생산이 향상되고 상업·수공업이 활기를 띠고 있었으며 학술·
사상 면에서는 실학이 흥성하였다. 그런데 당시 소수 특권귀족들의 벌열
정치를 청산하고 왕권(王權) 신장에 의한 통치체제의 확립을 추구한 것이
정조 임금의 기본방침이었다. 그러기 위해서는 소수 특권귀족을 견제하
고 전통적 사대부들의 지지 위에 넓은 기반을 가지는 동시에 사대부들의
정통교양(正統敎養)——성리학과 순정문학(醇正文學)을 확보하여 왕조
(王朝)의 정치교화를 펼쳐나가려 하였다. 이 점에서 정조는 비교적 성공
한 편이다. 그러나 이미 중세적 계급지배관계가 해체과정에 들어섰고 전

국 농촌에 변화가 일어나는 한편 상업·수공업의 발달에 의한 도시평민층의 대두는 체제유지에 적지 않은 방해의 요소가 있는 것이었다. 거리의 전기수(傳奇叟)나 사랑방 이야기꾼에 의해 조성된 패사(稗史)가 양반관인(兩班官人)들에게 흥미를 끌게 되고 문사(文士)들은 즐겨 소품체로 글을 써서 일반 지식층에 매혹적 대상이 되었다. 이 패사와 더불어 소품은 순정문학의 아성을 허물 우려가 있기까지 한 것이었다. 실학이 등장하면서 성리학이 공리공론으로 비판되는데다가 순정문학이 패사소품에 의해 허물어지는 것은 보통 문제가 아니었다. 실학은 유교경전을 바탕으로 개혁을 주장하는 것이어서 정조의 정치이념에 위배됨이 없지만 패사소품은 사대부의 정통교양에 수용할 수 없는 것으로, 그대로 방임하면 문풍(文風)은 물론, 국민의 심성에 큰 해가 된다고 생각하였다. 정조의 강력한 문체반정 정책은 이에서 나온 것이다.

문체반정 정책의 시행에 있어서 사람에 따라, 신분과 처지에 따라, 문책이 달랐다. 남공철(南公轍)과 같은 사환가(仕宦家)의 자제에 대해서는 정조가 직접 엄하게 훈계하여 문체를 고치게 하고, 안의 현감으로 나가 있는 박지원(朴趾源)에 대해서는 남공철을 통하여 "문체를 고치면 남행(南行)이지만 문임(文任, 弘文館·奎章閣 등의 淸華한 官職)을 주겠다"라고 달래기도 하였다. 그런데 이옥과 같은 한사(寒士)에 대해서는 한번의 기회도 주지 않고 가차없이 처분을 내려 전도를 막아버렸다. 이 얼마나 불평등 불공정한 일인가.

그러나 이옥은 이로 인해, 그의 불우한 생애와는 반대로 그의 문학은 독자적인 창작태도로 일관하여 우리나라 소품체 문학의 한 고봉(高峰)을 이루게 됨으로써 그 이름이 영원히 빛나게 될 것이다.

18세기 말~19세기 초의 커다란 역사적 전환을 앞둔 시대의 경사(傾斜) 속에 소품체 작품을 통하여 인정(人情) 풍물(風物)의 이모저모를 참[眞] 그대로 묘사하면서 종래 성리학적 사고와 순정문학의 권위에 대한 도전으로 근대적 문학정신에의 가교자(架橋者)적 역할을 한 것이 이옥 문학의 문학사적 의의인 것이다.

이 전집에 수록된 자료를 간단히 말해둔다. 통문관(通文館) 소장 『담정총서』에서 뽑아온 것이 그 대부분이고, 다만 『이언(俚諺)』은 국립중앙도서관에서, 희곡 「동상기(東床記)」는 한남서림(翰南書林)의 『동상기찬(東廂記纂)』에서 취해온 것이다. 이밖에 다른 자료가 혹시 더 있을지 모르지만 현재 이옥의 작품으로 확인할 만한 것은 거의 다 망라된 것으로 자신한다.

이년 반에 걸쳐 실시학사 제군(諸君)들의 성실한 독회(讀會)와 활발한 토론을 거치는 동안 우리는 이옥 문학의 진수를 체인(體認)할 수 있었으며 이로 인해 우리 선민(先民)들의 진실한 삶을 다시금 깨우치게 되었다. 우리의 작업이 그만큼 값진 것으로 여겨진다.

끝으로 우리의 작업을 지원해주신 한국학술진흥재단과 출판을 맡아준 소명출판에 감사를 드린다.

2001년 8월 고양시 화정에서

修堂 李南珪 文集國譯 刊行辭

오늘 수당(修堂) 이남규(李南奎) 선생 문집(文集)의 완역완간(完譯完刊)을 기념하는 모임에 내빈 여러분께서 바쁘신 일들을 제쳐두시고 이렇게 참석해주신 데 대해 충심으로 감사히 생각합니다.

우리 민족문화추진회(民族文化推進會)에서 우리나라의 많은 국고문헌(國故文獻)들과 함께 여러 선현(先賢)의 문집들을 차례대로 번역출판하고 있습니다만 대체로 번역·출판의 선후(先後)를 연대순으로 정해두고 있습니다. 신라·고려로부터 시작해서 조선왕조로 내려오면서 유명한 문집들을 출판해왔습니다. 요즘 주로 조선왕조 중엽의 문집들을 대상으로 작업을 하고 있습니다만, 이 시기로 들어오면 유명한 문집들이 너무 많아져서 진도가 무척 느립니다. 다만 여러 문집 가운데 특수 사정에 의해 순서를 떠나 별도로 간행하는 경우가 있습니다. 오늘 이 『수당집(修堂集)』이 바로 그러한 경우입니다. 특수 사정이란 다름이 아니고 시대의 수요가 절실했기 때문입니다. 요즘 근·현대사에 대한 학계의 관심이 더욱 높아지는데다가 한일관계(韓日關係)의 복잡한 전개가 국민으로 하여금 구한말(舊韓末)의 역사를 새삼 되돌아보게 하고 있어서 『수당집』과 같은 항일(抗日)·순국(殉國) 선열(先烈)의 유초(遺草)가 세상에 보급될 필요가 있는 것입니다. 지난 1973년에 성균관대학교 대동문화연구원(大東文化硏究院)에서 『수당집』을 원문 그대로 발간한 바 있었습니다만 국민의 대다수가 한문 원문을 읽을 수 없는 현실에 비추어 퍽 아쉽게 여겨왔습니다. 마침 1997년 9월 국가보훈처에 의해 수당선생을 '이 달의 독립운동가'로 선정하여 선생의 정신을 되살리고자 하는 기운이 일어나게 되었으므로 우리 민족문화추진회에서는 그것에 앞서 곧 번역에 착수하여 무려 3년 동안에 걸쳐 그것을 완성 책으로 내었습니다.

오늘 두 분 교수의 학술강연을 통하여 수당선생의 견결한 사상과 절도, 그리고 그의 격조높은 시문학이 잘 표출될 것입니다. 수당선생은 구한말의 대표적 문학자의 한 분으로 영재(寧齋) 이건창(李建昌)·창강(滄江) 김택영(金澤榮) 등과 함께 당시의 문단(文壇)을 주도하였습니다. 영재와 인간적으로 지기상합(志氣相合)했던 사실은 그분들의 서간(書簡)을 통해 잘 알 수 있고, 창강이 수당선생의 문학에 대해 진심으로 감복하고 있었던 것은 그의 시가 잘 증명해주고 있습니다. 수당선생의 문학에서 그의 시작품은 오늘 잘 알게 되겠습니다만 추후해서 언젠가 그의 소차(疏箚)들이 또한 깊이있게 다루어지기를 바랍니다. 창강도 주로 그의 소차에서 훌륭한 문장이라고 감동적인 발언을 했던 것입니다. 사족을 달게 되어 미안합니다.

이것으로 인사말씀을 마치겠습니다.

1997년 9월

各樣買得田畓導掌貢物奴婢都案 刊行辭

이 책자는 일본으로 유출된 한 기록대장(記錄臺帳)으로, 제목이 『각양 매득전답도장공물노비도안(各樣買得田畓導掌貢物奴婢都案)』(이하 『도안 (都案)』으로 약칭함)이라고 되어 있다. 이 제목만으로 첫눈에 우리나라의 귀중한 자료임을 직감(直感)할 수가 있다. 내용은 1769년(英祖 47년, 乾隆 34년)으로부터 1884년(高宗 21년, 光緒 10년)에 이르기까지 150년 동안의 어느 한 집안의 자산운용(資産運用)의 실태, 즉 전답(田畓)·도장(導掌)· 공물(貢物)·노비(奴婢) 등의 매입(買入) 또는 매도(賣渡)에 관한 구체적 기록물이다.

그런데 그 자산운용의 주체가 누구인지가 밝혀져 있지 않다. 이러한 기 록대장은 처음부터 필사된 것으로 따로 부본(副本)이 있지도 않았을 터인 데 이것이 해외로 흘러나가 천하의 고본(孤本)이 되어 있는데다가 표제 (標題)에 성씨(姓氏)나 가문(家門)이 전혀 표시되어 있지 않기 때문이다.

1967년 나는 일본에 장기 체류하면서 이 책자를 발견하고 곧 관심을 기 울였다. 고(故) 타가와 코우조우(田川孝三) 교수도 이 책자에 흥미를 느껴 서 약간 검토를 했다고 한다. 그는 이 기록대장이 어느 궁장(宮庄)의 것으 로 생각된다고 말하였다. 나는 따지고 묻지는 않았지만 아마 두 가지 이유에서 그렇게 생각했을 것으로 짐작되었다. 하나는 일반 개인의 것으로 보기에는 너무 방대한 규모라는 것이고, 다른 하나는 그 속에 어의궁(於義宮)·명례궁(明禮宮)·육상궁(毓祥宮)·수진궁(壽進宮) 등 궁장 이름이 자주 나온다는 것이다. 그러나 내가 보기에 이 책자에 나오는 궁장 이름은 거의 전부가 궁장의 노비(奴婢)나 도장권(導掌權)의 매매(賣買)에 관한 것일 뿐, 직접 궁장의 수요를 말한 것은 아니었다. 따라서 궁장의 것이 아니고 어느 개인 집안의 것임이 분명하다고 판단하였다. 그리고 나는 이 책자 속에 나오는 인명(人名)을 죄다 조사해보았다. 인명은 주로 매매 대상자인 무명(無名)의 평민이거나 양반집 노속(奴屬)들이고 주인 쪽의 것은 보이지 않았다. 주인 쪽의 것으로는 오직 관명(官名)이나 호(號)가 나타날 뿐이었다. 예를 들면 좌랑공위답(佐郎公位畓)·지평공위답(持平公位畓)·봉산공위답(鳳山公位畓) 등의 관명과 백무와공위답(百無窩公位畓)·욱욱당공산소(郁郁堂公山所) 등의 호(號)가 사용되고 있을 뿐이었다. 관명으로는 말할 것도 없고 백무와(百無窩)·욱욱당(郁郁堂) 등의 호도 별로 알려진 것이 아니어서 도무지 누구의 것인지 추정할 수 없었다.

그러다가 우연히 그 속에 '시흥남면유등리후동영당위답(始興南面柳等里後洞影堂位畓)'이라는 기록을 보고 머리에 떠오르는 것이 있었다. 언젠가 지우(知友)로부터 시흥(始興)에 오리(梧里) 이원익(李元翼)의 영당(影堂)이 모셔져 있다는 말을 들은 적이 있었는데 그것이 지금 기억난 것이다. 따라서 이 기록대장이 혹시 이원익의 자손들과 무슨 관계가 있는 것이 아닌가 하는 의문을 가지게 되었다. 그러나 일본 체류중에 있었던 나는 그 이상의 탐색이 불가능하였다. 나는 이 도안을 복사해두었다가 그 이듬해 귀국시에 가져와서 계속 추구해보기로 하였다. 만약 이원익과 관계가 있는 것이라면 이원익의 후손이 당색(黨色)으로 남인(南人)에 속해 있었으니 서울의 남인계(南人系) 고로(故老)들에게 물어볼 필요가 있다고 생각하게 되었다.

당시 서울에는 재미있는 현상이 있었다. 나이 든 사람들 중에 노론계(老論系) 후손(後孫)들은 주로 종로(鐘路) 태을다방(太乙茶房)에 모여 놀았고, 남인계(南人系) 후예들은 그 맞은편 송아지다방에 모이다가 YMCA 뒤편 다정다방(多情茶房)으로 옮겨 놀았다. 나는 이 도안을 가지고 다정다방으로 갔더니 거기에 나를 잘 아는 노인 몇분이 반가이 맞아주었다. 이야기를 들은 다음 이 도안에 "종계유사이천안택(宗契有司李天安宅)" 운운하는 기록을 본 이진복(李晋馥, 韓山李氏南人系, 前遞信次官)옹이 근세(近世) 전주이씨(全州李氏)에 천안택(天安宅)이 있었으니 그쪽으로 알아보는 것이 좋겠다고 하면서 부천(富川)에 사는 이병은(李炳殷)씨를 소개해준다는 것이다. 그 뒤 이병은씨는 전주이씨 익녕군(益寧君, 太宗 第12男) 파보(派譜)를 들고 나를 찾아와주었는데 과연 그 파보에는 이원익을 위시하여 봉산공(鳳山公) 이동익(李東益)·백무와(百無窩) 이승(李昇)·욱욱당(郁郁堂) 이문환(李文煥)의 이름들이 들어 있었다. 그리고 좌랑공(佐郎公)은 이성전(李性傳), 지평공(持平公)은 이수함(李守諴)이라는 것도 알게 되었다. 이병은씨는 그 직계후손이 아니고 파보를 같이하는 일가간이라는 것이다. 나는 이병은씨에게 귀문 선대에 고관과 거부가 있었느냐고 물은바, 그는 이 도안의 소유자 집안이 오리대감(李元翼)의 직계후손이 아니고 오리의 백씨(李元輔)의 자손으로 높은 관직에 오른 분은 없고, 좌랑(佐郎)·지평(持平)이 고작이며 부(富)로 득명(得名)한 이는 봉산공(鳳山公, 李東益, 鳳山郡守)인데 여러 고을 수령(守令)을 거치고 수표교(水標橋) 쪽에 살았다고 한다. 보첩(譜牒)에는 그가 수령으로 선정(善政)을 베풀어 주민들이 송덕(頌德)하는 철비(鐵碑)를 세웠다고 되어 있다. 이에 그 파보에 의거하여 이 집안의 세계도(世系圖)를 만들어보았다.

보첩에 의하면 이동익(李東益)은 숙종(肅宗)조에 벼슬한 사람으로 영조(英祖) 9년(1730)에 죽었다. 그런데 이 도안의 시작은 1769년으로 되어 있다. 이동익이 죽은 뒤 39년 만에 시작한 것이다. 그러니까 이 도안은 이

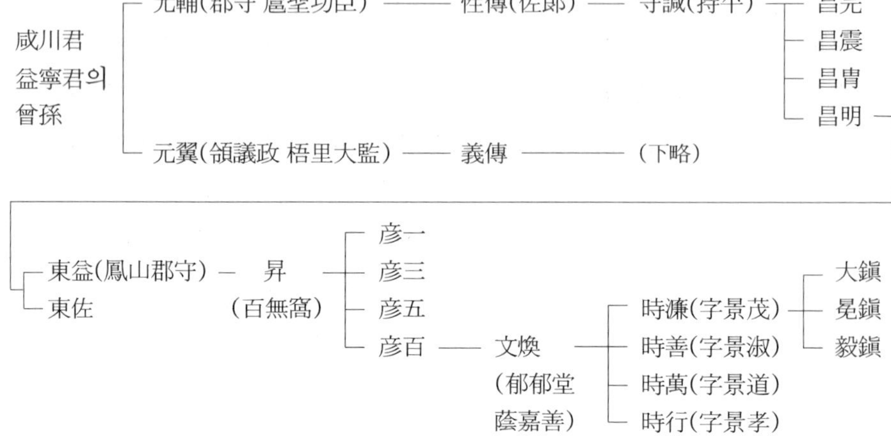

동익과는 직접 관계가 없는 것이다. 또 이동익이 부를 축적하여 독신(獨身) 아들 이승(李昇, 百無窩)에게 고스란히 전해주었다고 하더라도 그의 손자의 대에 사형제(四兄弟)가 나란히 있어, 다자분점(多子分占)으로 부의 규모가 크게 줄었을 것이다. 여기 주목할 것은 사형제 중 막내 이언백(李彦百)과 그의 아들 이문환(李文煥, 郁郁堂)이다. 이언백이 어느 정도의 자산을 상속받았는지는 알 수 없으나 뒤를 이어 이문환이 살림살이를 크게 늘렸던 것으로 보인다. 이 도안에 가경(嘉慶)·도광(道光)년대(1796~1850), 즉 이문환의 30대에서 70대에 이르는 동안 자산증식이 가장 활발했던 기록으로 보아 확인할 수가 있다.

이문환은 1768년(英祖 44년, 乾隆 33년)에 나서 1842년(憲宗 8년, 道光 22년)에 죽은 사람으로, 호(號)는 욱욱당(郁郁堂)이고 음(蔭)으로 가선(嘉善)의 품계(品階)를 받았으며 74세의 수(壽)를 누리면서 역시 아들 사형제를 두었던 복노인(福老人)이었다. 유감스럽게도 장남 시렴(時濂)이 겨우 40세인 1826년에 죽어서 그 부친보다 16년이나 앞서 세상을 떠났고, 둘째아들 시선(時善)이 부친 생시에 이미 대신 살림을 맡았던 것 같다. 시선의 동생 시만(時萬)·시행(時行)이 있었지만 윗서열인 시선이 차남으로서 장남 역할을 했던 것 같다. 장남 시렴의 아들 대진(大鎭)과 면진(冕鎭)·의진(毅鎭) 삼형제가 있었지만 중부(仲父) 시선에 의해서 이 집 자산이 오랫동안 운용되고 있었던 것으로 여겨진다.

보첩에 의하면 이시선(李時善)은 자(字)가 경숙(景淑), 호는 몽재(夢齋)인데 1804년(純祖 4년, 嘉慶 9년)에 나서 1883년(高宗 20년, 光緒 9년)에 별세한 것으로 되어 있다. 그는 음(蔭)으로 통정(通政)의 품계(品階)를 받았다고 하나 실직(實職)이 없는 것으로 보아 벼슬은 못했던 것이 분명하다. 효행(孝行)이 있어 부조(父祖)의 지업(志業)을 잘 계술(繼述)했는데 제질(弟姪)들과 마음을 모아 누대(累代) 선영(先塋)에 묘각(墓閣)을 짓고 비(碑)를 세우면서 경비는 자담(自擔)했다고 한다. 과연 이 도안에는 함천군(咸川君)의 배위(配位)인 우부인(禹夫人)과 좌랑공·지평공·봉산공·백무와공·육육당공 등 직계 조부(祖父)의 위답(位畓)은 물론, 그의 종선조(從先祖)인 오리정승(梧里政丞) 이원익의 영당(影堂)의 위답(位畓)도 여유있게 마련해놓았다. 그뿐 아니라 보첩에는 그가 "가난한 사람들에게 십여년이나 시량(柴糧)을 지공(支供)해주었는데 그것이 삼십여가에 달했다"라고 할 정도로 선심을 쓰기도 하였다.

그런데 이 도안의 여러 자산항목의 머리 쪽에 난외(欄外)에 사형제간에 분재(分財)한 것이 표시되어 있다. 모든 전답과 공물에 대하여 '대택금(大宅衿)' '이택금(二宅衿)' '삼택금(三宅衿)'이라고 표시하고 별도로 '경효금(景孝衿)'이라고 적은 것이 있다. 경효(景孝)는 그들 사형제 중 막내인 이시행(李時行)의 자(字)이다. 그가 왜 대택금(故 長男 時濂의 몫──필자, 下同)·이택금(次男 時善의 몫)·삼택금(三男 時萬의 몫)과는 달리 자(字)를 사용하여 경효금(景孝衿)이라고 했을까? 혹시 이시행이 위의 형들과 동복(同腹)이 아니고 처지가 약간 달라서 따로 취급된 것일까? 아니면 이시행이 막내동생으로서 형들로부터 위임을 받아 도안을 정리하면서 형들에 대해서는 대택(大宅), 이택(二宅), 삼택(三宅)으로 칭해놓고 자기 몫은 택(宅)으로 칭하기가 미안해서 그의 자(字)를 가지고 경효금이라고 했던 것일까? 어느 쪽이든 확실한 근거가 없다. 후고(後考)를 요한다.

또 하나 주목할 만한 것은 사형제의 금(衿)과 별도로 '병자삼분(丙子三分)'이라는 표시가 수처에 나타나고 있는 점이다. 주로 도장권(導掌權)에 관한 것으로, 진(陳)·김(金)·이(李) 세 사람은 아마도 집사 말음(執事 末音)으로 복무한 사람이 아닌가 여겨지고 병자(丙子)는 1816년이거나 1876년에 해당하는 것으로 보이는데 1816년이 유력하다고 한다(해제 작성자인 全成昊씨의 견해). 역시 후고를 요하는 대목이다.

어쨌든 나는 이 책자를 발견한 지 수십년 만에 낡은 적발을 끄집어내어 다시 고찰을 가한 끝에 대략 그 내용을 파악하고 그 배경을 살필 수 있게 되었다. 앞으로 이 책자가 사회경제사 연구자들에게 대단히 중요한 참고가 되고 또 많이 인용될 것으로 여겨지지만 우선 실시학사 젊은 연구팀의 한 사람인 전성호(全成昊)씨에게 이 책자를 주어서 오랜 천착을 거쳐 시론(試論)을 한 편 쓰고 아울러 해제를 작성하라고 부탁하였다. 이제 해제가 이룩되어 책머리에 싣기로 하면서 나는 다시 간행사를 써서 독자 여러분에게 드린다. 이 책자의 발견에서부터 밝혀진 내용과 배경에 이르기까지 내가 적지 않은 고심을 겪었던 사실이 지금 와서 회고(回顧)하면 한번 웃고 말 일이지만 또한 그것이 결코 간단한 것이 아니었음을 상기시켜두기로 한다.

끝으로 요즘 어려운 상황 속에 계속해서 해외수일본(海外蒐佚本)을 출판해주시는 아세아문화사 이영빈(李永彬) 사장에게 거듭 사의를 표해둔다.

1999년 4월 북한산 기슭에서

退老里誌 刊行辭
退老 卜居 113주년에 부쳐

퇴로리(退老里)는 경상남도 밀양시 부북면(府北面)에 있는 마을이다.
밀양은 경상북도 청도군(淸道郡)과 접경(接境)이 되어 있는바, 밀양과 청
도의 경계선상에 회악(華嶽)이라는 큰 산이 가로놓여 있는데 화악산의 한
지맥(支脈)이 남쪽으로 뻗어나와 한 갈피[區]를 만들어놓은 것이 퇴로마
을이다. 이와같이 퇴로마을은 북으로 화악산을 병풍처럼 두르고 남으로
남호(藍湖, 水利못)라는 긴 호수를 금대(襟帶)로 삼은데다가 또한 주위에
나지막한 산들이 감싸고 있어서 그야말로 아늑한 별세계(別世界)를 이루
고 있다.

마을의 이름은 본래 '무리체' 또는 '물리치'였다고 한다. 이 '무리체' 또
는 '물리치'를 '퇴로(退老)'라고 한역(漢譯)하여 사용한 것이 언제부터인
지는 확실치 않다. 마을의 역사도 그리 오래되지 않았다. 이조후기에 만들
어진 몇개의 밀양읍지(密陽邑誌)에 퇴로라는 이름은 보이지 않는다. 원래
사족집단(士族集團)이 전거(奠居)하지 않았는데 근고(近古)에 들어 함평
이씨(咸平李氏)가 외지(外地)에서 들어와 살면서 문호(門戶)를 이룬 적이
있었다. 그러다가 구한말(舊韓末) 즉 1890년에 밀양 향중에서 수백년 동
안 대성(大姓)으로 칭도되던 여주이씨(驪州李氏)의 한 파(派)가 정식으로

입주(入住)하면서부터 마을의 규모가 확립되고 나아가 자손이 번연(蕃衍)하여 드디어 여주이씨 일족의 집성촌(集姓村)이 되게 되었다.

필자는 여주이씨 출신이다. 이 마을에서 생장하여 이십대부터 마을을 떠나 도시에서 일생을 보내고 있지만, 정신적 토대인 이 마을은 단 하루도 마음에서 잊혀진 적이 없다. 실제로 선대로부터 물려받은 집과 전토(田土)를 고스란히 지니고 있으며 또한 장차 고산(故山)의 선영 아래 이 몸을 묻게 될 것이다. 『퇴로리지(退老里誌)』를 직접 만든 것은 이러한 충정에서다.

이 『퇴로리지』는 일반 지지(地誌), 즉 도지(道誌) 군지(郡誌) 등과는 성격을 달리한다. 마을의 자연지리적 환경구조나 인구(人口) 물산(物産) 등에 관한 것들은 거의 언급을 하지 않았다. 오직 여주이씨 일문(一門)의 생활문화를 다루었을 뿐이다. 그러니까 이 책은 대외적으로 책임을 지는 공적 저술이 아니고 다만 집안 자제들에게 교양도서로서 옛것을 알려주고 현상황을 확인시켜주며 미래에 대한 깨우침을 주기 위한 것이다. 말하자면 특정 가문의 한 교양도서에 불과한 것이다.

여주이씨 일문의 생활문화를 다룬 것이라 했는데, 생활문화는 시대에 따라 달라지지 않을 수 없다. 더구나 오늘날 우리나라와 같이 격변하는 사회에 있어서는 더한층 그러하다. 외래어·외래풍속이 판을 치고 있다. 혼란스럽기 그지없다. 여기에서 마음있는 사람들은 깊이 생각해볼 필요가 있다. 옛 관습을 묵수(墨守)하기란 불가능한 것이고 그렇다고 하여 옛 관습을 완전 파기해서도 안되는 것이다. 어느 민족이든 그 민족 나름의 전통이 있는 것이니 이 전통은 그 민족의 정신적 원천이며 또 그 지주이다. 그러니까 시대에 따라 변화하되 그 변화 속에 전통의 기본적인 것을 지켜나가야 한다. 필자는 이 점에 유의하여 관혼상제(冠婚喪祭)를 간소화하면서 그 예(禮)의 기본정신은 잃지 않게 하려고 노력한다. 이 책의 의례(儀禮)부문에서 그 일단(一端)을 보이게 될 것이다.

　이 책은 도록(圖錄)과 문록(文錄)의 두 개의 묶음으로 엮어져 있다. 도록은 시각적 효과를 위해 사진에 큰 비중을 두었고 문록은 선대(先代)에 관한 문헌자료들을 골라 실어서 독자의 이해를 돕고자 하였다.

　촬영을 담당한 사진작가 황헌만(黃憲萬)씨는 조수(助手)와 더불어 무려 12차례 밀양을 다녀왔다. 저간의 노고에 깊이 감사한다. 그리고 마지막으로 편집과 출판을 맡아, 논설문들의 원고를 세밀히 교정하고 제본 등에 많은 수고를 해주신 현대실학사(現代實學社) 정해렴(丁海廉) 사장에게 또한 치사(致謝)해 마지않는다.

2003년 중추절

韓國實學研究 創刊辭

그동안 한국 실학연구자들의 숙원이었던 학술지 『한국실학연구(韓國實學研究)』를 여기 상재(上梓)한다. 지금까지 실학에 관한 연구논문들이 수없이 발표되어 상당한 정도의 연구업적이 축적되었으나 실학연구의 구심점이 될 만한 전문 학술지가 없었음을 아쉬워했는데 이제 한국실학연구회(韓國實學研究會)에서 그 창간호를 내게 된 것이다.

한국실학연구회는 1991년 창립된 이래 주로 한·중·일 3개국의 실학을 공동으로 연구하는 일에 주력해왔다. 동아시아 3개국은 유교문화권 또는 한자문화권이라는 동질성을 공유하고 있었기 때문에 다 함께 사상사상(思想史上) 실학의 발생발전을 보게 되었다. 특히 중세의 해체기 즉 근대를 지향하는 역사의 행정 속에서 비슷한 시기에 3개국의 실학이 함께 등장한 것이다. 3개국의 역사적·사회적 모반이 상이하기 때문에 실학도 각기 특징을 지니게 되었다. 따라서 독자적으로 실학을 전개시켜왔으며 오늘의 학자들은 자기 나라의 실학을 개별적으로 연구해왔다. 이제 각국의 실학연구 성과를 교환함으로써 종합적으로 파악할 필요성이 제기되어, 3개국의 실학연구회가 돌아가며 격년제로 회의를 열기로 합의하였다. 1990년 한국 서울에서 제1회 실학국제학술회의(實學國際學術會議)가 개최된 이래 제2회 중국 제남(濟南), 제3회 일본 동경(東京), 제4회는 다시 한국 서울, 제5회는 중국 개봉(開封)에서 열렸으며, 제6회는 지금 일본 군마(群馬) 쪽에서 한창 준비중인 줄 알고 있다. 이리하여 실학은 우리나라만의 문제가 아니라 동아시아 전체의 문제로 시야가 확대되었고 그만큼 연구수준이 향상되기도 한 것이다.

한국실학연구회에서는 기왕에 수행해온 3개국 공동연구를 계속하는 한편, 국내 실학연구의 내실을 다지는 일에 더 많은 노력을 경주하기로 향후 계획을 세우게 되었다. 그 첫 성과물이 곧『한국실학연구』창간호이다.

돌이켜보면 1930년대에 안재홍(安在鴻), 최익한(崔益翰), 백남운(白南雲) 등 선학(先學)들의 개척적인 실학연구가 시작된 이래 50년대 홍이섭(洪以燮), 천관우(千寬宇) 등 제씨의 연구업적을 거쳐 70년대에는 식민사관의 극복과 자본주의 맹아론에 연계되어 바야흐로 실학연구의 황금기를 누렸다. 이러한 실학연구의 흐름은 그대로 이어져오면서도 80년대 중후반부터는 물질지상주·경제제일주의의 폐해에 대한 일반의 염권(厭倦)과 함께 차츰 학계의 관심이 윤리철학 쪽으로 기우는 듯한 감이 없지 않다. 그러나 실학연구가 한 시대의 유행처럼 반짝했다 사라질 성격의 것이 아닌만큼 실학은 앞으로도 계속 연구되어야 하리라고 본다.

우리는 이미 여러 곳에서 언급한 바와 같이, 실학이란 형이상학적 사변적 학풍의 비생산적 논쟁이 만성화되어 있거나 어떤 이념과 체제에 묶이어 시대현실에서 멀어져가고 있을 때에 그것을 극복하기 위하여 현실에 즉한, 실제 사정에 즉한 과학적 파악으로 문제해결을 추구하려는 학문방향을 말한다. 그렇기 때문에 이조후기에 태동된 한국실학은 오늘날에도 여전히 현재성을 지니고 있다 하겠다. 우리가『한국실학연구』를 창간하게 된 소이가 여기에 있다. 이『한국실학연구』의 창간을 계기로 보다 넓고 보다 깊은 실학연구가 이루어지기를 기대한다.

1999년 9월 20일 실시학사에서

卞榮晚全集 刊行辭

실시학사(實是學舍) 고전문학연구회(古典文學硏究會)가 우리나라 고전문학 작품의 번역과 간행을 거듭해오고 있는바, 이번에는 성균관대학교 대동문화연구원의 지원을 받아 산강(山康) 변영만(卞榮晚) 선생의 모든 글들을 엮어 『변영만전집(卞榮晚全集)』을 내게 되었다. 한문으로 된 『산강재문초(山康齋文鈔)』는 예에 의해 번역하여 역문(譯文)과 원문(原文)의 두 책 그리고 국문으로 된 산문과 시들 은 그대로 정리 편차하여 『계황산문집(薊篁散文集)』이란 이름으로 한 책을 만들어, 모두 세 책이 되게 하였다.

산강선생은 해방 직후에 잠시 명륜전문학교(明倫專門學校)의 초대 교장을 맡으신 바 있었고, 그 뒤 이어서 성균관대학의 교수로 봉직하기도 하여 성균관대학과는 깊은 연고가 있기 때문에 이번에 우리는 성균관대학교 출판부를 통하여 이 책을 펴내기로 한 것이다.

산강선생은 세상이 다 알다시피 우리나라 근대(近代) 명인(名人)의 한 분으로, 특히 우리나라 천여년(千餘年) 한문학의 역사에서 마지막 페이지를 장식한 특출한 존재이다. 구한말(舊韓末)에서 일제강점기를 거쳐 해방 후에 이르기까지, 일반적으로 서울의 한문학 내지 문장대가(文章大家)로서 위당(爲堂) 정인보(鄭寅普)와 산강 변영만 두 분을 쌍벽으로 꼽고 있으나 두 분의 인간 체질은 상당히 달랐다. 위당은 유명한 중앙 사환가(仕宦家)의 자제(子弟)답게 나라의 전고(典故)에 밝고 전통적 예절관습에 익숙해 있었던 반면, 산강은 서울 외곽 출신으로 일찍 근대교육——법률교육을 받았고 또 영문(英文)을 통하여 세계의 신지식을 흡수하기도 하였다. 따라서 옛 양반규범에 얽매이는 것을 좋아하지 않았다. 이러한 경향은 두 분의 생활과 문학에 그대로 반영되어 있다고 할 것이다.

산강의 집은 대대로 경기도 부평(富平)에서 살아왔는데 산강 자신은 서울 서소문 밖 차동(車洞, 수레골)에서 출생하였고 그의 유년기에 서울 북촌(北村) 쪽에 이주하였다. 비록 혁혁한 가문은 아니지만 그의 조부 석치옹(石痴翁, 卞海準)이 향로(鄕老)로서 주위의 존경을 받았고, 부친 이정공(彝庭公, 卞鼎相)은 문행(文行)으로 널리 경중사우(京中士友)들 간에 이름이 알려졌다. 특히 당대의 석학명경(碩學名卿)인 수당(修堂) 이남규(李南珪) 선생과는 막역(莫逆)의 교분이 있었다. 산강의 삼형제(榮晩·榮泰·榮魯)가 다 후일 일국(一國)의 문인(聞人)이 되었지만 특히 재명(才名)이 대단했던 산강은 부친과의 관계로 일찍부터 수당선생의 권애(眷愛)를 입었다. 산강의 장래를 크게 촉망한 수당은 열한살밖에 안된 산강에게 "소년제득풍운회 일약천지편화룡(少年際得風雲會 一躍天池便化龍)"이라는 시구를 자작자필(自作自筆)로 써서 주기도 하였다. 수당은 산강과 함께 신채호(申采浩)를 사랑하여 역시 큰 기대를 걸었다. 산강은 십대 시절에 신채호와 함께 수당의 문하생으로 어깨를 나란히하여 꿈과 희망을 키워나갔다. 수당의 비장한 순국(殉國)을 겪고 충격을 받았던 산강은 관립 법관양성소(官立法官養成所)와 보성전문학교(普成專門學校)를 졸업하고 곧 법관으로 남쪽지방에 부임하여 나라를 위해 일하려고 하였다. 그러나 법원이 하루아침에 일제 통감부의 지배하에 들어가자 그는 곧 사표를 내던지고 서울로 돌아왔다. 이때 그의 회포를 한 편의 운문(韻文)으로 지은 것이 유명한 「북상사(北上詞)」이다. 서울로 돌아온 그는 신채호 등 여러 지사

(志士)들의 애국계몽운동에 적극 참가하여 국문(國文)으로 많은 논설과 시를 신문잡지에 발표하였다. 그리고 자습(自習)으로 얻은 영문(英文) 지식을 활용하여 서양의 필요한 글들을 골라 번역 소개하기도 하였다. 그가 초기에 역술(譯述)한 『세계삼괴물(世界三怪物)』과 『이십세기의 대참극 제국주의(二十世紀之大慘劇 帝國主義)』는 풍전등화(風前燈火)와 같은 조국의 운명을 앞에 두고 전국의 독자에게 크나큰 자극과 각성을 주었다.

그러나 산강의 본령(本領)은 한문학에 있었다. 그의 뛰어난 감수성과 천재적 창작력은 한편 한편의 글을 세상에 내놓을 때마다 경향(京鄕)의 노성(老成) 지식층을 경도(驚倒)케 하였다. 그는 말 그대로 안공천고(眼空千古)였다. 오직 중국의 사마천(司馬遷)을 평가하였고 조선에 있어서는 겨우 박연암(朴燕巖)을 긍정적으로 말하였을 뿐, 당송(唐宋) 이래 중국 고문가(古文家)의 문장과 우리나라 선비의 글들은 안중에도 없었다. 노성층(老成層) 가운데 그의 글을 서양문학의 영향을 받은 것으로 지적하면 그는 견결히 부인하였다. 그는 공자(孔子)를 위시한 선진고전(先秦古典)에서 배운 것이고 서양에서 얻어온 것은 없다고 강변하였다. 어쨌든 그의 한문 문장은 희대(稀代)의 명문으로 자타가 함께 칭도(稱道)하였다.

그는 한때 중국으로 가서 대륙의 산천인물(山川人物)을 두루 접하였고 동남아열도(東南亞列島)에도 발자취를 남겼다. 한걸음 나아가 서양유학을 시도하였다. 벽초(碧初) 홍명희(洪命憙)와 함께 구주(歐洲)로 향발(向發)하려 하다가 사정이 생기고 생각이 바뀌어서 포기해버렸다고 한다. 일설(一說)에는 중국 친지(親知)인 모씨(某氏)가 "서양에 가면 일본식민지 백성인 조선인을 하시(下視)할 것인데 거기에 가서 머리 숙이고 배울 것이 무어 있느냐"라면서 만류하자, 드디어 발걸음을 멈추었다고 한다. 젊은 산강의 기개와 자존심으로 보아 그럴 수 있다고 여겨진다.

산강은 상해에서 임시정부 관계 인사들과 접촉이 있었을 테지만 그의 기록에는 이승만(李承晩)도 안창호(安昌浩)도 보이지 않는다. 다만 김가진(金嘉鎭)에 대하여 몇군데 언급한 것이 있다. 인간 김가진의 말로(末路)에 대하여 동정적으로 설명한 것이다. 그것도 특이한 일이다.

그는 신의주에서 변호사 개업을 한 적이 있었고, 중년에 들어 대구(大邱)에 내려가서 역시 변호사 간판을 걸어두고 생활한 적이 있었다. 그러나 변호사로서 별로 인기가 있었던 것 같지는 않다. 반면 영남(嶺南)의 한문 소양을 지닌 인사들이 그의 문을 두드리는 이가 많았다. 특히 대구와 가까운 달성(達城) 산중에 정산서당(鼎山書堂)을 차려놓고 한문 문사(文士)들을 양성하고 있던 심재(深齋) 조긍섭(曺兢燮)옹과 자주 왕래하면서 문주(文酒)의 낙(樂)을 누렸다. 심재는 산강의 둘도 없는 절친한 선배로서 전부터 이미 서로 허여(許與)하면서 의기투합하고 있었다. 영남의 보수적 유학자들은 산강의 기질을 좋게 여기지 않는 분위기였는데, 이에 대해 심재는 산강의 유일한 지기(知己)였다고 할 수 있으며, 산강 또한 심재의 인품을 존경하고 심재의 문장을 "국내에서는 물론, 중국에서조차 볼 수 없다"라고 극찬하였다. 이리하여 산강은 심재의 문인(門人)을 중심으로 영남인사들을 널리 사귈 수 있었다. 그가 대구에서 철귀(撤歸)한 뒤에도 영남지방에 비교적 왕래가 잦았던 것은 이 때문이었다. 6·25 난중에 부산으로 피란해왔을 때에도 지방의 한 재력가(財力家)가 그의 거처를 마련해 드리고 이가원(李家源), 이우성(李佑成) 등이 주축이 되어 그를 모시고 시문(詩文)을 수창(酬唱)하면서 산해간(山海間)에 추축(追逐)하였다. 그는 외롭지 않았던 셈이었다.

『산강재문초』는 그의 몰후(歿後)에 평소 그를 스승으로 받들고 있던 김종하(金鍾河)씨가 한문 원문을 손으로 초사(鈔寫)하여 석인(石印)으로 출판한 것이고, 『계황산문집』은 신문잡지에 실렸던 국문의 글들을 최근에 한영규(韓榮奎)·김진균(金鎭均) 양군(兩君)이 두루 찾아내어 한 책으로 엮은 것이다. '산강재문초'는 산강이 생시에 그 스스로 정해둔 이름이고, '계황산문집'은 이번에 출판을 앞두고 필자가 적당히 붙인 이름이다. 산강

은 진불(塵佛)·자민생(自旻生)·매당거사(邁堂居士)·계황(薊篁)·곡명
(穀明)·삼청(三淸)·변광호(卞光昊) 등 여러 종류의 필명(筆名)을 사용했
는데, 그중에서 계황을 택하여 산문집의 명칭으로 정하였다.

　끝으로 만 사년간 『산강재문초』의 역주(譯註)작업에 동참한 고전문학
연구회 전원과, 온갖 방면으로 자료를 수집하여 『계황산문집』을 편성(編
成)한 한영규·김진균 양군에게 다같이 격려의 말을 전하면서 이 결실의
기쁨을 함께 나누고자 한다.

2006년 三一節　高陽 花亭에서

제6부 致辭

동아시아 儒學思想文化交流會議 致辭

　지금 우리는 20세기의 종착지점에 와 있습니다. 온갖 언론매체들이 지나가는 세기와 다가올 새 세기의 전환기에 서서, 실제로 우리는 과거를 회고하고 앞날을 바라보며 새로운 생각, 새로운 설계를 해야 할 절박한 상황에 처해 있음을 중언부언하고 있습니다. 나는 이미 70대 중반에 속한 늙은 사람이지만 요즘 이 시대 이 나라의 한 지식인으로서 역사 앞에서 어떻게 자기 자신을 정립시키고 나아가 후배들에게 도움이 될 이야기를 해드릴 수 있을까 하는 심정으로 고민을 되씹고 있는 중입니다. 오늘 여러분을 대하는 자리에서 우선 내 자신에 앞선 시대 그리고 내가 직접 겪었던 시대로부터 시작해서 현재 겪고 있는 시대를 이야기하고 내 나름대로 지니고 있는 민족과 문화에 대한 인식을 설명하여 여러분의 조그만 참고가 되었으면 합니다. 그러기 위해서 내가 생장과정에서 가장 깊이 젖어 있었던 유교문화에 대해서 이야기해보겠습니다.

　동아시아 3국—한·중·일 3국은 다함께 유교문화권에 속해 있었던 나라로서 정치(政治) 전장제도(典章制度) 내지 예속(禮俗)에 이르기까지 유교적 문물을 공유해왔습니다. 역사·사회적 조건의 상이에 따라 각기 특징적인 문화형태를 나타냈고, 특히 중세적 체제로부터 근대를 지향하는 과정에서 각기 진로를 달리함으로써 유교문화권은 사분오열로 갈라졌습니다.

　근대를 지향하는 과정에서 서세동점(西勢東漸)의 대세를 맞이하여 우리 동양인들은 그 엄청난 충격 속에 자기를 상실할 위험에 직면했습니다. 이때 동양인들은 어떻게 하면 우리의 전통을 유지하면서 서양문명을 흡수할 수 있을까 하는 고심노력이 있었습니다. 중국에서는 '중체서용(中體西用)', 일본에서는 '화혼양재(和魂洋才)', 한국에서는 '동도서기(東道西器)'라는 신표어가 나오기도 했습니다. 그러나 서양의 기술과 무력 앞에 굴복한 동양은 위에서 말한 '서용' '양재' '서기'만이 아니고 마침내 '체(體)'와 '혼(魂)'과 '도(道)'까지도 서양을 따르게 되었습니다. 근대성의 달성은 오직 서양을 배우고 따르는 데서 가능한 것으로 생각했습니다. 동아시아에서 유일하게 근대적 국가를 성립시킨 일본은 '탈아입구(脫亞入歐)'를 내세우며 한때 구화주의(歐化主義)에 심취하였고, 반식민지 내지 식민지로 전락한 중국과 한국은 그것이 잘못된 전통의 탓이라고 하여 과거의 정신유산을 폐리(弊履)처럼 타기(唾棄)하였습니다. 중국에서 '타도공자(打倒孔子)'의 외침이 있는가 하면 한국에서는 '우유부유(迂儒腐儒)'라 하여 망국(亡國)의 책임을 전부 유자(儒者)에게 돌렸습니다. 이제 동아시아에서 유교는 정치사회 내지 생활현장에서 완전히 힘을 잃었습니다.

　유교는 근대성과 거리가 멀고 근대성의 달성에 저해가 될 뿐인 것으로 알았습니다. 따라서 세계사의 발전방향 속에 유교문화권은 영영 침몰하고 마는 것으로 여겨졌습니다.

　그런데 20세기 중반으로 접어들면서, 특히 2차대전이 종료되면서 제민족의 해방과 독립전취(獨立戰取)에 의하여 아시아지역에 역동적인 변화가 일어났습니다. 세계사는 아시아에 있어서 결정적 전환점을 보이게 되었습니다. 일본은 패전후에 다시 민족에네르기의 긴장에 의하여 경제의 부흥과 번영으로 이미 선진국 대열에 들어갔고, 중국은 사회주의로 강력한 통일국가를 이룩한 뒤에 다시 현재 개혁개방으로 시장경제의 도입과 더불어 세계경제대국으로 발돋움하게 되었으며, 한국은 민족분단의 역경 속에서도 20년의 단기간 내에 산업화를 이룩하여 세계 10위권의 교역국으로 부상하였습니다. 이것은 놀라운 사실입니다. 특히 유교문화권에서 여러 나라들이 동시기에 이와같이 눈부신 경제성장과 부의 축적, 그리고 생활수준이 크게 향상된 것은 매우 주목할 일입니다. 이것이 유교의 원리와 어떤 연관이 있는 것인지 알 수 없습니다만 적어도 유교적 정신풍토가 근대화를 저해하는 것으로만 생각해왔던 종래의 관점은 재고돼야 할 것이 아닌가 여겨집니다.

그러나 여기에 심각한 문제가 발생한 것입니다. 각국이 정력적으로 부를 추구한 나머지 경제제일주의·물질지상주의에 빠져들어, 모든 인간을 탐욕의 화신으로 변하게 했습니다. 이기주의·향락주의의 만연과 더불어 부패타락이 갈수록 심해져서 그야말로 세기말 병이 다시 일어나고 있습니다.

그동안 한국은 모든 악조건 속에서 피땀나는 활동으로 앞만 보고 달려오면서 산업화를 이룩하였고 나아가 민주화를 이룩했습니다만 지금에 와서 이상의 부재와 가치체계의 혼란 속에 비전이 없는 인간들이 방황하는 실정입니다. 자본주의·자유주의를 세계사적 보편으로 받아들여, 당위와 필연으로 믿고 혼신으로 실천한 결과가 이러한 것입니다.

우리는 그동안 전통을 방치하고 무시해왔습니다. 유교에 대하여 되도록 거론하기를 싫어하였고 오직 일부 동양학자 역사학자들이 테마에 따라 간혹 스쳐지나가는 정도였습니다. 유교의 전근대성 봉건성에 대한 부정적 견해 때문입니다.

우리는 이제 자기반성 자기비판이 필요한 때라고 봅니다. 기실 우리의 생활 속에 아직도 아는 듯 모르는 듯 유교적 사고·가치관·도덕의식이 깊숙이 자리잡고 있습니다. 과거의 체제와 결부된 유교는 이미 소멸된 것이지만 우리 생활 속에 남아 있는 유교적 요소에 대하여는 성찰을 통하여 부정적인 것은 과감히 청산하고 긍정적인 것은 좋은 전통으로 살려야 할 것입니다. 전통으로 살린다고 하여 복고에의 회귀를 뜻하는 것은 아닙니다. 현대의 시각에서 전통을 재평가하고 전통의 바탕 위에 현대를 창조하자는 것입니다.

오늘 이 자리에 계신 여러분들은 모두 우리 동양의 고전을 다루고 민족문화의 창조와 발전에 힘을 보태주실 분들입니다. 21세기의 신시대를 앞두고 새로운 지적 결합과 새로운 방향모색으로 뜻있는 성과를 거둘 수 있기를 충심으로 기원합니다. 감사합니다.

2000년 7월 北京에서

退溪學研究院長 就任辭

본인은 본래 철학전공자는 아닙니다. 역사를 공부하는 사람으로서 특히 이조후기 실학에 관심을 가져왔습니다. 그것은 실학이 주로 이조후기 우리나라 사회경제상의 여러가지 모순·병폐를 문제삼은 학문이었는데, 본인이 학문을 본격적으로 시작할 시기의 우리나라의 사회경제적 낙후(落後)의 형세는 본인으로 하여금 이조후기 실학자들의 문제의식을 바로 본인 자신의 문제의식으로 받아들여 열정을 쏟도록 했던 것입니다.

그런데 다 아시는 바와 같이 우리나라 사회경제적 형세는 그동안 근대화에의 매진의 결과로 급속히 발전된 상(相)을 드러내기에 이르렀습니다. 따라서 이제는 새로운 문제들이 발생하고 있습니다. 산업화의 결과로 이루어진 물질 편중의 문명은 인간을 정신적으로 타락하게 하고 도덕적으로 황폐하게 하고 있습니다. 그리고 자연환경을 파괴·오염시키고 있습니다. 실로 심각히 우려되는 문제가 아닐 수 없습니다.

현대의 이러한 상황은 본인으로 하여금 퇴계(退溪)선생을 위시한 과거 우리나라 유현(儒賢)들의 정신유산에 대해 다시 깊이 생각하게 하였습니다. 여기에다 이조후기 근기실학(近畿實學)의 연원(淵源)이 성호(星湖) → 미수(眉叟) → 한강(寒岡)으로 거슬러올라가 결국 퇴계선생에게 접맥

된다는 평소 본인의 주장이 스스로 작용하기도 하여 사단법인 퇴계학연구원 이사회의 요청과 젊은 동학들의 권유를 받아들여 이번에 퇴계학연구원 원장의 일을 맡게 되었습니다.

아시는 바와 같이 퇴계학연구원은 고(故) 춘곡(春谷) 이동준(李東俊) 이사장이 설립한 이후 많은 업적을 쌓아왔습니다. 학술지 『퇴계학보(退溪學報)』를 이미 104호를 발간하기에 이르렀고, 『퇴계학총서(退溪學叢書)』 또한 수십 권질을 편간(編刊)해냈습니다. 그리고 국제퇴계학회와의 연대로 국내외에서 여러 차례 국제적인 학술대회도 개최했습니다.

이러한 업적을 쌓아오기까지 헌신적으로 노력한 여러분들의 노고에 감사하면서 이제 이 업적을 바탕으로 하여 연구와 보급에 새로운 지평을 열어가야 한다고 생각하고 있습니다. 이를 위해 여러분들의 더욱 적극적인 협조와 성원을 바라 마지않습니다. 이런 점에서 이번에 이용태(李龍兌) 이사장이 상당한 지원을 앞질러 해주신 데 대해 특히 깊은 감사를 드려 마지않습니다.

끝으로 한가지 부언해둘 것이 있습니다. 더러는 퇴계학연구원의 연구·보급 사업을 유관문중(有關門中)의 위선사업(爲先事業)으로 그릇 인식하는 이들도 있는 것 같습니다. 실제로 퇴계학연구원의 재정적 기반은 거의 전적으로 자손분들의 도움으로 마련된 것입니다. 그러나 위선사업이라는 그릇된 인식은 마땅히 불식되어야 합니다. 퇴계학연구원은 어디까지나 우리나라 인문학(人文學)의 주요 부문으로서의 우리나라 전통문화—특히 퇴계의 학문·사상을 위시한 우리나라 유학의 연구·보급을 목적으로 설립된 객관적 기관입니다. 따라서 여기에서 하는 연구·보급의 사업은 실제 또한 이 객관성을 벗어날 수 없음은 두말할 것도 없습니다.

퇴계학연구원이 국내에서는 말할 것도 없거니와 국제적으로도 유수한 인문학 연구기관으로 성장할 수 있도록 도와주시기를 거듭 부탁드립니다.

2000년 5월 8일

四溟堂 惟政에 관한 學術發表會 致辭

오늘 사명당(四溟堂) 송운대사(松雲大師)를 주제로 한 여러 학자님들의 연구논문을 모아 학술발표회를 열게 된 것은 근래 드물게 보는 뜻깊은 일이라고 생각합니다.

요즘 이곳저곳에서 각종 명목으로 학술발표회를 개최하고 있습니다만 오늘 이 자리에서와 같이 역사적·사회적 의미가 두드러진 경우는 흔하지 않기 때문입니다.

역사상의 인물에 대한 후세 사람들의 존모(尊慕)와 기념행사는 동서를 막론하고 널리 있는 일입니다. 오늘날 우리나라에서도 전통문화의 재발견·재인식의 기운과 아울러 선인의 학덕과 업적을 다시금 살피고 되새기는 작업이 수처에서 행하여지고 있습니다. 그런데 여러 학자들이 동원된 그러한 모임들이 대체로 유가계열(儒家系列)의 유명무명(有名無名)의 조상들을 천양(闡揚)하려는 자손들의 위선사업(爲先事業)에 결부되어 있어서 일부론자들에 의해 가문사학(家門史學)·문중사학(門中史學)이라는 비난이 나오기도 하는 실정입니다.

오늘 우리의 연구대상인 사명당은 불교의 스님으로 일생을 보내신 분이어서 자손이 있을 수도 없고 따라서 위에서 말한 위선사업과는 전혀 무관합니다. 이 모임을 주관한 단체와 여기 참여하신 여러 학자님들의 연구 발표는 그야말로 민족과 역사를 위한 갸륵한 취지에서 실현된 것으로 알 겠습니다.

　사명당은 임진왜란 때 활동한 뚜렷한 역사상의 인물입니다. 그런데 현 재 일반 서민층에 있어서는 사명당이 전설적 인물로 되어 있습니다. 역사 상의 인물이 이러한 전설적 인물로 화하는 것은 그에 대한 국민적 숭배가 너무나 대단한 나머지 서민층에서 그를 신비화하여 마치 초인적 능력으 로 온갖 조화를 부리는 존재인 양 믿었기 때문입니다. 그리하여 동화로 민 담으로 각양각색의 설화가 전해져오고 있습니다. 임진왜란 때 제1등공신 인 이순신(李舜臣) 장군보다 사명당을 더 위대한 인물로 여기고 있습니 다. 사실 생각해보면 이순신 장군이 외적을 물리치고 국토를 수호한 빛나 는 공적은 민족의 영웅으로 영구불멸의 상이 되겠습니다만 그는 당시 국 가의 정식관인(正式官人)으로 변강(邊疆)의 책임을 진 위치에 있었던 분 으로 그의 공적은 고유의 당연한 의무에서 나온 것입니다. 이에 반하여 사 명당은 당시 산중의 일개 수도승(修道僧)으로 석장(錫杖)을 짚고 분기하 여 당시 사회에서 제대로 대우도 받지 못하던 미천한 신분인 승려들을 이 끌고 적지에 출몰하면서 전투(戰鬪)와 정탐(偵探)에 최선을 다하고 나아 가 바다를 건너 적국에 들어가 절충의 임에 당하여 수적(讐賊)을 설복(說 伏)시키고 많은 포로를 쇄환(刷還)하는 등, 훌륭한 성과를 가져온 것은 참 으로 어렵고도 놀라운 일입니다. 우리는 그를 민중의 영웅으로 받들기에 조금도 주저함이 없는 것입니다. 따라서 이 민중의 영웅에 대한 일반 서민 층의 정감은 국가의 정식 장수인 이순신 장군보다 훨씬 더 친근하게 느껴 졌을 것입니다. 사명당을 신비화한 여러 전설이 형성되는 이유를 짐작할 만합니다.

　그러나 이 신비화한 전설들은 도리어 인간 임유정(任惟政)의 진실— 실체를 흐리게 하고 거기 관련되어 부작용도 적지 않게 있어왔습니다. 예를 들면 임진왜란 관계 서민문학(庶民文學)의 대표적 작품이라고 할『임진록(壬辰錄)』에서 사명당이 왜놈들에게 매년 인피(人皮) 3백장을 바치라고 명령한 것으로 되어 있는데 이 사실이 믿기지 않았던 서양인들의 기록——달레(Dallet)의『조선교회사(朝鮮敎會史)』에서는 반대로 일본이 우리 조선에 강압적으로 요구한 것으로 적어놓았습니다. 서양에 소개된 초기 자료에 이러한 기록이 얼마나 우리나라에 불명예스러운 것이었던가를 한번 생각해봄직합니다.

특히 후세의 승려들이 사명당을 격상시키기 위하여 조선왕조에서 내린 직함을 당치도 않게 영의정 이조판서 양국대장(領議政吏曹判書兩國大將)이니 겸동지 이조판서 의금부통제군사 증시종봉당(兼同知吏曹判書義禁府統諸軍司贈諡鍾峰堂)이니 하면서 그것을 버젓이 내세우고 있습니다. 이 직함이 현재 밀양 표충사(表忠祠)에 판각으로 되어 있습니다. 당시 국왕이 사명당을 충심으로 신뢰하고 또 그에게 최우대를 한 것은 사실입니다.『조선왕조실록(朝鮮王朝實錄)』에 사명당 관계 기사가 무려 94항이나 나오는데 생전(生前) 기사가 88건이고 사후(死後) 기사가 6건이 됩니다. 이것만을 보아도 당시 조야(朝野)를 통하여 사명당의 존재비중이 얼마나 대단했는가를 알고도 남음이 있겠습니다. 그러나 사대부의 나라인 조선왕조에서 관계질서와 전통적 관행이 있는데 승려 출신인 사명당에게 영의정 등등의 최고벼슬이 주어질 수는 없는 것입니다. 일찍이 '당상(堂上)'을 주었고 뒤에 가의대부(嘉義大夫)로 가자(加資)했을 뿐입니다. 더구나 종봉(鍾峰)이라는 시호(諡號)는 시법(諡法)에도 있을 수 없는 것입니다.

오늘 여러 학자님들께서 연구논문을 통하여 전설적 인물이 되어 있는 사명당을 역사상의 인물로 환원하고 나아가 인간 임유정의 참모습을 밝혀주시게 될 것을 기대합니다. 우리가 사명당의 「을미상소문(乙未上疏文)」을 읽어보면 4백년이 지난 지금에도 절절한 그의 우국충정에 감동하지 않을 수 없습니다. 그는 자신을 '산금야수(山禽野獸)'라고 하여 산야의

미물에 비유하고 있습니다만 한 수도승으로 한 사람의 국민으로 조국과 동포의 처절한 난리를 당하여 생사관두(生死關頭)에 몸을 던져 활동하면서 당시의 중요한 당면과제들을 국왕에게 간절히 진언하였습니다. 무엇보다 "나라는 백성으로 근본을 삼고 백성은 먹을 것을 하늘로 삼는다(國以民爲本 民以食爲天)"라고 하여 일선 행정관리들의 탐학무도(貪虐無道)한 착취를 폭로하고 민생을 안정시키기 위한 구체적 시책 그리고 군량조원을 위하여 장병들의 일면전쟁(一面戰爭) 일면경작(一面耕作)을 위한 둔전(屯田)의 설치와 지방성보(地方城堡) 특히 산성(山城)의 방수(防守)를 위한 중신(重臣) 배려(配慮)를 강력히 주장하였습니다. 임진왜란 당시에 허다한 관료들의 상소가 있었지만 사명당의 이 소가 특히 우리에게 감동을 주는 것은 그가 민중 속에서 몸소 체험하면서 심각한 현실인식을 적나라하게 그대로 토로했기 때문입니다.

임진왜란은 당시 동아시아에서 신식 화기로 무장된 가장 정예로운 일본군의 침략입니다. 이에 대하여 국왕과 관료지배층의 도주(逃走)와는 상관없이 우리 민중들의 자발적 조직으로 의병이 등장하여 국난극복에 과감히 나섰습니다. 다시 말하면 임진왜란은 우리에게 있어서 창발력(創發力)과 저항정신(抵抗精神)에 차 있는 위대한 민족의 수난기입니다. 이 시기에 전국의 승려들을 조직 지휘하여 적의 전면에서 용맹을 떨쳤던 사명당을 우리는 민중의 영웅으로 다시금 합장 경례하는 바입니다.

1997년 8월 5일

荷潭 金時讓 文集發刊 致辭

하담(荷潭)선생 김시양(金時讓)의 문집이 나오게 되었다. 수백년 동안 건상(巾箱)에 담겨 있던 문집고본(文集藁本)이 이제 처음으로 햇빛을 보게 된 것이 경사스러운 일인데, 게다가 국역본(國譯本)이 함께 나와, 어려운 한문 원문을 우리말 우리글로 쉽게 풀어 세상에 펴게 됨으로써 자손들은 물론, 강호(江湖)의 일반 독서자(讀書子)에게 널리 읽히게 된 것은 더할 수 없는 반가운 일이다.

하담선생은 17세기 당시 조선왕조의 고위관인(高位官人)으로, 우리 민족 역사상 가장 다사다난했던 시기에 '수찬(修撰)' '문학(文學)' 등 청화(淸華)한 문직(文職)으로부터 팔도도원수(八道都元帥)·사도도체찰사(四道都體察使) 등 군사관계에까지 종횡으로 활약한 문무겸전(文武兼全)의 위인이었다. 이와같이 분망한 생애 가운데 경전(經典)과 사승(史乘)을 위시한 옛 전적(典籍)에 박통(博通)했으며, 일반 시문 외에『하담파적록(荷潭破寂錄)』『부계기문(涪溪記聞)』등 필기수록(筆記隨錄)들을 남기기도 하였다. 여기서 우리가 특기할 것은 선생이 당시 당쟁(黨爭)의 논의가 이미 고질화된 상황 속에서 그 지론이 항상 객관적이며 공정성을 잃지 않았다는 사실이다. 선생은 당색상(黨色上)으로 남인계열(南人系列)에 속해 있었지만 결코 한쪽으로 기울어지지 않고 폭넓은 아량과 개명한 관점을 유지하였다. 따라서 서인(西人)·노론계 인사들도 선생의 기록에 대해서는 거부감 없이 읽고 있었다. 우리는 여기에서 선생의 탁월한 역사적 위상을 살필 수 있는 것이다.

출판의 준비가 완료될 무렵, 선생의 후손 김두응(金斗應) 교수와 문집 발간을 추진하는 김항용(金恒鏞)씨가 나를 찾아와서 책에 대한 몇마디 말씀을 부탁하기에 나는 평소 선생에 대한 존경과 오늘의 문집발간에 대한 동경(同慶)의 심정으로 이 무사(蕪辭)로써 색책(塞責)하기로 한다.

2001년 8월 7일

茶山 丁若鏞에 관한 學術發表會 致辭

　오늘 다산(茶山) 정약용(丁若鏞) 선생에 관한 학술발표회에 주최측 책임자로서 개회사 겸 간단한 인사말씀을 드리겠습니다. 그동안 각기 한가지씩 제목을 정해 연구를 담당해오시다가 이제 그 온축(蘊蓄)을 기울여 발표해주실 여러 교수님들과 공사다망하신 가운데 이 모임을 위해 일부러 왕림하시어 자리를 빛내주신 사회 각계 내빈 여러분께 충심으로 감사의 뜻을 표하는 바입니다.

　저희 민족문화추진회는 작년에 30주년 기념 학술회의를 개최한 바 있었습니다만 올해는 특정 주제로 다산 정약용 선생에 대한 공동발표를 가지게 되었습니다. 30년 동안 왕조실록을 위시한 우리나라 옛 전적들을 우리말, 우리글로 옮기고 또 선현의 문집 등 원문을 정리 편찬해낸 것이 무려 6~7백 책이나 됩니다. 그러나 그중에 주목되어야 할 것은 실학파 학자들의 귀중한 저술들이 많이 번역출판된 것입니다. 경세치용파(經世致用派)의 성호(星湖) 이익(李瀷)과 이용후생파(利用厚生派)의 연암(燕岩) 박지원(朴趾源)·청장관(靑莊館) 이덕무(李德懋) 등, 그리고 실사구시파(實事求是派)의 완당(阮堂) 김정희(金正喜) 등의 값진 글들을 모두 쉽게 풀어서 책으로 만들어 널리 일반 독서계에 공급하였습니다. 그중에서도 실학의 집대성자라고 하는 다산 정약용 선생의 호한(浩瀚)한 저술들이 여러 차례에 걸쳐 번역간행되었습니다. 맨처음 『목민심서(牧民心書)』를 내었고, 뒤를 이어 『경세유표(經世遺表)』가 나왔으며, 그 뒤에 또 『다산시문집(茶山詩文集)』이 나왔습니다. 아직 다산의 저술들이 『여유당전서(與猶堂全書)』 속에 상당량 그대로 남아 있습니다만 우선 가장 중요한 것으로 알려진 책들은 일단 번역서로 나온 것입니다. 이것이 저희 민족문화추진회의 업적으로 평가되기를 바랍니다. 물론 그동안 다산연구회에서 『목민심서』가 새로 나왔고, 또다른 대학 연구소에서 『논어고금주(論語古今註)』 등 기타 몇종의 책들이 나오기도 하여 모두 소중한 결실을 거두어놓았습니다만 저희 민족문화추진회가 다산에 관하여 제일 먼저 착수하였고, 또 앞으로 계속해서 미진한 부분을 다해나갈 계획입니다. 오늘 이 모임의 뜻은 바로 여기에 있습니다.

다산선생을 위해 이런 종류의 기념모임은 멀리 1930년대 다산선생의 서거 100주년을 기념하는 행사가 일제하 암울한 시기에 성대한 거족적 행사로 열린 적이 있었습니다. 『신조선(新朝鮮)』이라는 잡지를 내는 잡지사가 그 모임에 관한 발표문들을 전부 수록했고, 당시 민족의 석학(碩學)이었던 정인보(鄭寅普)·현상윤(玄相允)·백남운(白南雲) 등 여러 분이 모두 참가해서 기념행사를 가진 바 있었습니다. 해방후 남북(南北) 양쪽에서 다산에 관한 끊임없는 연구논술이 나왔습니다만 몇해 전에 대우학술재단에서도 다산학 강좌를 열어서 또 한층 다산에 대한 관심을 고조시켜 놓았습니다. 그러나 많은 학자들이 한자리에 모여서 공동발표를 가진 것은 아마 1930년대 이후에 이것이 두번째가 아닌가 생각됩니다. 이런 의미에서 오늘 이 모임은 상당한 문화사적 의미를 가진 것으로 생각됩니다. 여러 교수님들이 그동안 갈고 닦아서 특정 제목을 가지고 연구하신 논문이 차례로 발표될 것입니다. 여러분께서는 되도록 경청해주시고 활발한 토론이 있을 때 참청해주시면 더욱 고맙겠습니다. 감사합니다.

1996년 11월 27일

近畿學派의 實學思想展開에 관한 發表會 致辭

오늘 수원(水原)에서 개최되는 이 학술발표회는 여러가지로 의미있는 모임이라고 하겠습니다. 경기도에서 올해를 '실학의 해'로 정하여 경기도에 거주 또는 연고가 있었던 실학관계 학자들에 대한 지방인사들의 관심을 높여주고 있던 차에 경기대학교 사학회의 추진으로 이 모임이 이루어져서 더욱 뜻이 있게 되었고, 또 우리 한국실학연구회가 경기대학교 사학회와 합의하에 공동으로 이 모임을 열게 됨으로써 서울을 벗어나 이곳에서 발표의 장(場)을 가지게 되어, 활동범위가 그만큼 넓혀졌다는 것입니다.

나는 오래 전부터 주장해온 것입니다만 조선왕조 후기 실학을 서울 및 근기지방에서 발생발전한 것으로 보고, 서울 성중에 살고 있으면서 활동을 한 학자들과 근기지방에서 생장 정착하여 학문적 업적을 축적한 학자들을 구분하였습니다. 그리고 각기 그 특징을 추출하여 이용후생파(利用厚生派) 또는 경세치용파(經世致用派)라고 불렀습니다.

그런데 경세치용파 즉 근기학파는 우선 성호(星湖) 이익(李瀷)·순암(順庵) 안정복(安鼎福)·다산(茶山) 정약용(丁若鏞)을 들 수가 있습니다. 세상이 너무도 잘 알고 있는 분들이기 때문에 여기 설명조차 필요가 없습니다. 오늘 위의 세 분을 포함하여 발표되는 여섯 분 가운데 반계(磻溪) 유형원(柳馨遠)

은 전라도 부안(扶安)에서 살면서 학자로서 큰 업적을 남겼지만, 여주이씨(驪州李氏)의 외손으로 성호가 그의 외6촌이고 그의 무덤도 용인(龍仁)에 있어서 근기학파로 다루어서 별 무리가 없을 듯합니다. 취석실(醉石室) 우하영(禹夏永)은 수원 출신이니 더욱 문제될 것이 없습니다. 다만 정조(正祖) 임금이 문제입니다. 그는 한 나라의 왕(王)으로서 어느 학파에 끼워넣기에는 부적당합니다. 그러나 오늘 이 수원에서의 학술발표에 정조에 관한 연구를 발표한다는 것은 매우 좋은 일이고, 또 아무도 거부감을 가지지 않을 것입니다. 정조가 수원과 깊은 연고가 있는 것은 두말할 필요도 없지만 그보다도 우리는 그를 실학시대의 국왕으로서 실학에 또한 깊은 연고가 있는 분임을 잘 알고 있습니다. 『홍재전서(弘齋全書)』의 방대한 편저를 보더라도 그가 '실학하는 왕'이라고 보아서 나쁘지 않다고 여깁니다. 옛 희랍에 철학왕(哲學王)이라는 말이 있었듯이 나는 언젠가 정조를 '실학왕'이라고 말한 적이 있습니다. 왕조시대(王朝時代) 문화사에 있어서 정조는 세종 임금에 다음가는 훌륭한 업적을 남겼습니다만 특히 그와 실학의 관계를 중시할 만하다고 생각합니다.

요즘, 이곳저곳에서 실학관계 학술논문들이 나오고 있습니다. 실학연구의 다양화는 바람직한 일로서 환영하는 바입니다. 그러나 그중에는 별로 쌓은 공부도 없이 일지반득(一知半得)을 가지고 함부로 논단(論斷)을 일삼는 경우도 있어 보입니다. 듣건대 어떤 논자는 성호를 위시한 근기학자들의 학설을 실학이 아니고 연암(燕岩) 박지원(朴趾源)의 계열만이 실학이라고 한다는 것입니다. 이것은 편견(偏見)이 아니면 고의(故意)일 것입니다. 족히 거론할 가치도 없는 것입니다.

오늘 위에서 열거한 여섯 분에 관한 연구발표는 모두 전문학자들의 온축을 기울인 내용으로 깊이있고 격조높은 논문이 될 것입니다. 따라서 이에 대한 토론도 많은 문제를 제기할 것입니다. 이것이 어울려서 오늘의 이 모임이 우리나라 실학연구사에 한 획을 긋게 되기를 바라 마지않습니다

1999년 10월 水原에서

增正交隣誌 完譯記念學術發表會 致辭

오늘 『증정교린지(增正交隣志)』의 완역 출판을 기념하는 학술회의를 열게 되면서 제목은 큼직하게 '조선시대(朝鮮時代) 한일관계(韓日關係) 재조명'이라고 해놓았습니다. 거기 상응할 만큼 오늘 발표해주실 학자님들의 발표내용이 새롭고, 그리고 많은 도움을 주실 것으로 믿습니다. 한일관계에 관한 모임이라는 것이 너무도 많이 있었고, 또 그만큼 여러 면에서 밝혀진 것도 많았다고 봅니다만 오늘 구체적으로 『증정교린지』라는 자료를 번역하고 분석해서 발표하는 것은 그렇게 쉬운 일이 아니고 또 처음 있는 일로 생각됩니다.

한국과 일본은 너무도 복잡한 관계가 있어서 문제를 건드리기가 사실 그리 쉽지 않고 건드리게 되면 반드시 우리에게 무엇인가 소득이 있어야 되겠는데, 그렇게 되지 않았습니다. 특히 정치·경제 여러 면에서 우리는 한일관계에 관한 한 항상 어디엔가 마음이 흡족하지 못한 불만스러운 것을 느끼고 있습니다. 신정부가 들어설 때마다 "과거를 청산하고 새로운 미래를 연다" 이런 얘기를 듣게 됩니다만 그것이 아직도 확실한 전망이 서 있지도 않을 뿐 아니라, 과연 그러한 방향 설정이 실제 우리에게 얼마만큼의 이득이 있는 것인가 하는 생각을 해봅니다. 국제관계라고 하는 것은 결국은 그 나라에 어떤 이득을 가져다주는가가 전제되어야겠는데, 한일관계에 관한 한 우리는 항상 그 점에 있어서 서운한 느낌을 갖게 되는 경우가 많았습니다.

이런 것을 감안해서, 우리가 학술적인 모임에서 직접적으로 정치·경제 문제를 발언한다는 것은 아닙니다만 정치·경제를 담당하는, 특히 외교를 담당하는 분들이 우리나라 역사에 대해서 깊이 파악하고 있었으면 더욱 좋겠다는 생각을 가진 적이 여러번 있었습니다. 오늘 『증정교린지』라고 하는 조선왕조 시대의 대일관계의 구체적 내용을 다루게 됩니다만 이런 확실한 문헌을 통해서 실체를 파악하고 앞으로의 외교관계를 설정하는 데에도 참고가 되었으면 하는 생각입니다.

실은 전후(戰後) 일본에서 양심적인 학자·지식인들이 과거 일본 군국주의의 침략의 죄상을 고발하고 제국주의를 비판하는 소리가 늘 있어왔습니다. 그래서 오늘의 한일관계는 물론, 나아가 옛날 한일관계 역사에 대해서도 되도록 한국인의 입장에서 이해하려고 노력했습니다. 그래서 한일관계 역사에 대한 이해를 올바로 가짐으로써 오늘날 일본 국민들의 한국에 관한 사고도 시정되어야 한다는 것을 강조하기도 했습니다. 특히 교과서 문제에 있어서 일본의 양심적인 학자·지식인들은 일본정부에 대해서 상당히 열렬한 비판을 했습니다. 나는 현장에서 그것을 듣고 보면서 매우 고맙게 생각하고 역시 학자적 양심이라는 것은 국경이 없구나 하는 것을 느끼기까지 했습니다. 그러나 그러한 학자·지식인들의 주장이 그대로 관철되어 일본 역사교과서에 한국에 관한 잘못된 기록에 대해서 그것을 바로잡는 데에는 아주 인색하고, 따라서 우리가 만족할 만한 올바른 인식 내용이 담겨져 있지 않습니다. 그리고 제국주의를 비판하는 학자·지식인들 또한 과거의 잘못된 역사교육을 통해서 한국에 관한 왜곡된 지식을 그대로 이어받아왔기 때문에 비록 자기가 양심적으로 한일관계를 생각한다 하더라도 역사 사실 자체에 대한 인식은 왜곡되어 있는 경우가 많습니다.

다시 말씀드리면 "잘못된 역사 사실에 근거한 인식과 그것을 토대로 한 진보적 이론구성"이라는 것입니다. 물론 그분들은 진보적인 이론을 펴고 양심적인 관점을 내세우고 있습니다만 자기들의 원래 출발점이 그릇된 한국 사실(史實)의 인식에서 출발했기 때문에, 그것을 바탕으로 하는 그들의 소위 진보적 이론구성이라고 하는 것 역시 우리가 볼 때에는 많은 문제가 있는 것으로 느껴집니다. 다시 말씀드리면 그들이 주관상의 양심에 의해서 주장하지만 그것이 반드시 상대편에 이롭게 되는 것은 아니라고 보는 것입니다.

나는 일본사람들에 대해서 일본 학자·지식인들에 대해서 그런 점을 누차 강조하고 또 글을 쓰기도 했습니다만, 요즘에 와서 느끼는 바는 전후에 주동적으로 활동하던 한국 사학자들, 즉 양심적인 조선 사학자들이 대체로 이제 나이가 많아 차츰 학계에서 물러난 상태이고, 또 혹은 세상을 떠나기도 하여 다음을 이어받아 주동적인 활동을 하는 학자들은 그러한 의식마저도 희박해진 것 같습니다. 즉 전후에 활동하던 몇몇 학자들이 제국주의에 대한 죄의식을 가지고 한국에 대한 역사연구도 상당히 올바른 방향으로 진전시켜왔습니다만 요즈음에 와서는 그런 것도 많이 달라지게 된 것 같습니다. "왜 우리가 한국에 대해서 그러한 원죄(原罪)의식을 가져야 하느냐" 하는 것이 지금 일본의 조선사 연구자들의 공통된 생각이 아닌가 여겨집니다. 그만큼 또 세상이 변화했습니다. 그러니만큼 우리나라의 역사연구자들 특히 일본에 관계되는 연구를 수행하는 분들에게는 더욱 주체적 입장이 확립되어 있어야 한다는 것입니다. 내가 나이 좀 많아서 푸념에 가까운 소리를 하는 것이 될는지 모르겠습니다만 우리나라 젊은 역사연구자들이 그 점에 대해서 더욱 많은 생각을 해주시기 바랍니다.

오늘은 『증정교린지』를 중심으로 발표를 하시니까 다른 여러가지 면이 언급되지 않으리라고 봅니다만 오늘 여러분의 연구발표의 내용이 그만큼 한일관계에 대해서도 중요한 의미를 띨 수 있다고 봅니다. 각별한 기대를 가지고 듣도록 하겠습니다.

수고하시겠습니다.

1998년 11월 13일

心山 金昌淑 銅像除幕式 致辭

오늘, 심산(心山)선생의 동상 건립을 계기로 우리는 심산선생의 훌륭한 인간상을 재정립하여 우리나라 우리 겨레의 구원(久遠)의 사표(師表)로서의 위치를 확실히해야 하겠습니다. 특히 우리 성균관대학교에 있어서 심산선생의 동상은 큰 의미가 있다고 생각합니다. 우리 성균관대학은 어느 다른 일반 사학(私學)과는 근본적 성격을 달리합니다. 처음부터 어느 한 개인, 어느 한 재단에 의해 설립된 대학이 아니고 동양의 전통적 이념, 유교적 이념이 왕조시대를 통하여 교육이념으로 구체화된 대학으로서 우리 민족의 역사 속에 오백년 연륜을 쌓아온 것은 온세상이 다 알고 있는 바입니다. 요즘 우리 학생들이 '민족 성대'라는 말을 즐겨 사용하고 있는 것 같습니다만 이 말은 결코 과장된 수식어가 아니고 사실 그대로입니다. 그런데 이 고전대학(古典大學), 중세대학(中世大學)으로의 유서(由緖)를 살리면서 새로운 시대의 요구 위에 근대대학으로 창립, 재출발시킨 분이 바로 심산선생이십니다. 심산선생은 조선 오백년의 유교국가(儒敎國家)의 결산기(決算期)에 나타난 전형적 유교인(儒敎人)이십니다. 원래 유교의 본질이 심신을 닦고 현실세계를 가꾸는 경륜에 있는 것이고, 형이상학적 사변적 철학에서 시작되는 것이 아니므로 심산선생은 우리나라 일반

성리학의 스콜라적 논쟁에서 탈피하여 민족과 국가를 위한 대의의 실천에 일생을 바쳤습니다. 심산선생이 우리나라 근현대사에 커다란 족적을 남긴 것은 그의 학식과 문장에서가 아니고 오직 대의의 실천을 한 위대한 저항정신과 불굴의 행동주의에서 온 것입니다. 불의와 타협할 수가 없고, 한번 세운 목표·명분은 어떠한 경우에도 흔들리지 않고 앞으로 나아가야 합니다.

이제 심산선생의 동상을 통하여 우리 성균관대학의 정신적 지주가 확립되었습니다. 우리 교수·교직원들은 물론이고 청년 심산으로 자부하는 우리 학생 제군들은 심산선생의 위대한 저항정신과 행동주의를 말로만 내세우지 말고 실천에 힘써서 심산선생의 제자들이 되기에 부족함이 없어야 하겠습니다. 민족과 국가를 위한 뛰어난 인재들이 자연과학 캠퍼스에서 배출되기를 기원해 마지않습니다.

1990년 3월 성균관대학교 자연과학 캠퍼스에서

丹齋 申采浩 六十周忌追悼會 致辭

금년은 단재(丹齋) 신채호(申采浩) 선생이 여순감옥(旅順監獄)에서 세상을 떠나신 지 꼭 60주년이 되는 해입니다. 우리는 선생의 거룩하신 순국(殉國)의 일주갑(一周甲)을 기념하기 위하여 오늘 이 학술발표회를 열게 되었습니다. 그동안 각기 한가지씩 주제를 가지고 준비해오신 발표자 여러 교수님들과 세모에 일기가 차고 공사다망하신 가운데 일부러 왕림하셔서 자리를 빛내어주신 내빈 여러분에게 주최측을 대표해서 충심으로 감사를 드립니다.

우리는 단재선생에 대하여 어느 한가지를 표방해서 칭송할 수가 없습니다. 선생은 왕조의 쇠망기인 구한말에 계몽사상(啓蒙思想)을 주도한 애국정치문화활동가(愛國政治文化活動家)로서, 일제강점기에 열렬한 항일독립운동가로서, 고루하고 폐쇄적인 중세봉건적 사고와 타협적이고 비굴한 친일매국적 행위들에 대해 과감한 투쟁을 벌인 언론인 내지 문필가—작가로서, 그리고 오천년의 민족사에 개척적인 주체사학(主體史學)을 확립하신 분으로서, 나아가 독립운동 방향에 혁명을 선언한 전진적(前進的) 사상가로서 우리나라 근현대사상에 위대한 족적을 남긴 영원한 우리들의 사표(師表)입니다. 다시 말씀드리면 선생은 주어진 역사적 조건에서 최선을 다하면서 일생을 불태운 분이었습니다.

이러한 까닭에, 해방후 우리 학계에서 선생에 대한 연구는 다채롭게 진행되어온 셈입니다. 우선 단행본으로 나온 연구책자만을 들어봐도 여러 종에 달합니다. 첫번째 1980년에 기념사업회에서『단재(丹齋) 신채호(申采浩)와 민족사관(民族史觀)』이 나왔고, 두번째 1981년에 신일철(申一澈) 교수의『신채호(申采浩)의 역사사상연구(歷史思想硏究)』가 나왔고, 세번째 1983년에 최홍규(崔洪奎) 교수의『신채호(申采浩)의 민족주의사상(民族主義思想)』이 나왔고, 네번째 1984년에 신용하(愼鏞廈) 교수의『신채호(申采浩)의 사회사상연구(社會思想硏究)』가 나왔고, 다섯번째 1986년에 기념사업회의 이름으로 순국 50주년을 기념하는『신채호(申采浩)의 사상(思想)과 민족독립운동(民族獨立運動)』이 나왔으며, 여섯번째로 1990년에 이만열(李萬烈) 교수의『단재(丹齋) 신채호(申采浩)의 역사학(歷史學)연구(硏究)』가 나왔습니다. 그밖에 1987년에 임중빈(任重彬)씨의『단재(丹齋) 신채호(申采浩), 그 생애와 정신』이라는 선생의 전기(傳記)가 대중화되어 나왔고, 직접·간접으로 선생의 행적을 찬술한 글들이 지금도 끊이지 않고 나오고 있습니다. 우리나라 역사상의 인물 가운데서 어느 한 분을 두고 이처럼 많은 연구저서가 나오게 된 것은 그 유례가 드물 것입니다. 아마 이퇴계(李退溪) 선생 이후에 처음 있는 일일 것입니다.

오늘 이 학술발표는 이러한 배경 아래 여러 교수님들께서 그동안 각기 갈고 닦은 내용으로 수준높은 논문들을 발표하여 단재(丹齋) 연구에 가일층 박차를 가하고 나아가 연구를 한단계 끌어올리는 데에 기여해주실 것을 믿습니다. 아울러 참청석에 계신 많은 분들께서도 끝까지 경청해주시고 단재선생에 대한 인식을 다시 새롭게 해주시기를 바랍니다. 감사합니다.

1996년 4월 禪學院에서

民族文化推進會 國譯硏修院
全州分院開院式 致辭

　오늘 이곳에서 여러분을 처음 대하면서 여러가지로 느낀 바가 많습니다. 전주(全州)는 역사적으로 보아 우리나라 여러 도시 중에서 가장 유서 깊은 도시 중의 하나입니다. 고려중엽에 이규보(李奎報)의 「남행월일기(南行月日記)」에 이미 "전주는 의관문물의 고장이다"라고 이야기했고, 이어서 조선왕조 오백년 동안 이 고장 인사들에 의해서 굳건히 그러한 전통이 지켜져온 것으로 압니다. 오늘 민족문화추진회 국역연수원 분원이 이렇게 열리게 된 것은 이 고장의 여러 인사분들, 특히 전주향교를 중심으로 이 고장 유림 여러분들의 각별하신 도움의 결실이라고 생각합니다. 깊이 감사와 경의를 표하는 바입니다.

　우리 민족문화추진회는 여러분이 가지고 계신 안내책자에 간단한 요약이 기록되어 있기도 합니다만, 오늘 저는 이 자리를 빌려 다시 그 취지와 미래에 대한 희망을 보고말씀 삼아서 이야기하도록 하겠습니다.

　흔히들 "민족문화추진회라는 이름의 뜻이 무엇이냐", "민족문화에 대해서 추진회라는 것이 어떤 것을 의미하느냐" 이런 물음을 받게 됩니다. 실은 얼핏 생각하면 "민족문화를 어떻게 추진한다는 것이냐", "민족문화는 이미 쌓이고 쌓인 수천년의 전통을 이어온 것인데 새삼스럽게 추진이라는 것이 무엇이냐"라는 의문을 갖게 마련입니다. 그러나 여기에는 깊은 뜻이 있습니다. 우리가 민족문화라고 할 때 무엇보다도 우리 민족이 가진 옛 조상들의 물질적·정신적 유산, 그것을 기록을 통해서 담아놓은 옛 전적들로서 우리 민족의 전통과 역사를 증명하는 문헌자료들이 중요한 의미를 갖는 것입니다. 우리 민족만이 아니고 어느 민족이든 문화민족이라고 할 것 같으면 먼저 자기네의 조상들이 남긴 옛 전적이 어느 정도 쌓여 있는가에 그 민족문화의 척도가 달려 있는 것입니다. 특히 우리 조상들이 남긴 옛 전적 속에는 우리 조상들의 심오한 철학사상과 격조높은 시문학의 정서가 담겨 있습니다. 그런데 유감스럽게도 그것이 모두 한자·한문으로 기록되어 있습니다.

중세(中世)로 올라가면 이 한자·한문을 읽을 수 있는 사람들이 많았습니다만, 시대가 변한 지금에는 사정이 아주 달라졌습니다. 중세로 올라가면 서구라파에서는 라틴문자·라틴문학이 모든 것을 주도했고, 이 동아시아에 있어서는 한자·한문이 지배했던 것입니다. 서구 사람들은 벌써 18세기에, 또는 소급하면 17세기 후반에 이미 각기 국민국가를 성립시키고 국민문화를 형성시키면서 라틴어에서 벗어나, 영국은 영국문학, 독일은 독일문학 등으로 독자적인 국민문학을 수립했습니다. 그러나 우리는 어떠했습니까. 18세기를 거쳐 19세기에 이르러서도 우리는 중세적인 것에서 벗어나지 못했고 동시에 한자·한문의 생활에서 그대로 남아 있었습니다. 말하자면 우리는 국민국가의 형성이 그만큼 뜻대로 이루어지지 않았고, 동시에 국민문화의 형성도 다음날의 과제로 남겨두었던 것입니다.

그런데 우리가 19세기 말에 근대세계와 맞닥뜨리면서 우리도 근대문화를 형성시키게 되었는데 그 점에 있어서 우리는 지금도 많은 유감을 가지게 됩니다. 당시에 문화 형성의 주된 담당자들이 대체로 일본문화와 서양문화를 바탕으로 해서 이른바 근대문화·근대문학을 이룩했을 뿐, 우리의 옛 전적 속에 담겨 있는 우리 조상들의 사상과 정서들을 제대로 이어받지 못했던 것입니다. 다시 말하면 근대문화 형성의 담당자들이 한자·한문에 대한 지식이 얕아서 우리 조상들이 남긴 옛 전적을 깊이있게 이해하질 못했기 때문에 그 속에서 우리의 전통을 살려내지 못하고 오직 외래문화에 바탕을 두고 소위 근대문화라는 것이 만들어졌던 것입니다.

오늘날 우리의 문화가 뿌리 없이 외래문화·외래풍조에 휩쓸려온 것이 사실이고 그것은 근대문화 성립 초기의 불행한 사실, 즉 한자·한문을 제대로 이해하지 못했기 때문에 한문 속에 담겨 있는 조상들의 전통을 살려내지 못했다는 것입니다. 그래서 우리의 근대문화는 실패한 문화였다고 솔직히 시인하지 않을 수 없습니다. 오늘날 젊은 세대들의 경조부박(輕佻浮薄)한 모든 풍습이 결국은 근대문화에서 굳건한 전통이 세워지지 못했기 때문이라고 보고 있습니다.

근대문화의 형성에서는 우리가 실패했다고 하지만, 이제 우리는 21세기를 앞에 두고 근대문화를 극복하고 앞으로 한걸음 더 나아가서 현대문화·미래문화를 창조하고 건설해야 할 시점에 와 있다고 생각합니다. 근대문화에는 실패를 했지만 앞으로의 문화 건설에 있어서는 우리가 한자·한문에 담겨 있는 우리 조상들의 전통을 충분히 섭취 소화하고 그 터전 위에 세계문화의 장점들을 받아들여, 우리 민족의 독자적인 현대문화를 형성시켜야 한다는 것이 중차대한 당면과제입니다. 그렇게 하기 위해서는 우리가 어떻게 하면 어려운 한자·한문을 제대로 잘 읽을 수 있고 소화할 수 있고, 나아가서 한문에서 완전히 벗어나서 우리말·우리글을 토대로 하는 우리 민족문화를 형성시킬 수 있을 것인가 하는 것입니다. 이것이 앞으로 우리가 건설해야 할 현대문화의 지대한 문제입니다. 따라서 우리말·우리글을 토대로 하는 진정한 의미의 민족문화를 성립시키자는 것이 현재 우리 민족문화추진회가 추진하는 목적입니다.

어떤 사람들은 한자·한문에 의해서만 올바른 문화의 가치가 형성되는 것으로 착각하고 있기도 합니다만 우리는 절대로 그렇게 보지 않습니다. 하루빨리 우리는 우리 조상들이 남긴 모든 글들을 우리말·우리글을 통해서 전국민이 공유하는 재산으로 만들어야 할 것입니다. 지금 남북을 합하면 7천만 인구가 되는데 그중에서 우리 조상들이 남긴 그 풍부한 전적들을 제대로 옳게 읽을 수 있는 사람이 몇사람이나 되겠는가. 다시 말하면 우리 민족구성원의 대부분이 거의 우리 조상들의 책을 읽을 수 없다는 얘기입니다. 7천만 인구 중에서 대체로 읽을 수 있는 사람이 한 700명 정도가 된다고 보고, 깊이있게 달통한 사람을 찾는다면 70명도 되기 어렵다는 것이 오늘의 실정입니다. 이래가지고서는 우리 조상들이 남기신 그 풍부한 전적들이 단순히 귀족문화·사대부문화의 유산으로 남아 있을 뿐, 오늘의 우리 민족구성원의 대부분이 공유할 수 있는 것이 되지 못합니다. 이래서는 민족문화라고 할 수 없는 것입니다. 그렇게 되지 않게 하기 위해서 우리는 조상들이 남긴 사상과 정서를 하루빨리, 한문의 껍질을 벗겨내고 그 속에서 알맹이를 뽑아내어, 우리말·우리글로 우리의 문화를 만들어내야 한다는 것입니다. 그래서 온 국민이 누구나 읽을 수 있고 누구나 다 섭취할 수 있어야 된다는 것입니다.

민족문화추진회에서 우리 옛 전적들을 이미 많은 양을 번역해서 일반 국민 앞에 내놓았습니다. 그러나 완전히 우리 조상들의 글을 다 우리말로 옮기자면 향후 100년이 소요된다는 것입니다. 그만큼 우리 앞에는 산적한 과제가 남아 있습니다. 그러나 솔직히 말씀드려서 옛날 서당에서 한문을 배운 분들, 원로학자들은 한 분 두 분 다 돌아가시고 이제는 그러한 국역 사업을 계승할 인재가 새로 양성되지 않으면 안된다는 것입니다. 다시 말하면 조상들이 남긴 유산을 그냥 오늘의 현실과 아무런 관계가 없는 단순한 유산으로 남길 것이냐, 그것을 우리가 완전히 살려서 우리의 살과 피가 되도록 해야 하느냐 하는 것이 앞으로 우리의 민족문화를, 진정한 의미의 민족문화를 추진해나가는 데 있어서 결정적인 중요한 바탕이 된다는 것입니다.

서울 국역연수원에서 이미 800여명의 인재를 양성하였고 또 국역연수원에서 양성된 인재들이 오늘에 각 대학, 그리고 각 방면에서 활동하고 있습니다. 적어도 한자·한문을 다루는 것에서는 어느 곳에 가도 연수원 출신들이 없는 곳이 없다고 말할 수 있습니다. 그렇지만 아까 말씀드린 바와 같이 우리의 할 일이 너무나 많기 때문에 하루빨리 더 많은 인재를 양성하고 거기에서 배출된 인재로 하여금 이 중대한 사명을 분담하도록 해야 한다는 것입니다.

오늘 전주에서 이러한 분원이 개원을 하게 된 것은 첫째 이 고장 여러 인사들의, 그리고 여러분들의 충정어린 노력의 결과라고 생각됩니다만, 또한 우리가 추구하는 진정한 민족문화의 달성이라는 지대한 사명에 부합되는 일이기 때문에 우리는 기꺼이 여러분과 손을 맞잡고 이 분원이 충실한 성과를 거둘 수 있도록 하겠습니다. 그렇게 해서 전주의 전통을 더욱 빛내고 나아가서 진정한 민족문화를 달성시키는 데에 결정적인 보탬이 될 수 있도록 하겠습니다. 여러분의 앞날에 많은 기대를 걸고 있겠습니다.

1999년 3월 3일

제7부 碑文

白雲居士 李奎報 文學碑(驪州)

民族의 文豪이며 民衆의 詩人인 高麗時代의 李奎報 先生을 기념하기 위하여 이곳 鄕土 驪州에 文學碑를 세운다. 선생은 字가 春卿이요, 號는 白雲居士이며, 諡號는 文順公인데 그의 집은 대대로 여주에서 살아온 土姓의 가문으로 조상들은 이 고을에서 戶長 校尉 등 鄕職에 종사하다가 父親 允綏公에 이르러 비로소 中央官吏로 首都 開城에 진출하였다. 一一六八年 陰曆 十二月 十六日에 여주에서 탄생한 선생은 어릴 적부터 父親을 따라 개성에서 살았다. 그런데 여주에는 戶籍이 그대로 있었고 農土도 그대로 두었다. 後日 선생이 二十九歲 때에 잠시 여주에 돌아와 여러 詩篇을 남겼는데 그중에 "一家親族은 戶籍에서 찾고 農土는 先世의 두둑을 묻노라"라고 한 구절이 그것이다. 선생은 여주의 山川風物을 사랑하여 "이 고장에서 살고파라 오활한 이내 몸에 알맞고녀"라고 한 글귀도 있었지만 하늘이 내린 人材로서 시대의 요구를 외면할 수 없었던 선생은 벼슬길에 나가서 나라를 위해 적극적으로 일하였다. 六十四歲 때에 蝟島의 귀양살이에서 고향으로 옮겨와 몇개월 머물러 있기도 했지만 곧 다시 개성으로 소환되었다. 선생의 시대인 十二世紀 後半과 十三世紀 前半은 契丹·女眞에 뒤이어 蒙古의 大寇가 계속 侵入하여 外患의 소용돌이가 絶頂에 到達하였고,

이에 對應하는 우리 民族의 主體的 姿勢와 抵抗精神이 또한 가장 高潮된 시기였다.

江華島를 堡壘로 長期間 蒙古와 對峙한 가운데 각 지방의 將帥 兵士와 민중들은 江山을 들어 墳墓로 만들 정도로 敵에 대한 悽絶한 戰鬪와 뼈저린 犧牲을 이겨나갔다. 선생은 二十六歲에 이미 『東明王篇』을 지어 民族의 英雄과 歷史를 노래한 적이 있었거니와 이 偉大한 민족의 受難期에 있어서 선생은 時代를 代表하는 文學者로서 수많은 詩와 散文으로 繁迫한 國難의 극복과 초조한 民心의 慰撫에 크나큰 역할을 遂行하였다. 특히 八萬大藏經 板刻은 國家的 大事業으로, 敵軍을 물리치고 나라를 鎭護하려는 온 겨레의 念願을 담아 선생이 직접 君臣 祈告文을 작성한 것은 유명한 사실이다.

선생은 七十歲에 金紫光祿大夫 守太保門下侍郎 平章事로서 致仕를 하고 四年 뒤에 세상을 떠났다. 강화군 鎭江山 南麓에 지금 무덤이 잘 보존되어 있다. 선생의 시문은 前集 四十一卷과 後集 十二卷을 합하여 『東國李相國集』이라는 이름으로 總 五十三卷의 방대한 文集이 전해온다. 詩二千八十八首가 보전되어 있다. 특별히 東國이라는 두 글자를 붙인 것은 中國을 中心으로 한 漢字漢文의 世界에서 中國文學과 구별되는 우리나라의 獨自的인 文學임을 뜻한다. 선생이 逝去하신 지 七百五十餘年이 지난 지금, 驪州郡民이 선생을 追慕하여 境內에 碑를 세우게 되었는데 二十一世孫 建鉉氏가 宗親들의 뜻을 모아 그 일을 支援하면서 佑成에게 碑文을 부탁하기에 우성은 사양치 못하고 감히 이 글을 엮었다.

一九九六年 七月

白雲居士 李奎報 崇慕碑(坡州)

高麗 金紫光祿大夫 守太保門下侍郞 平章事 修文殿 大學士 文順公 李奎報 先生은 우리나라 歷史上 第一의 民衆詩人이며 民族의 大文豪로서 曠古의 外患 속에 渾身의 精力으로 對處하여 큰 貢獻을 이바지한 분이다. 지금 그의 子孫들이 전국에 분포되어 있거니와 京畿道 坡州 高陽 一帶에 또한 여러 집이 살고 있다. 그중에 二十一世孫 雲耕 李建鉉 翁은 坡州生으로 高陽에 定居하면서 일찍이 二十餘年間 文順公派 大宗會 會長을 맡아 문순공에 대한 爲先事業으로 江華島의 墓域淨化 및 齋舍 築造와 驪州의 文學碑 建立을 추진하여 熱과 誠을 다하였다. 翁은 이제 八十老軀에도 기력이 康强하여 의욕을 잃지 않고 佑成을 찾아와서 문순공을 위한 마지막 사업으로 파주에 문순공을 崇慕하는 비를 세우겠다고 하면서 비문을 부탁한다. 나는 그동안 옹의 부탁으로 문순공을 위한 일에 협조를 아끼지 않았던 터라 이번에도 사양할 수가 없어 다시 글을 쓰기로 한다.

一一六八年에 驪州 李姓의 가문에서 탄생한 문순공은 初諱가 仁氏인데 꿈에 奎星의 喜報를 얻어 奎報라고 고쳤으며 字는 春卿으로 행하였다. 二十四歲 때에 天磨山에 寓居하면서 스스로 號를 白雲居士라고 했는데 그 것은 隱遁者의 趣意에서가 아니고 구름의 變化와 自由로움 그리고 그 能

動的인 것을 취함이었다. 이즈음 民族의 英雄과 建國神話를 노래한 『東明王篇』의 名作을 내기도 하였다. 어릴 적부터 天才神童으로 명성이 알려진 공은, 初年에 한때 不遇했지만 하늘이 내린 人材로서 時代의 要求에 應하여 마침내 歷史의 中心에 몸을 던지게 되었다. 이 시대는 高麗王朝가 武臣政權에 의하여 國內에 多難한 事情을 안고 있는데다가 북쪽으로 오랑캐가 끊임없이 쳐들어와서 나라의 형편이 지극히 어려운 때였다. 契丹과 女眞의 뒤에 蒙古가 勃興함에 이르러서는 사정이 더욱 위급하였다. 歐亞大陸을 倂呑하고 東方으로 휘몰아오는 蒙古 騎兵 앞에 고려의 國運은 風前燈火와 같았다. 당시의 執權者인 崔怡는 몽고의 降服威脅을 거부하고 國王과 官僚들을 江華島로 옮겨 臨時首都를 만들고 二十七年間 몽고에 대한 長期抗戰에 들어갔다. 崔怡는 문순공을 높이 禮遇하였고 공 또한 戰爭遂行에 능히 統率力을 발휘하는 최이를 좋게 보았다. 江華時代는 그의 文學活動에 있어서나 仕官의 榮達에 있어서 一生에 가장 빛나는 시절이었다. 그의 詩와 散文의 대부분은 긴박한 國難의 克服과 焦燥한 民心의 慰撫에 관한 것이었는데 특히 八萬大藏經板刻 君臣祈告文은 유명한 글이었다. 그의 명성이 높아질수록 官資도 승진되어 어느덧 宰相의 한 사람이 되었다. 그러나 그의 私生活은 대단히 貧窘했다. 강화도에 들어온 후 모든 사람이 다투어 第宅을 일으키고 田土를 마련하는데 그에겐 한 間의 집도 一畝의 땅도 없었다. 그의 생활은 오직 薄俸에 의존하였고 致仕 후에 때때로 최이의 周給을 입었으나 끝내 貧窘을 면치 못했던 것은 그의 詩集 속에 역력히 나타나 있다. 그러나 그의 不屈의 抵抗精神은 늙어 죽을 때까지 敵에 대한 呪詛와 國家民生에 대한 憂憤으로 文學的 情熱을 燃燒시켰다. 그가 老益壯으로 晩年에 더욱 詩를 많이 쓰게 된 것은 이런 점에서 이해되기도 한다. 一二四一年 七十四歲의 享壽를 끝으로 飄然히 升化하여 國王의 恨歎과 國民의 슬픔 속에 江華島 鎭江山 東麓에 묻힘으로써 공의 일생은 마감되었다. 臨終前에 방대한 詩文遺作을 편찬하여 歿後에 完刊했으니 이것이 『東

國李相國集』이다. 공의 생애에 대한 『高麗史』의 평가와는 달리 現今의 歷
史家들은 공을 더욱 尊敬의 대상으로 받들고 있다. 무엇보다 民族受難期
에 있어서 그의 憂國愛民의 文學的 勞績 때문이다. 위와 같이 공의 大體만
을 서술하고 끝에 짧은 銘辭를 달아둔다.

　嗟乎라, 여기 이곳은 문순공의 직접적 緣故地가 아니지만 子孫들이 사
는 곳에 氣脈의 感應으로 선조의 혼령이 내리실지니 一片山阿에 이 碑가
千百年을 지키리라.

二○○一年 辛巳 仲冬

高麗判事 呂渭璜壇碑

　　咸陽을 本貫으로 하는 呂氏는 우리나라 屈指의 著姓이다. 畿甸을 비롯한 전국 各地方 同族의 分派만도 數十에 達하고 위로 根源을 찾아 올라가면 羅末麗初에까지 그대로 溯及되는 悠久한 歷史的 系譜를 지니고 있다. 그리고 上下 千有餘年에 碩德鴻儒 名卿巨公이 磊落相望하여 史乘에 記錄이 끊이지 않고 있다. 대저 이러한 世族故家에는 반드시 그 源頭에 먼 祖上님의 深仁厚澤이 있어 百世의 遺蔭으로 門祚를 靈長케 하는 것이다. 呂氏의 譜牒에 依하면 始祖 御梅가 唐에서 東來한 後에 二世 大將軍 林淸과 四世 左僕射 尙輔의 뒤를 이어 五世에 判事公 諱 渭璜이 다시 世德을 빛내었다. 年代가 멀고 事績이 傳하는 바 없으매 公의 經歷을 알 수 없으나 判事로서 金紫光祿大夫知門下省事判三司事의 追贈을 받았다. 高麗 官制에 通禮門을 위시한 여러 官署에 判事가 있는데 대체로 正三品이었고 金紫光祿大夫知門下省事는 從二品이며 判三司事는 宰臣의 兼職이었다. 金紫光祿大夫의 文散階와 知門下省事의 職名이 모두 文宗 때 定해진 것인바 公에 對한 追贈도 文宗 以後의 일로 推定된다. 文宗으로부터 高麗朝의 治運이 한창 興隆해지고 있었으니 公에 對한 이러한 特典은 아마 公이 남다른 功業이 있었기 때문이리라. 이러한 公의 功業은 이른바 功存社稷 業垂後裔

로서 國家에 對해서뿐 아니고 子孫에게 無窮한 끼침이 있었을 것이다. 公
의 墳墓가 失傳되고 다만 金堤땅에 있는 것으로 여겨오더니 哲宗 甲寅 卽
西紀 一八五四年에 金屈面 永登里 軍師峰下 古塚 앞에서 斷碑를 얻었다.
그러나 誌石이 發見되지 않아 부득이 그곳에 壇을 만들어 每年 行祀해오
고 있다. 이제 子孫들이 정성을 모아 새로 碑를 세우매 위와 같이 敍述하
고 이어 銘辭로써 끝을 맺는다.

　　뿌리깊은 나무는 꽃 좋고 여름 하나니
　　우리 어찌 뿌리를 다시금 가꾸지 않을손가

一九八一年 元月

高麗門下侍中鐵城府院君 李琳 事蹟碑

　　高麗後期로부터 新興官人層인 士大夫階級이 形成되어 이른바 名門巨族이 우리나라 歷史社會 속에 자리잡기 始作하였다. 이 時期의 대표적 家閥로서 安東權氏 順興安氏 慶州李氏 등을 들고 있거니와 거의 때를 같이하여 固城李氏의 赫赫한 聲華는 서로 伯仲을 다툴 만하였다.

　　固城李氏는 文僖公 諱 尊庇로부터 크게 發闡하여 文獻公 諱 瑀를 거쳐 杏村公 諱 嵒, 桃村公 諱 嶠의 兄弟 및 그 子姪들의 振振한 輩出은 鸞鵠이 竝峙하고 蘭玉이 交輝한 듯 집안의 榮光일 뿐 아니라, 實로 온 나라에 精彩를 더하는 것이었다. 이것은 累代에 걸쳐 德을 쌓았고 善을 베풀어 그 遺蔭이 끝없이 피어나기 때문이다. 그중에도 門下侍中 鐵城府院君 諱 琳은 桃村公의 長子로서 한 時代 歷史上의 重要位置를 차지한 분이었다.

　　公은 文烈公 星山 李兆年의 外孫이며 忠正公 南陽 洪子藩의 曾孫壻로서 內外門望이 모두 隆峻한지라 일찍부터 重臣碩輔의 期待를 받아왔지만 貴家의 子弟라 하여 특혜로 발탁된 것이 아니고, 官職의 序次에 따라 累進하여 恭愍王 때에 密直副使에 이르렀고, 一三七五年 禑王 元年에 密直副使로서 西北面宣慰使가 되어 泥城軍變의 實情을 살피고 돌아왔다. 이때 公의 아우인 三司左使 諱 希泌은 都指揮使로서 먼저 前方에 가 있어서 兄弟 함께 西北方의 鎭定에 많은 貢獻을 하였다.

한편 南方에는 倭寇의 猖獗이 해마다 더해져서 沿海各郡의 被害가 極甚
했는데, 一三七七年에 公은 慶尙助戰元帥로서 四月에 蔚州에서, 그리고
九月에 岳陽에서 倭賊을 크게 擊破하였다. 翌年에 다시 楊廣全羅助戰元帥
로서 連山과 公州에서 鄭地·池湧奇·韓邦彦 등과 더불어 倭賊을 追擊하여
玉果에까지 가서 彌羅寺에 들어간 賊을 火攻으로 다 죽이고 馬 百餘匹을
獲得하였다. 捷報가 朝廷에 들어감에 각각 銀 五十兩을 下賜받았다. 이러
한 공로는 公의 政治·社會的 位相을 더욱 높여주었고, 따라서 高麗王室은
公을 한층 더 중시하게 되었다.

一三七九年에 禑王은 公의 第三女를 王妃로 맞아들이니 이분이 곧 謹妃
이다. 公은 國舅로서 鐵城府院君이 되었고, 公의 母親 李氏는 三韓國 大夫
人이 되었으며, 公의 夫人 洪氏는 卞韓國 大夫人이 되었다. 이러한 封爵은
固城李氏 家閥을 一世에 빛나게 하였다.

一三八八年 威化島回軍 後에 禑王이 遼東征伐의 責任을 지고 上王으로
물러나 江華島에 가 있는 한편, 아들 昌이 王位를 잇게 되었는데, 昌王은
公에게 傳敎하기를 일찍 先世로부터 나라의 重臣이 되어왔고, 오랜 積德
으로 聖善을 탄생하여 우리 上王의 配匹로서 內助에 큰 힘이 되었으며, 내
가 襁褓에서부터 疾病이 많았는데, 卿이 성심껏 보살펴서 오늘에 이르렀
으니 元舅之親으로 冢宰의 地位에 있게 된 것은 予의 私情에서가 아니고
公論의 歸結에서 된 것이라 하였다.

牧隱 李穡은 侍中의 자리에서 後任으로 公을 薦擧하여 公이 侍中이 되
었는바, 王은 公과 李穡, 그리고 李太祖에게 劍履 그대로 殿上에 오르고 贊
拜에 이름을 부르지 않게 하며, 각각 銀 五十兩·彩緞 十疋·馬 一匹을 下賜
하였다. 이것은 鄭夢周의 奏請에 따른 것이었다. 이러한 待遇가 마음에 편
치 않아 몇차례 解職을 求했으나 王이 듣지 않았다.

高麗의 國運이 風前燈火와 같은 가운데 昌王이 밀려나고 恭讓王이 대신

王位에 앉혀지매 公은 政治的으로 限없이 어려운 處地에 빠져들었다. 새로운 勢力에 趨附하는 무리들이 갖은 手法으로 公과 李穡을 포함한 舊要들을 除去하려 하였다. 恭讓王은 그때마다 允許하지 않았으나, 마침내 邊安烈 獄事에 連累되어 李穡은 咸昌으로 公은 鐵原으로, 그리고 公의 아드님 貴生은 固城으로 流配되었다. 恭讓王은 되도록 配慮를 하려 했으나 新勢力에 迎合한 臺諫들이 계속 論斥을 일삼았다.

그 뒤 다시 尹彝·李初의 獄事에 公의 父子와 李穡의 父子, 그리고 禹仁烈·李仁敏·李崇仁·鄭地·李行·權近 등을 淸州에 逮繫하여 鞫問 後에 死藥을 내리려고 했는데, 문득 白日에 雷霆과 함께 暴雨가 퍼부어 城南 門樓가 洪水에 崩壞되고, 獄官과 諸人이 나무 위로 逃避하는 異變이 생겨서 우선 모두 釋放되었다. 그러나 臺諫들의 非難과 中傷은 끊이지 않아 공은 다시 忠州로 流配되었다. 家禍와 國難에 對한 말 못할 憂憤 속에 公은 필경 謫所에서 生을 마치고 말았다. 뒤이어 高麗王朝가 滅亡되고 조선의 新王朝가 成立되었지만 政局의 安定과 함께 公의 子孫들은 다시 仕宦으로 進出하여 五百年間 濟濟多士의 簪組와 文翰이 接踵한 채 오늘에 이르렀다.

이번에 公의 子孫들이 合心하여 公의 誕生地인 舊 固城縣 松樹洞, 즉 지금의 固城邑 西外洞에 公의 事蹟碑를 세우려 하면서 宗族을 代表하여 李平烈·李漢東 兩氏가 나에게 碑文을 請해왔다. 나는 『高麗史』에 실린 公의 本傳을 바탕으로 李氏의 世譜 및 家錄들을 참고하여 위와 같이 敍述하고 그 끝에 짧은 銘辭를 붙였다.

　　閥閱之舊로서 儉素之德이 있고
　　勳戚之貴로서 修節之容이 있으며
　　位望之崇으로 謙恭之志가 있었다
　　이것은 高麗王廷의 傳敎에서 公을 評한 말이다
　　後人이 다시 그 무엇을 보태리오

아아 儉素하고 謙恭한 公의 一生
千百世 雲仍에게 길이길이 그 陰德 끼치리라

　　　　　　　　　　　　　　　一九九五年 穀雨節

靈山辛氏 三綱旌閭碑

옛 靈山은 高麗後期로부터 獨立된 縣으로 自主的인 地方行政의 한 單位가 되어 由緒깊은 고장을 이루어왔다. 작은 고을이지만 山川이 明秀하고 人材가 輩出됐는데 특히 靈山을 本貫으로 하는 辛氏의 家門에서 名賢碩輔 忠臣義士가 代를 이어 鄕邦의 빛을 더하였다. 辛氏의 人物들은 國故文獻에 수없이 등장하여 ──이 列擧할 수조차 없지만 그중에서는 一家三父女의 忠과 孝와 烈로써 歷史에 향기로운 이름을 남긴 분들이 있었다. 곧 高麗 恭愍王 때 郎將으로 倭寇의 擊退에 많은 功을 세우고 奉翊大夫 典工判書의 職銜으로 鄕里에 退居하여 德行으로 地方의 儀表가 되었던 諱 斯蔵公과 그의 두 따님을 말함이다.

公은 五男三女를 두었는데 둘째따님의 夫君은 郎將 金遇賢이었다. 一三七九年 禑王 己未에 갑작스럽게 倭寇가 들어왔는데 軍士를 일으켜 막아야 할 金遇賢이 사정이 있어 피신하고 나오지 못했다. 監軍이 金의 所在를 추궁하면서 그의 妻 辛氏를 문초했으나 辛氏는 남편이 褒賞을 받을 일이라면 所在를 알리겠지만 지금 加罪를 하기 위해 찾고 있는데 내가 어찌 告發을 할 수 있겠느냐고 하면서 모진 拷問 속에 끝내 함구하고 죽었다. 지아비를 보호하려는 참다운 희생심, 정말 烈女라고 할 만하다.

둘째따님의 이러한 事件을 겪은 父公은 三年 뒤인 一三八二年 禑王 壬戌에 다시 靈山땅에 倭賊 五十餘騎가 侵入하여 殺戮을 藉行함을 당하였다. 公은 우선 家族을 피란시키기 위해 배를 탔는데 急流에 밀려 배가 도로 江岸에 닿게 되자 賊들이 사정없이 배에 올랐다. 公은 君國을 생각하여 不屈의 姿勢로 賊을 罵倒하다가 필경 遇害하였고 賊은 公과 함께 있던 셋째따님을 끌어내려 같이 가려고 하였다. 이에 셋째따님은 아버지를 살해한 너희들은 나의 不共戴天의 원수라고 소리지르며 賊의 목덜미를 잡고 발길로 차서 賊을 거꾸러뜨렸다. 드디어 성난 賊들의 칼날 아래 장렬하게 죽고 말았다. 아아, 아버지를 따라서 죽은 그 孝와 賊의 앞에 깨끗이 몸을 지킨 그 義는 千古에 견줄 데 없는 훌륭한 일이다. 당시 慶尙道 按覆使 趙浚이 朝廷에 報告하고 그 일을 돌에 새겨 길이 전하였고, 그 뒤 一四一五年 朝鮮 太宗 乙未에는 다시 往事를 溯及하여 둘째따님에게도 旌閭를 내렸다.

이와는 별도로 많은 세월이 지난 一七○一年 肅宗 辛巳에 靈山사람이 父公의 德行과 忠節을 追慕하는 마음에서 道泉書院을 設立하여 朝廷으로부터 賜額을 받아, 公을 主壁으로 奉享하게 되었고 王朝末에 書院이 毁撤된 뒤에는 殉節地인 蔑浦에 設壇하여 每年 淸明日에 時祀를 올렸다. 한때 日帝官憲에 의해 公과 두 따님의 遺蹟이 말살될 뻔했으나 解放後에 땅에 묻힌 旌閭碑를 발굴하여 文化財로 등록하고 都泉案山에 曲江齋를 新築하여 碑를 安置하였다.

一九九八年 봄에 辛氏門中을 대표하여 辛瑱敎·辛容璨·辛秀植 세 분이 서울로 나를 찾아와 위의 모든 事實을 기록할 碑文을 부탁하기에 나는 鄰鄕의 後生으로 사양할 수 없어 敢히 위와 같이 서술하고 짧은 銘辭를 달아둔다.

온누리 物質至上의 風潮 속에
靈山땅 辛氏三父女 거룩한 精神

새로운 千年을 준비할 우리 앞날에
崇高하고도 切實한 指針되리라

一九九九年 四月 四日

새로운 千年을 준비할 우리 앞날에

西厓 柳成龍 弄丸齋遺址碑

안동시 豐山邑 西薇里는 文忠公 西厓 柳成龍 先生이 그의 위대한 생애를 마감한 역사적 유적지이다. 선생은 조선왕조 오백년간 가장 탁월한 大宰相으로서 임진왜란에는 영의정으로 都體察使로 국가 경영전략을 한 몸으로 수행하여 曠古의 外患을 극복하였다. 戰後에 다시 국방의 재점검과 국토의 복구건설에 경륜과 포부를 실현시켜야 할 무렵 당쟁의 갈등과 宵小輩의 모략으로 관직에서 물러나 鄕里 河回로 은퇴하고 말았다. 선생은 은퇴 이후 나라와 겨레의 앞날을 걱정하면서 자신이 체험한 국난을 되돌아보며 모든 기록을 정리하여 『懲毖錄』을 완성하고 그밖의 자료들도 편집하여 후세의 鑑戒를 삼고자 하였다. 이 작업이 끝난 뒤에 선생은 하회를 떠나 서미리로 移寓하였다. 이것이 선생의 63세 때로서 선조 38년 乙巳 즉 서기 1605년 9월이었다. 이때 하회는 큰 풍수의 재해를 입어 노경에 접어든 선생의 요양에 불편하였고, 서미리는 아늑한 산중이어서 外客 應接의 번거로움도 줄일 수 있기 때문이었다. 그 다음해에 초당 삼간을 짓고 거처하면서 弄丸齋라고 명명하였다. 어느 해 동짓날 선생은 弄丸歌라는 시를 썼는데 내용은 이러하다. 하늘이 땅을 감싼 것이 탄환같이 둥근데 해와 달이 거기에 서로 돌아가고 萬象이 그 속에서 起滅한다. 道人이 앉아서 天根

과 月窟을 探觀하노라면 四海가 一勺의 물이고 蟠桃花 三千劫이 이 弄丸中에 들어와 일순간에 지나지 않는다는 것이다. 이 시로써 초당의 이름을 삼은 것은 선생이 만년에 도달한 높은 철인의 세계를 보여주는 것이다. 그러나 선생은 결코 초현실적 생활과 사고에 그치지 않았다. 임종시에 자제들에게 충효를 거듭 강조하고 국왕에게 遺疏를 올려 憂國愛民의 至誠을 그대로 나타내었다. 농환재는 선생이 거처하신 지 이년에 불과했고 서거하신 뒤에 진작 없어져서 삼백년이 지난 지금 그 빈터의 위치조차 정확히 알 수 없지만 선생을 존모하는 후인의 마음은 그곳을 잊을 수 없는 것이다. 근년 봄에 선생의 祀孫 寧夏氏가 나를 찾아와 사정을 말하고 西薇里 입구 부근 大路邊에 遺蹟碑를 세우겠다고 하면서 碑文을 나에게 청하였다. 나는 감히 사양치 못하고 위와 같이 서술한 뒤에 끝으로 짧은 銘을 달았다.

　　哲人의 높은 境地
　　時空이 모두 弄丸 중에 있거니
　　마지막 呼吸을 거두신 곳 어딘들 어떠하랴
　　거룩한 그 芳臭 온누리에 스며 있을지니

一九九九年 仲夏

晚悔堂 張慶遇先生 事蹟碑

　　嶺南의 文物은 洛東江 유역을 기반으로 발달되어왔거니와 李朝中期로
접어들면서 그 中流지역 일대에 濟濟鴻碩이 輩出되어 이땅의 文運을 蔚興
케 하였다. 특히 仁同張氏 一門에 大儒名賢이 篤生하였으니 다름 아닌 旅
軒先生 張文康公과 그 子弟門人들 중에서 晚悔堂 張慶遇 선생과 같은 분이
그 예이다. 만회당 선생은 장씨의 大宗孫으로 출생하여 일문의 支柱로 촉
망된 분이거니와 겨우 九歲에 부친 克明堂公의 명으로 族大父이신 旅軒先
師의 문하에 들어가서 학습과 수행에 첫발을 내디디면서 嶄然히 두각을
나타내었다. 그의 이름 慶遇와 字 泰來도 선사께서 寒岡 東岡 諸先生과 함
께 伽倻山에 노닐 때 陪從한 선생에게 많은 기대를 걸었던 兩岡 先生이 함
께 지어주신 것이다. 이것이 十一歲 때의 일이었다. 바로 그 다음해에 壬
辰倭亂을 당하여 부친과 선사의 兩家 가족을 모시고 피란길을 떠나 金烏
山을 거쳐 병중에 계신 선사를 八莒 趙氏宅에 安接케 하고 父親을 받들어
寧海·安東 等地를 전전하면서 몸소 乞糧 救藥 등 갖은 고초를 무릅쓰고
마침내 위기를 모면하였으며 가을에 다시 親命으로 선사의 聞韶寓次로 찾
아가서 지내면서 난리중에 공부를 쉬지 않기 위해 靑松의 大庵 朴惺에게
經書를 빌려다가 紙片에 抄寫한 뒤에 원책을 돌려드리고 초사한 것으로

誦讀을 끊지 않으니 先輩長者들이 감탄을 不禁하였다. 丁酉再亂을 피해 다시 선사를 모시고 靑松 奉化 등지로 다니다가 적병이 물러난 뒤에 선사를 따라 善山 月波村으로 移寓하여 거기에서 大學을 受講하였다. 二十一歲 때 仁同故庄으로 돌아왔으나 선사의 舊宅이 병화에 消失되어 棲息할 곳이 없으므로 선생은 부친의 親居인 磻溪 松亭洞으로 선사와 그 가족을 모셔와 여러 해 동안 同爨하였다. 그동안 선사께서 報恩과 義城 등의 고을 수령으로 부임한 적이 있었고, 선생은 그때마다 모시고 가 있었으나 벼슬을 좋아하시지 않는 선사께서는 한두 해 만에 모두 사직하고 돌아오셔서 청빈한 생활을 그대로 지속하였다. 선생은 二十六歲 때에 여러 宗人들과 상의하여 南山 밑에 慕遠堂을 지어 선사의 거처할 곳을 마련하고 매일 定省한 나머지 시간에 函席을 모시고 선사의 嗣子 聽天堂 應一公과 服事를 게을리하지 않았으며 많은 及門弟子들을 집으로 延接하여 모두 환심을 얻었다. 三十歲 때에 다시 선사를 위해 不知巖 精舍를 營建하여 선사의 講道之所를 삼았다. 不知巖은 洛東江濱에 있는 선생의 외가의 亭基로서 선생의 외족에게서 文券을 받은 뒤에 同門諸賢과 뜻을 모아 이룩한 것이다. 매양 風朝月夕에 선사의 곁에서 從容諷玩한 선생은 沂水舞雩의 樂을 누렸다. 南漢山城의 국치를 겪고 선사께서 蹈海의 뜻으로 永川 立巖에 들어가 거기에서 세상을 떠나셨는바 선생은 비통 속에 斂襲諸節에 진력하고 故山으로 奉柩 반장하였으며 그 뒤 親喪으로 廬幕 중에 있으면서도 자제들을 통하여 선사의 문집 간행에 적극적으로 周旋하였다. 선사의 指敎에 가장 성실히 따랐던 선생은 이 무렵 학문과 덕행이 날로 성숙해지고 명성이 또한 널리 알려졌다. 한편 초년에 親命으로 과거에 뜻을 두어 二十九歲에 鄕會에, 그리고 三十六歲에 東堂別試에 합격하여 殿試에 나아갔으나 考官의 私的 指를 부당히 여겨 곧 버리고 南歸하였으며 四十七歲에 進士會試에 합격했으나 이로부터 名塗에 나아갈 뜻을 완전히 접었고 오직 杜門講學으로 본분을 즐겼다. 그 뒤 才行卓異라는 명목으로 여러 차례 剡薦이 있었고 인하여 英陵參奉의 恩除가 있었으나 응하지 않았다. 그러나 결코 世事를 외면하지 않았다. 寒岡선생이 소인배의 誣告로 難境에 빠졌을 때 선생은 道內 유생을 동원하여 辨誣疏를 작성하였고, 李爾瞻이 專權誤國할 때에 선생은 여러 인사들과 請斬疏를 올리는 일을 주관하였다. 丁卯胡亂 때 선사의 差定으로 仁同義兵將이 되어 募兵聚糧하기도 하였고, 丙子胡亂 때에는 長子 海로 하여금 의병을 일으켜 勤王行을 시키기도 하였다. 그런데 선생은 어디까지나 유학자였다. 선사 문하의 많은 제자들 가운데 최측근에서 心悅誠服으로 선사의 가르침을 빠짐없이 소화해낸 분이 곧 선생이었다. 여러가지 사정에 의해 많은 저술을 남기지는 못했지만 지금 그 遺集에 두 편의 중요한 文字가 있으니 하나는 法天說이요, 다른 하나는 師門記聞錄이다. 법천설은 三十一歲의 저작으로 선사에 대한 언급은 전혀 없지만 선사의 宇宙觀 및 人道觀을 그대로 체득하여 나타낸 것으로 여기에서 선생의 학문적 조예가 어떤 경지에 도달되었던가를 여실히 보여준다. 사문기문록은 선사 歿後에 선사의 언행을 기술한 것으로 그중에는 선생의 깊은 體認과 투철한 인식을 그대로 보여주는 것이 많다. 七十六歲로 晩悔堂에서 考終하신 선생에 대하여 士林들의 추모가 끊이지 않아 正祖 丁酉에 位版을 玉溪祠에 奉安하였고, 憲宗 庚子에 花山講堂이 이루어졌으며, 哲宗 癸丑에 廟宇가 세워지기도 했으나 뒤이어 서원철폐령이 내려져서 서원기능을 유지하지 못하고 高宗 甲戌에 사림들이 정성을 모아 선사의 主享書院인 東洛書院에 從享하게 되었다. 이번에 자손들이 선생의 遺墟에 碑를 세워 널리 세상에 알리고 길이 後人에게 전하려 하면서 멀리 佑成을 찾아와 글을 청하기에 佑成은 外裔의 한 사람으로 感舊의 心懷로서 위와 같이 서술하여 塞責하기로 한다.

二〇〇七年 九月 一日

四溟堂 惟政 生家遺址碑

1544년 우리 밀양에서 태어난 四溟堂 松雲大師는 임진왜란 때 산중의 한 修道僧으로 錫杖을 짚고 奮起하여 전국의 僧兵을 이끌고 敵地에 출몰하면서 전투와 정탐에 탁월한 공적을 세웠고 나아가 바다를 건너 敵國 일본에 가서 적을 설복시키고 많은 포로를 쇄환하는 등 훌륭한 외교성과를 가져왔다. 나라에서 내린 높은 官資를 미련없이 버리고 가야산에 들어가, 1610년 풍운의 일생을 마감하고 입적하였다. 참으로 거룩한 일이다. 우리는 그를 民衆의 英雄으로 받들어 영원히 숭배한다. 대사의 탄생지인 이곳 괴나리에 생가를 다시 짓고 사당을 세워 추모하는 한편 이 기념물을 만들어 온 세상에 알리게 되었다.

이제 여기, 그 당시 許筠이 지은 碑銘을 拔取 點化하여 짧은 銘辭를 달아둔다.

惟師之敎 廣濟無邊 卷而懷之 瓶鉢蕭然
出而用之 國威克宣 刻此貞珉 昭示萬年

대사의 가르침은

온 세상을 구제하는 것이지만

안으로 거둬들이면

물병과 밥그릇 한 벌뿐이오
밖으로 내어서 사용하면
국위를 크게 선양하게 된다
이제 이 돌에 새기노니
거룩한 공덕 천년만년 밝게 나타나리라

一九九九年 七月

洛江七賢 詩碑

嶺南의 形勝은 洛東江을 主軸으로 이루어져서 七百里 긴 가람의 左右 양쪽에 山川이 壯麗하게 펼쳐지고 人材文物이 歷代 끊임없이 隆盛하였다. 특히 十六世紀 中葉에서 十七世期 初頭에 걸쳐 그 中流의 流域에 鴻儒碩士가 輩出되어 世上에 名聲을 떨치고 길이 芳臭를 남겼으니, 그중의 世稱 '洛江七賢'이 代表的인 분들이다.

七賢을 出生地別과 年齡順으로 보면 高靈의 六一軒 李弘量, 茅齋 李弘宇, 松庵 金沔, 玉山 李起春 네 분 선생과 星州의 寒岡 鄭逑 先生, 그리고 達城의 大庵 朴惺 先生, 仁同의 晴暉堂 李承 先生 등 일곱 분이다. 이 일곱 분은 並世同省으로 서로 가까운 이웃고을에서 生長하여 幼少時節부터 讀書論文에 比肩聯袂하기도 하고, 中年 以後에 學問과 行誼의 成熟에 따라 道義之交로서 높은 志尙과 깊은 契合에 이르게 되었다.

그런데 이 일곱 분을 後人들이 特別히 '洛江七賢'으로 일컫는 것은 따로 한 契機가 있었다. 一五八九年 五月에 일곱 분이 開山浦에서 江亭멍드미 四望亭에 이르는 江 위에 船遊를 하면서 '萬頃蒼波欲暮天'이라는 詩句 七字로 分韻하여 각기 五七言絶句로 詩 한 首씩 읊어, 그날의 興趣와 情況을 洽足하게 표현하였다. 이 七篇의 詩가 당시엔 물론이고 뒷날에까지 널리

傳播되었다. 그것은 詩가 名作이라는 理由만이 아니고 一代의 儀表인 일곱 분이 그 德望과 文華로써 江山風物의 勝槩 속에 同聲唱和한 風流韻致가 稀代의 盛事로 될 수 있기 때문이다. 이때는 壬辰倭亂 三年前이라, 곧 曠古의 外患이 닥쳐오자, 七賢 중에는 亂初에 救國討敵에 앞장서기도 하고, 亂中에 民社를 위해 獻身奉公하는 분들이 있었으며, 나아가 道學으로 百世의 儒賢이 된 분도 있었다.

세월이 흘러 四百十數年이 지난 지금, 江山이 몇번이나 變하고, 世態人心이 갈수록 混淆해지면서, 젊은 世代들의 관심 밖에서 先人의 往蹟이 쓸쓸히 묻혀지는 형편이라, 七賢의 故事 또한 빛바랠 염려가 없지 않더니, 昨年에 六一軒 李弘量 先生 家門의 提唱으로 七賢의 子孫들이 힘을 모아 洛江七賢詩碑를 마련하여 六一軒의 別業인 四望亭의 境內에 建立하기로 하였다. 七賢 중에 六一軒이 가장 年長者로서 當日의 船遊를 主宰했기 때문이다. 지난 겨울에 六一軒 十三代 主孫 李國鉉氏와 支孫 榮秀氏가 寒岡 後孫 鄭允容氏와 함께 密陽 故里로 佑成을 찾아와 趣旨를 설명하고 碑文을 부탁하기에, 佑成 또한 寒岡의 外裔의 한 사람으로서 이 일에 衷心으로 贊同하고 拙文을 草하였다. 끝으로 짧은 銘을 달아둔다.

江山이 變하여도 自然의 큰 줄기 依舊하고
세상이 바뀌어도 사람의 彜衷 이어지리니
悠悠히 千萬年을 흐르는 洛江
七賢의 風韻 함께 永遠하리라

二〇〇三年 癸未 雨水節

月潭 鄭師賢 詩碑

우리나라 詩史 千餘年 동안에 有名無名의 人士들에 의한 作品이 汗牛充棟의 量으로 남아 있지만 오늘날 우리가 記憶할 만한 詩의 句節은 그리 많지 않은 것 같다.

朝鮮王朝 中葉에 이르러 道學이 鬱興하면서 哲理를 담은 값진 詩가 나타나기 시작하여 우리의 注目을 끈다. 月潭先生 鄭師賢公은 그중의 한 분이다. 公의 詩는 겨우 五言絶句 一首와 七言詩 一聯이 남아 있는데도 後人들이 길이 외우고 추앙하고 있다. 여기 우선 공의 詩를 吟味해보기로 한다. 먼저 五言絶句에서

세상일은 三尺의 거문고에 붙여두고	世事琴三尺
生涯는 집 두어 채뿐이라	生涯屋數椽
누가 알랴 참다운 경지의 樂을	誰知眞境樂
가을달이 차가운 연못에 비추어지는 것	秋月照寒淵

라고 하였다.

이 詩는 公이 일찍 科擧를 포기하고 學問과 涵養에 專念할 무렵 居第의

南쪽에 亭子를 짓고 亭子 아래에 方塘을 파서 景觀을 造成한 뒤에 거기에서 藏修를 일삼고 있을 때에 지은 것이다. 亭子는 蕭洒하고 方塘은 澄澈한데 公은 매양 달밤에 散策逍遙하면서 지은 것이 이 詩라고 한다. 三尺의 거문고에 붙여버린 세상일이란 어떤 것인가. 세상일은 두 가지 면에서 생각해볼 수가 있다. 하나는 나라와 겨레에 관하여 士大夫로서 經國濟民하는 일이고, 다른 하나는 兩班身分으로 登科出世하여 世俗的 富貴榮華를 누리는 일이다. 그런데 公의 경우 前者는 在野學者로서 길이 없게 되어 있고 後者는 처음부터 관심이 없을 뿐 아니라 學者로서 공부가 깊어질수록 더욱 그것을 超脫했던 것이다. 그러니까 거문고 한 곡조로써 이런저런 세상생각을 解消시켜버린다는 것이다. 따라서 생애는 두어 채 집뿐이라는 바깥 句節은 곧 超脫者의 생활에서 모든 것을 씻어버리고 오직 두어 채 집 그것으로 만족한다는 것이다. 이것은 억지로 만족해하려는 것이 아니고 있는 그대로 마음이 자족한 것을 보여주는 것이다. 그러나 이러한 것은 종전 일반 山林處士 隱逸者流가 다 할 수 있었던 것으로 公에게 별로 대단한 것이 아니다. 정말 公의 眞面目을 볼 수 있는 것은 아래의 第三句 第四句이다. 第三句에 누가 알랴 참다운 경지의 樂이라고 한 것은 公이 홀로 體得한 樂으로 다른 사람이 엿볼 수 있거나 함께할 수 있는 樂이 아니다. 이것은 公이 篤實한 追求와 透徹한 解悟를 통하여 到達한 경지이다. 이것은 一朝一夕에 얻어진 것이 아니고 博學과 愼思에 依하여 쌓고 쌓은 工夫가 마침내 이 경지에 들게 한 것이다. 第四句에 가을달이 차가운 연못에 비추어지는 것이라고 했는데 이는 곧 공이 到達한 경지를 말한 것으로 한 점의 塵累가 없이 맑고 깨끗한 마음의 상태를 밝은 달이 맑은 물 속에 비친 것에 비유한 것이다. 朱子의 秋月照寒水라는 詩句가 있어온 以來 退溪를 위시하여 秋月寒水를 말한 분들이 많았는데 公의 이 詩야말로 자기 자신의 樂을 假飾없이 表出한 것으로 先賢의 體驗世界에 깊이 合致한 것이라고 느껴진다.

다시 臨終時의 七言詩 一聯을 살펴본다.

四十八歲의 인생살이 짧기도 한데 　　　　　　　　　　　六八年光人世促
가슴 가득한 忠孝정신 누가 알리오 　　　　　　　　　　　滿腔忠孝有誰知

라고 하였다. 모든 物欲에서 벗어난 公의 마음의 世界에서 天命에 따라 儵然히 歸化하면 아무런 遺憾이 없을 것 같지만 實은 그렇지 않다. 가까이 老母를 모시는 人子의 절실한 道理와 멀리 君國에 對한 한 사람의 선비로서의 深思遠慮를 잊을 수 없는 處地에서 이 詩는 그의 속임없는 獨白이다. 이 句節에서 말한 忠孝는 결코 抽象的 觀念的으로 解釋할 것이 아니다. 現實 속의 人間으로서 마지막 떠나는 길에 못다 한 遺憾을 그대로 實吐한 것이다.

公은 南冥 曹植 先生의 妹夫로서 당시 朝廷에 至親의 當路者가 있었지만 진작 權門에 발을 끊고 德川의 函席을 찾아 硏鑽을 거듭하면서 獨得의 妙를 지닌 것이다. 그러나 무엇보다 公의 天生資稟과 氣象이 남달랐던 것이다. 公에 對한 寒岡 鄭逑 先生의 輓詩에 戶外晴川 閒中春風이라는 語句가 있는데 이는 公의 資稟과 氣象을 가장 잘 나타낸 것으로, 公의 詩를 理解하는 데에 捷逕이 될 것이다.

公의 歿後 四世紀가 지난 오늘날 後人의 追慕가 끊이지 않아 後孫들의 努力으로 이미 高靈 現地에 事蹟碑가 세워졌고 또 이제 詩碑를 같은 곳에 세우기 爲해 傍後孫 鄭太淳氏가 佑成을 찾아와 碑文을 請하였다. 佑成 또한 彝衷所感으로 사양치 못하여 위와 같이 敍述하고 끝으로 짧은 銘을 달아둔다.

晋陽鄭氏의 悠遠한 世德
月潭公의 學行과 詩로써 더욱 빛나거니와

後孫들의 놀라운 정성 이어져서
圃翁의 말씀대로 名與長江萬古流하리

　　　　　　　二〇〇三年 癸未 七月

閒窩 權以錯 墓碑

新羅·高麗 以來 우리나라 姓氏集團이 차차 形成發展되어 이른바 名門巨閥이 歷史社會 속에 자리잡게 되었다. 그중에서 安東權氏는 代表的인 閥族의 하나로서 그 오랜 由緖와 넓은 分布로 오늘에 이르기까지 聲華를 떨치고 있다. 始祖 諱 幸으로부터 代를 이어 積德累仁한 結果이다. 여기 敍述하려는 閒窩 權公은 諱 以錯 字 仲精으로 李朝後期에 公州 一圓에서 門戶를 자랑하던 權氏의 한 분이다. 그의 高祖는 監役 諱 克寬이고 曾祖는 佐郎 諱 得己 號 晚悔인데 學問과 節操로써 一代의 師表가 되었다. 祖考는 右尹 贈 左參贊 諱 諰 號 炭翁인데 遺逸로서 孝·顯·肅 三朝에 歷仕한 鴻哲이다. 晚悔 炭翁 兩先生은 우리나라 儒學史上의 빛나는 星座로서 大田 道山書院에서 數百年 士林의 俎豆를 받아오고 있다. 考는 縣監 贈左贊成 諱 惟이고 妣는 贈貞敬夫人 恩津宋氏인데 文正公 尤庵 諱 時烈의 따님이다. 一六六二年 顯宗 壬寅 十一月에 尤庵公의 黃山江舍에서 출생한 公은 眉目이 淸秀하고 肌膚가 玉雪 같아 幼少時에 이미 莊人吉士가 될 것으로 占쳐졌거니와 地處가 높고 文行이 일찍 著聞하여 士大夫 사이에 期待가 많았다. 그러나 蔭敍로 仕路에 나가 長寧殿 參奉과 司饔院 奉事를 거쳐 司僕寺 主簿가 되었다. 司僕寺는 원래 饒司로 소문난 곳인데 公은 赴任하여 下吏輩의 弄奸을 一切

禁止하고 民弊를 除去하기에 注力하였다. 例를 들면 馬場의 周圍에 每年 木柵을 修築시켜 民을 괴롭히던 것을 버들을 심어 울을 만들게 함으로써 民의 負擔을 크게 줄여준 것 등이다. 三年 동안 中央各司의 庶僚에 在職하면서 奉公의 誠實性과 綜理의 卓越함을 보여주었으나 公의 抱負와 經綸을 實現할 處地가 되지는 못하였다. 左相 趙公文命의 奏請으로 掌隸院 司評에 移授되었으나 公은 年老身病을 理由로 辭表를 던지고 浩然히 돌아왔다. 公은 남달리 孝友가 篤摯하여 每年 가을이면 所居地인 仁川 竹巢에서 五日程인 公山의 伯氏宅으로 가서 함께 二親의 諱辰을 지내고 어떤 해에는 겨울을 나기도 하였으며 季氏 有懷堂 判書公은 宦遊로 헤어져 살 때가 많았으므로 한번 對하면 차마 惜別의 情을 이기지 못하였다. 뒤에 有懷公이 公에 對한 祭文에서 切切한 心懷를 吐露한 것을 보아도 알 수 있다. 一七九〇年 英祖 庚戌 九月에 仁川 竹巢에서 別世하니 享年이 六十九歲였다. 配貞夫人 光州金氏와의 사이에 男 浩徵과 女 尹就良室 및 李好民室을 두어 親外孫이 十數名에 達하였고 그 後孫에 衣冠聞人이 끊이지 않았다. 처음 公의 葬地는 富川 道禾 水峰山이었으나 近年 仁川市域의 擴張으로 大德 政生里 三政村 後頭 禹峰下 乾坐原으로 緬禮를 하였다. 貞夫人도 前과 같이 附葬하였다. 九代孫 澄遠氏가 門中의 僉議로 佑成에게 碑文을 請하기에 敢히 사양치 못하고 위와 같이 쓴 뒤에 짧은 銘을 달아둔다.

心要無一毫僞하고 事必求一個是라

이것은 公의 父祖의 家訓으로 公이 一生 實踐한 것이다

이 어찌 자손의 茀祿을 保證할 뿐이랴

나아가 千秋萬人의 模楷가 될 것이다

一九九六年 三月

北峰 李敏善 崇慕碑

嶺南의 善山은 歷史와 文化의 由緒깊은 고장이다. 金烏山 자락에 자리
잡고 洛東江을 襟帶로 삼아 江山이 淸遠雄麗한 가운데 歷代 鴻儒哲匠이 탄
생하고 高人韻士가 棲止했던 곳이다.

여기 龜尾市 蓬谷洞 星南마을은 北峰 李公 諱 敏善의 遺址이며 또한 그
子孫들의 世居地이다. 公의 字는 季進이요 號는 北峰이며 本貫은 碧珍이
다. 公은 李朝 明宗 三年 七月 七日 京畿道 楊州牧 관내 蘆海 下溪里에서 考
德川郡守 贈兵曹參判 諱 碩明과 妣 贈貞夫人 晉州河氏의 第三子로 出生하
니 곧 始祖 高麗 三重大匡 碧珍將軍 諱 恩言의 二十一世孫이다. 公의 高祖
는 成宗朝의 淸白吏로서 吏曹參判을 거쳐 資憲大夫 知中樞府事에 이른 平
靖公 諱 約東 號 老村이고 曾祖는 文科 刑曹佐郞을 지낸 諱 紹元이며 祖는
典獄署 參奉 諱 宥蕃이다.

公은 宣祖 十五年 司馬試에 合格하여 司僕寺 主簿 比安縣監 江陰縣監을
거쳐 通訓大夫 行陽川縣令에 이르렀으며 第二子 監司公 諱 尙逸의 貴로 嘉
善大夫 兵曹參判에 贈職되었다. 公의 事蹟 중 특기할 것은 壬辰倭亂으로
燒失된 成均館 大成殿의 重建을 疏請한 것과 仁穆大妃의 西宮 幽閉를 반대
하는 疏章을 올린 것 등이다. 公은 결국 時勢에 追從하기가 싫어 光海君 八

年에는 家族을 거느리고 조용히 물러나서 이곳 北峰 山下 覓牛谷에 隱居하게 된 것이다.

公은 配位인 贈貞夫人 慶州盧氏와 贈貞夫人 江陵金氏 사이에 三子五女를 두었는데 長子 諱 尙質은 司馬試에 合格하여 機張縣監과 海州判官을 지냈고, 次子 諱 尙逸은 文科에 及第하여 玉堂과 兩司 春坊 喉院 등의 淸顯職을 거쳤으며 外職으로는 晋州牧使를 비롯한 여러 고을의 守令과 江原 黃海 慶尙 등 三道의 監司를 지냈다. 특히 監司公은 晋州牧使 在任時인 孝宗 壬辰에 碧珍李氏族譜를 처음으로 간행하였다. 그리고 第三子 諱 尙達은 學行으로 薦擧되어 昌平縣令 등 三邑의 守令을 지냈다. 一女 朴鼎實은 密陽人으로 贈吏曹判書이고, 二女 柳泰華는 文化人이며, 三女 李欽臣은 慶州人으로 叅奉이며, 四女 崔基銘은 江陵人으로 文 司藝이고, 五女 李純醃은 全州人으로 文 持平이다. 그리고 姪子 忠肅公 諱 尙吉은 工曹判書로서 丙子胡亂을 만나 江華島에서 殉國하여 大匡輔國崇祿大夫 議政府左議政으로 贈職되었고, 또 姪子 忠剛公 諱 尙伋도 南漢山城에서 仁祖를 扈從하면서 斥和를 주장하다가 결국 淸兵에게 害를 입고 殉節하여 吏曹判書로 追贈되었다. 公의 內外孫과 從孫들도 仕宦으로 立身하거나 혹은 山林과 草野에서 後進을 養成하는 業績을 남겼다.

公이 落南하여 定着한 이곳 별남마을은 그후 名族의 名所가 되어 많은 人士가 來訪하였는데 특히 公과 親分이 두터웠던 분으로 楸灘 吳允謙·仙源 金尙容·淸陰 金尙憲·愚伏 鄭經世·旅軒 張顯光 등을 들 수 있으며 이들과는 道義로써 交遊하였던 것이다. 그 다음 代에도 次子 監司 諱 尙逸과 親交가 깊었던 尤庵 宋時烈과 同春 宋浚吉 등 한 시대의 巨儒들이 찾아왔는데 그들이 이곳을 來訪하였을 때 저녁의 南極星이 유난히 빛났으므로 이는 公의 德行과 節義를 象徵한다고 하여 마을이름을 星南으로 정했다고 한다.

仁祖 四年 五月 九日에 公이 逝去하자 延陵府院君 李好閔이 輓詞를 썼고

愼獨齋 金集이 墓碣銘을 지었으며 旅軒 張顯光은 墓誌를 지었고 그후 神道
碑銘은 尤庵 宋時烈이 지었다.

公이 이곳에 卜居한 지 三百八十餘年間에 子孫들이 蕃衍하여 繼繼承承
家聲이 不絶하였다. 李朝中葉인 顯宗 二年 九月에 정성을 모아 追遠堂을
마련하여 公을 享祀해왔는데 이번에 다시 옛터에 崇碑를 세워 遺德을 기
리고자 하면서 나에게 碑銘을 청해왔다. 나는 사양치 못하고 家錄에 依據
하여 위와 같이 敍한 뒤에 다음의 銘辭를 달아둔다.

     畿甸에서 落南하신 이름난 고장

     子孫萬代의 福地가 되었도다

     淸修厚積으로 一生을 마감하시니

     그 德望 그 文艶 모두가 景仰하네

     名卿碩德 여러분의 煌煌한 記述

     저 南極星과 함께 千秋에 빛나리라

二〇〇〇年 庚辰 季冬에

雲广 崔光璧 事蹟碑

"朝鮮人材는 절반이 嶺南에 있고, 嶺南人材는 절반이 一善에 있다"라고
한다. 이것은 李朝初葉으로부터 傳해오는 有名한 말이다. 實際 우리나라
歷史上에 있어서 嶺南人物의 比重이 至大했던 사실은 누구나 알고 있거니
와 一善 卽 善山의 人物이 嶺南의 社會文化에 끼친 功績 또한 두드러진 現
象이다. 十七世紀에 認齋 崔晛 先生이 엮은 『一善府志』를 펼쳐보면 옛날
善山의 人材가 과연 얼마나 대단했던가를 잘 알 수 있다. 李朝後期로 내려
오면서 中央의 閥閱政治가 모든 特權을 壟斷하여 地方士林의 政治的 進出
이 封鎖되고 嶺南의 人材도 降殺一路를 免치 못하였지만, 善山은 다른 고
을에 比해 그런대로 그 脉을 잘 이어왔다. 嘉善大夫兵曹參判 雲广先生 崔
公과 같은 분이 그 例이다.

公의 諱는 光璧이요 字는 公獻이며 本貫은 全州이다. 이 全州崔氏가 固
城에서 善山의 海平으로 移住 定着한 것은 文科 持平 贈都承旨 諱 水智로부
터였는데 그후 簪組와 文翰이 끊이지 않았고, 玄孫의 代에 弘文館副提學
贈禮曹判書 完城君으로 文章德業이 세상에 널리 알려진 認齋선생이 나왔
다. 雲广은 認齋의 六代孫으로 一七二八年 戊申 英祖 四年에 父 成均生員
贈戶曹參判 諱 壽仁과 母 贈貞夫人 眞城李氏 사이에 第三子로 탄생하였다.

어려서부터 儀表가 端重하고 姿性이 剛明하였으며 記誦과 製述이 함께
뛰어나 二十六歲에 生員試에 合格하였고 三十二歲에 文科에 拔擢되어 靑
雲의 길에 오르게 되었다. 英祖 임금은 公을 한번 보고 世子를 補養하는 春
坊에서 調用하라고 命하여, 公은 세 차례나 侍講院說書가 되었다. 이 世子
는 다음날 큰 슬픔의 主人이 될 思悼世子로서 당시 이미 宮廷 周邊에 毁謗
의 소리가 洶洶하였다. 公은 遞任으로 鄕里에 있었는데 一七六二年 壬午
에 마침내 世子가 匪命에 죽었다. 公은 奔哭하고 돌아와 한동안 門을 닫고
出入을 끊다시피 하였다.

四年 뒤에 承政院注書에 임명되고 掌樂主簿를 거쳐 司憲府持平이 되자
長文의 疏를 올려 임금에게 帝王學의 原論을 披瀝하였다. 內職으로 吏曹
佐郎과 掌令을 지내고 一七七〇年 庚寅에 外職으로 萬頃縣令에 赴任하였
다. 公은 비로소 專城의 長으로 抱負의 一端을 實踐하였다. 養士를 爲해 自
己官俸을 興學齋에 보태주고 백성들에게 부담을 줄여주기 爲해 南北 兩쪽
에 鐲役倉을 세웠다. 그밖에 鄕綱을 振作시키기 爲해 鄕射堂에 記文을 걸
고 吏案을 整備하여 吏屬들의 온갖 弊端을 단속하였다. 그러나 豪門右族
의 不當한 要求를 拒絶하고 法대로 處理한 것이 원인이 되어 監司의 不公
正한 考課가 나오자 公은 辭表를 던지고 飄然히 歸家하여 九年 동안 家庭
에서 子弟의 職分을 닦았다.

父親을 일찍 여읜 공은 母夫人에게 志體之養을 다하는 한편 여러 兄弟
분의 힘을 모아 三治堂을 지어 祖先을 받드는 일에 정성을 다하고, 百一樓
를 지어 數千卷의 藏書로써 子姪敎育에 精力을 바쳤다. 별도로 昌山別墅
에 亭子를 마련하여 樂山樂水의 뜻으로 二友라는 亭名을 짓고 自身은 雲广
으로 號를 삼았다.

一七八二年 壬寅에 公은 오랜만에 다시 掌令으로 부름을 받아 朝班에
나아갔다. 이때 正祖 임금은 원통하게 죽은 아버지에 對한 追孝一念에서
思悼世子의 宮僚에 屬했던 公을 특별히 배려하여 通政大夫에 敦寧府都正

으로 除授하였다. 그리고 二年 뒤에 다시 工曹參議로 榮轉시키고 翌年에 豊川府使로 나가게 하였다. 豊川은 종래 주로 武弁出身이 赴任하던 곳이라 百度가 廢弛해져 있었는데 公은 下車之初에 곧 모든 것을 釐正하면서 每月 朔望에 반드시 聖廟에 參拜하고 古蹟인 皇華門을 重建하여 士民의 趨向을 바로잡기에 努力하였다. 그러나 御史의 잘못된 報告 때문에 譴責으로 金溝縣에 가서 해를 넘겼다. 公은 조금도 失意에 빠지지 않고 湖南風物을 吟弄하고 子弟와 親知의 訪問을 반기면서 그곳에서 回甲의 壽盃를 들기도 하였다. 一七八九年 己酉에 正祖 임금은 다시 先邸의 일을 提及하여 公을 嘉善階에 昇格시켜 兵曹參判으로 特拜하고 公의 三代를 追贈하여 각별한 恩典으로 門戶를 빛내주었다. 二年 만에 左承旨의 除命이 있었으나 곧 遞하게 되고 공 또한 餘生에 淸閒한 生活을 누리고 싶어 永久히 名途에서 辭退하기로 하였다.

公은 平素에 매양 固城 先山에 省掃를 못한 것을 유감으로 여겨오던바, 이 해 여름 주위의 만류를 물리치고 길을 떠났다가 不幸히도 風痺의 患으로 固城 九萬村에서 殞命하였다. 이것이 一七九一年 辛亥 正祖 十五年, 公의 享年이 겨우 六十四歲였다.

海平 上林 坤向原으로 返柩하여 嶺南儒林의 禮相으로 葬事를 치렀는데 道內 各 書院의 儒生들이 글을 지어 致奠하였고, 이듬해에 正祖 임금이 또한 禮官을 보내 贈祭하였다. 善山 人士들은 六韋華堂에 影幀을 모셔 여러 兄弟분을 함께 享祀하기도 하였다. 配貞夫人 義城金氏와의 사이에 아들이 없어 從子 陽羽로서 後嗣를 삼았고 뒤에 繼室 完山李氏에게서 二子가 있으니 凡羽·介羽이다. 前後娶에 合하여 六女가 있었는데 맏사위 洪義浩는 留守까지 지낸 名士였다.

嗚乎라, 公의 時代는 正祖와 같은 有爲의 君主가 위에 있고 樊巖 蔡濟恭, 錦帶 李家煥, 茶山 丁若鏞 등 良心的 官人들이 彙進하던 때라 公의 人品과 學識으로 얼마든지 經綸을 펼쳐 나라와 겨레에 큰 貢獻을 할 수 있었을 터이지만 世運이 허락지 않아 明君哲輔가 뒤에 모두 거센 歷史의 齒車에 依해 逆轉 倒潰되고 말았으니 公이 일찍 宦路를 떠나고 앞서 세상을 하직한 것이 또한 어찌 偶然이라고만 하리오. 그러나 公은 鄕里를 導率하고 山澤에 優遊하면서 愷悌君子의 典型을 百世에 남겼으니 오늘의 觀點에서 우리는 公을 더욱 尊敬해 마지않는다. 一九九五年 가을에 公의 後孫들이 崇慕碑를 세워 公의 事蹟을 다시 弘揚하려 하면서 □□ □□ 兩氏가 佑成에게 碑文을 請해왔기에 公의 遺集과 行狀을 참고하여 삼가 위와 같이 敍述하였다.

一九九五年 仲夏

三峰書堂 重修紀念碑

寒洲 李震相 先生이 세상을 떠나신 지 十一年 뒤인 舊韓 光武元年 丁酉 西紀 一八九七年에 哲嗣 韓溪 李承熙 先生이 門人知舊들의 同聲相應 속에 이곳에 三峰書堂을 創建하여 寒洲의 學績을 널리 빛내고 그 學統을 길이 傳하게 하였다.

寒洲의 理學은 祖雲憲陶라고 한 바와 같이 朱子와 退溪를 紹述하여 嶺南 儒學의 正統을 繼承發明한 것이다. 원래 李朝의 儒學史는 退溪學統에 屬한 嶺南學派의 主理論과 栗谷學統에 屬한 畿湖學派의 主氣論의 理氣論爭으 로 展開되어왔는데 王朝末期, 즉 十九世紀 後半에 이르러 學派를 超越하 여 서로 約束이나 한 듯 主理論을 들고 나왔다. 寒洲와 거의 同時代에 畿湖 의 代表的 學者인 京畿의 華西 李恒老와 湖南의 蘆沙 奇正鎭이 그러하였 다. 그것은 西勢東漸에 따라 우리 傳統에 對한 危機意識과 西洋文明과의 對決에 待備할 自體理論의 省察過程에서 性理學의 正統性과 그 根本原理 에 對한 再確認 및 그것의 固守라는 立場에 서게 될 때 主氣論보다 主理論 에 쏠리는 것이 當然한 것으로 보인다. 여기에서 寒洲先生은 한걸음 나아 가 嶺南의 悠久한 學問的 背景 아래 獨自的 思考로써 斬新한 論理를 開發 하여 종래의 心合理氣에서 心卽理를 提唱하였다. 保守層의 批判的 論難이

많았지만 훌륭한 後繼者들에 의하여 壁壘가 確立됨으로써 우리나라 學術
思想史에 뚜렷한 한 位置를 占有하게 되었다.

　이번에 三峰書堂 創建 百數十年 만에 儒林의 要望과 官의 支援으로 重修
作業에 着手하여 이제 다시 面貌가 一新되었다. 寒洲의 曾孫 李葵錫 敎授
가 門父老의 뜻으로 멀리 李佑成을 찾아와 紀念碑文을 請囑하기에 佑成은
敢히 辭讓치 못하고 위와 같이 敍述하여 塞責하기로 한다.

二〇〇七年 八月

韓山李氏 三代抗日鬪爭事蹟碑

이곳 禮山은 畿湖 一帶의 名鄕으로 예부터 人傑이 배출되어 우리나라 역사상에 光彩를 더하였다. 특히 舊韓末葉에 시대를 약간 선후한 兩堂이 있었으니 阮堂 金正喜 선생과 修堂 李南珪 선생이다. 阮堂은 翁方綱·阮元의 淸朝經學 내지 金石學을 받아들여 實事求是學을 이룩하는 한편 우리나라 書法藝術의 新機軸을 열었고, 修堂은 李星湖·安順庵의 近畿學風 즉 經世致用學을 이어받고 겸하여 우리나라 古文文章의 최고수준을 달성하였다. 이와같이 書藝와 文章의 雙璧을 이룬 兩堂은 예산의 자랑일 뿐 아니라 우리나라 文化史에 빛나는 기록이 된다. 흔히 近世의 문장을 논할 때에 滄江 金澤榮, 梅泉 黃玹, 寧齋 李建昌과 함께 修堂을 열거하여 四大家로 칭하거니와 그중에서 修堂은 國步艱難한 비탈길에서 深衷至性으로 가차없는 현실파악과 조리있는 사실서술에 卓越한 文章力을 발휘함으로써 疏箚를 위시한 그의 散文문학은 역사적으로 不滅의 價値를 지니는 것이다. 그러나 선생의 存在를 영원히 살아있게 한 것은 그의 忠節이다. 忠節이라고 하여 유교사회의 일반적 충절이 아니다. 극진한 愛國純誠으로 일관된 생애와 장렬한 殉國의 最後가 그것이다. 선생은 일찍이 安東觀察使 咸鏡道按廉使 宮內府特進官을 거치면서 한 官人으로 政事에 최선을 다하여 나라를

붙들려고 했지만 그것이 안되자 향리에 돌아와 義兵운동과 聲氣를 통하여
外勢를 배격하려 하였다. 洪州義兵將 閔宗植을 집에 숨겨 보호한 것을 계
기로 왜적과 그 走狗들이 온갖 위협과 회유로 先生을 包攝하려 하다가 그
것이 到底히 안될 줄 알고는 百餘 倭兵으로 집을 包圍하고 先生을 拉致하
여 죽음과 屈從의 兩者擇一을 强要하였다. 先生은 선비는 죽일 수 있으되
욕되게 할 수는 없다고 하면서 大罵한 끝에 드디어 遇害하였다. 이때 先生
을 모시고 가던 장남과 두 하인이 同時刻에 모두 적의 凶刀 아래 並死하였
다. 이것이 一九〇七年 九月 二十六日, 牙山 松岳面 坪村냇가에서였다. 修
堂先生은 향년이 五十三歲이고, 그 장남은 三十四歲였다.

　先生의 장남은 諱가 忠求이고 號는 唯齋이다. 그는 일찍 進士試에 합격
했으나 남달리 父兄을 받들면서 子弟의 職分을 다하기 위해 官途의 진출
에 급급할 수 없었다. 修堂先生이 公州감옥에 구금되었을 때 倭의 관헌이
장남인 唯齋에게 모진 고문을 가하면서 閔宗植의 所在를 알리라고 했지만
唯齋는 끝까지 입을 다물었다. 修堂先生에 대한 적의 監視가 날로 危險의
도가 더해가자 唯齋는 小心翼翼 誠孝를 다하면서 곁을 떠나지 않더니 필
경 坪村냇가에서의 慘禍를 당하였다. 적의 칼날이 부친의 身上에 범하려
하자 唯齋는 부친을 몸으로 덮었고 다시 그 위를 하인이 덮었으나 결국 차
례로 적의 殘忍한 손에 犧牲되었다. 아아, 아버지는 나라를 위해 죽었고
아들은 아버지를 위해 죽었으며 하인은 상전을 위해 죽었다. 목숨을 草芥
같이 버린 그 죽음이여, 忠과 孝와 義의 權化인 그 죽음들이여.

　이러한 家門에서 子與孫은 그 痛恨이 어떠했을까. 唯齋의 장남이요 修
堂의 장손인 諱 昇馥은 號가 平洲이다. 겨우 十三歲에 罔極의 禍를 입은 그
는 일찍부터 국가와 父祖의 원수를 갚으려는 강한 의지를 품었다. 徽文義
塾 大東法律專門 등 학교교육을 받은 다음 약관의 나이에 露西亞로 나가
溥齋 李相卨, 石吾 李東寧의 밑에서 광복을 籌謀하다가 上海로 가서 臨時
政府에 참여하고 聯通制 비밀조직에 가담하였다. 二十九歲에 귀국한 뒤에

言論界에 투신하여 東亞日報 調査部長을 거처 朝鮮日報 理事 겸 營業局長으로 安在鴻 韓基岳 두 분과 經營에 參與하였다. 한편 民族單一戰線인 新幹會의 발기자의 한 사람으로 綱領과 規約을 만들고 宣傳部 總務幹事로서 實務를 담당하였다. 一九四五年 三月에 豫備檢束으로 囹圄의 몸이 되었다가 八一五 解放과 함께 自由를 찾아 다시 建國事業에 분주한 平洲는 朝鮮國民黨 韓國獨立黨 등 정당의 主要職責을 맡기도 했으나 民族分斷과 社會混亂으로 뜻을 이루지 못하자 浩然히 鄕里로 돌아왔다. 六二五 動亂중에 海兵將校인 장남 章遠이 元山에서 戰死하자 그는 더욱 세상에 뜻을 잃고 오직 先事에 留意하여 修堂集을 발간하고 閒谷에 있는 修堂·唯齋의 墓域을 淨化한 뒤에 自身도 그 아래에 묻혔다.

嗚呼라, 이 韓山李氏 祖子孫 三代에 걸친 抗日사적은 참으로 거룩하다. 멀리 牧隱·鵝溪와 같은 名賢碩輔가 이 家門에 긴 源流를 이루었고 지금 이 祖子孫 三代의 거룩한 精神이 그 속에서 나왔지만 이 어찌 한 家門의 빛이 될 뿐이리오. 실로 이곳 禮山에 깊은 뿌리가 되어 民族正氣를 發散시킴으로써 이 고장 이 나라의 發展에 끊임없는 原動力이 될 것이다.

一九九四年 八月

咸安趙氏 族譜創刊紀績碑

高麗後期로부터 歷史上에 登場하기 시작한 우리나라 姓氏集團이 朝鮮王朝에 들어와서 宗法的 理念의 形成과 더불어 族的 紐帶와 秩序가 確固해지면서 世系와 分派를 밝히려는 族譜가 하나 둘씩 나타나게 되었다. 그 중에서 家門이 昌盛하고 子孫이 蕃衍한 姓氏集團이 먼저 族譜를 내게 되었는데 朝鮮王朝 前期에 나온 安東權氏 文化柳氏 등의 族譜가 가장 오래된 것으로 널리 알려져왔다. 그런데 위의 權氏 柳氏 등과 함께 朝鮮王朝 前期에 咸安趙氏의 族譜가 이미 編纂되었던 것은 놀라운 事實이 아닐 수 없다. 즉 監察 趙應卿公이 趙氏의 族譜를 作成했는데 그것이 中宗 二十一年 丙戌, 곧 西紀 一五二六年頃이었다. 監察公은 일찍부터 孝友操行이 著聞하여 朝廷에서 特別히 官職을 除授했는데 內職으로 司憲府監察이 두 차례요 外職으로 丹城 安義 禮安 등 縣監으로 赴任하여 가는 곳마다 惠政을 베풀었다. 公은 어려서 父母를 여윈 痛恨에서 그 孝心의 溯及으로 追遠報本의 精誠이 남다른 바 있어 族譜를 만들어 先代의 源流를 把握하고 子孫의 宗支關係를 明白히하려 하였다. 公은 그의 本宗인 趙氏뿐 아니라 母姓인 晉州河氏와 祖母姓인 晉州柳氏 그리고 外祖母姓인 坡平尹氏의 族譜를 아울러 만들었다. 河·柳·尹 三姓의 族譜가 이로부터 시작되었다고 한다. 公은 참으로 우리나라 譜學史에 特記할 人物이다. 그러나 당시 交通連絡의 不便과 記錄의 未備 등 온갖 制約으로 因하여 이 族譜가 完璧하게 이루어질 수 없었다. 그 뒤 近百年을 지나 澗松 趙任道 先生에 이르러 趙氏의 族譜는 一大 結節點을 이룩하였다. 澗松先生은 少時에 진작 스스로 옛 聖賢을 배우기로 기약하여 修養과 硏鑽에 精進하는 한편 鄭寒岡 張旅軒 兩先生과의 從遊를 通하여 學問과 德行이 嶺南 一帶에 높이 推仰되었다. 朝廷의 徵召가 끊이지 않아 仁祖朝에 再次 大君師傅로 그리고 孝宗朝에 工曹佐郎으로 除授되었으나 모두 應하지 않았다. 顯宗朝에 王이 직접 宣諭를 보내고 米菽을 優給하여 尊敬의 뜻을 보이자 先生은 疏를 올려 治道를 論하였고 王은 嘉納의 批를 내리기까지 했으나 先生은 끝까지 山林에 앉아 鄕黨의 敎化와 敦宗睦族의 倫理實踐에 힘을 다하였다. 先生은 원래 族譜의 重要性을 切感하여 겨우 三十二歲 때에 監察公의 舊譜를 바탕으로 漏落된 부분은 補完하고 繁蔓한 것은 刪整하여 새로운 體例를 마련하였다. 특히 咸陽의 尙書公 子孫들과 忠淸 全羅 및 濟州의 同宗들을 廣汎히 探聞하고 可能한 限 新增으로 添入할 것을 계획하였다. 先生은 族譜序를 지어 그 趣旨를 설명하고 뒷사람들에게 그 精神을 體得해줄 것을 간곡히 바랐다. 그러나 당시 與件下의 諸般 어려운 事情은 한 사람의 在野學者로서의 先生의 個人的 處地에서 浩瀚한 族譜의 完成을 不可能하게 하였다. 그러다가 坡西 趙逢源公에 이르러 趙氏의 族譜가 一次的으로 完成을 보아 最初의 刊本이 나오게 되었다. 坡西公은 近畿地方에서 生長하여 일찍 科擧에 뜻을 버리고 硏學에 專念했는데 天資가 敦重하고 器局이 竣整하여 사람들이 非義로 接할 수 없었다. 孝宗朝에 童蒙敎官이 되고 顯宗朝에 中央各司職을 거쳐 高靈縣監 臨陂縣令 高陽郡守 등 外職을 역임한 뒤에 侍從臣父年七十으로 通政에 僉知가 되었으며 다시 嘉善으로 同知의 직함을 받았다. 公은 澗松先生의 二十餘年 年下로서 일찍이 澗松의 族譜 序文을 읽고 族譜에 깊은 관심을 가지고 있었는데 高靈縣監에 부임하자 咸安과는 近邑으로 여러 宗親

들을 자주 만나게 되고 또 澗松의 寓所와 가까운 곳이라 적이 기뻐하여 그 機會에 族譜를 完成하기로 마음먹었다. 때마침 尙書公派의 世乘을 入手하여 그것을 契機로 咸安과 京鄕各地에 書信을 띄워 더욱 資料를 蒐集하여 反復 檢討한 끝에 舊譜에 添載하였다. 數個月이 걸려 끝을 맺고서 澗松先生에게 아들 根을 보내어 자세히 商確하고 上梓하려 하였는데 出發도 하기 前에 澗松의 訃音이 來到한 것이다. 公은 嗚呼痛哉를 부르면서 자기 사정에 依하여 몇가지 아쉬움을 남겨둔 채 出版을 서둘렀다. 이것이 顯宗 五年 西紀 一六六四年의 甲辰譜이다. 刊役이 끝난 뒤에 그 木板을 漁溪先祖의 祠堂 아래 옮겨두고 咸安宗親들의 善護를 부탁하였다. 그리고 族譜 내용의 未洽한 점은 後日의 繼修를 기대하였다. 이리하여 英祖 十四年(一七三八年)의 戊午譜와 正祖 四年(一七八〇年)의 庚子譜 및 純祖 二十五年(一八二五年)의 乙酉譜가 나왔고 그리고 一九七九年 己未重刊大同譜가 나와서 集大成한 느낌을 주게 되었다. 今年 二〇〇一年 一月에 趙鏞詔 趙英濟 兩氏가 서울로 佑成을 찾아와서 趙氏族譜의 由來를 말하고 監察公 澗松公 坡西公 세 분 조상님의 業績을 기리기 爲해 紀績碑를 세워 萬人에게 알리려 한다면서 佑成에게 碑文을 請해왔다. 佑成은 趙氏와의 累代 姻戚宿緣을 생각하여 이 글을 草하고 다시 짧은 銘辭를 달아둔다.

赫赫한 金羅名閥 온 나라가 일컬으니
거룩하신 先祖先靈 積德의 遺蔭이라
그 뿌리 그 가지 譜牒 속에 瞭然하니
세 분 큰 어른의 빛나는 功績일세
오홉다 새 千年 百萬 후손들
힘쓰고 뜻 펼쳐 앞날 더욱 개척해가세

二〇〇一年 三月 驚蟄날

冶軒 金奎玉 遺蹟碑

　　昌寧 冶洞은 瑞興金氏의 마을로서 우리 南州의 이름난 고장이다. 道學
으로 百世師表이신 寒暄堂 先生의 後孫들로서 그 遺芬과 餘蔭에 依해 仕宦
과 文翰이 끊이지 않고 내려왔다. 近故處士 冶軒 金公은 寒暄先生의 十三
代孫으로 일찍부터 家庭의 敎訓을 바탕으로 하여 問學과 操行이 남다른
바 있었고, 나아가 門中과 鄕黨의 한 長德으로 尊敬을 받아왔다. 退溪先生
의 『聖學十圖』를 손수 베껴 修養에 힘쓰는 한편 당시의 碩學名士인 盧小
訥·李省軒·曺惺齋 諸公과 交遊往復하여 더욱 聞見을 넓혔다. 특히 同鄕
인 曺深齋兢燮과는 일찍부터 가까이 지내면서 그의 文章을 칭찬하고 攝取
하기도 하였다. 鄕約을 創設하여 고을사람들에게 同善共濟의 氣風을 振作
하기에 努力하였고 先齋를 重修하매 그 銘과 樑頌을 지어 宗族의 進路를
밝혀주었다. 차차 物望이 높아지매 儒林의 大小事의 決定에 公의 意見이
크게 영향을 미쳤다. 마을 앞에 數百年 古銀杏樹가 鬱鬱蒼蒼하여 先賢의
風韻을 象徵하고 그 곁에 杏東齋라는 由緖깊은 齋舍가 있어 遠近 선비들
의 講學의 장소가 되어왔는데, 公은 항상 그곳에 往來居息하면서 賓友들
을 接하고 子弟들의 공부를 勸獎하였다. 公의 歿後 三十七年 만에 公의 詩
文과 附錄文字를 수집하여 上梓·頒布하였고, 다시 四十年이 지난 오늘에

와서 公의 事蹟을 略述한 紀念碑를 세우게 되었다. 令孫 熙瑞이 世誼를 생각하여 나에게 碑文을 請해왔기에 나는 사양할 處地가 아니어서 위와 같이 적은 다음 그 家錄에 근거하여 世系를 간략히 기술한다.

公의 諱는 奎玉이고 字는 舜可이며 冶軒은 그의 號이다. 祖 諱 致坤은 文科 正言이고 考 諱 錫魯는 通德郎이며 妣는 先州盧氏이다. 本生考 諱 錫斗와 妣 碧珍李氏 사이에서 公은 一八六六年 丙寅에 出生하여 一九二二年 壬戌에 別世하니 享年이 겨우 五十七歲였다. 配 密城朴氏와의 사이에 三男一女를 두었는데, 男은 永東·瑢東·聖東이고 女는 碧珍 李允斗이다. 끝으로 짧은 銘辭를 달아둔다.

    이 碑는 公의 墓域이 아니고
    公의 精靈이 항상 오고가실 杏東齋 한쪽 곁에 세워진다
    저 銀杏樹의 푸르름이 變치 않는 限
    公의 聲光 또한 길이길이 남으리라

二○○二年 寒食節

海宇 權聖基 墓碑

　　여기 이 酉谷의 中村 아늑한 언덕에 前 國會議員 海宇 權公 諱 聖基의 萬年幽宅이 자리하고 있다. 酉谷은 嶺南의 名村으로 冲齋先生 權忠定公이 처음 卜居하신 後 哲子賢孫이 代를 이어 나타나 五百年 동안 簪組와 文翰이 끊이지 않았던 由緒깊은 마을이다. 冲齋先生의 十五代孫이며 父親 諱 春燮과 母夫人 仁同張氏의 長男이신 公은 一九〇八年 八月 이 마을에서 出生하여 一九九三年 十二月 서울에서 逝去했으나 곧 故山으로 返葬하여 지금 이곳에 고이 잠드셨다. 公의 八十 平生은 정말 多彩로운 生涯로 一貫되었다. 幼年時節 이미 英才로 알려진 公은 京城第一高普를 거쳐 다시 이땅의 젊은이들의 羨望의 的이었던 京城帝國大學에 입학하여 法文學部 法學科를 졸업하였다. 經濟的으로 어려운 與件에 있으면서도 항상 堂堂한 姿勢로 苦難을 극복하여 前途를 開拓해나갔다. 解放後 混亂 속에 慶尙南道 內務局에서 地方行政을 담당하여 體系를 세우고 推進力을 발휘하였으며 六·二五戰爭 渦中에 臨時首都가 된 釜山에서 밀려오는 中央官吏 및 親知들에 대한 接濟를 민활하게 遂行하였다. 公의 淸廉한 人品과 有能한 行政家의 力量을 세상이 익히 알게 되매 公을 地方에 오래 둘 理 없었다. 一九五三年에 總務處次長, 一九五五年에 農林部次官, 그리고 一九五八年

에 海務廳長으로 任命되어 公은 要職을 두루 거치면서 一念奉公으로 나라에 誠衷을 다하였다. 總務處에서는 戰後 行政組織의 整備에 盡力하였고, 農林部에서는 당시 피폐한 農村에 食糧增産과 畜産業振興 山林綠化에 心血을 기울였으며, 海務廳에서는 海運, 造船과 築港은 물론 密輸團束과 平和線維持에 많은 寄與를 하였다. 위의 職責들은 모두 政府機構 內에 큰 比重을 가졌던 部署이니만치 公에 대한 朝野一般의 기대도 컸었다. 한때 잠시 朝鮮紡織會社 監事와 大韓住宅營團 理事長을 맡기도 했으나 公의 主된 業績은 어디까지나 公務員으로서 正直忠勤한 活動으로 國家에 貢獻한 것이었다. 이와같이 行政의 要衝에서 풍부한 經驗을 쌓은 公은 晩年에 다시 立法府로 進出하였다. 一九七一年과 七三年 두 차례에 걸쳐 故鄕 奉化에서 國會議員으로 當選되어 새로운 政策의 樹立에 積極 參與하였다. 이것이 公의 生涯의 大概이다. 不正과 非理가 汎濫한 이땅의 風土 속에 公은 그야말로 淸白과 誠實 그것으로 부끄럼없는 一生을 사셨다. 夫人 眞城李氏와의 사이에 一男四女를 두었으니 男은 甲銖이고, 女는 明奎·南奎·貞姬·英姬이다. 甲銖는 李璧鉉과 결혼하여 一男二女를 두었고, 明奎는 權光明에게, 南奎는 申鉉萬에게, 貞姬는 李熙渤에게 그리고 英姬는 郭大雄에게 出嫁했는데, 外孫이 男女 모두 九名이다. 公은 밖으로 온 社會의 尊敬을 받았고 안으로 多福한 家庭에서 和樂한 琴瑟로 白首偕老하시다가 先後해서 저세상으로 平安히 떠나시니 實로 遺憾이 없다고 하겠다. 어느덧 해가 두번 바뀌어 甲銖君이 墓碑를 세우기 爲해 나에게 글을 請하기에 公이 손수 써두신 回顧錄을 참고하면서 위와 같이 敍述하였다. 나는 公에게 十餘年 年下이지만 남다른 査誼와 情다운 會晤들을 追憶하매 山河邈若의 感懷를 禁할 수 없다. 눈물을 거두며 삼가 이 글을 草한다.

一九九五年 立夏節에

又石 許蓀 墓碑

내가 平素에 尊敬하던 又石 許公이 세상을 떠나신 지 어느덧 三周年이
되었다. 요즘 物質至上의 風潮 속에 社會는 날로 混濁해지고 젊은 세대들
의 輕躁浮薄한 氣習이 갈수록 더해지는데 又石公과 같은 先輩長者의 重厚
한 稟性과 敎養 높은 古儀를 다시 뵐 수가 없으니 지금 이 狂瀾을 鎭定시킬
老成人들을 어디서 求할 것인가. 識者層의 憂歎이 그지없는 실정이다. 마
침 又石公의 家族과 族人들이 公의 墓前에 牲石을 세운다고 하면서 나에
게 碣銘을 請해왔다. 나는 새삼 公을 추억하면서 公의 行蹟에 대한 몇줄의
기록을 남기려 한다.

公의 諱는 蓀이고 本貫은 陽川이니 眉叟先生 文正公 諱 穆의 十一代 胄
孫이다. 眉叟先生이 八十高齡의 隱退宰相으로 漣川에 내려와서 壽考恩居
堂에 사시다가 天年을 마치셨는데, 그 뒤 子孫들이 이 恩居堂을 지키면서
代代로 漣川에 살아왔다. 高祖 諱 雋은 號 一疎齋로서 文科 大司諫이고, 曾
祖 諱 翼은 通德郎으로 早卒하였고, 祖 諱 憲은 號 心石으로 蔭參奉에 不就
하였으며, 父 諱 近은 號 誠齋로서 學行으로 알려졌으나 역시 早卒하였다.
公은 歲壬子 西紀 一九一二年 五月 九日에 恩居堂에서 呱呱의 소리를 내었
다. 屢代 早卒과 孤子한 나머지 公의 出生은 큰 慶事로서 모든 사람의 祝福

속에 자라나게 되었거니와 公의 資質 또한 聰明非凡하여 많은 期待를 한 몸에 지녔다. 少年時節 培材高等學校에 入學하여 新學問으로 立身하려 했으나 光州學生運動에 關連된 理由로 學業을 中斷하고 鄕里에서 獨學으로 學識을 쌓으면서 古家世業의 維持에 힘썼다. 八一五解放 後에 새로운 國家建設을 爲해 여러 政客名流들과 黨을 組織하여 活動하면서 獨裁政權에 對해 투쟁하였다. 第五代 總選에서 漣川의 國會議員으로 당선되어 國防委員으로 收復地區對策委員長을 맡아 戰後復興에 寄與하였다. 實은 六二五戰爭 때 漣川 一帶에 被害가 큰데다가 公의 鄕里는 더욱 灰燼으로 化하여 막상 自己自身의 第宅은 復舊조차 못한 채 公的 事業에 盡力한 것이다. 그러나 五一六 軍事政府가 들어서자 政治에 嫌惡를 느껴 드디어 政界로부터 완전히 손을 떼었다. 以後 주로 宗事에 관여하여 陽川許氏大宗會 初代會長으로서 戰後 離散된 宗族을 收合하고 世譜의 發刊을 主管하기도 하였다. 한편 任昌淳·洪贊裕 등 同人들과 漢詩를 唱酬하고 山水遊覽을 즐기면서 老境을 消遣하였다. 乙卯 三月 十三日에 屬纊하니 享年이 □□歲였다. 逝去한 夫人 全州李氏와 合窆되어 있다. 夫人은 天性이 溫慈하고 婦德과 壺範이 빼어났다고 한다. 三男三女를 두셨는데 男은 燦과 炎과 炯이고 女는 溫陽 方在益·蔚山 金炯武·南陽 洪性熹이다. 孫은 元茂·光茂·正茂·壯茂·松茂이고 孫女는 裕卿·卿蘭·淑卿이다. 위와 같이 敍述하고 끝으로 짧은 銘辭를 달아둔다.

나라 위해 품은 뜻 접어둔 채
悠悠自適 餘生을 보내셨네
거룩한 魂靈 仙鶴을 타고
十靑園 옛동산에 길이길이 드나들리라

二〇〇二年 驚蟄節

永川李氏始祖 高鬱君壇享碑銘

　　永川은 新羅의 臨皐郡으로 高麗初에 高鬱府가 되었으며 朝鮮에 들어와 永川으로 改稱되면서 嶺南六十六州 가운데 이름난 고을로서 널리 알려졌다. 境內에 名山大川의 精氣가 凝萃하고 歷史와 文化의 由緖가 길고도 깊은 곳이기 때문이다. 원래 人傑은 地靈이라 훌륭한 人物을 輩出시킨 이 고장 土着姓氏가 넷이 있으니 皇甫·李·尹·申이다. 처음에 皇甫氏가 土境을 開拓하고 聲勢를 자랑하였으나 그 뒤 李氏가 登場하여 이 고장의 孕育과 培養 속에 振振한 人材가 태어나 宗支의 蕃盛으로 全國의 有數한 閥族이 되었다. 始祖의 諱는 文漢이니 高麗朝의 平章事로서 高鬱君에 封해졌다. 年代가 멀고 文獻이 殘缺하여 그 事績을 자세히 알 수 없으나 平章事는 高麗 成宗 때에 內史侍郎平章事와 門下侍郎平章事를 두어 秩이 正二品으로 되어 있으니 實로 高位官人層에 속한다. 아마 國家에 一定한 勳勞가 있어 주어진 職位일 것이다. 高鬱君의 封號가 그것을 뒷받침하고 있다. 二世는 禦侮校尉 諱 延才이고 三世는 金吾衛大將軍 諱 倍이며 四世는 諱 有尙, 五世는 諱 朝箴이니 兩代가 金吾衛將軍으로 追贈되었다. 六世 諱 榮 또한 追贈金吾衛將軍으로 墓所가 永川邑北 淸通面 桂枝洞 望芝山 戊坐原에 있는 바 지금 八百餘年이 되었다. 유감스럽게도 始祖公을 위시하여 五世까지

墳墓가 失傳되었는데 六世 諱 榮에 이르러 비로소 塋域이 알려진 것이다. 이 어른이 六子를 두어 모두 顯達하였는바 이로부터 李氏는 여러 派로 나누어졌다. 長子는 諱 光純으로 署丞公派의 派祖이며 李氏의 宗派이다. 次子는 諱 光淸이고 三子는 別將同正 諱 封으로 無後이다. 四子는 諱 克仁으로 慶山 別抄軍亂의 平定과 契丹賊 擊退에 大功을 세웠으나 權臣 崔瑀를 除去하려고 起義하다가 事覺被害되었는바 그後 光祿大夫 上將軍門下平章事로서 益陽君에 追封되었다. 곧 益陽君派의 派祖이다. 五子는 諱 守椿으로 益陽君과 함께 慶州別抄軍의 亂을 平定하고 上將軍平章事가 되었는바 上將軍公派의 派祖이다. 그 支派는 部長公派, 進士公派, 訓導公派, 宦武郞公派, 禦侮將軍派, 司直公派, 孝友公派이다. 六子는 諱 世和로서 戶部尙書가 되었으며 尙書公派의 派祖이다. 지금 그 後孫의 現況은 알 수 없다. 益陽君의 後孫으로 諱 大榮은 國子監進士佐命功臣神虎衛大將軍永陽君諡文貞으로 永陽君派의 派祖인바, 그 支派는 少監公派 判書公派 南谷公派 少尹公派 郞將公派 監司公派 生員公派가 있는데, 郞將公派는 無後이다. 永陽君의 弟 諱 仲榮은 元에서 奉承郞兼勸農防禦使를 하고 歸國後 知蔚州事 封鬱山君으로 鬱山君派의 派祖이며, 그 支派로는 監務公派 參議公派 縣監公派 松峴公派가 있다. 領同正 諱 □는 領同正公派의 派祖이며, 그 支派는 生員公派 監司公派 參議公派 通德郞公派 察訪公派 通政公派 訓導公派 參奉公派이다. 記錄에는 뚜렷하나 失傳된 派는 平章事 諱 □의 後인 開城尹公派, 判圖判書 諱 允鄕의 後인 判書公派, 校尉 諱 永朝의 後인 校尉公派, 軍部總郞 諱 孫茂의 後인 總郞公派가 있다. 아아! 始祖公의 深仁厚澤을 뿌리로 하여 後孫들의 繁昌이 時代에 따라 더욱 顯著하였다. 高麗末에 忠貞公 諱 釋之를 爲始하여 朝鮮에 들어와 成靖公 諱 承孫, 貞景公 諱 膺威, 襄公 諱 順蒙, 孝友堂 諱 宗儉·宗謙 兄弟와 忠莊公 諱 甫欽, 節孝公 諱 賢輔, 艮齋公 諱 德弘 그리고 忠簡公 諱 民宬, 敬亭公 諱 民宬, 僖靖公 諱 義發이 趾美承芳하여 或은 節義 或은 學問文章 或은 宦業으로 百代에 聲華를 떨쳤다. 外

裔로 圃隱 鄭夢周, 退溪 李滉 先生과 같은 분이 계시는 것도 자랑스러운 일
이다. 지금 李氏의 總數는 以北과 海外居住者를 包含하여 대략 十五萬으
로 推算되는바, 署丞公派는 靑松·鬱陵·英陽·慶州에, 上將軍公派는 永
川·長鬐·淸河·慶州에, 永陽君派의 支下 少監公派는 永川·靑松에, 判書
公派는 咸興·新興에, 南谷公派는 永川·安城·驪州·利川·大峙·廣陽·河
東·統營·固城·中和·黃州에, 少尹公派는 安東·榮州·奉化·東萊에, 監司
公派는 慶州·東萊에, 生員公派는 河陽·慶山에, 鬱山君派는 永川·浦項·
盈德에, 領同正公派는 軍威·義城·漆谷·金泉·慶山·永川 等地에 世居하
고 있다. 이번에 後孫들이 合心協力하여 始祖公의 壇享碑를 建立할 大役事
에 着手했는바 특히 宗員 泰英이 巨金으로 役事를 成就시키게 하여 그 정
성이 놀랍다. 며칠 전에 宗員 載泰, 載杓, 焌三 氏가 遺事를 받들고 나를 찾
아와 碑銘을 請하기에 나는 固辭치 못하고 遺事를 추려 적은 뒤에 銘을 지
었다. 銘은 아래와 같다.

    아름다운 山川土壤

    그 이름 永川인데

    四姓의 土着氏族

    많은 人材 輩出했네

    거룩한 李氏 始祖

    그중에 掘起하여

    平章事 높은 벼슬

    훌륭히 구실하고

    빛나는 그 封號

    高鬱君이 되셨도다

    盆陽 永陽 뒤를 이어

    家門이 昌大하니

두터운 그 터전이

이에 더 넓혀졌네

뿌리깊은 나무

꽃 좋고 여름 하여

深仁厚澤으로

雲仍에 福내리니

萬子孫 繼繼承承

나라 안에 널리 번져

千年의 風霜歲月

허구한 歷史 속에

忠勳義烈 文章道德

史乘에 빛을 내어

그 業績 그 聲華

一國의 閥族이라

後孫들의 報本追孝

정성도 놀라울사

巍巍한 尊德祠에

三賢을 모셨지만

始祖의 드높은 德

어찌 이로 그칠 건가

遠近의 宗員들이

한결같이 뜻 모으고

衛先 위해 많은 捐貲

特志家도 있게 되어

祭壇을 따로 모아

崇碑를 세워두고

해마다 정성들여
香火를 받드리니
在天하신 祖靈께서
굽어 살피시어
神馬 尻輪으로
여기 陟降하시면서
즐거운 歆享으로
千秋萬世 누리소서

二〇〇三年 七月

澤民 朴雨達 墓碑

　나의 가장 가까운 친구 澤民 朴雨達 基和兄이 세상을 떠나신 뒤 어느덧
十年의 歲月이 흘렀다. 그의 溫厚한 資稟과 崇深한 思慮와 明敏한 判斷力
과 진실한 情念이 아직 여러 親知들의 腦裏에 새겨져 있고 그의 生活環境
인 都市港灣이나 山海自然이 아무런 큰 變化도 없는 터에 그는 이미 아득
히 멀어진 千古적 사람에 屬하게 되었다. 今年에 長男 炫秉君이 그의 아우
들과 의논하여 歿後 十年을 紀念하는 뜻에서 墓前에 牲石을 세우려고 하
면서 멀리 高陽땅으로 나를 찾아와 碑文을 請하였다. 나는 八十病翁으로
文字의 役을 拒絶한 지 오래이지만 澤民에 關한 일에 辭讓할 수 없었다. 澤
民은 密城朴氏 由緒깊은 家門의 出身이다. 顯祖로서 高麗 糾正公 諱 鉉이
一世이고 典法判書 諱 思敬이 三世이며 朝鮮朝 副題學 諱 剛生이 五世이
고 左參贊 松月堂 諱 好元이 十一世이다. 高祖는 敦寧府都正二安亭 諱 公
鎭이고 曾祖는 諱 泰浩이고 祖考는 諱 憲科이며 考諱는 致鍾이고 妣는 全
州李氏 潤植의 따님이다. 一九二五年 乙丑 陰曆 八月 十日에 山淸邑 智谷
에서 出生하여 一九九五年 乙亥 陰曆 八月 二十九日에 釜山 南川洞 自宅에
서 別世하니 享年이 七十이었다. 그는 晉州에서 農業學校를 卒業한 後 社
會生活을 体驗하면서 곧 實業界에 投身하여 많은 經驗을 쌓은 끝에

一九七三年 東邦石油株式會社를 創立하여 그 뒤 줄곧 石油事業의 經營과 擴張에 成功的인 生涯를 바쳤다. 그러나 澤民은 결코 資産蓄積에 만족하지 않고 社會文化面에 寄與하기에 努力하였다. 특히 儒家子弟의 基本立場을 지켜서 成均館副館長 儒道會總本部副委員長 退溪學研究院理事 南冥學研究院後援會副會長을 歷任하고 陶山, 德川, 灆溪, 玉山 等 諸 書院의 享祀에 獻官으로 정성을 다하였다. 平素에 身恙이 있어 항상 몸을 謹愼하더니 필경 七十으로 生을 마감하였다. 더 많은 일을 더 하지 못한 것이 참으로 유감이다. 많은 사람의 哀悼 속에 釜山退溪學會葬으로 襄禮를 치렀는데 墓는 先代로부터 世居地인 丹城面 南沙里의 壬坐原이었다. 配는 陜川李氏 晚奎의 따님으로 四男一女를 두었는데 長男 炫秉, 次男 秀秉, 三男 春秉, 四男 奎秉이고 一女는 鄭良敎이다. 炫秉男 志敏·志浩, 秀秉女 志英, 春秉男 志城 女 沼姸, 奎秉女 沼柾·沼暎이고 鄭男 義瀚 女 善化이다. 끝으로 짧은 銘辭를 달아둔다.

한평생 남에게 惠澤을 주려던 澤民의 높은 뜻 이제 九原으로 거두어가서 子孫들에게 無窮한 福祿을 내려 門戶를 昌盛케 하시라.

二○○四年 仲秋節

蒼谷 金世漢 墓碑

　　安東 君子里는 光山金氏 烏川一門의 遺蹟地로서 層甍巨棟이 櫛比한 가운데 崇遠閣이 있어, 歷代典籍遺品을 靜肅히 保存하고 있는바 崇遠考라는 책자에 家世淵源을 備述한 사람은 故蒼谷 金世漢 敎授이다. 蒼谷은 後彫堂 宗宅의 支次出身으로 松石 諱 魯憲의 曾孫이고 東洲 諱 基東의 孫子이며 檀汕 諱 鍾九의 第三子이다. 그는 溫雅한 資性과 淸秀한 儀表와 端正한 品行과 透明한 見識과 洗鍊된 敎養으로 一見에 名門古家의 子弟임을 알게 해 준다. 요즘과 같은 長壽時代에 겨우 六十八歲로서 세상을 떠나 지금 君子里 入口 왼편 언덕 甲坐에 고이 잠들어 있다. 그는 철저한 安東人이다. 安東의 傳統的 雰圍氣 속에 生長하여 安東鄕里에서 中等敎育을 받았고 한때 大邱와 서울에서 大學을 다녔으나 곧 安東으로 돌아와 여러 中高校에서 교편을 잡았고 安東大學의 敎授로 발탁되어 거기에서 정년퇴직을 맞게 되었다. 그의 學術的 活動도 주로 안동에서 이루어졌다. 安東 각 문중의 방대한 문헌들을 조사 발굴 정리하고 해설을 붙여 韓國典籍綜合調査目錄 중의 第五號 上下二冊으로 發刊케 하였고 安東大學에서 退溪學硏究所를 설립하매 직접 所長을 맡아 그 基金을 助成하고 연구기반을 마련하는 데에 心血을 기울여 오늘 한 연구소로서의 機能을 할 수 있게 하였다. 一九二六

年 一月 二十四日에 나서 一九九三年 五月 九日에 歿한 그는 그리 길지 않
은 一生에 여러가지 芳躅을 남겨 세상사람들에게 길이 기억될 것이다. 그
의 정년퇴직 때에 전국의 漢文學 내지 儒學敎授들이 논문을 써서 그를 頌
祝한 것만 보아도 알 수 있다. 夫人 迎日鄭氏 次健과의 사이에 아들 東植,
敏植, 銀植 三兄弟와 딸 馨姬, 馨淑 姊妹를 두었다. 모두 잘 성취하여 生子
生女에 福되게 살고 있다. 年前에 夫人과 長男 東植君이 서울로 나를 찾아
와 碑文을 부탁하였다. 겹겹의 姻戚관계가 있고 또 내가 누구보다 故人을
잘 알고 있기 때문이다. 나는 급할 것이 없다고 여겨 미루고 미루어 오늘
에 이르렀다. 문득 생각하매 八十 나이에 자칫 약속을 저버리고 말게 될
것이 두려워서 이에 옛 기억을 더듬어 위와 같이 敍述하고 끝으로 銘辭 대
신 한두 줄을 달아둔다.

　지난 어느 해에 나는 蒼谷과 함께 中國을 유람하면서 曲阜의 孔子墓를
찾아 洙水橋 入口에 이르렀을 때 蒼谷은 나지막한 소리로 우리 고향에 온
것 같다라고 하였다. 나는 蒼谷이 平素 얼마나 儒敎的 理念에 젖어 있었기
에 이런 말을 하는 것인가라고 여기며 혼자 感動을 받았다. 嗚呼라! 이제
蒼谷의 魂靈은 孔林을 고향으로 여겼던 생각과 함께 이 君子里 入口에서
千百年의 고향으로 君子里를 지키고 있으리라.

二○○五年 十月 二十日

蒼谷 金世漢 墓碑　435

제8부 雜文

白影 鄭炳昱敎授에 대한 回憶

白影 鄭炳昱敎授에 대한 回憶

내가 백영(白影)과 알게 된 것은 6·25전쟁 전 부산에서이다. 그러니까 벌써 40여년 전의 일이다. 그때 백영은 부산대학 국문과 교수로 재직중이고 나는 부산중학교(6년제)에서 국어교사로 있으면서 역사·한문 과목을 담당하기도 하였다. 당시 부산에서 몇몇 안되는 학구지망자(學究志望者)들이 국어국문학을 중심으로 모임을 가져, 돌려가면서 연구발표를 하기로 했는데 맨 첫번째로 나의 동료인 이가원(李家源)씨가 「정과정곡(鄭瓜亭曲)」에 관한 것을, 두번째로 부산대학 허웅(許雄) 교수가 존대법(尊待法)에 관한 초기 연구의 일단(一段)을 발표한 바 있었다. 지금 기억에 이 모임에서 백영의 발표를 들은 적은 없는 것 같고 나도 준비된 자료가 없어 발표한 적이 없었지만, 이 모임을 기연(機緣)으로 하여 서로 사귈 수 있게 되었다. 내가 백영에게서 받은 첫인상은 장신(長身)의 학(鶴)과 같은 것이었다. 가끔 검정두루마기를 입고 자리에 앉아 있으면서 별로 말이 없었지만 그 얼굴에는 항상 정겨움이 흘렀다.

그러다가 6·25전쟁중에 임시수도가 된 부산에 전국 유명인사들이 몰려들어 법석대는 통에 우리의 모임은 흐지부지되고 제각기 새로운 기회를 포착하여 활동을 꾀하게 되다보니 나와 백영과의 접촉도 그리 쉽지 않았다. 정전(停戰) 후 환도(還都)에 즈음하여 백영도 여러 사람들과 함께 서울로 올라감으로써 나는 백영과 만날 기회가 더욱 적어졌다. 나는 동아대학으로 자리를 옮긴 뒤에 부산대학 장덕순씨와 함께 국어국문학회 부산지회를 만들어서 격월로 만나게 됨에 따라 서울 소문, 특히 백영의 동정(動靜)을 자연 자주 듣게 되었다. 백영은 서울에 올라간 뒤 계속 연구성과를 내놓았다. 특히 「고시가 운율론 서설(古詩歌韻律論序說)」은 우리 국문학 연구사상 신생면(新生面)을 개척한 획기적 업적으로 평가되는 것이었다. 나는 모든 사물(事物)에 대한 사적(史的) 고찰에 치중하고 있었고, 원래 운율론과 같은 것에는 전혀 흥미를 갖지 않았던 터이어서 백영의 이 논문의 내용을 제대로 이해조차 못했던 편이었다. 그런데 『국문학산고(國文學散藁)』의 두툼한 책자가 출판된 뒤에 백영이 일부러 나에게 한 책을 서명(署名) 기증해왔기에 나는 감사한 마음과 함께 그 정의(情誼)를 저버리지 않기 위해 마음먹고 읽고 또 읽어보았다.

　당시 우리 국문학사에서 시조의 발생에 대한 관심이 많이 있었고 또 여러모로 논의도 되었는데, 나는 백영의 글에서 시조의 원류(源流)가 고려가사(高麗歌詞)에 닿아 있으며 특히 「만전춘(滿殿春)」과 밀접한 관계가 있는 것이라고 한 것을 보고 무엇인가 가슴에 와닿는 것이 있었다. 나는 나름대로 고려시대사(高麗時代史)를 공부하고 있는 중이라 비록 고려후기 정치·지배 관계의 변천에 문제 관심이 집중되어 있었지만 그것과의 관련에서 고려 일대(一代)의 문학의 전개방향을 파악해보려 하였다. 즉 우리나라의 관인 지배층은 고려중기에 이르러 계보적으로 일대단층(一大斷層)을 이루게 되었는데, 신라의 혈통을 이어 가진 고려전기의 중앙 문벌귀족의 지배체제가 1170년 무신(武臣) 정중부난(鄭仲夫亂)을 거치면서 역사상으로부터 소멸되고 무신 집권하에 지방 향리층의 자제들로서 과거에 합격한 신진사인(新進士人)들이 진출하여 우여곡절을 겪으면서 차차 사대부계급을 형성하게 된 것이다. 따라서 문학도 사적(史的)으로 볼 때에 향풍체(鄕風體) 가작(歌作)을 중심으로 한 고려전기의 귀족문학이 「정과정곡」을 마지막으로 남긴 채 사라지고, 경기체가(景幾體歌)·어부가(漁父歌)·시조 등 새로운 형태의 문학이 고려후기의 신진사인 내지 사대부 계급의 문학으로 등장한 것이라고 보았다. 나의 이러한 희미한 모색단계에서 백영의 「만전춘」과 시조를 연결시켜놓은 것에 접하여 많은 시사(示唆)를 받았다.

얼마 뒤에 백영이 부산으로 잠시 내려와서 마침 부산대학에 출강중이던 나와 해후(邂逅)하게 되었는데, 나는 백영에게 시조에 대한 새로운 연구의 진전이 있느냐고 물었다. 백영은 시조가 성리학(性理學)과 깊은 관계가 있는 것으로 보인다고 말하였다. 내가 시조와 성리학이 이른바 운율학적(韻律學的)으로 무슨 연계가 있는 것이냐고 물었던바, 백영은 그것은 아직 알 수 없지만 고려말에 성리학이 시작될 무렵 시조가 발생하였고 이조 전(全)기간에 걸쳐 둘 다 성행하다가 이조말에 성리학이 하향기로 접어들자 시조도 한물간 것이라고 하였다. 나에게 이렇게 말하는 백영의 태도는 학적(學的) 열의와 함께 자신감에 차 있었다. 나는 백영이 몹시 부럽게 보이면서 한편으로 회심(會心)의 미소를 짓기도 하였다. 백영이 비록 시조와 성리학 양자간(兩者間)의 내면적 연계──필연적 관계를 말하지는 않고(물론 「시조의 역사적 형태고」에서 유교적인 충효사상이 시조를 지배하고 있다는 이야기는 언급하였다) 다만 시기적으로 병행한 그 사적(史的) 현상만을 말한 것이지만 나에게는 좋은 지원(支援)이 될 수 있음을 느낀 것이다. 다시 말하면 시조와 성리학은 모두 사대부의 문학이요 철학이다. 따라서 고려말 사대부의 흥기(興起)와 더불어 시조와 성리학이 함께 시작되었고, 이조말 사대부의 쇠퇴와 더불어 시조와 성리학 또한 함께 시들어진 것이다. 그러니까 시조와 성리학의 내면적 연계를 문제삼기 전에 시조와 성리학을 향유(享有)하는 사회계층에 먼저 문제 시각을 두어야 하는 것이었다. 어쨌든 나는 시조와 성리학이 병행한다는 백영의 말씀을 들고 나의 희미한 모색이 한층 밝아오는 것 같았다.

나는 계속 고려시대사에 전념하느라고 문학에 다소 소원(疏遠)하게 되어 서울에 올라온 뒤에도 백영과 자주 만나지 못한 편이었다. 그러나 내가 백영에게서 도움을 받은 것은 한가지만이 아니고 직접 간접으로 계몽(啓蒙)된 것이 적지 않았다. 나는 어릴 적부터 딱딱한 가정 전통 속에 자라난 탓으로 학자라면 으레 근엄하고 외곬으로 살아가야 한다고만 생각했는데 백영은 그렇지 않았다. 학회나 무슨 모임이 끝나고 술자리에 앉게 되면 백영은 장단에 맞추어 장구도 치고 하여 풍류한량(風流閑良)의 일면을 보여주기도 하였다. 나는 백영이 국문학 연구에서 음악과 시가 운율과의 관계를 다루는 처지여서 이런 경지를 체험적으로 즐기는 것이라고 해석하는 한편, 차차 나의 고루한 고정관념을 부끄럽게 생각하였다. 말하자면 나의 전근대적 체질을 오늘의 시대분위기에 적응시키면서 인간을 폭넓게 이해하는 좋은 계기를 마련케 해준 것이었다.

백영의 이러한 면모는 그의 학문관(學問觀)에 있어서도 유연성을 가진 것으로 보였다. 도남상(陶南賞)의 심사의 경우가 그 한 예이다. 조윤제(趙潤濟) 선생이 작고하시고 제자 후배들이 도남학회(陶南學會)를 조직하여 매년 국문학의 저서들을 골라 저자에게 상을 주었는데, 어느 해인가 백영과 내가 함께 심사위원이 되어 심사에 착수하였다. 나는 고전문학의 한 저자에게 상을 주려고 하는데 백영은 굳이 어느 현대문학 연구자를 수상자로 내놓았다. 내가 도남선생은 일생을 고전문학 연구에 바치신 분이니까 도남상은 마땅히 고전문학에 주어야 하는 것이라면서 양보할 생각이 없자, 백영은 도남의 고전문학은 현대문학의 내력을 알기 위한 것이며 결코 고전문학 그 자체가 목적의 전부가 아니었다라고 소신있게 설파하는 것이 아닌가. 세상사람들이 모두 도남선생을 고전문학 연구의 대가로 추앙하고 있고 나도 도남선생에 대해서는 알 만큼 알고 있다고 믿고 있었는데 백영의 이 설명은 처음 듣는 것으로, 실로 나는 백영의 이 도남관(陶南觀)

에 일경(一驚)을 끽(喫)하였다. 사실 도남선생은 평소에 고전문학과 현대문학을 일관적(一貫的)으로 파악해야 한다고 주장하였고 그의 만년작(晚年作)인 『한국문학사』를 보면 고전과 현대를 거의 동일 비중으로 서술해놓다시피 하였다. 특히 도남선생의 치열한 현실인식과 행동정신을 생각해보면 백영의 도남관이 일정한 타당성을 지닌다고 여겨지는 것이다. 결국 나는 나의 고지식한 고집에서 벗어나, 백영의 논리를 시인하였고 그해의 도남상은 현대문학 연구자에게 돌아가게 되었다.

백영의 유연성은 한문학 문제에 있어서도 그러하였다. 종전 국문학사를 논하는 사람들이 우리나라 한문학을 중국문학의 일 방계(傍系)로 보아야 한다느니, 한문학은 우리 문학의 울타리 밖으로 축출해야 한다느니 하면서 심지어 한문학은 쓰레기통 속에 집어넣어야 한다고까지 말하였다. 국문학의 개념을 엄격히 규정한다는 뜻에서 우리말 우리글만을 우리 문학으로 보아야 한다는 것이다. 백영도 누구 못지않게 우리말 우리글을 중시하는 처지에 있었지만 그는 국문학의 개념규정에서 한문학을 수용하여 국문학사를 폭넓게 열어나갈 것을 강조하였다. 물론 도남선생이 그의 국문학사에서 이미 한문학을 수용해놓았지만 당시 젊은 세대들이 그다지 동의하지 않는 것 같은 상황이었는데 백영의 이 주장은 그후의 우리 학계에 적지 않은 영향을 준 것으로 생각된다. 오늘날 우리 학계에서 한문학을 배격하는 편협한 국문학도가 별로 나타나지 않는 것은 도남의 뒤를 이어 백영의 이 주장이 뒷받침했기 때문일 것이다.

무정한 것이 세월이라, 어느덧 백영이 환갑을 맞이한다고 하기에 나는 후배들의 요청으로 송수시(頌壽詩)를 지어 보냈다. 그동안 나는 백영이라는 호(號)의 의미를 모르고 지내왔다. 백영에게 물어본 적도 없었다. 그런데 우리나라에서 '백(白)'이라는 글자는 어딘지 모르게 깊은 유서(遺緒)가 있는 것 같았다. 장백산(長白山)·태백산(太白山)·소백산(小白山) 등 대표적 산악의 이름에 모두 '백(白)' 자가 들어 있어, 육당(六堂) 최남선

(崔南善) 이래 백민(白民)이라는 말로 우리 겨레를 뜻하기도 하고 또 백민 그것으로 호(號)를 삼는 인사도 있었다. 그래서 백영에 대한 송수시에서

소백은 구름과 안개로 아리따웁고	小白媚雲黛
태백은 별들에 닿을 듯 높이 솟았네	太白切星辰
남은 기세 달리는 용이 되어	餘勢作走龍
천리 먼 바닷가에 이르렀다	千里到海濱
영남의 청숙(淸淑)한 기운	嶺南淸淑氣
낙동강 어귀에 모이게 되어	分萃洛之滑
태백·소백이 형영을 남겼으니	兩白遺形影
백영이 곧 그 사람일세	白影卽斯人

라고 하였다. 이 호(號)의 풀이가 맞았는지 모르지만 그 주된 뜻은 태백·소백의 정기, 즉 영남의 청숙한 기운이 남쪽바닷가에 이르면서 많은 인재를 배출케 했는데 백영이 곧 양백(兩白)의 얼굴과 그림자로 나타났다는 것이다. 백영은 나의 시를 받아보고 틀렸다고 말한 적이 없었던 것으로 보아 아마 수긍했던 것이 아닌가 한다.

고시가에 정력을 기울여	專精古詩歌
운율의 진의(眞義)를 체득하였다	韻律得其眞
유구한 시조의 근원	悠久時調源
만전춘에까지 소급하였네	溯至滿殿春
이 한가지만으로 길이 할 말이 있어	只此永有辭
그 성가(聲價) 족히 천냥이 되고도 남으리	聲價足千緡

라고 하여, 나는 백영의 학문적 업적 가운데 특히 「고시가 운율론 서설」을

들어 말한 것이다. 실은 내가 부산에서 처음 백영의 책을 받아 혼자서 밤늦
도록 읽었던 것이 아직도 기억에 생생하기에 다시 이어서 한 구절을 썼다.

그 옛적 내가 『국문학산고』를 받아	昔我得散藁
한번 읽으매 곧 마음이 통하는 듯	一讀便會神
비바람 치는 해상(海上)의 밤	海上風雨夜
등불 돋우고 새벽까지 앉아 있었네	挑燈坐達晨

라고 하였다. 백영은 그 뒤 『한국고전시가론』『고전탐구의 뒤안길』등 여
러 책을 내었고 책이 나올 때마다 잊지 않고 나에게 보내왔지만, 나는 그
것을 읽으면서도 그 옛적 산고(散藁)에서 가졌던 감흥은 느껴볼 수가 없
었다. 그것은 내가 관심을 갖는 분야와 다소 거리가 있었고 따라서 문학에
대한 나의 감각이 무디어져 있었기 때문이리라.

　내가 백영의 별세 소식을 들은 것은 멀리 일본 송호시(松戶市)에서였
다. 그때 나는 군사정권에 의해 강제로 대학 강단에서 추방되어, 국내에서
발붙일 곳이 없었던 터에 일본 친지(親知)들의 주선으로 동양문고(東洋文
庫) 초빙연구원이 되어 일본땅에 가 있던 중이었다. 동경에 있을 형편이
안되어 송호의 조그만 셋집에서 살고 있으면서 서울의 친구들을 그리는
고독의 나날을 보내고 있었는데 천만뜻밖에 백영의 부음(訃音)을 전해주
는 어느 후배의 편지가 날아온 것이 아닌가. 나는 경악(驚愕)과 비통을 금
할 수 없었다. 요즘 팔구십 노인들이 활동하는 세상인데 백영이 겨우 육십
으로 생을 마감한단 말인가. 나는 방 안에 앉아 배길 수 없어 평소에 혼자
산책하던 천엽대학(千葉大學) 과수원 길로 끝없이 서성이는데 나도 모르
게 눈물이 두 뺨을 적셨다. 장자(莊子)의 말에 "사생(死生)이 역대의(亦大
矣)!"라고 했지만, 백영의 죽음은 정말 작은 일이 아니었다. 우리 국문학
의 한 모퉁이가 무너져 주위가 황량할 뿐 아니라 사회적으로 보아 노성층

(老成層)이 하나 둘씩 떠나고 경조부박(輕燥浮薄)한 풍조가 세상을 어지
럽히는 판국인데 백영마저 자취를 감추게 되니 어쩐지 나는 적막에 휩싸
여서 객지 신세가 더욱 외로워진 것 같았다.

   얼마 뒤 나의 위장(慰狀)을 받은 학성(學城)군이 긴 편지로 답소(答疏)
를 보내왔는데 그 사연 속에 "저의 아버님에 대한 선생님의 송수시가 결
과적으로 추도시가 되었습니다"라고 하여 슬픔을 이야기한 대목이 있었
다. 나는 다시 가슴이 아팠다. 별도로 추도시를 지어 학성군을 위로해주고
도 싶었지만 그것마저 부질없는 일로 여겨져 그만두고 말았다. 이번에 백
영을 스승으로 받드는 서울대학의 여러 젊은 벗들이 백영에 대한 추념문
(追念文)을 모아 책을 낸다고 하면서 나에게도 통지가 왔다. 나는 요즘 머
리가 모색(茅塞) 상태여서 백영을 위한 좋은 말을 생각해낼 능력조차 없
는 처지라 지난날 백영과 나의 관련된 사실들 중에서 몇가지 기억을 더듬
어 적어보았다.

   백영(白影)은 갔다. 그러나 태백(太白)·소백(小白)의 실체와 함께 그
영자(影子)도 길이 이땅에서 지워지지 않으리라.

1997년 4월 북한산 기슭에서

附
錄

文·史·哲을 겸비한 실천적 지식인

李離和(역사문제연구소 고문·한국사)

이우성, 그를 보면 언제나 깔끔하다는 인상을 받는다. 술자리에서도 술을 석 잔쯤만 마셔 불급란(不及亂)을 지키며 말도 적당한 정도에서 절제한다. 논문을 써도 짤막하면서도 정수를 찌르고 의례의 인사말을 할 때에도 핵심만을 말한다. 부정한 사람들과 어울리지 않고 가까이 가지도 않는다. 이를 두고 누가 '차돌멩이 같은 선비'라고 표현하였다. 그는 학문에서는 진보적 탐구를 거듭하였으나 생활에서는 엄숙주의 또는 근엄주의의 분위기를 풍긴다.

그는 가학(家學)을 충실히 계승한 모범이 되었다. 그의 가학은 실학을 선양하고 우리 역사를 발굴하는 데 초점이 맞추어졌다. 다시 말해 성리학적 분위기에 침체되지 않았다. 그는 이런 전통교육을 받았고 청년시절에 고전의 소양을 길러 이미 학문의 기초를 닦았다. 그가 학문의 길에 들어선 뒤에 고난의 역정을 걸었다고 말할 수는 없겠다. 비교적 순탄한 편이었다. 다만 현실의 벽에 부딪혀 비판정신이 고양되어 때로 압제를 받았을 뿐이다.

그가 학문의 길에 들어선 뒤에는 대체로 경향을 달리하는 두 쪽 인사들과 교류한 것으로 알려져 있다. 우선 그는 강진철 같은 사회경제사학자들과 만났다. 그는 청년의 나이에 유물변증법 이론과 토지의 사적소유론에 관심을 기울이고 사회경제사학에 심취하였다. 또다른 한편 김창숙·조윤제 같은 우파적 민족주의자들과 인연을 맺으며 선후배로 대화를 나누었다. 이 두 가지 다른 경향의 접촉은 그로 하여금 관심의 대상과 폭을 넓히게 하였다.

그는 중세사(고려) 연구에 몰두하였다. 그 결과물로 그는 신라 때부터 토지의 사적 소유가 있었다는 실증적 근거를 제시하였다. 일본 학자들이 중국과 일본에는 사적 소유가 중세 이전에 있었으나 조선에는 있지 않았다고 보았는데 그 관점을 뒤집은 것이다. 그리고 부곡(部曲)을 천민제도라고 보았던 국내외 학자들의 견해를 부정하고 부곡의 주민이 일반 군현의 양민과 신분이 다를 바 없다고 밝혔다. 그는 발해를 민족사 안으로 끌어들였다. 곧 신라와 발해는 한 민족으로 남북국시대를 전개했다는 논리이다. 이는 분단을 경험하고 있는 현실에서 통일을 추구하는 사관의 발로였다.

그는 또 실학연구에 몰두하였다. 실학파를 그 지향에 따라 계파를 분류하고 그들이 추구한 개혁사상을 규명하여 내재적 발전론이라 규정하였다. 실학파를 우파와 좌파로 분류하고 경세치용파와 이용후생파의 특징을 논파하였다. 필자도 이 이론에 따라 실학을 이해하고 공부하고 있다. 그래서 근대로의 지향을 실학의 시기로 잡아 자본주의 맹아론을 도입하였다. 그의 연구실 이름을 실사구시에서 따와 '실시학사(實是學舍)'라고 이름하였다.

이와 함께 문헌자료 발굴에도 일정하게 공헌하였고 한문학 연구에도 업적을 쌓았다. 아무튼 고려사와 실학사를 통해 '민중이 역사의 주체'임을 밝히는 작업도 소홀히하지 않았다. 그는 "입으로는 민중을 들먹이면서 생활은 민중과 밀착되지 않는다는 점을 솔직히 시인해요"라고 말했다. 자기반성의 한 표현일 것이다. 이런 과정에서 한반도의 특수성을 인정하고 민

족주의를 추구하였다. 사회경제사학과 민족주의사학의 접목과 조화라고
할까?

이런 학풍은 김용섭·성대경·강만길·정창렬·김태영 등으로 연결된다
고 할 수 있을 것이다. 그리고 한문학 내지 문학사 쪽에 송재소·임형택·
김시업 등이 긴밀한 관계를 맺고 있기도 하다. 오늘날은 도제(徒弟)를 배
격한다. 그만큼 학문의 경향이 다양해지고 자기의 주견이 존중되는 시대
이다. 이른바 '벽사학파'를 거론할 수는 없겠다. 하지만 그에게 배우고 그
의 이론을 따르는 학자들은 이땅에서 '진보'를 표방하고 민족민주의 가치
를 추구한다. 따라서 그의 영향을 무시할 수 없을 것이다. 그는 어용단체
는 거들떠보지 않으면서 창작과비평, 그리고 한국역사연구회나 역사문제
연구소 같은 곳의 관련 인사와는 즐겁게 어울린다.

그는 성균관대에 한번 몸을 담은 뒤에 여기를 떠나지 않았다. 그런데 신
군부가 테러를 자행하자 그는 주동자가 되어 강만길·정창렬 등과 함께 이
를 항의하는 교수성명을 발표하였으며, 이 사건으로 해서 그는 문초를 받
고 학교에서 쫓겨났다. 여기에 참여한 교수는 361명이었다. 물론 그 뒤에
복직되었으나, 국가폭력에 맞선 한 지성인으로 시대의 증인이 된 것이다.

그는 1986년 심산상을 제정하였다. 민족독립운동가로 성균관대를 설립
하고 반독재항쟁에 나선 심산 김창숙의 정신을 받들려는 취지였다. 그 스
스로 경비를 마련하고 수상 대상자를 물색하였다. 그런데 그 수상 대상자
의 자격에 여느 경우에서는 볼 수 없는 항목이 있었으니 민주운동에 기여
한 인물이어야 한다는 규정이 들어갔다. 쉽게 말해 "감옥생활을 몇번씩
해본 사람"이어야 한다는 것이다. 그 규정에 걸맞게 첫 수상자는 언론운
동을 벌인 송건호였다.

오늘날도 이런 기준은 변하지 않았고 성대경 등 심사위원들도 이를 충실
히 따르고 있다. 적어도 1990년대 이전에 이런 상은 존재하지 않았다. 이는
바로 그의 학문관, 현실관을 단적으로 반영한 하나의 보기일 것이다.

그는 한문으로 글짓기를 즐기고 글씨도 아담한 문인풍을 구사한다. 심산상을 수여한 뒤에 한시를 손수 써서 그 수상자를 기린다. 그러면서 "내 세대까지만 이렇게 하지"라고 말한다. 무언가 조금 걸렸는가? 이는 그가 전통의 선비임을 드러내는 대목이다. 하나, 딸깍발이 선비는 권세에 초연하고 불의와 타협하지 않는다. 현대 선비의 풍모를 그에게서 발견할 수 있다.

선비정신을 구현한 역사학자

대담자 이이화

가정환경이 곧 학문의 기반

이이화 『역사비평』에서 이번에 '나의 학문, 나의 인생'이라는 난을 만들었습니다. 이 난의 취지는 우리 역사에 큰 공헌을 하고, 평생 학문의 길을 걸으며 후배들에게 많은 가르침을 준 어른을 모시고, 우리 역사를 공부하게 된 동기나 배경, 연구분야에 대한 학문적 고뇌와 보람, 그리고 후학들에게 전하고 싶은 말씀을 들어 자료로 남기고, 일반 독자나 역사를 공부하는 학자들에게 시사를 주고자 하는 것입니다. 선생님은 이번 학기로 정년을 맞으시고 또 방대한 정년기념논총도 간행되어 모시게 되었습니다. 이에 응해주신 데 대해 감사를 드립니다.

이우성 내가 첫번째를 차지한다는 것이 외람되게 느껴집니다만, 일전 연락을 받았을 때 역사문제연구소는 여러 친구들이 있어 평소 정답게 여겨왔기 때문에 이야기를 나눌 수 있겠다고 생각했어요.

이이화 선생님은 참으로 관심분야가 넓으신 분으로, 우리 전통적인 말로 하면 문사철(文史哲)을 다 겸하셨습니다. 이렇게 말하는데, 그 문사철 중에서도 우리는 역사관계 잡지니만큼 역사를 중심으로 말씀을 듣도록 하겠습니다. 더욱이 선생님의 한국사에 대한 접근은 신라말기로부터 고려시대, 조선시대에 걸쳐서 전시기에 망라되어 있다고 봅니다. 문사철 중에서 특히 역사 쪽에 관심을 갖고 공부를 해오신 동기는 어디에 있습니까?

　이우성　그건 아무래도 내 성장환경과 관계되는 문제예요. 일반적으론 대학에서 무슨 과를 졸업했는가에 따라서 전공이 결정되고 학문분야가 규정되게 마련이나, 나는 어떤 과를 졸업했다라는 그런 형식적인 절차와 관계없이 십대 때부터 정통적인 방식으로 공부를 해왔어요. 유교경전을 중심으로 공부를 했지.

　나의 조부(李炳憙, 號 省軒)께서 유학자이시지만 특히 역사 쪽에 큰 관심을 가져 『조선사강목(朝鮮史綱目)』이라는 책을 집필하면서, 집에는 우리 국사책은 물론이고 서양사, 일본사 등 역사관계 책들이 상당히 쌓여 있었어요. 그런데 조부가 그 저술을 끝마치지 못하고 병상에 눕게 되고, 돌아가시면서 그건 꼭 완성해야 한다고 말씀을 하신 게 어린 나에게 다소 암시가 되었나봐요. 어쨌든 조부가 돌아가신 후에는 『조선사강목』을 완성하기 위해서 온 집안이 다 자료수집에 동원되다시피 했어요. 서울까지 와서 자료를 찾고 또 글쓰는 사람도 많이 동원해서 초(抄)하는 그런 분위기 속에서 우리나라 역사의 소중함을 깨달았고, 역사공부를 해야겠다고 느꼈어요.

　물론 그때는 역사를 전문적으로 할 처지가 못되었고 주로 역사에 관한 자료를 혼자서 뒤져보는 정도였지요. 그런데 내가 살던 마을에 '정진학교(正進學校)'라고 집안에서 세운 학교가 있었는데, 해방 직전에 그 학교가 일제에 폐쇄당하고 공립학교로 되었지요. 그때 선생으로 온 사람 중에 유열(柳烈)이라는 분이 있었어요(현재 북한에 가 있음). 이분은 국어학이 전공이었지만 역시 국사에 관한 관심도 높아서, 그 당시 국내 명사들의 얘기도 해주고, 우리나라 역사가 현대적인 학문으로서 어떻게 연구되고 정립되어야 한다는 것에 적지 않은 자극을 주었어요. 그러다가 해방 뒤에 중고등학교에서 교편을 잡으면서 만난 친구들 가운데 역사 하는 사람들과 친하게 되어 우리 역사를 공부하는 데 박차를 가하게 되었죠.

이이화 지금 말씀을 들으니 선생님이 역사를 하시게 된 동기는 선생님의 가학(家學)과 상당히 연관이 깊다고 느껴집니다. 제가 알기로『성호문집(星湖文集)』은 선생님 댁에서 간행하였지만, 성호의 직계후손은 아닌 것으로 알고 있는데, 가학과 성호와의 관계는 어떻습니까?

이우성 성호는 직계조상은 아니지만 선대로부터 그 후손들과 제자, 특히 순암(順庵) 안정복(安鼎福) 쪽하고는 관계가 깊었어요. 그래서 선대 문집 가운데 서문이라든가 묘갈명 비문에는 성호학통에 속한 분들의 글이 많아요.

나는 성호학파를 좌파와 우파로 나누었는데, 우리집은 말하자면 우파에 속한 학통이지요. 성호좌파에는 녹암(鹿庵) 권철신(權哲身)을 통해서 다산(茶山)으로 이어지게 되고, 우파는 안순암을 통해서 성재(性齋) 허전(許傳)에게로 이어졌는데, 우파는 좌파에 비하면 주자성리학에 많은 비중을 두었던 셈이지요. 그래서 영남의 성리학 전통과는 마찰이나 충돌이 적어요. 물론 주기론(主氣論) 쪽으로 기울어졌다고 비판을 받기도 하지만, 허성재가 김해부사로 와 있으면서 영남 쪽과 깊은 관련을 맺었고, 우리 증조부(李翊九, 號 恒齋) 형제분이 다 성재의 문인이라 편지내왕을 하고, 저서를 성재에게 보내 지도를 받곤 했지요.

우리 조부는 평생 영남에 있으면서 학봉(鶴峰)학통, 서애(西厓)학통에 속하는 영남의 학자들과 횡적으로 접촉이 잦으면서 직접 사제관계를 맺는 일은 안하셨어요. '성호학통은 근기(近畿)학통'이기 때문이지요. 기호 쪽 특히 서울 쪽과는 다른 여러가지 문제가 많았어요. "왜 성호집을 경상도에서 내느냐" 하는 시기질투도 있고 반대도 많았는데, 성호 직계후손과 충청도 유림들이 우리집을 학통관계뿐 아니라 같은 여주이씨 문중이란 이유로 문집을 가지고 와서 결국 우리집에서 그 일을 했지요. 보통 일이 아니었어요. 여러 해 동안 목판으로 인쇄하고 책을 만들어 반질을 하였지.

경상도에서는 퇴계학설에 위반되는 것이 있다고 해서 성호에 대한 비판이 일어났지만 조부는 개의치 않았어. 성호집을 간행하고 성호에 대해 연구를 하게 되니까 이해도 훨씬 깊어져 성호에 대한 신봉이 높아졌어요. 우리 조부의 문집을 보면 성호학설에 대한 인용이 많아요.

우리 증조부도 역사에 관심이 높아 『독사차기(讀史箚記)』란 책을 남겼는데, 처음부터 중국역사를 차기를 통해서 문제를 다루고, 다음에 삼국시대부터 고려말까지 우리나라 역사를 다루려고 생각하셨는데, 그만 병환이 나서 중국 것으로 중단하게 되었어. 그 뒤를 이어서 조부가 『조선사강목』을 썼고.

그러니까 내가 역사를 공부한 것은 대학에서 무슨 전공을 했다는 것보다는 가정환경의 영향이지. 철학은 유교경전을 공부하다보니까 자연히 관심이 있게 되고, 문학은 한문으로 글짓기 연습을 하면서 당송고문을 읽었지. 그러니까 마음은 늘 역사에 쏠렸고, 결국 역사학 쪽으로 귀착된 셈이죠. 아까 내가 문사철을 겸한 것으로 말했는데, 그렇게 병렬적으로 말하기보다 내가 역사를 하는 과정에서 문학사, 사상사로 폭을 넓혀나갔다고 하는 것이 타당할 것 같아요.

심산·도남과의 인연

이이화 선생님의 정년퇴직기념논총 『민족사의 전개와 그 문화』의 뒷부분에 스스로 생애를 간단히 적으시고, 가정관계를 얘기하시면서 부친을 '개명적(開明的) 지주'형에 속한 분이라고 하셨는데……

이우성 개명적 지주라고 하는 것은 역사 쪽에서 쓰는 말이지요. 일본에서도 메이지(明治) 이전에 상당히 개명한 기풍이 있었던 점을 들어, 개명적 지주 혹은 개명적 국학자라는 말을 사용했거든. 구한말에 우리 증조부가 화산의숙(華山義塾, 정진학교의 전신)을 설립해서 일본인 교사 2명을 고용, 자제들에게 수학, 측량기술, 그리고 서양역사를 가르쳤는데 나의 부친은 그런 교육을 받은 분이에요. 우리집은 기본적으로 유교규범을 지키면서 신문화를 섭취하려 했어요. 실학사상의 영향이라고 봐요. 부친은 지주 출신으로 일제하의 한국에서 가장 큰 규모의 잠종제조업(蠶種製造業)을 경영하기까지 했어요. 그래서 '개명적 지주'형에 속한 분이라고 한 것입니다.

이이화 심산선생, 도남선생과 만나시게 된 배경은 어떠했습니까?

이우성 내 자랑 같아 안됐지만, "아무개 손자가 재주가 있고 공부가 대단하더라"고 소문이 났어요. 조부의 영향이지. 그래 심산 김창숙 선생은 내 나이가 한 삼십쯤 된 줄 안 모양이야. 한번 만나보자고 밀양유도회(密陽儒道會)로 연락이 왔더군. 성균관대 총장으로 재임중인 심산선생이 교수로 충원할 사람을 구하니 올려보내라고. 나는 좋다고 올라왔지. 그때가 우리 나이로 스물세살이고 만으로 치면 스물두살쯤 되지.

성균관대가 정식으로 발족하여 동양철학과와 같은 특수한 학과를 만들어놓기는 했지만, 동양철학 전문가도 없고 한문에 대한 소양이 깊은 사람이 적었어. 그렇다고 아무렇게나 서당 출신을 쓸 수는 없으니까 내 얘기를 듣고 연락을 했던 거야. 그래 찾아갔더니 "자네가 이우성인가" 하더니 표정이 이상해졌어. 그러더니 나이가 너무 젊어 도저히 교수로 채용할 수는 없고, 아직 대학을 졸업 안했으니 학생으로 입학을 해두라는 거야.

그때만 해도 나는 의기충천할 때여서 국사도 내가 하고, 우리나라 철학사도 내가 해야 하고, 우리나라 문학사도 내가 해야지, 누가 할 사람이 있느냐고 생각할 때란 말야. 내가 제일이라는 생각만 하고 있었는데, 학생으로 입학을 하라니까 대단한 반발심이 들더군. 그래서 못하겠다고 하고는 내려왔어. 지금 생각하면 참으로 정저와(井底蛙)였지. 그런데 그때는 대단히 실망을 했어. 그 뒤에 심산선생이 우성군을 올려보내라고 집안어른한테 편지를 했어요.

외람된 얘기이지만, 그때 기분으로 입학을 해본댔자 교수님들에게서 별로 얻을 것이 없다고 여겼어요. 다만 도남(陶南) 조윤제(趙潤濟) 선생의 인물에 대해서 다소 매력을 느꼈어. 그래서 국문학과에 적을 두기로 한 거지. 공부야 내가 하는 것이고, 저 어른과 인간적으로 접촉해보는 것도 괜찮겠다 싶었지. 그런데 그게 상당히 중요하더군. 그때 사학과에 입학했으면 지금까지 걸어온 내 행로가 조금 달라졌을지도 몰라요. '내 공부 내가 하는 거지'라고 생각했는데, 막상 국문학과를 나오니까 국문학과 교수를 할 수밖에 없어.

그건 그렇고 당시 곧 토지개혁이 될 무렵이라 생활대책도 마련해야겠고 해서 고향의 밀양중학에서 교편을 잡다가 다시 부산중고등학교로 내려갔어.

이이화 그때 조윤제 선생님의 강의는 많이 들으셨고요?

이우성 처음 귀담아들은 것은 6·25전쟁중에 부산에서였지. 그때 도남 선생은 남북협상파로 몰려, 특히 평양에 갔다 온 것이 문제가 되어 곤욕을 치르고 서울대에 사표를 내던진 뒤에 성균관대의 전임교수로 와 있었지.

민족사관, '또다른 사관'

이이화 제가 알기로 조윤제 선생님은 국문학계의 태두로서 민족사관 강의를 하셨는데, 언젠가 선생님은 도남선생의 민족사관을 애기하시면서 다른 사관을 요구하는 그런 글을 쓰신 것이 있죠? 옛날에는 사제관계도 도제식으로 이루어져 있었는데, 그런 상황에서 스승에게 반성을 촉구하는 글을 쓰신 것은…….

이우성 반성이라기보다는 좀더 전진적인 방향으로 나가주셨으면 하고 쓴 글이지. 부산고등학교 교사노릇을 하고 있을 때, 6·25전쟁이 나서 성균관대도 부산에 내려와 부산고등학교의 건물을 빌려 야간에 개강을 하고 있었지. 그때 나는 한 건물에서 낮에는 교사노릇을 하고, 밤에는 학생노릇을 했어. 그때 이가원(李家源)씨가 4학년이고 나는 3학년이었는데,

"다른 강의는 들을 것도 없고, 조윤제 선생 강의나 듣자"고 했지. 이 어른이 멍하니 있다가 우리 둘만 들어가면 상당히 신이 나서 강의하곤 했는데, 항상 민족사관을 얘기했어요.

그때 나는 유물변증법 이론에 상당히 심취해 있을 때이니까, 민족사관을 그대로 따를 수 없었어. 논리도 소박하고. 그러나 그 당시에 '민족'을 강조하는 것이 특별한 의미가 있다고 생각했어. 당시 일반 지식인들의 입장에서는 자유세계의 한 시민으로서 공산세계에 대립해 싸운다는 판국이라 민족이라는 것이 무슨 의미가 있었겠어. 그런데도 이 어른은 늘 민족을 들고 나왔다고. 민중을 주체로 하는 민족사관까지는 안 갔지만 당시로서는 일정한 진보적 의의가 있었지. 계급의 존재도 일부 인정했고 이것은 일제 말기 태평양전쟁이 치열할 때 도남이 손진태·이인영씨 등과 함께 들어앉아 공부하면서 이룩한 이른바 '동산학파(東山學派)'의 사관이란 거야. 그런데 그때 벌써 나는 변증법이다, 사적유물론이다 하는 책들을 탐독하면서 사회경제사에 중점을 두어야 한다는 생각이 있었단 말야.

도남이 자기 저서에 쓴 서문에 이런 얘기가 있어요. "내가 말한 이 민족사관은 일제하에서 국문학을 연구할 때 우리 민족의 문화를 찾고, 민족의 독립을 추구해야 한다는 생각을 바닥에 깔고 국문학을 연구했기 때문에 민족사관이다. 그렇지만 나는 민족사관이라는 것을 유일한 사관이라고 생각지 않는다. 또다른 사관이 있을 수 있다. 앞으로는 또다른 사관이 나와서 새로운 학문을 열어주기 바란다." 또다른 사관이 있을 수 있다고 얘기를 하고 또 새로운 학문을 요구하고 있단 말야. 그래서 내가 도남 회갑 때 「도남 국문학에 있어서의 민족사관의 전개」라는 글에서 다음과 같이 썼지.

"박사의 이 말씀은 결코 단순한 학자적 겸허에서 나온 것이 아니다. 필생의 정력으로 이룩한 민족사관에 입각한 학문적 업적에 대하여 스스로 한계를 그으면서 '또다른 사관'의 출현을 바라고 있는 것은 역사의 끊임없는 발전을 믿기 때문이다. 제2차 세계대전을 치르고 난 세계는 제민족의 독립성취에 의한 신흥국가들의 등장으로 많은 변모를 가져왔다. 그것은 아시아에 있어서 더욱 현저하였다. 세계사의 동향은 장차 아시아에서 결정적 전환점을 구하려 한다. 박사의 민족사관이 박사가 기대하시는 '또다른 사관' 내지 새로운 학문에 의하여 그 이론체계의 변경이 불가피하게 된다고 하더라도 민족사관을 형성시킨 근본정신은 새로운 차원에서 긍정되지 않으면 안될 것이다. 여기 우리는 박사가 말씀하신 '또다른 사관'에의 추구를 위하여 먼저 박사의 민족사관을 올바르게 파악하고 그것을 가교로 삼아 광휘에 차 있는 피안——과학의 세계로 가야 한다"고.

그런데 도남이 내 글을 보더니 무척 기뻐하는 거야. 자기 것을 부정하는 것이 아니라, 자기 것을 발판으로 새로운 세계로 나아간다고 했기 때문에 자기의 위치가 일정하게 의미부여를 받았단 말이거든. "자네 글을 두 번, 세 번 읽었네" 하시더군.

손영종씨를 만나 학문의 벗이 됨

이이화 제가 듣기로 선생님은 해방 직후 부산중학교에서 지금 북한에 계신 손영종 선생과 함께 근무를 하셨다는데, 그분과의 교우관계에서 얻은 학문적인 영향은 어떠했나요? 또 강진철·한우근 선생 등 여러 분들과도 연관이 있었는데, 그 당시 소장학자로서의 교류와 역사학에 대한 토론 등을 종합해서 말씀해주시죠.

이우성 지금 생각하면 젊은 기분에서 나온 경솔한 판단이었지만 어쨌든간에 대학을 다녀봤자 별로 얻을 게 없다고 해서 고향에 내려와 있었는데, 토지개혁을 앞두고 개인적으로 걱정이 태산이었어요. 가만히 앉아서 지대만 받아먹고 살았는데, 속수무책이었지. 나는 부양능력이 없지, 사백(舍伯)은 사백대로 근대 기업가로 전환할 욕심을 가지고 여러가지로 투자는 해봤지만 되는 일은 없고.

밀양이라는 데가 원래 정치적으로 상당히 시끄러운 데야. 약산 김원봉
영향도 있었지만 밀양군 내의 지주, 소작인, 읍내의 상인 할 것 없이 전부
가 좌경적인 경향이 상당히 강할 때였어요. 그런데 우리 집안은 그때까지
옛날 토지를 고스란히 가지고 있었으니까 보수적이고 유교적인 규범을
그대로 지키는 편이었지. 나는 많은 고민을 했어요. 생활환경은 그랬지만,
사귀는 친구들 가운데는 전진적인 사람들이 많았거든. 역사해석은 사회
경제사 중심으로 해야 한다는 생각이 굳혀져 있을 때였고.

부산에 내려와서 손영종씨와 같이 공부를 했던 것은 참 잊을 수 없는 일
이에요. 손영종씨는 나이가 한두 살 아래로서, 서울대 사학과에 재학중일
땐데 가난하니까 학비를 벌려고 교원노릇을 하고 있었어요. 사회생활과
에서 국사와 서양사를 가르쳤지. 나는 동양문화사를 가르쳤고. 책상을 마
주보고 앉았는데, 이 사람이 서양사를 하기 때문에 서양사에 관한 여러가
지 얘기와 우리나라와 중국에 대한 내 지식을 비교검토하기도 하고, 토론
을 많이 했어요. 손영종씨는 사람도 참 좋아요. 그때는 이 사람은 역사를
문화사를 중심으로 해야지 사회경제사에 치우쳐서는 안된다고 주장했고,
내가 오히려 사회경제사를 강조해서 서로 싸웠거든, 전쟁통에 그는 북으
로 가서 지금은 고대사연구실장을 하면서 중요한 활동을 하고 있다고 들
었어요. 지금 생각하면 한창 역사를 공부한다고 할 무렵에 그 사람과 만나
서 공부가 참 많이 됐어.

그 뒤 6·25전쟁이 나 그 사람은 북으로 가버리고, 나는 다른 곳으로 피
해 다녔지.

이이화 왜 피해 다니셨어요?

이우성 그때는 학생들이 학도호국대를 만들어 선생을 감시할 무렵이었
어. 나는 어떤 오해를 받는다든가 주목받는 가정환경이 아니었기 때문에
학생들 앞에서 가끔 진보적인 용어를 구사하고 있었지. 그래서 학도호국
대 간부로 있는 놈들을 제외하고는 학생들이 많이 나를 따랐어요. 그런데

그만 전쟁이 터지니까 이가원씨를 비롯하여 여러 동료들이 붙들려가고, 나는 다른 곳에 가 있다가 ‘국군이 압록강까지 북진했다’고 할 무렵에 부산에 갔더니, 이가원씨도 석방이 되어 나와 있었고, 천막을 쳐놓고 학생을 가르친다기에 다시 들어가서 교사노릇을 했는데, 그때 한우근·전해종 두 분이 피난중에 부산고등학교로 들어왔더군. 그분들에게서 실증사학에 관한 이야기를 자주 듣게 되었어.

그때 부산고등학교는 천막교실이었지만 부산의 돈있는 집에서 모두 자제들을 그리로 보냈으니까 재정은 아주 윤택했어. 성균관대 교수들이 20원을 받았는데, 나는 80원을 받았거든. 난리중에도 경제적으로 완전히 보장이 되어 있었지. 교장 김하득(金夏得) 선생이 워낙 명교장이고 청렴결백하였지.

그때는 주로 일본책이지만 해외에서 책이 들어오면 열심히 사모았어요. 그때 산 책이 아직도 많아. 열심히 읽고 공부했지. 강진철씨는 그 뒤에 만났어. 환도하면서 한우근·전해종씨 등이 전부 서울로 가버리자, 역사선생을 구해야 할 판이라, 강진철씨를 내가 찾아가서 인사를 하고 부산고등학교로 오시라고 청했지. 그때 이미 동아대에 전임으로 있었어. 교장도 강진철씨를 좋아해서 나하고 강진철씨하고 함께 저녁 먹을 때가 많았어. 내가 동아대에 들어간 것은 강진철씨가 주선을 했어요.

강진철씨는 사회경제사학을 하는 분으로 일본 게이오대학을 나와서 일본학풍에 깊이 젖어 있었어. 주로 일본사람의 논문을 읽고 일본사람이 인용한 자료를 음미해가면서 고려사 공부에 들어가고 있을 때라, 내가 고려사를 공부하는 데는 그분을 만난 것이 도움이 컸지.

그때 도남선생이 성균관대에 주임교수로 있었는데, 실학에 대한 것을 잘 썼어요. 이조초기는 도학에 의해서 불교가 극복되고 이 도학은 또 실학에 의해서 극복되었다는 식으로, 항상 발전사적인 관점에서 얘기했어요. 도남이 “자네 집안이 실학계통에 속한 가문이니까 실학에 대해서 써보게”

하더군.

그땐 천관우씨의 「반계 유형원 연구」가 『역사학보』에 실려 선풍을 일으키다시피 했지만, 한편에서는 천관우씨가 저널리스트적인 수법으로 휘갈겨써서 실학에 대한 얘기가 신문논설처럼 되어버렸다고 평하기도 했지. 나도 이래서는 안되겠다 싶어 대학 졸업논문으로 「실학의 개념에 대하여」를 썼지. 나중에 하와이에서 국제학술 쎄미나를 할 때 발표한 「실학연구서설」의 초고인 셈이지.

실학연구를 할 때 내가 느낀 것은 실학이란 결국 양반 출신 학자들이 연구한 것인데, 양반이 양반제도를 이렇게 비판할 수가 있는가, 이상하다고 생각했지. 그래서 양반에도 계층적인 분화가 있었고, 집권한 양반에 대해서 몰락한 양반들이 비판하는 거로구나, 옳다구나 여기에 대해서 공부해야겠다고 생각했지. 그리고 '양반'이라는 말이 우리나라 말이기 때문에 일본이나 중국 쪽에서는 전혀 이해하지 못할 것 같아 사대부로 바꾸어 사용했지.

그때부터 사대부에 대한 계보를 찾아 올라갔더니 결국은 정중부의 난까지 소급되더라고. 신라시대 이래의 모든 귀족, 문벌계층이 정중부난에 이르러 거의 다 숙청되었어요. 이후의 양반, 사대부라는 가문은 정중부난 이후 무신 집권하에서 지방에서 새로 진출해온 사람들에 의해서 이루어졌던 거지.

양반의 계층분화와 '사대부'의 탄생

이이화 그전에 일반 독자의 이해를 위해서 한말씀 드리자면 아까 민족사관, 사회경제사관, 실증사관 이런 말이 중간중간에 나왔습니다. 그러면 그 당시는 실증사관이 대다수였고, 민족사관이나 사회경제사관이 상당히 적지 않았습니까?

이우성 그렇지. 사회경제사관은 해방 직후에 한때 풍미했지. 그러다가 대한민국이 성립되는 시기에 이르러 사회경제사관은 완전히 서리를 맞아서 없어져버렸어요. 민족사관은 사실 계통을 따져 올라가면 단재 신채호 또는 이전의 실학파 학자들에까지 올라갈 수 있는데, 최남선 같은 사람들이 친일파로 전락해버렸기 때문에 민족사학도 시들해져 있었고, 6·25 후에는 도남 혼자서 신민족주의를 내세워 그것도 강단에서 조용히 민족사관을 얘기할 뿐이었어요. 그러니 자연히 실증사학이 대세를 이루었지.

이이화 동아대에 출강을 하시면서부터 본격적으로 학문연구가 시작된 것 같습니다. 앞에서 잠깐 실학에서부터 출발한 사대부계층의 형성 문제가 선생님의 고려사 연구와 직접적으로 연관되었다고 하셨는데, 사실 사대부계층의 형성 문제를 연구하다보니까 고려사의 신분관계, 자료관계에 대해서도 상당히 관심을 가지게 되신 것 같고 「고려백성고」라든가 「한인(閑人)·백정(白丁)의 신해석」「고려조의 리(吏)에 대하여」 등 여러 편의 논문을 쓰셨는데, 그 당시의 논문들을 보면 논문의 출발이 종전 일본 학자들의 해석에 대한 비판적 입장이 강하신 것 같습니다.

또 연구경향에서도 역시 한인문제라든가 백정문제라든가 '리' 등 여태까지 해석이 정확하지 않았던 사실을 거의 완성된 형태로 학계에 제출하셔서 지금은 정설로 된 것이 상당히 많은데, 이런 것에 관해 자랑 겸해서 그 당시 선생님의 학문적 경향을 정리해주시죠.

이우성 아무튼 사대부의 기원을 찾아 올라가다보니까 고려조 정중부의 난까지 올라가는 거예요. 조사를 해보니 그때 우리나라 지배층의 계보가 일대 단층을 이루고 있어. 그래서 옳다, 정중부난 때 문신들을 다 살육하고 숙청을 하고 귀족들은 거의 절멸된 거로구나. 그럼 정중부난 이후에 새로 생성된 신흥관인층은 어떤 사람들이냐? 그들은 대개 지방에서 올라온 사람이었고, 지방의 어떤 계층에서 올라왔는가를 쭉 따져보니까 지방향리층이더란 말이야. 지방향리층이 중앙으로 올라가서 신흥사대부가 되고 이조말까지 우리나라 지배계급으로 내려왔던 거야. 지방향리층이 어떤 경로를 통해서 신흥사대부로 진출하게 되었느냐 하는 데 대한 연구에 관련된 논문이 바로 「고려백성고」 또는 「고려조의 리(吏)에 대하여」 등이에요. 이러자니 자연히 그 당시의 법제사, 경제사, 신분제도사를 안 건드릴 수가 없지. 연관이 안되는 것이 없으니까.

신라 때 이미 토지의 사유가 존재

이이화 그래서 그 다음에 영업전(永業田)이라든가 토지제도, 즉 토지소유가 국유냐 사유냐 하는 것도 밝히신 것으로 알고 있는데 그 점에 대해서도 말씀해주시죠.

이우성 토지제도에 관심을 갖게 된 것은 처음부터 사회경제사에 관심을 기울였기 때문이었지만, 본격적으로 시작한 것은 고려사연구회를 조직했을 때였어요. 강진철·이기백·김성준 그리고 나 이렇게 네 사람이 고려사연구회를 만들어 매주 만나서 독회를 시작했어요. 처음에는 서울대 국사연구실을 빌려서 하다가 나중에는 성균관대 교수회관의 내 연구실로 와서 했는데, 네 사람이 각각 '고려사의 지(志)'를 분담했어요. 이기백씨는 병지, 김성준씨는 선거지, 나하고 강진철씨는 식화지를 담당했지. 강진철씨와 나는 사회경제사를 중시하는 쪽이기 때문에 그렇게 되었지. 그것을 하면서 「고려의 영업전」 또는 「신라시대의 왕토사상과 공전」 등 토지제도에 대하여 논문을 쓰게 되었어요.

이이화 여기서 정리하고 넘어가야 할 것이 있는 것 같습니다. 「고려백성고」는 촌락구조와 백성의 실태를 추적하는 논문인데, 일본의 타께다 유끼오(武田幸男)는 백성을 특정 신분이라고 본 것에 대해서 선생님께서는 백성을 신분적으로 일반 백성과 동일한 것으로 보면서 촌락 내의 성(姓), 촌장(村長) 또는 촌정(村正)으로 규정하셨죠. 다소 논란이 있긴 했지만, 한인에 대해서 그때까지 분명한 해석이 나오지 못한 부분을 6품 이하 하급관리의 자녀라고 밝혀주신 것은 고려사의 사회구조를 해석하는 데 획기적인 지적으로 남아 있습니다. 또 「고려말기 나주목의 거평부곡에 대하여」와 같이 대개 군현인은 양민이고 부곡민은 천민이라 했던 틀을 깨뜨린 연구는 고려사 연구자들에게는 뜻깊게 기억되고 있습니다.

여기에서 또 한가지 짚고 넘어가야 할 것은 역시 토지제도에 관한 문제인데 토지소유에 대한 일본학계의 국유론에 대해 강하게 부정적 견해를 보이신 선생님의 「고려영업전」으로, 일반적으로 '국유' 또는 '공유'라고 불리는 토지의 현실적 존재형태를 매우 실증적인 방법으로 부정하셨는데, 현재 우리나라 토지문제 연구는 토지국유론의 실존 여부에 대한 견해 차로 상당히 논란이 되고 있고, 사회경제사 연구에 핵심적인 과제로 남아 있습니다. 토지소유관계 연구가 어떤 방법으로 진행되어야 한국사회의 객관적 발전의 해명에 기여하는 연구가 될 수 있다고 보시는지요?

이우성 우선 우리가 공부하던 시기가 중요하다고 봐요. 토지문제도 그렇습니다. 일제 초기에 일본사람들이 우리나라에 와서 토지조사사업을 통해 막대한 토지를 총독부 소유로 탈취해갔는데, 이때 이들이 조선에서는 토지 '사유'가 거의 성립되어 있지 않다, 토지는 전부 '국유' '공유'이고 사유제도는 발달조차 되지 않았다는 논리를 폈단 말이에요. 그 논리는 무엇을 말하느냐 하면, 첫째 후진국이라는 거야. 역사가 낙후되어 있어서 토지사유제도도 확립되지 않고 토지공유·국유가 그래도 내려왔다는 논거 위에서 토지조사사업을 하면서 저희가 마음대로 민간의 토지를 빼앗아버렸다고. 그리고 토지는 공유·국유이기 때문에 토지조사사업을 통해서 토지를 탈취한 것을 정당화하는 거야.

나는 역사를 공부할 때부터 식민지사관에 정면으로 도전하고 극복하지 않고서는 우리 민족의 사학이라는 것이 성립될 수 없다는 생각을 했지. 그런데 역사공부를 하면서 실제로 느낀 것은 다른 사람들은 그렇게들 생각하지 않는다는 거였어요. 일제를 비판하면서도 일본사람들이 근대적인 실증방법을 통해서 우리나라 역사를 연구했고, 많은 성과를 이루었다고 해서 그대로 따르고 있어요. 우리나라 실학파 학자들, 추사라든가 애국계몽사가인 단재의 이름은 거론조차 안되었어요. 나는 어릴 때부터 성호나 다산에 대해 얘기를 들었기 때문에 깊은 지식은 없었지만, '우리나라에도 이런 전통이 있었구나' 생각했지. 그래서 당연히 우리나라 사람들의 입장에서 우리나라의 역사를 보려고 했지. 그래서 『고려사』 원전과 기타 자료들을 보니까 토지공유·국유로 단정할 수가 없는 근거들이 나온단 말야. 그래도 강진철씨는 계속 토지공유·국유론을 주장했다고. 다른 사람들은 아예 토지제도 같은 데는 관심도 없었어요. 토지제도에 관심을 갖는 사람은 강진철씨와 나 둘이었는데, 둘이서도 의견은 달랐지.

일본이나 중국에 사유가 있었다면 우리나라에서도 사유가 있었을 것 아니냐는 걸 전제하고 살펴보니까 토지공유·국유라고 볼 수 없겠더란 말이야. 그것이 「고려의 영업전」이고, 「신라시대 왕토사상과 공전」이라는 논문이야. 신라 때 임금이 죽어서 왕릉을 만드는데 토지수용령으로 하지 않고, 토지에 대한 댓가를 정당하게 지불했어요. 한문사료 해석을 잘못해서 댓가를 지불한 것을 몰랐던 거야. 이렇게 잘못된 것이 아주 많아요. 그 뒤에 박시형씨가 북쪽에서 쓴 「토지제도사」에는, 그것을 정확하게 해석해서 내가 한 얘기와 일치하는 부분이 있어. 「신라시대의 왕토사상과 공전」은 짤막한 논문이기는 하지만 고려대에서 열린 전국역사학대회에서 발표를 했어. 그냥 발표를 하면 주의를 환기시키지 못하니까 역사학대회에 나가서 했지.

그 뒤에도 토지가 사유화되어 있었다는 것을 강하게 얘기했지. 전시과 체제라는 고려시대의 법제화된 제도는 결국 신라시대로부터 있어왔던 사유제를 그 법제 속에다가 합리적으로 재편성한 것에 불과한 것이었지. 그리고 고려시대에 민간에서 토지를 사고팔고 하는 경우가 있었고, 토지의 경영과 수취를 지주가 직접 하기도 했어. 다만 군인전이라든가 과전 같은 것은 조금 다르지만 '영업전'은 완전히 사유야. 자손 대대로 상속하는 것이 어떻게 사유지가 아니냐 말이지. 물론 일정한 절차는 거쳤지. 근대 이전의 사유는 로마법적인 사유, 근대적인 사유는 아니지만, 본질적으로 사유인 것은 마찬가지예요. 일본사람들은 자기 나라의 사유를 얘기할 때는 그걸 인정하면서 우리나라에서만은 사유론을 부정하고 국유·공유론을 얘기했단 말야. 나는 이것을 타파해야 한다고 생각했어요.

아까 부곡 얘기도 하셨는데, 일본사람들의 연구에서는 부곡민은 전부 천민이라고 얘기해요. 물론 그렇게 얘기할 만한 자료상의 근거가 없는 것은 아니에요. 하지만 그 자료가 전부가 아니고 다른 면도 있을 수가 있어요. 고려중엽까지만 해도 부곡이 엄청나게 많았는데, 그러한 부곡이 전부 천민이라면, 고려 때까지도 그 방대한 천민집단을 하부구조로 갖고 있었던 셈이 되는데, 그 사회는 어떤 사회냐, 고대사회라는 얘기이지. 우리나라 역사가 고려시대까지 이렇게 낙후될 수가 있느냐 말야. 고려조까지를 고대라고 한다면 어떻게 고대사회가 고조선으로부터 이렇게 길 수가 있겠어? 나는 아니라고 생각했지.

그래 찾아보니 고려말엽의 자료이지만 부곡이 천민이 아니라고 볼 수 있는 자료가 있더라고. 사실 고려말엽이라고 고려중엽과 그렇게 달라질 리는 없지 않아? 정도전이 거평 부곡에서 귀양살이했던 얘기가 나오는데 주민들과 술 마시고 같이 놀았다고 되어 있고 주민들의 생활구조나 지식 정도 등 여러가지를 추적해봤는데, 천민이라고 할 근거가 하나도 없어요. 그렇다고 그 지역이 특별히 혁명적인 변화를 겪은 기록이 있느냐? 그것도 아니에요. 그래서 구체적인 사례를 들어놓고 절대로 부곡민을 천민이라고 볼 수가 없다고 했지. 물론 그 하나만 가지고는 단정할 수 없겠지만, 유추해보면 부곡민을 전부 천민이라고 보는 것은 재검토해야 한다고 주장했지.

'위대한 민족의 수난'이란 민중의 영웅적 투쟁

이이화 부곡 문제에 대해서는 북한에서도 몇편의 논문이 나와 있는 걸로 알고 있습니다. 거기에 곁들여서 토지소유 관계 문제인데, 요즘 젊은층에서 일부가 국유화론을 들고 나오는 경향이 있는데, 이 두 가지에 대해서도 견해를 말씀해주시죠.

이우성 북쪽에서 나온 부곡에 대한 연구는 상당히 오래됐어. 임건상씨가 쓴 건데 구태의연한 논문으로, 1950년대 말, 60년대 초쯤에 나왔을 거예요. 일본에 가서 읽었는데 원시공동체가 분해되면서 그때부터 패배하고 피지배층으로 몰락된 층이 부곡민이 됐을 것이라는 것이었어요. 이런 건 문헌을 잘 봐야 해요. 『동국여지승람』에 보면 부곡은 분명히 신라시대 때 만들어졌다고 되어 있어요. 원시공동체 때부터 있어왔다고 한다면, 고구려·백제 쪽에는 왜 거의 없고 신라 쪽에만 집중되어 있느냐 말이야. 『동국여지승람』을 보면 신라 때 군현제도를 정비하면서 만들었던 것으로 군과 현이 되기에 부족한 토지와 인정(人丁)은 이렇게 했다는 대목이 나와요. 나는 이 기록을 존중하여, 신라에서 제도적으로 만든 것이라고 보는 것이 옳지 않은가 싶어요.

요새 토지국유설을 얘기하는 젊은 사람들이야 벌써 한 세대가 지나갔기 때문에 일제시대의 것을 그대로 이어받았다고는 생각지 않아요. 왕토사상이라고 하는 면도 있고, 또 그렇게 해석할 수 있는 근거가 전혀 없는 것도 아니고 해석 여하, 관점 여하에 따라 다른 면이 있을 수 있지요. 왜냐하면 "보천지하(普天之下)가 왕의 땅이 아닌 것이 없다" 하는 말이 나오잖아. 나는 그것을 관념적인 것으로 돌렸는데……. 고려시대에 전시과제도니 하는 것도 토지국유이기 때문에 국가에서 처리하는 것이라고 얘기할 수 있겠지. 그렇지만 실제 운영 면에서 보면 전혀 그렇지 않아요. 지배층은 지주노릇을 했고, 농민들은 소작노릇을 했어요. 물론 상당히 광범위한 자영농민이 있었던 것은 사실이지만 국유라고 보는 것은 아무래도 무리야. 물론 그렇게 말할 수도 있겠지만 나는 그렇게 생각하지 않아요.

이이화 고려시대사 연구에서 지금까지 드러난 것은 사회신분제도 또는 사회경제구조를 밝히는 제도사 연구에 중점을 두셨다는 것인데, 이것과는 달리 고려사 연구를 하시는 가운데 북방민족으로부터의 외래침략에 대해 고려 문인지식인들이 민중들과 어떻게 저항해나갔는가, 그들이 이러한 저항의식을 어떻게 발현했는가에 대해서 학문적으로 추구하는 논문도 볼 수 있습니다. 이 논문들 가운데「고려 시인에 있어서의 문명의식의 형성」「고려중기 민족서사시」「삼별초 천도 항몽운동의 대일통첩」등은, 그 글들을 통해 역시 민족사, 민족의식에 대한 관심을 조명하고 있는 것 같습니다.

아까도 민족문제에 대해 많은 말씀을 하셨습니다만, 최근 민족사학이라는 이념이 일부 국수주의자들에 의해서 왜곡되어 참된 민족주체성마저 경원되는 잘못된 현상이 역사학계에 있습니다. 창조적이며 과학적인 역사학 발전을 위해서 민족사학의 위상이 어떻게 정립되어야 한다고 생각하시는지요?

이우성 앞에서 대강 얘기했습니다만, 처음부터 민족구성원의 대다수를 차지하는 민중이 주체가 되는 것이라야만 진정한 민족사관이라고 생각해왔어요. 특히 민족서사시를 쓸 때는 어디까지나 민중의 입에서 입으로 전해내려오는 그런 이야기 속에 민중의 심리가 귀일됐다는 점을 강조했습니다. 이규보가 동명왕 얘기를 하면서 "어리석은 지아비와 어리석은 지어미들이 입에서 입으로 이야기해온 것들을 보면, 이것은 결코 몇몇 글 쓰는 사람이 만들어낸 얘기가 아니라 실제로 있었던 일이 아닌가, 그래서 이것을 시로써 짓는다"라는 설명이 있어요. 아주 좋은 얘기여서 내가 상당히 활용을 많이 했죠.

특히 몽고가 쳐들어왔을 때 30년 가까이 항전할 수 있었던 것은 결코 무신정권이 영도를 잘했기 때문이 아니고 민중의 심리가 어떻게 해서든지 북방 오랑캐들을 막아내고 우리나라, 우리 문화를 지켜내야겠다는 것으로 귀일되었기 때문에 가능했다고 봐요.

　이이화　민족수난기 민중들의 의식과 삶이 새겨진 표현인 것 같습니다.

　이우성　그래서 거기서 나는 위대한 민족의 수난기라고 했어. 그 위대함이란 바로 그 당시 민중들이 과감하게 일어나서 싸운 데 있어. 그런 것이 없다면 이 초라한 나라가 뭐가 그리 위대하겠어? 위대하다는 것은 전국토가 잿더미가 되어도 굴복하지 않고 곳곳에서 민중들이 영웅적으로 투쟁했다는 점이지.

발해·신라의 싸움은 지금의 남북현실과 비슷

　이이화　『창작과비평』에 발표하신 「남북국시대와 최치원」이라는 논문을 읽고 감명을 받았는데요. 이 글을 쓰실 때의 심경과 연관시켜 현재의 남북관계에 대해서도 말씀해주시죠.

　이우성　실은 그 논문도 일부러 전국역사학대회에서 발표했습니다. 처음에 모두들 무슨 소리냐는 태도였어요. 그 뒤에 진단학회에서 고전심포지엄을 하면서 「삼국사기의 구성과 고려왕조의 정통의식」을 발표했어요. 그때도 남북국시대론을 주장했지. 그 자리에도 이병도 선생을 비롯해서 많은 학자들이 나와 있었는데 도저히 찬성할 수 없다는 거야. 그래도 내가 계속해서 주장하니까 신라·발해시대라는 것까지는 좋지만 남북국시대는 안된다는 거야. 고병익씨는 반농담식으로 중국에도 남북조가 있고 일본에도 남북조가 있으니까 그런 의미라면 해도 좋겠지만 굳이 우리는 그럴 필요가 없다는 거야.

　내가 왜 남북국시대라고 강조를 했냐면, 발해를 우리 역사에 편입시키자는 강한 의식도 있었지만 거기에만 그치는 것이 아니라 신라와 발해의 관계를 남북국으로 설정해놓고, 오늘날의 남북관계를 염두에 둔 거지. 신라와 발해가 도무지 화합이 안돼서 서로 투닥거리고 당나라 조정에까지

가서 서로 싸웠단 말야. 서로 까내리려고 하니까 당나라 사람들만 좋았지. 등거리 외교로 과거에도 꼭 동수를 합격시켰어. 결국 당나라의 동방정책 이란 건 신라와 발해를 이간정책으로 시종 조정만 하는 거였어요.

최치원의 글은 더 곤란해요. "우리 신라는 무궁화동산이고, 저들 발해 는 활쏘고 창이나 찌르는 오랑캐의 나라인데, 우리가 지금 잘못하면 힘이 약해진다, 당나라가 우리를 도와주지 않으면 매우 어려워지니까 우리를 도와달라, 지난날 당나라가 우리와 연합해서 고구려를 쳐부쉈는데 지금 도 고구려의 후손들이 우리를 노려보고 있으니 우리를 도와달라"는 내용 이야. 당나라는 양쪽을 조정하면서 항상 은근히 신라를 두둔했어요. 그러 니까 발해는 바다 건너 일본 쪽에 사신을 보내 친교를 맺었지. 말하기 안 됐지만 그것도 아주 굴욕적이지. 일본은 지금도 발해가 자기네에게 공 (貢)을 바쳤다고 큰소리치거든. 그렇게 불리한 형식을 맺으면서도 신라 쪽과는 화합할 생각을 안했단 말야. 그 점을 아주 강조를 했어.

오늘날의 남북관계를 보니까 꼭 그런 식이야. 빨리 통일이 되면 괜찮을 텐데. 지금처럼 북쪽은 일본과 접근하고 남쪽은 또 소련과 중국에 국교를 맺어 북쪽을 고립시키려 하고, 내가 신라와 발해, 남북이 자꾸 대립만 했 다고 얘기를 하는 것은 그런 의미가 있어서인데, 젊은층들은 그 의도를 몰 라요. 신라와 발해가 끝내 대립만 하다가 멸망했고 최치원과 같은 최고의 지식인도 결국 당나라의 동방정책에 이용만 당하고 말았다는 것은, 오늘 의 상황에 대해 반성하라는 얘기인데 그것도 모르고, "왜 신라와 발해가 대립만 했겠느냐, 화합도 했을 것이다"라는 추정을 아무런 근거도 없이 늘어놓고 있단 말야. 구체적인 자료를 제시해야 할 것 아냐. 낸들 왜 화합 하지 않고 대립만 했다고 얘기하고 싶겠어.

내가 남북국시대론을 썼더니 일본에서 당장 그 논문의 번역이 나왔어 요. 하마다 코사꾸(浜田耕作)라는 사람이 번역해서 『조선사연구회보』에 싣는 동시에 『조선학보』에다가는 자기 글을 썼어요. 「남북조선에 있어서의 발해사연구 동향」이라고. 북쪽의 박시형, 남쪽의 이우성, 이 두 사람이 발해를 한국사에다 편입을 시키려고 한다, 같은 시기에 같은 문제가 제기되어서 주목거리이다, 북쪽에서는 발해사를 조선사에 편입함으로써 든든해지겠지만, 남쪽에서 이런 말을 하면 어떻게 되는 거냐, 뭐 이런 식이지. 한가지 내게 도움을 준 것이 있는데, 뭐냐면 그전에 권덕규 선생이 『조선유기』에다가 남북조라는 말을 썼고 유득공이 『발해고』 「서」에서 남북국이라는 말을 쓴 것을 내가 인용했는데 하마다는 고산자 김정호도 『대동지지』에 그것을 썼다는 거야. 몰랐던 사실을 알려준 거지.

그런데 그 뒤 일본에서는 부정적인 논문이 계속 나왔어요. 발해사를 한국사에 편입시키는 것은 아무래도 무리라는 식이지. 일본인들은 식민지통치를 하던 근성 때문에 분할통치하던 그 수법을 가지고 역사도 분할하는 거예요. 일제 때도 만주사, 조선사를 한 책으로 내면서 고구려는 만주사로 설명하고, 신라·백제만 조선사로 처리했단 말야.

지금 중화인민공화국에도 좀 문제가 있어요. 2백만명에 가까운 한국사람이 그 땅에 살고 있으니 "발해는 한국의 역사다"라고 하면 간도가 우리 땅이라는 주장과 함께 문제가 발생할 수 있다는 우려에서 의도적으로 발해사를 대(大)중화인민공화국 안에 있는 소수민족의 지방정권의 역사라고 했어요. 그러더니 얼마 전 신문을 보니까 고구려 역사도 평양으로 도읍을 옮긴 이전의 것은 대중화국 내의 역사라고 보고 있어요. 이게 무슨 짓이냐 말야.

이이화 제가 우리 동포 자녀들이 배우는 연변 교과서를 갖고 왔는데 거기에도 그런 식으로 씌어 있어요. 저는 단군이 백두산에서 일어났다는 것을 주장하려는 것이 아니라 적어도 우리 민족의 발상지를 백두산으로 보아야 한다고 생각하는데, 안내판을 보니까 만주족이 그렇다고 되어 있고 조선족 얘기는 쏙 빠져버렸더군요. 일반적으로 백두산이라는 말을 거의 안쓰고 간도라는 말도 용정이니 연변으로 바꾸어 부르고 있습니다.

이우성 몇해 전에 흑룡강성 사회과학원에서 『발해사역문집』이라 해서 발해에 관한 외국논문을 번역해서 단행본으로 냈는데 여기에다 내 논문을 실었어요. 그렇지만 대부분 일본사람들의 글을 많이 실었단 말야. 그런데 일본사람들은 발해사를 한국사가 아닌 것으로 보니까 그것을 압도적으로 싣고 내 논문과 이용범씨의 논문은 양념으로 넣은 것 같아요.

361교수성명 등 민주실천적 운동에도 앞장서

이이화 일본과 중국이 합작을 해서 양쪽에서 협공을 하고 있는데, 이게 바로 역사연구에서 민족문제가 중요하게 된 의미인 것 같습니다. 선생님 논문 가운데는 변동기 지식인의 삶의 방식에 관한 글도 몇편 있습니다. 가령 「고려 무신정권하의 문인지식층의 동향」이라든가, 「고려 무신정권과 이규보」가 그 예라고 볼 수 있습니다. 그걸 보면, 고려 무신정권하 문인지식층이 삶의 태도에 따라 분류되어 있습니다. 가령 관직을 구하는 자, 무신정권에 굴종하는 자, 권력에 굴복하지 않고 지방에 내려가서 후진교육에 힘쓰는 자 등이 있는데, 선생님께서는 권력에 굴복하지 않고 숭고한 삶을 영위한 자의 계보에 속하는 사람을 새 정권 담당자로 성장한 사대부의 시초라고 보신 것 같습니다.

이 논문의 발표시기가 박정권 말기였고 당시 그 시기를 사는 지식인들의 고난에 찬 삶과 연관된 논문이 아닌가라는 생각이 듭니다. 선생님께서는 4·19혁명중에 동아대에서 민주화운동에 적극 가담했기 때문에 쫓겨나시기도 했고, 또 박정권 붕괴와 새 군사정권의 등장 이후에 361교수성명과 지식인서명운동 등 현실참여 문제로 다시 강단에서 추방되었는데 지식인의 현실참여 문제에 대해서 한마디 해주시죠.

이우성 현실적으로 한 것이 없기 때문에 현실문제를 가지고 얘기를 할 정도는 못되지만, 무신정권하의 몇가지 문인지식층의 태도를 얘기하면서 쓴 게 있어요. 도피한 사람 가운데는 지방에 내려가서 후배들을 가르쳤는

데, 그 당시만 해도 지방에는 양반이 없었으니, 가르칠 만한 대상은 향리
층의 자제, 현직 군수라든가 수령들의 자제들이었어요. 지방에 지식을 확
산하는 역할을 한 거죠. 무신정권하에서도 초기에는 과거를 없애버렸다
가 나중에는 관리를 등용해야 했어. 무식한 병졸들이 뽑혀 올라가서 무신
이 되어 제 이름 석 자를 겨우 쓸 정도였으니까 행정이 안된단 말이야.

그때 과거를 통해 지방에서 올라온 사람들이 나중에 신진사대부가 되
었지. 정면으로 도전할 수도 있겠지만, 물러나서 훌륭한 인재를 육성하고
결국 무신정권을 퇴조시켜 신흥사대부 사회를 만들고 이조 건국의 주동
자가 되었다는 역사적인 과정을 쓴 것인데, 그 글을 쓸 때만 해도 박정권
말기로 지식인들이 여러가지로 어려운 상황에 있었는데, 내 딴에는 그런
관심을 바로 말하지 않고 역사논문으로 쓰면 괜찮으니까 그랬던 거지. 들
은 사람은 다 들었을 거예요.

그리고 361교수성명이란 것은 언젠가 기록을 남기고 싶었는데, 그것은
내가 주동을 한 거예요. 그때 군사독재정권의 완전한 퇴진과 군사교육의
과다한 부담을 줄이라고 요구하면서 학생들이 단식농성으로 들것에 실려
나가고 그랬거든. 그런데 당국은 물론, 총장과 학교 경영자들도 전혀 듣지
도 않고 있을 때라. 그래서 내가 먼저 강만길·정창렬 두 분과 상의를 했
지. "우리는 이 나라의 교수다. 학생들이 저러는 것을 볼 수가 없다. 우리
가 왜 가만히 있어야 하느냐"고 해서 각 대학 교수들에게 도장을 받아보니
361명이라. 그래 '361교수성명'이라고 했지. 곧 성명서를 작성해서 내가
직접 방송을 했지. 이 일로 서대문으로 잡혀가서 10여일 조사받고 나왔지
만 대학 강단으로 다시 돌아갈 수 없도록 조치가 되어 있었어.

이이화 『창작과비평』이 폐간됐을 때도 항의하고 서명을 하셨는데, 그
때도 제가 알기로는 선생님이 주동적인 역할을 하셨다는데…….

이우성 주동까지는 안했지만, 저녁 늦게 백낙청씨가 찾아와서 문학에
서는 황순원이 가고, 국학 쪽에서도 누구 한 사람이 가주면 좋다고 하기

에, 정부 쪽에 친분이 있는 사람을 몇몇 찾아가보라고 했지. "가보기는 하 겠지만, 기대는 안된다"기에 "그 사람들이 안 가겠다고 하면 내가 가겠다" 고 했어요. 아침에 전화를 하니까 아무도 안 가겠다고 했다는 거야. 그러 면 "혼자라도 가겠다" 하고 갔지. 관리들을 만나본 것은 처음이거든. 국장 이라는 사람이 겉으로는 최대의 예우를 해요. "원로 선생님들이 이렇게 오시다니" 하더니만 전부 '모르겠다'고 하면서 다시 오라고 해. 두번째 가 니까 회의가 있어서 어딜 가니까 오후에 오라고 하더군. 그래 일부러 점심 을 사먹고 기다렸다가 오후에 갔더니 회의가 늦어서 안 들어왔다는 거야. 결국은 완전히 당해버렸지. 화가 나서 그 밑에 있는 과장, 계장들에게 몇 마디 하고 나와버렸지.

실학은 근대적 사유의 맹아

이이화 선생님의 실학에 관한 논문은 참 많은데요. 그 가운데 대표적인 것으로 「18세기 서울의 도시적 양상」 「이조후기 근기학파에 있어서의 정 통론의 전개」 그리고 「최한기의 생애와 사상」을 들 수 있습니다. 사실 선 생님이 실학에 끼친 학문업적은 지대한데, 특히 그 당시 천관우·한우근· 전해종씨 등이 내건 포괄적인 실학 개념을 역사적·시대적 성격을 지니는 개념으로 정하신 것과, 실학의 계보적 전개를 경세치용·이용후생·실사 구시 세 개의 유파로 칭하신 것, 그리고 가령 「최한기의 생애와 사상」을 보면, 최한기의 가계와 연표를 제시하고, 최한기의 사회관을 내세우면서 그를 실학사상과 개화사상의 다리 역할을 한 것으로 논증하셨는데, 이러 한 문제를 뭉뚱그려 실학에 대해 선생님이 갖고 계신 전반적인 견해를 말 씀해주십시오.

이우성 실학의 비판정신이 사대부의 계층분화에서 나온 것으로 알고 사대부 연구로 넘어가서 고려사에 관한 논문을 쓰기 시작하였지만, 마음 속에는 마치 실학연구가 내 본업처럼 되어 있었어요. 중요한 것은 이제 말씀하신 것처럼 실학의 개념인데, 처음에 천관우씨가 실학의 개념을 얘기했고, 그 뒤에 한우근씨가 "실학이라는 용어는 타당하지 않다. 송대 성리학도 실학이라 했고, 그밖의 다른 것도 실학이라고 쓰고 있는데, 영정시대의 학풍을 실학이라고 해서야 되겠느냐" 해서 실학이라는 개념이 지리멸렬하게 되어버렸어요. 그래서 나는 실학의 실체를 역사성·사회성과 결부시켜 파악하고자 하면서 "실학이라는 것은 다른 기회에 다른 학자들이 어떻게 썼든지간에, 처음 발단은 17세기부터였다고 보지만 역사현상으로서 본격화된 것은 18세기이니, 18세기의 이 신학풍을 실학이라고 규정하자고 했지요. 문예부흥이라는 말은 어느 시대든 있을 수 있는데, 유독 이딸리아의 그것을 '문예부흥'이라고 하는 것과 마찬가지로 실학은 어느 시기 어느 시대든 있을 수 있지만 18세기 우리나라의 이 학풍을 '실학'이라고 하자고 하면서 실학을 하나의 역사적인 명사로 사용하자고 제안했지.

문제는 실학이라고 말하지만 내용은 여러 갈래가 있어서 아주 복잡해요. 그래서 이것을 세 개의 유파로 나누어, 경세치용·이용후생·실사구시라고 해놓으니까 일단 정리가 되더군. 그런데 젊은 사람들 가운데는 역사적 의지가 좀더 객관적으로 부여될 수 있어야 하지 않겠느냐, 경세치용이다, 이용후생이다 하는 것은 실질적인 명칭이고 전체는 뭐라고 생각해야 하느냐, 중세사회 속에서의 어떠한 사고이며 또는 근대적인 것과는 어떤 관계가 있는가 등등이 포함될 수 있는 용어가 나오는 것이 바람직하지 않겠느냐고 얘기들을 해요. 그러면서도 아직 새로운 명칭은 못 만들어내는 것 같고.

내 생각은 이래요. 18세기 전반부터 개화사상으로 넘어가기까지 약 1세기 반 동안의 역사 속에서, 실학은 많은 변천을 겪었고 실학파 학자들의 사고도 많이 발달을 했는데, 이것을 기계적으로 고정시켜 어떻다고 말하기가 어렵지 않겠느냐, 그래서 세 개의 유파로 나누어 정리하고 개화사상으로 넘어가게 된다고 얘기했지요. 물론 크게 보면, 실학 속에는 중세적인 것이 얼마든지 있지만, 근대적 사유의 맹아가 이미 실학에 나타나 있다고 보고 자본주의적인 맹아가 나타났다는 것과는 표리일체가 되는 것으로 해석해야 돼요. 실학 자체는 완전히 근대적인 것은 아니지만 현실에 직해서 새로운 사고체계를 만듦으로써 근대적 사유에 상당히 근접해 있어요. 근대적인 사유의 맹아가 이미 여기에서 나타났다고 할 수 있어요.

이이화 지금 선생님 말씀을 정리하면, 조선왕조 말기에는 일본으로부터 외래자본주의가 유입되면서 근대사가 시작됐다는 일본 관학의 식민사관을 거부하고, 조선봉건사회 내에 싹트고 있는 근대지향적 사상으로서의 실학에서 한국역사의 내재적 계기를 잡아낼 착안을 한 것 같은데, 그렇게 이해해도 되겠습니까?

이우성 그렇지요. 내가 1968년 일본에서 돌아와서 '동아문화연구위원회' 여러분들과 모인 자리에서 우리도 자본주의 맹아론을 빨리 도입해서 중국사회와 마찬가지로 우리 역사의 내부에 이미 자본주의의 맹아가 싹텄다는 것을 논증해야 한다고 주장했지요. 이 얘기를 할 때 다른 분들은 별 흥미를 안 갖고 있었지. 그래서 연구진영을 짜는 것을 내게 일임하라고 했어요. 그래서 김용섭·강만길·김영호·신용하를 연구진으로 짰어요. 그렇게 시작한 것이 『19세기의 한국사회』라는 책으로 나왔어요. 그때 나는 한창 건강이 나쁠 때여서 소정의 논문을 내지 못하고 대신 서문만 길게 쓰고 말았지. 실은 그때 우리나라에 처음으로 자본주의 맹아론을 들고 나온 거지.

'한국실학연구회' 발기가 앞으로 큰일

이이화 선생님 말씀을 들으니까, 실학은 한국 근대사의 역사적 지향을 통일적으로 해명할 수 있는 열쇠가 아닌가 하는 생각이 듭니다. 선생님의 학문적 초점도 여기에 있다고 보이고요. 다산연구회도 선생님이 중심이 되어 『역주 목민심서』도 간행하였고, 지금까지 계속 활동하시는 것으로 알고 있습니다. 이 사무실을 '실시학사(實是學舍)'라 명명하신 것도 역시 실학에 대한 학문적 열정 때문이라고 봅니다. 앞으로 실학과 관련된 계획을 말씀해주십시오.

이우성 세 개의 유파로 설정했을 때의 실사구시는 좁은 의미로 주로 경전연구와 금석고증학을 중심으로 하는 유파이지만, 원래 실사구시는 광의로 해석할 수도 있어요. "현실에 직해서 모든 것을 생각한다"는 것이지. 지금 내 연구실을 '실시학사'라 한 것도 막연히 어떤 이념이 있고, 그 이념을 따라서 무엇을 하는 것에서 끝나는 것이 아니라 그 이념을 바닥에 깔고서, 현재 시점에서 무엇이 옳은 것이냐를 보자는 거야. 지금 중국을 중심으로 해서 다른 아시아지역에도 실학연구에 대한 새로운 불이 붙었어요. 베트남, 싱가포르까지도 실학연구에 참여한다더군. 미국에 있는 중국의 학자들도 실학연구에 대단한 흥미를 가지고 있고.

그런데 우리나라에는 아직 실학연구회가 없거든. 다산연구회는 다산이라는 특정한 분을 연구하는 거지 실학의 전부는 아니야. 벌써 중국과 일본은 『중일실학사조사』라는 공동집필한 책을 연내에 펴낸다고 얘기하고 있어요. 그래서 『한중실학사조사』도 빨리 공동으로 저술하고, 한국에도 실학연구회가 있었으면 싶어서 구상중에 있어요. 앞으로 한국실학연구회가 구성된다면 회원의 한 사람으로서 그 일을 추진하는 데 조그마한 힘이 됐으면 해요.

이이화 제가 알기로 연구계획으로 한국 중세사를 통사 방식으로 정리하실 계획이고 논문도 역작을 내실 것 같은데, 개인적인 계획도 함께 말씀해주시죠.

이우성 구두발표만 해놓고 논문화시키지 못한 것이 한 십여종 되는데, 그것들을 논문화하는 것이 우선 제일 큰 부담이에요. 그리고 제일 마음에 무겁게 느껴지는 것이 중세사인데, 창작과비평사에 벌써 계약을 해놓고도 여태 약속을 못 지키고 있어요. 집필을 하다가 중단하고 하다가 또 중단하고, 이런 상태예요. 그때그때 늘 바쁜 것에 밀려서. 창비사와의 약속도 약속이지만 이 논문들의 정리가 끝나는 대로 통사 정리를 해야겠다고 생각해요. 그것은 꼭 달성할 작정입니다.

이이화 여담으로 말씀드리면, 선생님은 치밀한 대신에 너무 오래 시간을 끌면서 글을 쓰신다는 얘기를 하는데, 실제 제가 겪어봐도 그렇습니다. 이러니 중세사를 빠른 시간 내에 볼 수 있을지요?

이우성 글쎄, 빠르게 볼 생각은 안하는 게 나을 거예요. 왜냐하면 이제 말씀하신 그대로이니까. 글을 쓰면 오래 끄는 성질도 못되는데, 붓을 들기까지가 오래 걸리지. 여기 나와서도 펜 들고 글 쓰는 시간은 하루에 두 시간도 안돼요. 괜히 서성거리고 무엇을 생각하다가 반나절이 획 지나간다고. 그 대신 길게 늘어놓는 것은 딱 질색이야. 그래서 원고 매수를 채운다는 것이 내게는 큰 고통이에요. 무슨 소린지 초점이 무엇인지 모르게 쓴 것, 한참 읽어봐도 모르는 것은 논문심사를 하다가도 집어던져버려요. '일침견혈'이라고, 한번 콕 찌르면 피가 쏙 나오도록 해야지, 여기저기 자꾸 쿡쿡 쑤시면 사람만 병들게 된단 말이지. 그러니까 내 논문은 항상 짧아요. 연구비는 똑같이 받으면서 글은 짧게 써서 다른 사람한테는 좀 미안해요.

성균관대학은 내 정신적 태반

이이화 선생님은 교수활동 외에 학교 보직으로는 정년퇴직할 무렵에 대학원장으로 계셨고, 대동문화연구원장으로는 상당히 오래 계셨지요. 또 학교관계 일은 아니지만 심산사상연구회에서도 활동을 하셨는데, 대동문화연구원장으로 계실 때 영인작업을 알뜰하게 해내신 일이라든가 심산사상연구회에서 하신 일, 특히 심산상 대상자 선정 등에 대해서 말씀해주십시오.

이우성 학교생활의 활동을 얘기하라는 말씀인 것 같은데, 솔직히 말해 대동문화연구원장은 성균관대 체제 내의 정식 보직이 아니에요. 연구원장이라는 것도 뒤에 들으니까, 학장을 시킬 형편이 안되어서 대신 그 자리를 주었다고 그래요. 차라리 잘되었다 싶었지. 그때만 해도 젊으니까 상당히 정열적으로 일을 했거든. 성균관대는 학문의 불모지라고 생각해서 학교에 아카데믹한 분위기를 만들어야겠다 싶어 대동문화연구원장이 되고서는 내가 가까이 지내는 성균관대 출신 교수들을 동원해서 '벽송회'를 만들어 돌아가면서 연구보고를 하자고 했지요. 벽송회라는 것도 지금은 하나의 친목단체로 달라져버렸지만.

달리 학교행정이나 운영에 참여한 일은 거의 없었어요. 나는 내 집 살림은 등한히해도 학교는 잘되어야 한다는 이상한 고집이 있었어요. 심산선생과의 관계도 있지만 기본적으로 성균관대는 내 정신적인 태반이나 다름없다고 생각했으니까. 29년 4개월을 있었는데 마지막에 대학원장을 하긴 했지만 요즘의 대학 형편에서 대학원장으로서 할 수 있는 일이 뭐 있겠어. 그야말로 시위소찬(尸位素餐)일 뿐이지.

이이화 심산사상연구회에 대해서도 말씀을 해주시죠.

이우성 심산사상연구회는 처음부터 내가 만든 거였어. 성균관대는 재단이 너무 자주 바뀌어 주인이 없거든. 그래서 정신적인 주체가 확립되어야겠다 싶었어. 그렇다면 무엇을 주체로 삼느냐? 유교니 인의예지니, 공자·맹자·퇴계·율곡이라 해서는 별로 실감이 안 났고, 심산 김창숙 선생은 초대총장이자 학교 설립자이고, 독립운동가로서 끝까지 반독재투쟁에도 참여했으니, 가까이 있는 이분을 내세워야겠다 싶었지.

심산사상연구회를 조직하려고 했을 때도 정범진 교수를 위시한 두세 사람 정도만 찬동을 했어. 그렇게 해서 시작한 건데 지금은 교수들도 70, 80명 되고, 심산선생의 중요한 글을 모아 읽기 쉽도록 번역을 해놓으니까, 학생들도 "이런 훌륭한 어른이 우리 학교 설립자이시구나" 싶어 전폭적으로 지지하고 심산의 후예라고 자처하고 나서거든. 이제는 재단이고 학교당국이고 심산을 무시했다가는 큰일나지. 심산을 싫어하는 교수들도 드

러내놓고 비판을 못해요. 연구회가 학교 내에서 자리를 잡게 되면서 대외
적으로도 알려야겠다 싶어 '심산상'을 만들어 송건호씨에게 처음 상을 줬
던 거야. 주위에서 모두 놀랐어. 성균관대같이 보수색 짙은 대학에서 송건
호에게 상을 주다니 싶어서 말야. 그 뒤부터는 계속 민주화운동으로 고생
한 분들을 골라 상을 주어왔어요. 이제 물러났으니 후배들이 잘 해나가리
라고 믿어야지.

　　이이화　선생님은 실제 생활에서도 사대부의식이나, 양반의식 그리고
깔끔한 선비정신을 가지고 있다고들 얘기합니다. 또 선생님께서는 시도
짓고 서화에도 상당한 안목이 있으신 걸로 아는데, 이런 것과 곁들여 선생
님의 생활의식을 들려주시지요.

　　이우성　좋게 말해서 선비라는 거지, 자칭 선비라 하면 외람된 일이겠지
만 그 점은 부인하지 않아요. 성장한 환경이 그랬으니까. 유교경전에 대한
교양도 부인할 수 없고. 짧지만 내 모든 지식의 근원이 다 거기에 있으니
까. 관혼상제에서 보면 관은 이미 없어졌고, 혼도 예식장에서 치렀으니까
근대화됐는데, 상제는 완전히 옛날 그대로야. 근대화를 하고 싶은 생각도
있기는 하지만 맘대로 잘 안돼요. 우리 사백(舍伯)이 돌아가시면서 유언
도 있고 해서 1년 탈상했고 이번에 노모상도 1년 탈상을 했지만, 아직도
상은 그대로 다 해요. 제사는 말할 것도 없고, 혼자서 그런 것 하지 말자고
나설 체질도 못되지만, 솔직히 고백하면 옛날 집이나 그런 것들을 그대로
유지하고 싶어요. 그러니까 입으로는 민중을 들먹이면서도 생활은 민중
과 밀착되지 않는다는 점을 솔직히 시인해요.

　　시나 서화는 취미지. 가끔씩 한시를 쓸 때면 현실문제를 다루기도 하지
만, 반장난이지. 바둑 두고 등산하는 것과 마찬가지로 취밋거리에 불과한
것이니 거기에 의미부여를 할 생각은 없어요.

차분하고 책임있는 원전 번역·해석작업이 절실

이이화 선생님의 업적 중의 하나로 대동문화연구원에서 고전을 간행하셨고 아세아문화사나 여강출판사에서도 고전영인이나 해제작업도 하셨고, 또 우리나라에 없는 자료를 구해다가 '서벽외사 해외수일본 총서(栖碧外史 海外蒐佚本 叢書)'라는 이름으로 방대한 책을 간행하신 것도 있습니다. 물론 자료의 복원이라는 중요성도 있지만, 특히 근대사 이전 시기를 연구하는 사람들에게는 자료에 대한 접근·해석 방법, 인용·해독 능력 등에서도 상당히 중요한 일이라고 봅니다. 이러한 원전자료를 접하는 후학들에게 하실 말씀이 있으시면…….

이우성 10, 20년 전만 해도 고전 원전을 독해하는 층이 얇아서 걱정스러웠는데, 요즘은 한문 독해력이 훨씬 배양되어 젊은층에도 고전에 대한 이해력이 높아져서 반가운 일이라 생각해요. 그런데 잘못된 번역이 너무 많아 걱정은 걱정이에요. 모든 것을 빠르게만 처리하려다보니 이런 현상이 나타나는 것이 아닌가 싶어요. 졸속으로 하려 들지 말고 차분하고 책임있게 해나가야 할 텐데.

고전자료만 해도 그래요. 내가 해외 수일본으로 가지고 온 것이 70여책, 종류로 말하면 87종이 되는데, 이런 일은 국가 차원에서 해야지, 개인이 할 일이 아니야. 매년 막대한 연구비를 지급하면서도 국내에서 없어져버렸거나 해외로 유출되어 있는 우리 조상들의 저술이나 기록들을 그냥 방치해온 상태가 해방 이후 50년이 다 되는 지금까지 계속되고 있어요.

이이화 마지막으로 후배들에게 당부하실 말씀이나 앞으로 이렇게 가는 것이 좋겠다든가 하는 제언을 해주시죠.

이우성 그런 문제에 대해 발언할 자격이 있는지 몰라……. 다른 건 다 두고 느끼는 바를 말하면, 항상 민족적인 입장을 가질 것을 강조하고 싶어요. 무슨 뜻이냐 하면, 대개 집권자들은 권력유지가 당면 목표거든. 물론 권력유지가 더 우선적이지. 민족적인 입장은 명분으로 내세울 뿐이야.

그러면 권력구조에 직접 참여하고 있지 않는 우리 학자나 지식인들의 입장은 어떠해야 하냐면, 어느 것이 정말로 민족의 통일을 위하는 입장, 민족을 위한 입장인가를 냉철히 생각해야 한다고 봐요. 지금 우리에게는 민족의 양식과 민족의 지성을 대변하는 그런 입장의 학자가 필요하다는 말입니다. 민족의 양식이란 분단현실을 바탕으로 하는 권력구조의 입장에서가 아니라 민족적인 입장에서 생각하고 말하라는, 이런 얘기입니다. 어느 쪽이든 옳은 것은 옳고 그른 것은 그르다는 시시비비를 분명히하면서 역사를 연구하고, 정치를 문제삼을 경우에도 진실로 민족을 위하는 입장에서 생각해보아야 한다는 주장이지요.

이이화 장장 4시간 동안 아주 여러 각도에서 말씀 잘 들었습니다. 감사합니다.

후기

이 저작집은 벽사 이우성 선생님께서 전생애에 걸쳐 지어 발표하신 저작을 하나로 묶은 것으로, 기왕에 단행본으로 간행된 것들이다. 모두 8책인데 각 책에 담긴 내용을 간략히 소개한다.

제1책 韓國의 歷史像 ― 李佑成歷史論集(1982년)

부제에 밝힌 바 사론적 성격으로 고대에서 근대에 이르기까지 역사적인 주제를 폭넓게 다룬 것이다. 우리나라의 역사상(像)을 그려내는 것이 이 책의 의도인데 실학론에 비중이 가 있다.

제2책 韓國中世社會硏究(1991년)

1960년대에 발표한 역사학 논문을 수록한 것으로, 선생님의 주전공인 고려사 연구가 중심을 이루고 있다. 사회의 기초로서 토지소유 관계 및 사회계층의 동향에 관한 체계적인 연구보고에, 문학작품을 대상으로 한 역사적 시각의 분석이 또한 돋보인다.

제3책 韓國古典의 發見(1995년)

우리 민족의 고전적(古典籍)에 대한 해제적인 성격의 글들을 모은 것으로, 위로 이규보(李奎報)의 『동국이상국집(東國李相國集)』에서 아래로 김창숙(金昌淑)의 『심산유고(心山遺稿)』에 이르기까지 중요한 문헌이 망라되어 있다. 각기 문헌에 담긴 내용을 파악하여 가치를 규명하고 그것이 어떤 역사적 의의를 지닌 책인가를 이해할 수 있도록 한 것이다.

제4책 實是學舍散藁(1995년)

'실시학사'는 선생님의 정년퇴직 이후 "제이의 삶의 터전"이며, "여러 종류의 글들을 모아서 엮은 것"이라는 의미에서 '산고'라고 표제한 것이다. 위의 제1, 2책이 간행된 이후로 발표하신 논문 형식의 글과 함께 서문·비문(碑文)·잡문 등 산문작품을 아울러 수록한 내용이다.

제5책 碧史館文存(上) — 詩(2005년)

한문학 형식의 글 중에서 시작품을 수록한 것이다. 소년기로부터 만경의 최근작까지를 각기 창작의 경위에 따라서 편성하였다. 편제(編題)를 보면 선생님께서 10대에서 20대에 시작(詩作)이 활발하다가 중간에 뜸해지더니 노경으로 접어들면서 다시 활발해졌음을 알 수 있다. 뒤쪽으로 와서는 시사(詩社)에서의 창수(唱酬)와 해외기행시(海外紀行詩)의 비중이 커진 사실도 특징적인 현상이다.

제6책 碧史館文存(下) — 散文(2005년)

산문집은 문체별로 편차(編次)하여, 서간·논설·서(序)·발(跋) 등으로 엮어져 있다. 외형상으로는 전통적인 문집의 체제와 달라 보이지 않으나 그 내용은 크게 다르다. 논설을 예로 들어보면, 시집과 마찬가지로 초기와 후기로 양분해볼 수 있다. 초기의 것은 10대의 습작으로서 참신하고 독견(獨見)이 번득이며, 후기의 것은 중국과 대만의 학술회의에서 발표하기 위해 작성한 논고로 우리나라 학술사의 요체를 짚는 내용들이다. 다른 여러 문체의 글들 역시 대부분 어떤 요청에 의해서 씌어진 것으로, 현대성을 느낄 수 있다.

제7책 新羅四山碑銘 校譯(1995년)

최치원의 사산비명의 원문을 교감하고 이에 대한 제가(諸家)의 주석들을 검토, 산정(刪整)하고 신주(新註)를 가한 다음, 우리말 번역문을 붙인 내용이다. 사산비명은 불가(佛家)의 문자에 그치지 않고 민족문화의 귀중한 보전이면서 사료적 가치가 높은 것이다. 이에 대해 정치한 고증학적 작업을 거쳐 현대인이 읽을 수 있도록 한 것이다.

제8책 高陽漫錄 — 韓國學의 底邊(2005년)

논문과 설림(說林), 그리고 책에 대해 붙인 해제·서문·간행사 및 치사(致辭) 등으로 엮어져서 앞의 『실시학사산고』와 유사한 성격이다. 선생님께서 경기도의 고양으로 이주(移住)를 하신 까닭에 『고양만록』이라고 표제하게 된 것이다. 고희를 넘기신 고령에도 오로지 책과 학문 사이에 침잠하신 생활의 반영인데, 한국학의 이해에 기반이 되는 내용이 담겨 있다.

이 저작집 8책은 위의 극히 개략적인 서술만으로도 얼마나 폭넓은 지식과 다양한 형식으로 편성된 것인가를 확인하기에 충분할 듯싶다. 근대의 분절화된 지식의 경계를 넘어서 소통이 자유롭게 이루어지고 있는바, 고금을 넘나든 글쓰기의 방식이 독이(獨異)한 양상으로 먼저 눈에 들어온다. 한 주체의 글쓰기를 통한 자기실현의 결과물로서 근대적 방식과 전통적 방식이 공존하고 있는 형국이다.

한문을 구사하고 있는 『벽사관문존』 상·하는 전체에서 차지하는 비중이 양적으로도 작다할 수 없지만, 선생님의 글쓰기 방식으로 말하면, 본바탕이 이쪽이지 싶다. 한문학의 형식에 의거한 글쓰기는, 소년기로부터 근대적 방식의 글쓰기를 접으신 노경에까지 쇠하지 않고 있으니, 실로 창작의 출발이자 종점이라고 말할 수 있겠다. 이 사실은 선생님 자신 우리의 전통적 교양에 기반하고 있음을 뜻하는 것이다.

그런데, 『벽사관문존』 자체도 기실 근대적 내용을 담고 있거니와, 진수와 본령은 근대적 글쓰기를 통해서 실현되고 있음이 물론이다. 선생님의 학문세계는 문사철(文史哲)을 하나로 하고 있지만, 중심은 어디까지나 역사학이다. 이 저작집에서 『한국의 역사상』과 『한국 중세사회 연구』가 증언하는 바인데, 그 폭과 깊이는 『한국고전의 발견』에서 가늠할 수 있고 실증적 태도는 『신라사산비명 교역』으로 실감할 수 있지 않은가 한다.

"현대의 역사학이 창조적이며 능동적인 학문으로 현실 타개에 공헌하려면, 느끼고 생각하는 사람으로서의 '나'의 주체가 역사의 주체로 통일되어야 하며, '나'의 주체가 역사의 주체로서의 위치에 서게 될 때 그 역사 기술(記述)은 개인의 것이 아닌 역사 그 자체의 하나의 상(像)으로 형성될 수 있는 것이 아닐까?" (『한국의 역사상』머리말) 선생님 스스로 역사학자로서의 자기 입장을 천명한 발언이다. 자아를 비상하게 각성하여 '나'를 역사의 주체로 일치시키고자 한 사고의 논리가 주목된다. 자아를 역사의 주체로 세우려 할 때 그 역사학은 응당 무한히 창조적인 의미를 지니게 될 터인데, 그러자면 치열한 저항이 요망되며, 시련과 고통 또한 따르기 마련이다. '이우성 사학'은 대개 내재적 발전을 중요시하는 민족사관으로 일컬어질 수 있겠으나, 이와같이 확고한 자아의 각성으로부터 발단한 것이고 실천적 고뇌가 깃든 것이다.

『이우성 저작집』은 한 근대주체의 자아실현의 글쓰기 결과물로서 한국 근대의 가장 격조높고 독창적인 증언으로 손꼽힐 수 있을 것이다. 그 박고통금(博古通今)의 내용과 형식은 계왕계래(繼往啓來)의 의미를 함축하고 있는 것으로 여겨진다.

지금 선생님은 90세를 바라보는 노구를 이끌고 젊은 제자들에게 강학(講學)을 하시며, 때로 시회에서 음영(吟詠)을 즐기신다. 선생님의 저작집을 더이상 미뤄두지 말고 지금 이때 편찬, 발간하는 것이 좋겠다 싶어 말씀을 드렸더니 완강히 거절하시다가 나중에야 승낙을 하셨다.

이 글을 초하면서 선생님을 처음 뵙던 때가 떠오른다. 나 자신 대학 4학년 시절이니 벌써 45년 전의 옛일이로되, 근엄하신 첫인상과는 달리, 학문의 길을 묻기 위해 찾아온 풋내기에게 역사와 민족을 깨닫도록 하는 말씀을 열정적으로 들려주시던 그날의 그 모습이 기억에 새롭다. 이후 오늘에 이르도록 선생님 가까이에서 느낀 생각을 담아서 이 글을 엮는다. 소회를 솔직하게 적으려 하였지만, 말이 거칠게 되어서 송구스럽기 그지없다.

끝으로 이 저작집의 발간을 맡아주신 창비사에 감사를 드리며, 정리 교
정 등 제반 업무로 수고하신 여러 분들께도 사의를 표해 마지않는다.

2009년 12월

문하생 임형택 삼가 씀

自撰年譜

字·號   이우성(李佑成) 자(字)는 사길(士吉), 호(號)는 길보(吉甫), 별도로 서벽외사(栖碧外史)라는 호가 있었는데 친구들이 줄여서 벽사(碧史)로 불렀다. 뒤에 그것이 널리 통용되고 있다.

家系   본관(本貫)은 여주(驪州)로, 조상들이 고려 중엽에 개성으로, 이조 초기에 한양으로 옮겨 살면서 벼슬을 하다가 15세기말에 경상도(慶尙道) 밀양(密陽)으로 낙향(落鄕)하여 세거지지(世居之地)로 정착하게 되었다. 이로부터 차차 사환(仕宦)에서 멀어졌지만 대대로 유업(儒業)을 지켰다. 특히 증조부·조부의 대로부터 일문(一門)이 창성하여 문한(文翰)과 부(富)를 함께 누렸다.

經歷

1925년 3월 8일   경남 밀양군 부북면(府北面) 퇴로리(退老里)에서 부친 후강공(厚岡公, 諱 載衡)과 모친 인동장씨(仁同張氏) 사이에 차남으로 출생함(뒤에 舍伯 素丁公 諱 翼成이 백부 앞으로 출계하여, 내가 장남으로 되게 되었다).

1931년   조부 성헌(省軒, 諱 炳憙)선생이 계시던 산장(山莊, 西皐精舍)에서 한문을 배우기 시작함. 당시 성헌선생의 주도 아래 집안이 힘을 모아, 정진의숙(正進義塾)―정진학교(正進學校)를 세워, 젊은 자제(子弟)들을 신식으로 교육시키는 한편 내게 대해서는 가학(家學)의 계승자로 삼고자 하여 일본어·일본문화와 격절된 환경에서 오직 전통적 방식으로 한문학과 유교 경전을 가르쳤다.

1935년	모친 별세. 겨우 10세에 큰 슬픔을 당했으나 밖으로 조부의 엄격한 교훈과 안으로 백모(伯母)의 따뜻한 보살핌에 힘입어 정신적으로 별 결함 없이 자랄 수 있었다.
1939년	조부 성헌선생 별세. 만년에 정력을 기울여 집필하시던 『조선사강목(朝鮮史綱目)』의 대작을 미완성 상태로 두고 7년의 병환 끝에 세상을 떠나셨다. 유언으로, 나의 글공부를 중단하지 말도록 그리고 방향을 바꾸지 말도록 당부하시기도 하였다. 이때 나는 나이 14세에 불과했지만, 이미 사서삼경(四書三經)과 『예기(禮記)』를 두루 독파하고 당시(唐詩)와 당송고문(唐宋古文)을 되풀이 읽고 있었다. 집안 어른들은 대체로 자질(子姪)들을 전문학교나 대학으로 보내면서 내게 대해서만은 성헌선생의 뜻이라 하여 한문 공부를 계속하도록 다짐하였다. 부친은 '개명적(開明的) 지주(地主)'(일본 중세말(中世末) 근대초(近代初)에 전진적(前進的)인 지주(地主)들을 가리키는 말) 형(型)에 속한 분으로 일제하 한국인으로 가장 큰 규모의 잠종제조업(蠶種製造業)을 경영할 정도였으나 조부의 유훈(遺訓)을 받들어, 그리고 집안 어른들의 분위기를 존중하여 나를 끝내 학교로 보내지 않았다.
1940년	지금 해로(偕老)하는 이필주(李畢珠) 원경(源卿)과 결혼. 처가는 경북 안동군 도산면 계남(陶山面溪南)의 진성 이씨(眞城李氏) 연하각(煙霞閣). 장인은 남파공(南坡公, 諱 尙鎬).
1943년	일제의 탄압이 날로 심하여 정진학교를 폐쇄시키고 성헌선생의 『조선사강목』의 사초(史草)를 압수해 가는 동시에 부친이 경남 경찰부 고등과(高等課)에 구속되어 부산 감방으로 이송되었다. 형사들이 산장으로 들이닥쳐 내가 습작한 시문(詩文)들을 모조리 탈취해 가기도 하였다.
1944년	부산 감방에서 해를 넘긴 부친이 병으로 풀려났으나 전국(戰局)이 날로 가열해져서 더이상 산장에서 글공부를 할 수 있는 상황이 아니었다. 드디어 산장의 문을 걸어 잠그고 집으로 거처

를 옮겼다.

만권(萬卷)에 가까운 가장한적(家藏漢籍)의 한 모퉁이에 우리 나라 사서(史書)들은 물론, 일본사·서양사 책(모두 漢文版)들이 쌓여 있었으나 별로 흥미가 없던 차에 우연히 양계초(梁啓超)의 『음빙실집(飲氷室集)』을 발견, 크게 흥미를 느껴 밤을 새워가며 열심히 읽었다. 때마침 학병(學兵)으로 끌려나간 자형 조규선(曺圭善)씨가 철학·사학 등 자기의 책(모두 日本語版)들을 모두 내게로 보내와 서양에 관한 지식, 현대에 관한 지식을 나름대로 많이 섭취하였다.

1947년 해방후 전국 유림의 힘을 규합, 성균관대학을 설립한 심산(心山) 김창숙(金昌淑) 선생이 교수로 채용할 인재를 구하면서 밀양 유도회(會長 朴熙陽)로 연락하여 나를 만나자고 한다기에, 나는 서둘러 상경하였다. 그러나 겨우 22세밖에 안된 나를 만나본 심산은 자못 실망스런 표정으로, "자네, 교수가 되기에 나이 너무 어리니 우선 우리 대학에 학생으로 입학해두게" 하는 것이 아닌가. 나는 기분이 크게 상했지만 그것이 밟아야 할 절차라고 생각하였다. 대학에 적을 두었지만 얻을 것이 없는데다가 토지개혁을 앞두고 생활대책도 막연해서 고향으로 내려와 밀양중학에서, 그리고 부산중고등학교에서 교편을 잡았다. 이때 동료인 손영종(孫永鍾)씨와 무척 가까이 지냈다. 손형은 국사·서양사 과목을, 나는 동양문화사 과목을 맡고 있으면서 역사를 과학적으로 탐구한답시고 둘이서 토론에 열중하기도 하였다.

1951년 6·25전쟁중 임시수도인 부산에서 성균관대학이 부산고교 가건물을 빌려 야간에 개강하게 되어, 나는 한 건물에서 낮에는 교사, 밤에는 학생 노릇을 하였다. 이가원(李家源) 연민(淵民)이 같은 처지로 늘 함께하였다. 이때 나는 밤이면 국문학사를 담당하신 조윤제(趙潤濟) 교수님의 민족사관의 강의를 경청(敬聽)하는 한편 낮이면 동료교사로 재직중인 한우근(韓㳓劤)·전해종(全海宗) 양씨에게서 근대 실증적 사학방법론에 관한 설명을 종종 들었다.

1954년　동아대학(東亞大學)에 전임강사로 부임하였다. 전부터 사귀어 오던 강진철(姜晋哲) 교수와 한 학과에 있으면서 고려시대에 관한 공부에 본격적으로 착수하였다. 대학 졸업논문은 실학(實學)에 대한 것이었으나 실학의 비판정신이 사대부(士大夫)의 계층적(階層的) 분화(分化)와 밀접한 관련이 있음을 깨닫고 사대부에 관한 공부에 뜻을 두고 그 기원(起源)을 찾아 고려후기까지 소급하면서 고려사회 신분제도를 규명하려 하였다.

1961년　4월혁명이 진행되는 가운데 부산에서 구세력(舊勢力)의 퇴진을 촉구하고 학원민주화운동에 적극 가담한 이유로 본의 아니게, 강진철 교수와 함께 사표를 내고 말았다. 그러던 중 서울에서 조윤제(趙潤濟) 박사의 특별한 노력으로 성균관대학에 봉직할 수 있게 되었다.

서울에 온 직후에 5·16군사쿠데타가 일어나, 조윤제 박사를 위시한 많은 학자·지식인들이 곤욕을 치르고 학원에서 추방되었으나 나는 무사히 넘겼다. 역사학회(歷史學會)에 참여하여 계속 고려시대에 관한 논문을 발표하였다. 사대부의 기원을 찾기 위한 논문으로 「고려백성고(高麗百姓考)」「고려조(高麗朝) 이(吏)에 대하여」 등을 발표하는 한편 「고려중기(高麗中期)의 민족서사시(民族敍事詩)」「고려말(高麗末)·이조초(李朝初)의 어부가(漁父歌)」 등 문학논문을 성대 논문집에 싣기도 하였다.

1963년　강진철·김성준(金成俊)·이기백(李基白) 세 분과 함께 고려사연구회(高麗史研究會)를 만들어 매주 정례적으로 성대 연구실에서 '지(志)' 부분을 읽고 토론하였다. 강진철씨와 내가 식화지(食貨志)를, 김성준씨가 선거지(選擧志)를, 이기백씨가 병지(兵志)를 담당하였다.

나는 식화지를 바탕으로 고려의 영업전(永業田) 등 토지제도에 관한 몇편의 논문을 발표하였다.

1967년　1년간 해외연구를 위해 최초로 출국, 일본에서 10개월 동안 동

	양문고(東洋文庫)에, 대만에서 2개월 동안 중앙연구원 역사언

양문고(東洋文庫)에, 대만에서 2개월 동안 중앙연구원 역사언어연구소에 있었다. 일본에 있는 동안 전부터 편지왕래가 있었던 하따다 타까시(旗田巍)씨와 자주 만나 친분을 쌓게 되었다.

1971년 성균관대학교 대동문화연구원장이 되어, 5년간 연구원 일에 몰두하였다. 고려시대의 문집을 모아『고려명현집(高麗名賢集)』4책을 내고, 또『순암총서(順菴叢書)』『명남루총서(明南樓叢書)』등 실학파 문헌을 국내외에서 수집 편성하여 여러 책으로 출판하였다.『학봉전집(鶴峰全集)』『회재전서(晦齋全書)』등 선현의 문집을 계속 영인본으로 펴게 되었다. 이들 책의 해제(解題)들을 직접 작성하였다.

1972년 미국 하와이대학 주최 한국학국제회의에 참가하여「실학연구서설(實學硏究序說)」을 발표하였다. 뒤이어 가주대학 초청으로 미본토에 건너가 버클리대학에서 한국 유교에 관한 강연을 하고 다시 남가주대학에서 실학에 관한 강연을 하였다.

역사학회 대표간사(회장)의 일을 맡았다(2년간).

1973년 『이조한문단편집(李朝漢文短篇集)』상권을 임형택(林熒澤) 교수와 함께 편역, 일조각에서 출간하였다. 해외에 나가 있던 기간에 발견, 복사해 온『동패낙송(東稗洛誦)』『청구야담(靑丘野譚)』등과 국내 각 대학 도서관에 소장된 필기·야담 자료들을 수합, 거기서 문학성이 높고 역사성이 담긴 것들을 뽑아 정리한 것이다. 1978년에 그 중(中)·하(下)를 속간하였다.

1975년 성균관대학교 대학원으로부터 문학박사 학위를 받았다. 학위 논문은「고려사회(高麗社會) 제계층(諸階層) 연구(硏究)」였다.

1977년 동경대학(東京大學) 문학부 초청으로 일본에서 한 학기 동안 연구생활을 하였다. 니시지마(西嶋定生) 교수와 한·중·일 고대 율령(律令)을 공동연구하게 되었다.

1980년 10·26 후 군사독재정권의 재등장을 앞두고 '361교수성명'을 주도한 한 사람으로 성명서를 직접 낭독, 방송하였다. 얼마 뒤 다시 지식인선언에 참여하였다. 이 일로 5·17이 일어나자 치안당국에 구금되었다 10여일 만에 나왔으나 교수직을 박탈당하여 이후 4년간 대학 강단에 일절 서지 못하게 되었다.

몇해 전부터 다산연구회(茶山研究會)가 발족되어, 매주 정례적으로 『목민심서(牧民心書)』를 강독하고 번역원고를 작성해왔다. 회원 중 반수가 5·17 이후 교수직에서 해직당한 상태였으나 더욱 정신을 가다듬고 연구에 정열을 쏟았다. 나는 이 회원들의 동지애에 많이 격려되었다. 『목민심서』 6책이 학술적인 역주서(譯註書)로서 호평을 받고 있다.

1982년 동양문고 초빙연구원으로, 일본에 가서 9개월간 체재하였다. 하따다 타까시(旗田巍)·타나까 마사도시(田中正俊) 교수 등이 내가 실직으로 곤경에 처해 있다는 소식을 듣고 어느 연구기관의 자금을 지급받아, 나의 일본 체류를 주선한 것이다.

이때 '해외수일본(海外蒐佚本)'의 자료를 더욱 보충하였다. '해외수일본'은 내가 몇해 전부터 외국으로 유출(流出)되어 있는 우리나라 책(우리나라에서 이미 佚書가 되어버린 책)들을 수집하여 국내에서 계속 출판하고 있는 것이다. 아세아문화사에서 이 책들을 내고 있는데 벌써 17책이 나왔고 나머지 것도 차례로 나오게 되어 있다. 역사·문학·철학의 자료를 위시하여 수필·야담 등 문헌적 가치가 풍부한 것들이다.

1984년 성균관대학 교수로 복직되어 다시 대학 강단에 서게 되었다. 지난 1979년에 심산 김창숙 선생의 업적을 기념하기 위해 '심산사상연구회'를 조직한 바 있었는데 이 해 다시 회장이 되어, 회원수를 늘리고 '심산상'을 제정하여 매년 민주화운동에 공헌이 있는 인사를 골라 시상하였다.

1985년 1975년에 결성한 한국한문학연구회의 회장을 다시 맡아, 5년간 젊은 후배들의 한문학연구에 뒷받침이 되어주었다. 두 차례에 걸쳐 전국 한문학대회를 주관하였고 연암(燕巖)기념 특집호를 내는 한편 안의(安義)에 연암기념비를 세우기도 하였다.

1988년 성균관대학교 대학원장에 취임하였다(2년간).

| 1989년 | 중국 공자기금회(孔子基金會) 주최 공자 탄신 2540주년 기념 국제학술회의의 초청으로 북경에 가서 논문을 발표한 후 서안(西安)·돈황(敦煌)의 고적을 답사하고 상해(上海)·계림(桂林) 등지를 거쳐 귀국하였다. |
| 1990년 | 정년퇴직을 앞두고 대학 연구실의 책을 정리하여 강남 대치동으로 옮겼다. 대치동에는 조그만 연구소를 마련하여 '실시학사(實是學舍)'라는 현판을 달아두었다. 미리 말할 것은 아니지만, 앞으로 여기서 나는 몇가지 설계를 하고 보람을 찾고자 노력할 작정이다. |

가족   처 이필주(李畢珠)

장남 희발(熙渤)   자부 권정희(權貞嬉)

차남 희준(熙駿)   류달남(柳達男)

3남   희국(熙國)   김혜원(金惠元)

4남   희설(熙卨)   정연희(鄭妍姬)

딸   희주(熙珠)   사위 이종웅(李鍾雄)

손자 강한(康漢)

    강락(康洛)

    강훈(康薰)

    강무(康珷)

    강헌(康憲)

손녀 강미(康渼)

    강령(康苓)

    강윤(康玧)

    강혜(康惠)

외손 이경하(李慶河)

    영하(甯河)

    긍하(肯河)

    성하(晟河)

碧史 李佑成先生 연보

이우성 선생의 자(字)는 사길(士吉), 호는 길보(吉甫), 별도로 서벽외사(栖碧外史)라는 호가 있는데 이를 줄여 벽사(碧史)로 널리 통용된다. 본관은 여주(驪州)로 15세기말부터 밀양(密陽)에 세거(世居)하였다.

1925년 3월 8일　경남 밀양군 부북면(府北面) 퇴로리(退老里)에서 부친 후강(厚岡) 이재형(李載衡)과 모친 인동장씨(仁同張氏) 사이에서 차남으로 출생하다(뒤에 백씨(伯氏)인 소정(素丁) 이익성(李翼成)이 백부 앞으로 출계하여 선생이 장남이 됨).

1931년　조부 성헌(省軒) 이병희(李炳憙) 선생이 계시던 마을 서쪽의 산장 서고정사(西皐精舍)에서 한문을 공부하다. 성헌선생은 집안의 힘을 모아 애국계몽기부터 정진의숙(正進義塾)—정진학교(正進學校)를 세워 신교육운동을 펴고 있었음에도, 선생에 대해서는 가학(家學)의 계승자로 삼고자 전통적 방식으로 한문학과 유교 경전만을 가르쳤다.

1935년　모친 별세.

1939년　조부 성헌선생 별세. 조부는 실학적 가풍의 대표적 저술『조선사강목(朝鮮史綱目)』이란 대작을 남겼다. 부친은 개명적(開明的) 지주형(地主型)에 속한 분으로, 일제하(日帝下) 한국인 기업으로 가장 큰 잠종제조업(蠶種製造業)을 경영하였다. 이때 선생은 이미 사서삼경(四書三經)을 독파하고 당시(唐詩) 당송고문(唐宋古文)을 되풀이하여 읽었다.

1940년   경북 안동군 도산면 계남(溪南) 마을 진성이씨(眞城李氏) 연
             하각(烟霞閣)의 이필주(李畢珠) 원경(源卿)과 결혼하다.

1943년   일제의 탄압이 격심하여 정진학교가 폐쇄되고『조선사강목』
             저술 원고를 압수당하였으며, 집안과 산장이 수색 조사되고 부
             친이 경남 경찰부 고등과에 구속당하다. 이에 선생은 부득이 산
             장을 닫고 거처를 집으로 옮겼다. 이때부터 양계초(梁啓超)의
             『음빙실집(飮氷室集)』을 읽는 한편, 전문학교나 대학에 다니
             는 집안 친척들에게서 철학·사학 등 서양 서적 및 현대에 관한
             서적들을 받아 많은 것을 읽었다.

             이 무렵 일제에 의해 폐쇄당한 정진학교가 부북공립 보통학교
             부설 간이학교로 되었다. 선생은 여기에 교사로 부임한 류열
             (柳烈)과 역사·언어 등 민족문화에 대해 자주 토론하였다. 뒤
             에 류열은 북으로 가서 손꼽히는 한글학자가 되었다.

1947년   해방후 유림을 규합, 성균관대학을 세운 심산(心山) 김창숙(金
             昌淑) 선생이 교수요원으로 선생을 불렀다가, 아직 나이가 어
             리므로 우선 성균관대학에 입학하게 하다. 선생은 대학에 적을
             둔 채 고향으로 내려와 밀양중학교와 부산중·고등학교에서 교
             편을 잡았다. 이때 동료 역사교사 손영종(孫永鍾)과 가까이 지
             내며 역사학 방법에 대해 자주 토론하였다. 또 경남여중·고 교
             사로서 고전에 조예가 깊은 류수(柳壽)와 한집에서 하숙하며
             친하게 지냈다. 나중에 손(孫)·류(柳) 두 사람 모두 북에서 중
             심적 학문활동을 하였다.

1951년   6.25전쟁중 임시수도 부산에서 성균관대학이 부산고교 건물을
             빌려 야간에 개강하게 되어, 선생은 한 건물에서 낮에는 교사,
             밤에는 학생이 되다. 이가원(李家源) 선생도 똑같은 처지에서
             학과 1년 선배로 다녔다. 낮에는 동료교사 한우근(韓㳡劤)·전
             해종(全海宗) 등과 실증사학 방법을 토론하고 밤에는 도남(陶
             南) 조윤제(趙潤濟) 박사의 민족사관 강의를 들었다.

1954년   성균관대 문과대학 졸업(졸업논문으로 실학의 개념을 다룸).

| 1954~61년 | 동아대 문학부 전임강사, 조교수. |

1954~61년　동아대 문학부 전임강사, 조교수.

1957년　「실학파의 문학—박연암의 경우」(『국어국문학』16집) 발표.

1961년　「고려백성고(高麗百姓考)」(『역사학보』14집) 발표.
4.19혁명 진행중 부산에서 민주화운동에 적극 가담한 이유로
강진철(姜晉哲) 교수와 함께 동아대학에서 해직되다.

1961~80년　성균관대 부교수, 교수.
조윤제 선생의 노력으로 성균관대학에 임용되었으나, 곧 이은
5.16 군사쿠데타로 도남선생은 대학에서 추방되었다.

1961년　이화여대 강사(3년간).

1962년　「한인(閑人)·백정(白丁)의 신해석」(『역사학보』16집) 발표.
「고려중기의 민족서사시」(『성대논문집』7집) 발표.

1963년　성균관대 연구실에서 강진철·김성준(金成俊)·이기백(李基
白)과 함께 고려사연구회를 만들어 『고려사』를 윤독·토론하다.
「18세기 서울의 도시적 양상」(『향토서울』17호) 발표.

1964년　「고려조의 이(吏)에 대하여」(『역사학보』23집) 발표.
「고려말·이조초의 어부가(漁父歌)」(『성대논문집』9집) 발표.

1964~69년　성균관대 교수들을 중심으로 '안동문화권(安東文化圈) 학술조
사단'을 결성하고, 단장으로 제1차 3개년 조사보고서 『안동문
화권 학술조사보고서1』(1967)과 제2차 3개년 조사보고서 제2
책(1970)을 펴내다.
이후에도 1970~76년 동안 동해안 지역을 조사하여 『동해안 지
구 학술조사 보고서』를 냈다.

1966년　서울대학교 문리과대학 강사(2년간).
「이조후기 근기학파(近畿學派)에 있어서의 정통론(正統論)의
전개」(『역사학보』31집) 발표.
「고려말기의 부곡(部曲)」(『진단학보』29·30집) 발표.

1967~68년　하바드 연경학사(燕京學社)의 지원으로 일본의 동양문고(東
洋文庫)와 대만의 중앙연구원 역사언어연구소에서 고대율령
제도(古代律令制度)를 비교·연구하다.

1969년   「삼국유사 소재(所載) 처용설화의 일분석」(『김재원박사 회갑논
            총』) 발표.
1971~73년   역사학회 대표간사(회장, 2년간).
1971~75년   성균관대학교 대동문화연구원(大東文化硏究院) 원장(5년간).
            『고려명현집』·『이조명현집』 등 최치원에서 최한기에 이르는
            선현의 문집 및 저술과 실학파 문헌 등 국고문헌을 수집·편성
            하고, 대개 직접 해제하여 출판하다.
1973~78년   『이조한문단편집(李朝漢文短篇集)』 상권을 임형택(林熒澤)
            과 함께 편역, 일조각에서 출간하다. 1978년에 중·하권을 속간
            하였다.
1975년   「고려사회 제계층의 연구」로 성균관대 대학원에서 문학박사학
            위를 받다.
            「이조 유교정치와 산림(山林)의 존재」(『성대 동양학 국제학술회
            의 논문집』) 발표.
            「남북국시대(南北國時代)와 최치원」(『창작과비평』38호) 발표.
1976년   『한국의 역사인식』(상·하 공편, 창작과비평사) 출간.
            「조선왕조의 훈민정책과 정음(正音)의 기능」(『진단학보』42집)
            발표.
            「고려말기의 소악부(小樂府)」(『한국한문학연구』1집) 발표.
1977년   「도남 조윤제 박사 묘비문(陶南趙潤濟博士墓碑文)」을 짓다. 도
            남선생이 남기신 뜻에 따라 비문을 짓고, 일주기(一周忌)에 도
            남학회가 묘전에 비를 세우다.
            일본 동경대학(東京大學) 문학부 초청 외국인 연구원으로 한
            학기 동안 니시지마(西嶋定生) 교수와 나(羅)·당(唐)·일(日)
            율령(律令)을 공동연구하다.
            「고려 무신집권하의 문인지식층의 동향」(영남대 개교30주년 기
            념 국제학술회의) 발표.
1978년   영남대학교 교류 교수 근무(1년간).
            「이퇴계(李退溪)와 서원창설운동」(『퇴계학보』19집) 발표.

심산사상연구회(心山思想硏究會) 창립회장. 심산사상연구회
는 심산 김창숙 선생의 정신과 업적을 계승하기 위해 성균관대
교수들이 결성한 연구회이다. 그러나 1980년 회장과 총무이사
(장을병 교수)가 함께 해직되어 활동이 중단되다시피했다.
『국역 심산유고』(성대 대동문화연구원, 1979)를 펴내는 데 이가
원(李家源) 선생과 공동책임을 맡았다. 선생이 해제를 쓰다.

1978~86년	다산연구회(茶山硏究會)를 조직하여 1975년부터 『목민심서(牧民心書)』역주(譯註)에 착수, 공동 독회의 결실로 『역주 목민심서』제1책을 1978년에 내고, 1986년에 6책을 완간하다. 십수 명의 회원 중 반수는 1980년 5.17 이후 해직교수가 되기도 하였다.
1979년	동국대학교 대학원 강사(1년간). 대만 사범대학에서 개최한 국제퇴계학회(國際退溪學會)에서 「한국 유학사상(儒學史上) 퇴계학파의 형성과 그 전개」를 발표.
1980~84년	10.26 이후 군사독재정권의 재등장을 앞두고 '361교수성명'을 주도하여 직접 성명서를 방송하다. 이를 이유로 5.17군부에 의해 치안당국에 구속수감되고 성균관대 교수에서 해직되다(4년간).
1981년	『한국학연구입문』(공편, 지식산업사) 출간. 「심산(心山) 김창숙(金昌淑)의 유학사상(儒學思想)과 행동주의(行動主義)」(『성균成均』34집, 성균관대) 발표. 「김추사(金秋史) 및 중인층(中人層)의 성령론(性靈論)」(『한국한문학연구』5집) 발표.
1982년	『한국의 역사상』(창작과비평사) 출간. 이 책은 일어판(日語版)(平凡社, 1987)으로도 간행되었다. 『한국의 전통사상과 문학』(공저, 서울대출판부) 출간. 「녹암(鹿菴) 권철신(權哲身)의 사상과 그 경전 비판」(『퇴계학보』29집) 발표.
1982~83년	일본 동양문고 초빙연구원으로 9개월간 일본에 체재하다. 하따

다 타까시(旗田巍), 타나까 마사도시(田中正俊) 교수 등이 해
직 소식을 듣고 선생의 초청을 주선하였다. 이때『해외수일본
(海外蒐佚本)』필기(筆記) 자료를 보충 수집하였다.

1982~98년　서벽외사해외수일본총서(栖碧外史海外蒐佚本叢書)가 아세
아문화사(亞細亞文化社)에서 출간되기 시작하다. 이는 우리나
라 국고 문헌으로 해외에 유출되어 없어진 자료를 특히 일본과
미국에서 수집하여 복사하고 정리·편성·해제한 것으로, 문집
류, 야승류, 법제·잡저류, 야담·단편류들로 구성되어 있다. 이
때부터 여러 해에 걸쳐 모두 80여종 78책으로 간행되었다.

1983년　가까운 지우(知友)들과 '난사(蘭社)'라는 한시회(漢詩會)를 만
들어 취미를 나누다. 현재『난사시집(蘭社詩集)』이 3집까지 출
간되었다.

한편 1985년에는 성균관대학 한문 관련 노성층(老成層) 교수
들로 '행시단(杏詩壇)'이라는 한시회를 만들어『행시단시집』을
내고, 이후 '백탑시사(白塔詩社)'로 개명하여『백탑창수집(白
塔唱酬集)』을 간행하고 있다.

1984년　성균관대 교수 복직.

이 해 다시 심산사상연구회 회장이 되다. 회원 수를 늘리고 연
구결과를 발표하는 학술회의와 강연회를 자주 열었으며,『심산
유고(心山遺稿)』에서 가려뽑아 현대역한 교양도서『김창숙 문
존』을 간행, 사회와 학생들에게 널리 보급하다.

1985~92년　한국한문학회 회장.

1975년 한국한문학회를 결성하여 연민 이가원(초대회장) 선생
과 함께 이끌어오다가, 1983년부터 회장을 맡아 한문학연구의
지평을 더욱 넓혔다. 1985년에는 경남 거창 안의초등학교 교정
에 지방 유지의 협력을 얻어「연암사적비문(燕巖事蹟碑文)」을
짓고 비를 세우다.

연암탄신 250주년 학술회의(1987)를 비롯하여 수차의 전국 한
문학대회를 개최하는 등 후배들의 한문학 연구에 길을 열고 뒷

받침이 되다.

1986~89년　심산상(心山賞)을 제정하여 시상하다.

심산사상연구회 회장으로서, 매년 저술과 실천 모두에서 민주화 민족운동에 공헌 있는 인사를 골라 심산상을 수여하였다. 86년 제1회 수상자는 언론인 송건호(宋建鎬)였고, 그 다음해에는 백낙청(白樂晴) 교수가 수상하였다.

심산 동상 건립을 발의 추진하다.

졸업생(동창회)·교수·학교당국·직원·학생 등 범성균인과 사회 유지의 뜻을 모아, 1990년 성균관대학 양 캠퍼스에 동상을 건립케 하다.

1987년　밀양문화원의 요청으로, 관련 학자들로 집필진을 구성하여 향토사적 지방사로서 『밀양지(密陽誌)』를 편찬하다.

「문산(文山) 이재의(李載毅)와 다산문답(茶山問答)」(『동국대 개교 80주년 기념논총』, 동국대) 발표.

1988년　성균관대학교 대학원장에 취임(2년간).

「최한기(崔漢綺)의 사회관」(『동양학』8집, 단국대) 발표.

「초기 실학과 성리학의 관계—유형원(柳馨遠)의 경우」(『동방학지』58집, 연세대) 발표.

1989년　중국공자기금회(中國孔子基金會)가 주최한 공자탄신 2540주년 기념 국제학술회의의 초청으로 북경에 가서 「성호(星湖)의 춘추서법론(春秋書法論)과 그 성인관(聖人觀)」(『공자탄신 2540주년 기념논문집』, 1992) 발표.

서안(西安)·돈황(敦煌)·상해(上海)·계림(桂林)을 둘러보다.

「신라 율령국가설(律令國家說)의 검토」(『대동문화연구』23집, 성균관대 대동문화연구원) 발표.

1990년　한국 국제퇴계학회와 소련 과학아카데미 극동연구소가 공동으로 모스끄바에서 개최한 '유교와 현대세계' 국제학술회의에서 「퇴계선생의 예안향약(禮安鄕約)과 향좌(鄕坐) 문제」(『퇴계학보』, 1990) 발표.

레닌그라드 및 타슈켄트 지방을 둘러보다.

1990년　　성균관대 교수 정년퇴임.

국민훈장 동백장 수상.

정년퇴직 기념, 국내외 인사들의 논문으로 『민족사의 전개와 그 문화』(상·하, 창작과비평사) 출간.

성대 국문학과에서 국어국문학계의 호응으로 토픽 중심의 정년퇴직 기념논총인 『국어국문학논총』(여강출판사) 간행.

1990년　　성균관대 명예교수.

실시학사(實是學舍) 운영. 정년퇴직 후 실시학사(강남구 대치동)를 마련, 철학·사학·문학 분야 소장연구자 30여명과 함께 '다산경학연구회'(1993년) '고전문학연구회'(1992년)를 결성, 매주 정례모임을 갖고 원전의 비판적 강독 및 토론을 진행하다.

1991년　　『한국중세사회연구』(일조각) 출간.

「최한기의 사회적 처지와 서울생활」(『동양학 국제학술회의 논문집』, 성균관대) 발표.

「성호(星湖)의 우주에 관한 신해석」(실학연구회 창립기념 학술회의) 발표.

1991~2002년　　한국 실학학회 창립회장.

1990년 성균관대학 대동문화연구원이 주최한 '제1회 실학 국제학술회의'를 계기로 ①한국 실학연구회('학회'로 개칭)를 창립하고 ②한·중·일 3국이 돌아가며 국제 실학회의를 격년제로 개최하기로 하다. 제2회 국제 실학회의는 중국 제남, 제3회는 일본 동경, 제4회는 다시 한국 서울, 제5회는 중국 개봉으로 이어졌다.

1992년　　중국 국립 산동대학 객좌교수.

대한민국학술원 회원.

1992년　　「순암 안정복 선생 사적비문(順菴安鼎福先生事蹟碑文)」을 짓다.

「을사사화와 회재(晦齋)의 현실대처방식」(『이회재(李晦齋)의 사상과 그 세계』, 대동문화연구원) 발표.

「17세기 정치사회적 상황과 만회(晩悔)·탄옹(炭翁)의 역사적 위상」(『도산학보(道山學報)』창간호) 발표.

1993년   제8회 '성곡(省谷) 학술문화상' 인문과학부문 수상.

「고려사 및 이조 문헌기록과 포은(圃隱)의 재평가」(포은사상연구원 학술발표회) 발표.

「학봉(鶴峯)의 해사록(海槎錄)과 일본 풍신정권(豊臣政權)」(『학봉의 학문과 구국활동』) 발표.

「서애(西厓)의 학문방법과 '신의론(新意論)'」(임진왜란 400주년 기념 학술강연회) 발표.

1994년   「한산이씨 삼대 항일투쟁 사적비문(韓山李氏三代抗日鬪爭事蹟碑文)」을 짓다.

「한국에서의 실학연구 현황과 동아시아 연대의식(連帶意識)」(일본 실학연구회 국제회의 기조 발표) 발표.

1994~2002년   민족문화추진회(제4·5대) 회장.

1995년   『실시학사산고』(창작과비평사) 출간.

『한국고전의 발견』(한길사) 출간.

「국학 일백년의 회고와 전망」(『광복 50주년 국학의 성과』, 한국정신문화연구원) 발표.

『다산(茶山)의 정체전중변(正体傳重辨)』1책(실시학사 경학연구회 편역, 한길사) 출간.

1996년   성호 이익 선생 기념사업회 회장.

단재 신채호 선생 기념사업회 회장.

「고려말에 있어서 목은(牧隱) 이색(李穡)의 정치적 처지와 그 주의(主義)」(『목은 이색의 생애와 사상』, 목은연구회, 일조각) 발표.

『다산(茶山)과 문산(文山)의 인성논쟁(人性論爭)』1책(실시학사 경학연구회 편역, 한길사) 출간.

1997년   『이향견문록(里鄕見聞錄)』1책(실시학사 고전문학연구회 역주, 민음사) 출간.

1998년   실시학사, 경기도 고양시 화정동으로 이전.

선생님은 일찍이 성북구 미아동의 주택에서 1986년 강남구 삼성동 홍실아파트로 이사하였고, 1998년에 경기도 고양시 화정동 은빛마을아파트로 옮기셨다. 이에 따라 실시학사도 대치동에서 이전한 것이다.

「이조말엽 중인층의 실학사상과 그 개화사상으로의 지향」(『학술원 논문집』37집) 발표.

「근기학파에 있어서 순암(順菴) 안정복(安鼎福)의 위치」(순암사상 학술회의) 발표.

1999년	한국실학학회 회장으로서 『한국실학연구』(학술지) 창간.

『조희룡 전집(趙熙龍全集)』5책(실시학사 고전문학연구회 역주, 한길아트) 출간.

2000년   연세대학교 용제 석좌교수(1년간).

『다산(茶山)과 석천(石泉)의 경학논쟁(經學論爭)』1책(실시학사 경학연구회 편역, 한길사) 출간.

『다산(茶山)과 대산(臺山)·연천(淵泉)의 경학논쟁』1책(실시학사 경학 연구회 편역, 한길사) 출간.

2000년   퇴계학연구원 원장.

해마다 여름·겨울에 젊은 연구자들과 도산 및 퇴계선생 연고지에 가서 퇴계집 원전 강독회를 가지다.

퇴계선생 탄신 500주년 기념행사(2001년)에 도산서원을 대표하여 제문(祭文)을 짓다.

2001년   『도산서원(陶山書院)』(한길사) 출간.

「16세기 퇴계 이황의 시대관과 제세이념(濟世理念)」(퇴계탄신 500주년 기념 국제학술대회 기조 발표) 발표.

『이옥전집(李鈺全集)』3책(실시학사 고전문학연구회 역주, 소명출판사) 출간.

2002년   『다산의 경학세계』1책(실시학사 경학연구회 편역, 한길사) 출간.

2003년   『퇴로리지(退老里誌)』(정진문화사) 출간.

2004년   「이조후기 근기학파에 있어서 사학(史學)의 형성과 『동사강목」(『학술원 논문집』 43집) 발표.

2005년	『고양만록 — 한국학의 저변』(경인문화사) 출간.
	『벽사관문존(碧史館文存)』(한문으로 지은 시와 산문, 창비) 출간.
2006년	『변영만전집(卞榮晚全集)』 3책(실시학사 고전문학연구회 역주, 성대 출판부) 출간.
2008년	『다산 시경강의(詩經講義)』 5책(실시학사 경학연구회 편역, 도서출판 사암) 출간.
2009년	『이옥전집』을 증보한 『완역 이옥전집』 5책(실시학사 고전문학연구회 역주, 휴머니스트) 출간.
	『이십일도회고시(二十一都懷古詩)』 1책(실시학사 고전문학연구회 역주, 푸른역사) 출간.
2010년	『이우성 저작집』 8책(창비) 간행.
	『열하기행시주(熱河紀行詩註)』 1책(실시학사 고전문학연구회 역주, 휴머니스트) 출간 예정.

연보를 간추리다 보니 선생님의 많은 저술과 활동을 모두 넣지 못하는 마음 죄스럽고, 또 잘못 추리지 않았는지 걱정된다. 그래서 선생님의 삶의 지향과 형상이 옳게 제대로 그려지지 못했을까 두렵다.

1990년 정년기념논문집에 선생님께서 손수 쓰신 자찬연보(自撰年譜)가 실려 있다. 정년기념논문집은 이 저작집에 수록되지 않기에 자찬연보를 옮겨 싣는다. 아울러 『고양만록』에는 『역사비평』 1990년 겨울호에 소개된 선생님에 관한 글 두 편(「文·史·哲을 겸비한 실천적 지식인」, 「선비정신을 구현한 역사학자」)가 부록으로 실려 있는데, 모두 역사문제연구소 고문 이이화(李離和) 선생이 선생님과의 대담을 정리한 글이다.

선생님의 자찬연보와 이이화 선생의 대담 내용이 여기 정리한 연보보다 선생님을 더욱 잘 표현해놓았다. 함께 읽어주시기를 앙청한다.

2009년 12월

不肖生 金時鄴 삼가 엮음

안동(安東) 244, 393, 429, 434
안동권씨(安東權氏) 384, 404, 418
안산(安山) 234
안신(安玡, 五休子) 288
안양(安陽) 44, 46
안여경(安餘慶, 玉川) 288
안의(安義) 245, 418
안재홍(安在鴻) 207, 208, 337, 417
안정복(安鼎福, 順庵) 22, 28, 47, 48, 60, 61,
    76, 78, 79, 81~86, 89~91, 94, 95, 154,
    156, 158, 160~62, 164~74, 235, 359, 415,
    455
안창호(安昌浩) 340
안중근(安重根) 306
안향(安珦, 晦軒) 312
애국계몽운동(愛國啓蒙運動) 302, 340
야계(倻溪) → 송희규(宋希奎)
야은(冶隱) → 길재(吉再)
야은전(冶隱傳) 82
야헌(冶軒) → 김규옥(金奎玉)
약봉(藥峰) → 김극일(金克一)
약산(若山) → 김원봉(金元鳳)
양계초(梁啓超) 75, 182
양명학 168
양성지(梁誠之) 155
양주(楊州) 103, 406
양지(良知) 168
양촌(陽村) → 권근(權近)
양학(洋學) 169
어매(御梅) 382
『언행총록(言行總錄)』 155
여강출판사 289, 483
「여말선초(麗末鮮初)의 상서사(尙瑞司)」
    258

『여사제강(麗史提綱)』 78, 82
여상보(呂尙輔) 382
여위황(呂渭璜) 382
『여유당전서(與猶堂全書)』 207, 358
『여유당전집(與猶堂全集)』 165
여임(汝任) → 이광진(李光軫)
여주(驪州) 30, 249, 282, 301, 311, 377, 379,
    429
여주세고(驪州世稿) 270
여주이씨(驪州李氏) 61, 249, 251~53, 268,
    271, 302, 333, 334, 360, 455
『여주이씨역대인물지(驪州李氏歷代人物
    誌)』 253
『여지승람(輿地勝覽)』 84, 217
여진(女眞) 262, 377, 380
여헌(旅軒) → 장현광(張顯光)
여헌(旅軒) → 장문강(張文康)
여흥(驪興) 19, 30, 41, 46
「여흥전(驪興田)」 41
역대강역고(歷代疆域考) 93
『역법서전(曆法西傳)』 72
역사문제연구소 449, 453
『역사비평』 453
『역사학보(歷史學報)』 99, 463
『역산물리(曆算物理)』 128
「역상(曆象)」 71, 73
역성혁명(易姓革命) 21, 27
연경재(研經齋) → 성해응(成海應)
연능부원군(延陵府院君) → 이호민(李好閔)
『연려실기술(燃藜室記述)』 60
연변(延邊) 473
연변대학(延邊大學) 315
연산김씨(連山金氏) 297
연산(連山) 385

최인재(崔認齋) 409
최충(崔沖) 85
최치원(崔致遠, 孤雲) 86, 88, 312, 472
최한기(崔漢綺, 惠岡) 128, 289~92, 476
최항(崔恒, 太虛亭) 218
최현(崔晛, 認齋) 409
최홍규(崔洪奎) 368
추로지향(鄒魯之鄕) 266
추사(秋史) → 김정희(金正喜)
추탄(楸灘) → 오윤겸(吳允謙)
춘경(春卿) → 이규보(李奎報)
춘곡(春谷) → 이동준(李東俊)
춘보(春甫) → 김윤곤(金潤坤)
춘천(春川) 44
『춘추(春秋)』 63, 64, 88
춘추대의(春秋大義) 272
충강공(忠剛公) → 이상급(李尙伋)
충숙공(忠肅公) → 이상길(李尙吉)
충재(冲齋) → 권벌(權橃)
충정공(忠定公) → 권벌(權橃)
충정공(忠正公) → 민영환(閔泳煥)
충정공(忠正公) → 홍자번(洪子藩)
충주(忠州) 386
『충주최씨대동보(忠州崔氏大同譜)』 97
취석실(醉石室) → 우하영(禹夏永)
취원당(聚遠堂) → 조광익(曺光益)
치당(致堂) 호씨(胡氏) 26
『칠극(七克)』 169, 170

탈아입구(脫亞入歐) 346
탑골공원 287
「탕론(湯論)」 190
탕약망(湯若望) 72, 73
태사(太師) 80
태을다방(太乙茶房) 329
『태의원선생안(太醫院先生案)』 314, 315
태평양전쟁(太平洋戰爭) 304, 459
「태학일기(太學日記)」 296~98
태허정(太虛亭) → 최항(崔恒)
태호(太湖) → 이원진(李元鎭)
『택리지(擇里志)』 259
『통감속편(通鑑續編)』 78, 79
통갑법(統甲法) 108
통문관(通文館) 324
통일신라 76
퇴계(退溪) → 이황(李滉)
퇴계학 50, 157, 221, 234
『퇴계학보(退溪學報)』 350
퇴계학연구원 221, 222, 254, 350
『퇴계학총서(退溪學叢書)』 350
퇴계학통(退溪學統) 154, 157, 233, 234, 294,
 413
퇴로리(退老里) 268, 301, 333
『퇴로리지(退老里誌)』 334
퇴수재(退修齋) → 이병곤(李炳鯤)
『퇴수재집(退修齋集)』 270, 298~305
퇴지(退之) → 한유(韓愈)

ㅌ

타가와 코우조우(田川孝三) 136, 327
타께다 유끼오(武田幸男) 465
탄옹(炭翁) → 권시(權諰)

ㅍ

파리만국평화회의(巴里萬國平和會議) 295
파서(坡西) → 조봉원(趙逢源)
파주(坡州) 379

李佑成 著作·共編 書目

著書(李佑成 著作集 所收)

『韓國의 歷史像—李佑成歷史論集』創作과批評社 1982

『韓國中世社會研究』一潮閣 1991

『韓國古典의 發見』한길사 1995

『實是學舍散藁』創作과批評社 1995

『新羅四山碑銘 校譯』亞細亞文化社 1995

『高陽漫錄—韓國學의 底邊』景仁文化社 2005

『碧史館文存』창비 2005

共編書

『實學研究入門』一潮閣 1973

『李朝漢文短篇集』(3冊) 一潮閣 1973, 1978

『韓國의 歷史認識』(2冊) 創作과批評社 1976

『韓國學研究入門』知識産業社 1981

『韓國의 傳統思想과 文學』서울대출판부 1982

『密陽地名考』密陽文化院 1984

『密陽誌』密陽文化院 1987

『李晦齋의 思想과 그 世界』大東文化研究院 1992

『陶山書院』한길사 2001

『退老里誌』正進文化社 2003

실시학사에서 소장연구자들을 지도하여 함께 번역, 출판한 책

經學研究會

『茶山의 正體傳重辨』한길사 1995

『茶山과 文山의 人性論爭』한길사 1996

『茶山과 石泉의 經學論爭』한길사 2000

『茶山과 臺山·淵泉의 經學論爭』한길사 2000

『茶山의 經學世界』한길사 2002

『茶山 詩經講義』(5冊) 사암 2008

古典文學研究會

『里鄕見聞錄』민음사 1997; 글항아리 2008(재판)

『趙熙龍全集』(5冊) 한길아트 1999

『譯註 李鈺全集』(3冊) 소명출판사 2001

『卞榮晩全集』(3冊) 성대출판부 2006

『二十一都懷古詩』푸른역사 2009

『完譯 李鈺全集』(5冊) 휴머니스트 2009

『熱河紀行詩註』휴머니스트 (근간)

이우성 저작집 8
고양만록

초판 1쇄 발행 2010년 1월 11일

지은이 | 이우성
펴낸이 | 고세현
책임편집 | 부수영
디자인·조판 | 디자인시
펴낸곳 | (주)창비
등록 | 1986년 8월 5일 제85호
주소 | 413-756 경기도 파주시 교하읍 문발리 513-11
전화 | 031-955-3333
팩시밀리 | 영업 031-955-3399 · 편집 031-955-3400
홈페이지 | www.changbi.com
전자우편 | human@changbi.com

© 이우성 2010
ISBN 978-89-364-8256-5 93080
ISBN 978-89-364-7976-3(전8권)